中 小 学 教 师 胜 任 力 培 训 丛 书

小学音乐课堂教学设计

邰　方　孙　菲◎编著

华东师范大学出版社

·上海·

图书在版编目(CIP)数据

小学音乐课堂教学设计/邰方,孙菲编著. —上海:华东
师范大学出版社,2017
高等院校小学教育专业教材
ISBN 978-7-5675-6721-4

Ⅰ.①小… Ⅱ.①邰…②孙… Ⅲ.①小学-音乐课-
课堂教学-教学设计-高等学校-教材 Ⅳ.①G623.712

中国版本图书馆 CIP 数据核字(2017)第 185400 号

小学音乐课堂教学设计

编　著　邰　方　孙　菲
策划组稿　蒋　将
项目编辑　蒋　将　师　文
特约编辑　朱美玲
责任校对　罗　丹
装帧设计　俞　越

出版发行　华东师范大学出版社
社　　址　上海市中山北路 3663 号　邮编 200062
网　　址　www.ecnupress.com.cn
电　　话　021-60821666　行政传真 021-62572105
客服电话　021-62865537　门市(邮购)电话 021-62869887
地　　址　上海市中山北路 3663 号华东师范大学校内先锋路口
网　　店　http://hdsdcbs.tmall.com

印 刷 者　常熟市文化印刷有限公司
开　　本　787毫米×1092毫米　1/16
印　　张　23.5
字　　数　506 千字
版　　次　2018 年 2 月第 1 版
印　　次　2024 年 9 月第 6 次
书　　号　ISBN 978-7-5675-6721-4/G·10515
定　　价　58.00 元

出 版 人　王　焰

(如发现本版图书有印订质量问题,请寄回本社客服中心调换或电话 021-62865537 联系)

前　言

在陆续出版了几本有关小学音乐教学法的书作之后,有一天,我接到了华东师范大学出版社蒋将编辑诚挚的邀约,以"小学音乐课堂教学设计"为主题编写一本书。面对相似的内容,我希望能够不负信任,为这本新书勾画一种既符合小学音乐教师的学习要求,又适用于教师培训的呈现方式。因此,本书的设计力求体现以下五个特点:

(1) 以模块为导向的学习设计:本书由五章、二十个单元组成。其中,五章内容涉及小学音乐教师专业发展所需要关注的五个方面;每章由四个单元构成,且每个单元为一个学习主题,设计四至五个学习模块推进学习过程(模块名称即该模块学习目标及学习行为指向,详见前言第 2 页的学习导图)。

(2) 以任务为驱动的学习过程:在二十个单元学习中,每个单元都为读者设定了由浅至深的学习任务,制订了可操作的学习路线。

(3) 以课堂为聚焦的学习内容:围绕目前小学音乐课堂教学中关注的问题难点、热点,梳理、归纳成五个方面,以五章呈现。

(4) 以合作为组织的学习方式:提倡合作学习的方式,尤其是同一个教研组的教师一起学习。共享知识、观点和专长,促进学习个体对自我的认识以及互相学习的效能的提升。

(5) 以反思为前提的认知再构:在单元内,反思性活动分为显性和隐性两类。如:"经验分享"和"感想记录"属于显性模块。前者需要学习者在个人思考的基础上通过交流,从同伴中获得信息来充实和调整自己原有的认知,后者需要学习者通过对本单元学习过程的反思完成。其他均属于隐性模块。如:"实例分析"中,有教学经验的学习者在参与分析活动时,会联想到自己已经发生过的教学行为等等。

本书可作为高校小学音乐师范类专业的教育实践指导材料,也可以作为在职音乐教师校本研修的培训用书以及音乐课堂教学研究的参考用书。本书的内容架构基于以教师发展为本的教师专业成长和终身教育理念,旨在以学习者个人反思为基点,通过大量的系列任务驱动下的反思→学习→设计→实践→再反思的循环过程,激发学习者的思辨意识,帮助学习者提升能力,促进专业发展。

学习者个体可以根据自己所思考的问题"对症下药",找寻到相应的章节内容展开重点学习,完成自我研修。入职不久的教师,可以通篇学习并结合实践对音乐教学中的歌唱、听赏等主要教学模块反复推敲直至掌握;学习团体如一个教研组,可以"按图索骥"根据章节的内容安排,逐步实施校本培训。高等师范院校或职后师资培训施教者,建议按照本书的编写逻辑,以一个任务学习为一课时,逐步展开教学实施,并及时小结,促使学习者的专业成长。

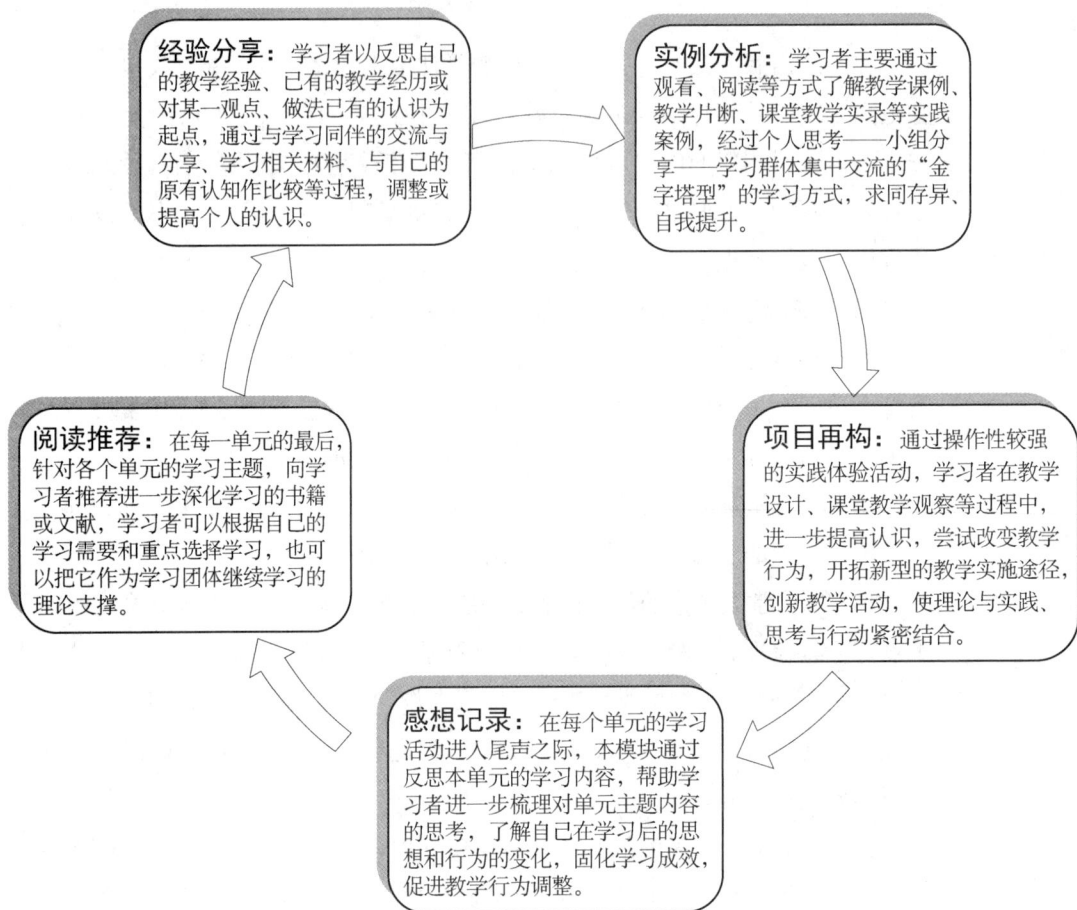

经验分享: 学习者以反思自己的教学经验、已有的教学经历或对某一观点、做法已有的认识为起点,通过与学习同伴的交流与分享、学习相关材料、与自己的原有认知作比较等过程,调整或提高个人的认识。

实例分析: 学习者主要通过观看、阅读等方式了解教学课例、教学片断、课堂教学实录等实践案例,经过个人思考——小组分享——学习群体集中交流的"金字塔型"的学习方式,求同存异、自我提升。

阅读推荐: 在每一单元的最后,针对各个单元的学习主题,向学习者推荐进一步深化学习的书籍或文献,学习者可以根据自己的学习需要和重点选择学习,也可以把它作为学习团体继续学习的理论支撑。

项目再构: 通过操作性较强的实践体验活动,学习者在教学设计、课堂教学观察等过程中,进一步提高认识,尝试改变教学行为,开拓新型的教学实施途径,创新教学活动,使理论与实践、思考与行动紧密结合。

感想记录: 在每个单元的学习活动进入尾声之际,本模块通过反思本单元的学习内容,帮助学习者进一步梳理对单元主题内容的思考,了解自己在学习后的思想和行为的变化,固化学习成效,促进教学行为调整。

学习导图

书中尚存在着需要修订之处,敬请读者在使用过程中提出宝贵的意见和建议,以便及时更新与完善,不胜感激!

邰 方

2017 年 10 月 5 日

简要目录

详细目录

第一章 基本教学常规

第二章　基本教学模块

3

第三章 基本教学活动

第四章　基本教学方法

第五章　基本教研途径

第一章　基本教学常规

在开启学习的第一章中,"基本"和"规范"是关键词。课堂教学常规在小学阶段是音乐课堂教学活动的基础,也是教师预设并实施有效教学的前提。因此,本章的学习将有助于学习者对本书中后四章学习的理解和感悟,后四章的学习内容是在第一章学习后的逐步累加。

在学习活动中,学习者要掌握小学音乐课堂中教学设计、范唱范奏、教学组织和课后延伸的基本原则和要领,努力做到在规范中发展,使"规范"成为自己教学特色形成和学生课堂教学常规、音乐学习习惯养成的基石。

在第一章的学习中除了掌握规范的教学方法,学习者还应在各个单元的学习活动中充分适应、了解学习模块的学习要求和目的,使自己能尽快投入、参与到学习活动中。

第一单元　教案规范

一、单元目标

1. 通过研究教材,学习一些教学设计理论,形成日常音乐课堂教学的设计思路。

2. 学习《义务教育音乐课程标准(2011年版)》(以下简称《课程标准》),明确音乐课程设计思路的要求。

3. 参照给出的教学设计思考途径,形成目标、过程、评价一体的音乐教学设计依据,建立音乐教案撰写的基本规范。

4. 提高独立教学设计能力,优化音乐课堂教学过程,构建并积累优质教学设计和案例资源。

二、预设成果

1. 学员形成系统的音乐教学设计思维导向。

2. 学员可以根据给出的范例,完成日常音乐教学设计和教案撰写。

三、任务设置

学习模块	学习任务	时间安排	达成要求
经验分享	任务一　自我审视	45分钟	1. 认识自己现有的教学设计思路和教案撰写方法。 2. 发现自己的思考盲点和教案撰写方面的不足。
实例分析	任务二　理念整合	90分钟	1. 学习《课程标准》,明确课程设计思路的要求。 2. 通过活动理解教学设计的基本概念和内在关联。 3. 形成主题、目标、任务一体的教学观念。
	任务三　思路引导	90分钟	1. 理解给出的系统教学设计思路。 2. 掌握教案撰写方法。
项目再构	任务四　设计实施	90分钟	1. 能够参考给出的思维方式和格式,完成一课时的教学设计和教案撰写。 2. 了解不同类型的教学设计思路和教案撰写方法。
感想记录	任务五　学习感悟	30分钟	1. 巩固对于教学设计的理性思考。 2. 形成自己的系统教学设计思路和教案撰写方式。

执教教材、纸、黑板、水笔。

任务一　自我审视

活动一　撰写课时教案的思考步骤

1. 小组活动

执教相同年级的教师形成一个组。若一人执教不同年级,则可按照本人意愿或人数均匀分组。根据教材内容选择。

2. 个别活动

每人准备一张 A4 纸和一支水笔。按顺序,写出看到指定课时的教学内容后,个人撰写音乐教案之前首先想到什么,接着考虑什么,然后列出个人撰写教案的基本板块(无需考虑具体内容安排和活动设计)。

3. 全员活动

(1) 组内成员依次进行,每人用 30 秒到 60 秒简单介绍自己的音乐教学设计思路和教案撰写方法。

(2) 组内推荐一位成员参加全员交流,介绍自己的音乐教学设计思路和教案撰写方法,并用板书记录基本步骤。

(3) 第一组代表介绍完毕后,主持人随机邀请其他小组的代表依次介绍,如果和第一组的步骤基本一致,归入第一组;若不同,板书记录。

(4) 主持人根据板书呈现的内容总结学员现有的思路与方法。

活动二　回顾常用教学途径与方法

1. 个别活动

每人分别写出自己在日常音乐教学中常用的或偏好的教学途径和方法,然后思考举例,进行简单说明。

2. 小组活动

(1) 组内成员依次进行交流说明,在下表中用数字统计组内不同的教学途经和方法。

(2) 尝试归纳不同途经、方法的共同教学特征,并记录在下表中。

途经/方法	常用的	偏好的	共性特征

（3）在呈现的放大表格中记录各组的表格统计情况并进行汇总。

（4）个人思考：你常用的或偏好用的途径和方法，及其具备的音乐教学特征是如何在你的教学设计和教案撰写中体现出来的？结合活动一中的内容，可作补充撰写。

（5）小组讨论。

实例分析

任务二　理念整合

活动一　学习《课程标准》

1. 全员活动

学员学习《课程标准》中有关课程设计思路的说明，主持人请学员针对以下五点要求进行思考。

> **课程设计思路：**
> 1. 凸显音乐课程的美育功能，以音乐活动方式划分教学领域。
> 2. 设计丰富的音乐实践活动，引导学生主动参与。
> 3. 正确处理音乐知识、技能的学习与审美体验和文化认知的关系。
> 4. 根据学生不同年龄段的心理发展水平和音乐认知特点，分学段设计梯度渐进的课程学段目标及相应的课程内容。
> 5. 课程内容的设计，在明确的规定性和适度的弹性之间寻求平衡，给教师教学和地方音乐课程资源开发留有创造和选择运用的空间。

2. 小组活动

四人一组，请学员讨论如何将《课程标准》的理念运用于教学实践中，并将讨论结果记录下来。

3. 全员活动

请各组推选一名学员汇报小组讨论结果，主持人把学员的讨论结果记录下来。如有相同意见或想法，则不必重复记录。

活动二 任务小结

音乐教学设计是以系统方法解决音乐教学问题的过程为框架,使先进的音乐教学理论与教学实践有机结合,实现音乐学科教学的最优化,从而让音乐课堂教学成为优化的整体,达到科学性与艺术性的和谐统一。根据当前的课改和课程标准要求,如果能建立科学的音乐课堂教学设计理论,将有助于改变传统教学设计缺乏系统考虑的弊端,创新课堂教学形式,建立适合学生学习音乐的课堂教学环境,使学生在轻松愉快的氛围中积极主动地参与音乐教学活动,实现音乐教育课程目标。

任务三 思路引导

活动一 了解系统教学设计

1. 小组活动

了解个人对教学设计的认识。每个小组准备一张白纸和一支水笔,讨论音乐教学设计中主要包括哪些内容。

2. 全员活动

组内推荐一位成员参加全员交流,介绍小组讨论结果。主持人将学员交流的内容罗列在黑板上,如有重复则不重复记录。

3. 主持人的话

音乐学科教学设计的基本环节:

【课题】

【教材版本】

【课时】

【教学内容】

【教材分析】

【学情分析】

【教学设计思路】

【教学目标】

【教学重难点】

1. 教学重点

2. 学习难点

【教学过程】

说明:

1. 学习要点

2. 教学意图

【教学流程图】

【教学反思】

活动二　系统教学设计思路

1. 教学内容的安排

（1）全员活动：在进行教学设计时，首先应考虑整个教学单元中各个教学内容，例如听、唱、演等分布在每个课时之间的比例，进而考虑每一个课时中教学内容的安排。请大家思考每一课时教学内容安排的比例。

（2）小组活动：出示以下教学案例，四人为一组进行讨论：教学内容是否得当，可以如何调整。每位学员针对队员提出的问题发表自己的意见。

【教学内容】

1. 学唱：《卖报歌》

2. 综合表演：《我是小报童》

（3）主持人记录并归纳大家的意见与建议。

（4）活动小结。

小学音乐教师在设定课时安排时的要领是：

1. 在教学内容安排中，可以设定一个主要教学内容，例如新授一首歌曲，它在整个课时中应占有相当的比例；可以选择运用若干辅助教学材料使教学内容更充实，如在新授一首歌曲之前，先聆听一首与主要教学内容相关联的歌（乐）曲。

2. 在设定一课时教学内容时，教师可以选择同一单元中的内容加以组合，也可以适切地选择单元以外或教材以外的内容来辅助主要教学内容的教学实施，但是要清晰地意识到所选内容对主要教学内容是无辅助作用的，即无效的。

3. 不要在一个课时中安排过多的教学内容，这将不利于深入地开展主要教学内容的教学，使教学层次和板块不清晰。

4. 可以尝试罗列一个学期或一个学年教学进度麦，使教学内容能适时、适度地得到实施与推进。

2. 教材与学情分析

（1）思考：确定了教学内容后。可以开始预设教学目标了么？除了课题、教学内容之外，还有哪些因素有助于合理适切地预设教学目标？

① 小组内进行讨论。

② 主持人出示上述案例的后续部分。

【教材分析】

本课是人民教育出版社出版的《音乐》教材中三年级第二学期第三单元"音乐中的故事",主要教学内容是学唱歌曲《卖报歌》。《卖报歌》是人民音乐家聂耳在二十世纪三十年代创作并流传至今的优秀儿童歌曲。这首歌以朴素的语言,辛辣的笔调,刻画了旧社会卖报儿童的苦难生活,全曲为F调,2/4拍子,一段体结构,分节歌形式。歌曲既反映了孩子们对旧社会的控诉,又表现了孩子们对光明的未来充满希望的心情和乐观主义精神。

《卖报歌》歌曲欢快活泼、唱起来朗朗上口。歌曲中的主人公与学生年纪相仿,所以整体比较贴近三年级学生的情感世界和心理特点。该首歌曲开始即以跳跃的节奏,简朴活泼的音调模拟报童的叫卖声,生动地勾画出天真可爱、奔跑叫卖的报童形象。歌曲的基调乐观活泼,形象单纯,结构短小,是四个乐句的单乐段结构。由于采用了五声宫调式,所以色彩明朗又富于民族风格,唱起来朗朗上口,优美流畅。这首三段歌词的分节歌在演唱时可做以下处理:第一段的速度稍快,反映了报童等派报时的焦急心情;第二段最后一句速度稍慢,音量稍弱,表达了报童内心的凄苦;第三段最后一句是全曲的高潮,表现出报童对未来充满希望的心情。

【学情分析】

本课为三年级第二学期内容。此前学生已经习得了一定的歌唱方法和习惯。三年级学生比较活泼开朗,咬字吐字较清晰,音准也有一定的把控能力。他们对未知的事物充满了好奇,有较强的求知学习欲望,对音乐知识有初步的了解和认识,模仿能力较强,想象力丰富。在日常的学习中,一部分学生对歌曲力度变化的把握还有欠缺,需要教师适切的指导。

(2) 思考:教材分析需要分析的内容到底是什么?学情分析可以从哪些方面展开?

① 小组内讨论。

② 每组一人介绍讨论结果,主持人板书记录并作归纳。

③ 活动小结。

教材分析的要点:

1. 方法:分析"符合该年段学生认知特点和学习水平"的教学内容,而非笼统、艰深的音乐学科知识、系统的曲式结构分析。

2. 思路:

(1) 通过对音乐教材的分析,明确音乐知识的学习内容有哪些,挖掘音乐作品内在的思想情感,了解相关音乐文化;

(2) 针对音乐作品的内容及其内涵,课堂教学的重点确立在哪些方面;

(3) 根据音乐思想情感、相关文化,以及本课内容的学习特点,提炼育人价值。

学情分析的要点：

1. 方法：分析学生"针对教学内容及其学习基本要求"的知识、能力、经验等客观基础、实际基础,而非一般、笼统的泛泛而谈。

2. 思路：

(1) 根据本课教学内容及其教学重点,客观分析所教班级学生的知识储备、能力水平、经验基础、学习心理及其差异;

(2) 根据学生的实际情况,找到学习基础目标及其重点和学生基础之间的差距;

(3) 根据教学需要达成的目标、重点以及学生的客观基础,在教学目标、重点和学生基础的差距之间,搭设几个逐步解决难点的符合实际、具体明确的方法、策略。

3. 教学目标的制定

(1) 小组活动：以六人为一组,根据案例给出的主题、内容、教材分析、学情分析,小组内讨论并预设本案例的教学目标,组内记录。

(2) 小组活动：主持人呈现该案例的教学目标设置;小组内讨论案例中的目标撰写是否还可以调整。

【教学目标】

1. 学习歌曲《卖报歌》歌曲,了解歌曲的创作背景及作曲者聂耳。

2. 初步能用轻快而有弹性的歌声,有表情地演唱歌曲《卖报歌》。

3. 在听听、唱唱、演演、奏奏的音乐活动中,体会歌曲表达对光明的未来充满希望的心情和乐观主义精神。

(3) 全员活动：每组一人表述组内观点,全员研讨。

(4) 活动小结：运用恰当的行为动词,可以使我们撰写的目标指向更为明确。如下表：

学习水平	基本内涵	行为动词举例
识记	对重要的音乐符号、主题、要素、音乐文化等知识进行认知、记忆与回忆;对音乐唱、奏、舞等技能进行模仿、学习。	了解、知道、认识;感受、感知;背记、背唱;辨认;初步学会
理解	能正确把握音乐符号、要素、音乐文化的含义,以及唱、奏、舞等音乐表演技能的要义。	听辨;联想、想象;区分、描述;识读;学会
运用	能运用所学音乐知识与技能,理解、表现音乐形象、音乐情感;区分、鉴别音乐风格、音乐表现形式与相关音乐文化;开展音乐创编、表演活动。	使用;辨析;创编;掌握

如果我们觉得只用行为动词还不能区分新授内容与复习内容的难易、深浅程度,我们还可以在行为动词前加上表达不同程度的词语加以区分。如:初步、进一步、逐步、基本、熟练、喜爱、热爱、增进等等。

制订教学目标时需要关注的要领:

1. 判断教学效果最根本的依据是学生在课堂上是否获得音乐的情感体验和音乐能力的切实锻炼、提高,而不是教师的主观愿望是否实现或教学任务是否完成。这也是一个教学目标表述是否正确的最根本的判断依据。

2. 教学目标一定是可测可评的。其一,它要有课时针对性,也就是针对本课时而言,而不是在每节音乐课中都能被套用。在这里,我们要避免目标撰写得空泛与夸大。其二,课堂教学实施后,我们可以反过来对照我们之前制订的教学目标,检查它们的达成度并进行测评。测评它们的课堂实施效度和可操作性以便及时调整目标设置。

3. 目标表述的行为主体必须是学生而不是教师,情感态度与价值观是处于音乐教学第一位的核心目标。

4. 教学重难点的把握

(1) 小组内分析讨论案例中的重点难点。

(2) 每组派代表,说明案例中可能提炼出的重点与难点并说明理由。

(3) 主持人呈现该案例教学设计的重难点部分。

【教学重难点】

1. 教学重点:能够初步用轻快、有弹性的声音演唱歌曲。

2. 教学难点:基本能够用不同的语气和速度唱好歌曲的三段歌词,并能进行歌表演。

(4) 个人活动:思考:教学的重点和难点如何准确把握与表述?

(5) 活动小结:

"教学重点"是一节音乐课中师生通过各种音乐活动要努力完成的教学任务,而"教学难点"是在完成的教学目标之上的对教学内容和目标的提升和发展,或者是在完成这种"重点"教学任务的过程中难以"逾越"的教学"障碍"。我们在进行教学设计时,要重视教学重点与难点的预设,找准它们,我们才能运用层层深入的教学方法来突破它们,达到预期的教学目标。重点是教学内容本身包含的,难点是教学中生成的,它们的界限十分清晰。在音乐教学中,教学重点与难点的预设,可通过如下表格加以区分与把握:

教学重难点预设	教学重点预设	1. 符合主要教学内容,能够较准确地找到教学内容需要解决的最重要,最核心的知识与能力点。 2. 体现基本性、核心性。
	教学难点预设	1. 符合学生学习实际。(能够客观地反映知识能力要求和学生实际之间的差距) 2. 符合具体教材内容。(反映教材学习中客观存在的知识能力难点)
	核心知识把握 (对应重点)	正确把握对表现音乐情感、描绘音乐形象起重要作用的音乐要素及音乐文化、风格流派、曲式、题材等相关知识。
	核心能力聚焦 (对应难点)	对教材难点预设准,符合学生实际学习基础;有明确的培养某一方面能力的目的、要求。

音乐学科教学要求掌握的知识要点并不一定都存在教学难点。在实际教学中,教学重点往往包含了难点。也就是说,它们既有分别,又存在着不可分割的内在联系。

教学环节的设计是以教学重点和难点的层层突破、步步深入为主要依据的,教学重点和难点是开启整节课"法门"的"钥匙":承上——在分析教材和学情基础上,为达成教学目标应运而生;启下——为之后的教学环节设计提供主要突破点,直至达成教学目标。

5. 设计教学环节

(1)个别活动:思考:已经明确了教学目标,把握了教学重难点,知道如何来设计教学环节。

(2)头脑风暴:列举你在自己的教学环节设计中遇到过哪些问题?

```
        ┌──────────────┐
  ←─────│ 教学环节设计   │─────→
        │ 中遇到的问题?  │
        └──────────────┘
```

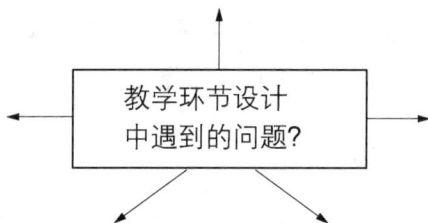

(3)主持人归纳出现的问题:

① 有些教师设计教学环节时,会出现前后环节及步骤重复、颠倒、不符合学生认知水平等现象。

② 教学环节之间较为松散,关联不够紧密,无法看清教学线索。

③ 有的教师认为在教学设计上把每一步做什么写清楚就已经很具体了,或者认为教学设计是无法将教学中的情况变化反映出来的。

④ 在教学过程设计中,有些教师会安排两个新授的内容,或整节课只安排一个教学内容,这都不符合课堂教学容量的要求,这一点之前已经提及。

⑤ 不重视教学设问的设计,问题多为"好不好"、"要不要"等无效的问题,不能引起学生对音乐知识的探索与思考。

⑥ 教案中呈现的语言区分单一,表述方式陈旧,仅为"师:⋯⋯生:⋯⋯"

(4)主持人出示案例的教学设计部分,请学员思考本教学环节设计中还有哪些问题需要改进?

【教学环节设计】

一、导入新课

1. 聆听国歌。

导入语：(1) 每当国旗升起时，我们都要唱响什么歌？（国歌）

(2) 你们知道这首雄壮、振奋人心的国歌是谁作曲的吗？（聂耳）

2. 学生齐唱国歌。（课件播放《国歌》视频）

3. 认识了解聂耳。（课件展示聂耳图片，师讲解资料，并配有字体）

4. 介绍《卖报歌》创作背景。

师以讲故事形式介绍《卖报歌》创作背景。（课件展示聂耳创作《卖报歌》的故事文字资料，配有背景音乐）

二、学习歌曲《卖报歌》

1. 教师范唱全曲。

提问：这是一首大家很熟悉的歌，今天听起来有什么不一样的感受？音乐情绪如何？

学生自由讨论、发言。

2. 复听录音范唱。

提问：这首歌曲共有多少段？每一段有几句旋律？（三段、4 句旋律）

3. 学唱歌曲旋律。

学生跟琴用"lu"模唱。

4. 朗读歌词。

(1) 要求：有表情地高位置朗读。

(2) 师生共同讨论歌词内容。

提问：找一找，哪几句歌词里表现了生活的苦难？

(3) 按节奏朗读难点节奏歌词。

5. 分段学唱歌曲。

(1) 学唱第一段歌词。

提问：如何体现小报童的活泼、乐观？他是用什么样的声音来叫卖报纸？

学习指导：高位置、有弹性的声音，稍快的速度演唱。

(2) 学唱第二段歌词。

提问：到了晚上小报童的报纸还没卖完，她的心情是怎样的？

学习指导：最后一句速度稍慢，音量稍弱，表达报童内心的凄苦。

(3) 学唱第三段歌曲。

提问：面对苦难生活的小毛头渴望着什么？用什么样的情绪、速度演唱？

学习指导：先慢后快、句末充满希望。

6. 有感情完整演唱歌曲。

要求：词曲正确、高位置演唱、富有情感。

三、表演歌曲

1. 用打击乐器为歌曲伴奏。

提问：小报童是在什么样的天气中卖报纸的？应该用什么乐器伴奏比较合适？（沙锤）

(1) 师生讨论节奏型伴奏，并用自制的沙锤为乐曲伴奏。

提问：每天天不亮小报童就被钟声敲醒了，钟声用什么乐器伴奏比较合适？（三角铁）

(2) 学生讨论不同段用不同乐器伴奏。

(3) 教师小结统一伴奏型。

（沙锤 $\frac{2}{4}$ × × ｜× ×‖　三角铁 $\frac{2}{4}$ ×—｜×—‖）

2. 创编动作表演歌曲。

方法：学生手拿报纸边跳边唱表演歌曲。

3. 综合表演。

活动方式：分乐器组、舞蹈组、演唱组进行综合表演。

四、教学小结

同学们，我们今天在这里深切地缅怀了人民音乐家聂耳，学习和演唱了他为我们少年儿童创作的歌曲《卖报歌》，通过歌曲的演唱，让我们体会到当年的小报童悲惨的童年。而你们今天能坐在这宽敞明亮的教室里学习是多么幸福，让我们珍惜所拥有的一切。

(5) 小组活动：四人为一组，讨论自己对以上案例的改进意见。并交流在进行教学环节设立时需要注意的要领。

(6) 全员活动：每组派代表交流小组讨论的结果，主持人记录并归纳。

(7) 活动小结：

① 教学过程具有内在的逻辑性，一个教师的教学思路清晰表现在教学逻辑十分连贯、清楚上。我们应该做到的是：a. 教学环节要集中体现并围绕解决教学重点与难点。b. 教学过程的各个环节是层层递进的关系，不可倒置。c. 符合对教学内容本体的分析和学生音乐学习的规律和学段特征。d. 有教学主线贯穿始终。

② 音乐教学节奏不能松弛，我们要把每一环紧紧相扣，连成我们的教学链，逐步抵达教学目标的终点。

③ 我们通过试教等途径，可以获知实施教学策略时学生可能产生的某些反应，就可以在教学设计中将这些反应写入教案，把课堂应对的方法一一罗列，这会使我们的教学设计更有层次感，也便于我们进行有效的教学策略积累。

④ 教学过程设计应是密度合理的,再具体些,我们的每一步教学策略运用也应该关注学生的可接受度。在一个教学环节上是否要更深入地展开,这些应与教学资源组合,教学主教材辅教材设置,学生学龄学段等等相呼应。

⑤ 我们在音乐教学过程设计中,将设问直接表述为面向学生的提问,每个重要环节的提问内在具有一种递进、层层深入的态势,体现教学整体思路、逻辑,隐含育人立意,由此来引发学生的音乐思维启动、发散、加深等等。我们可以认为一系列的问题是串联起整节课的教学线索和导向。

⑥ 音乐教学环节中运用的教学语言既要规范,又要避免单一。

6. 教学说明的表述

(1) 全员活动:

思考:在教学环节设计的过程中,可以用何种形式来说明这个教学的主要目的? 你在表述自己设计意图时有什么困惑?

(2) 主持人出示案例。

一、导入新课

1. 聆听国歌。

导入语:

① 每当国旗升起时,我们都要唱响什么歌?(国歌)

② 你们知道这首雄壮、振奋人心的国歌是谁作曲的吗?(聂耳)

2. 学生齐唱国歌。(课件播放《国歌》视频)

3. 认识了解聂耳。(课件展示聂耳图片,师讲解资料,并配有字体)

4. 介绍《卖报歌》创作背景。

师以讲故事形式介绍《卖报歌》创作背景。(课件展示聂耳创作《卖报歌》的故事字体,配有背景音乐)

- -

说明:

1. 学习要点:认识国歌的作曲者聂耳,并了解歌曲《卖报歌》的创作背景。

2. 教学意图:通过讲解关于这首歌曲的作者聂耳的生平简介,以及聂耳创作这首歌曲的背景故事,让孩子们对报童们的苦难生活有个更直观的了解。

- -

二、学习歌曲《卖报歌》

1. 教师范唱全曲。

提问:这是一首大家很熟悉的歌,今天听起来有什么不一样的感受? 音乐情绪如何?

学生自由讨论、发言。

2. 复听录音范唱。

提问：这首歌曲共有多少段？每一段有几句旋律？（三段、4句旋律）

3. 学唱歌曲旋律。

学生跟琴用"lu"模唱。

4. 朗读歌词。

(1) 要求：有表情地高位置朗读。

(2) 师生共同讨论歌词内容。

提问：找一找，哪几句歌词里表现了生活的苦难？

(3) 按节奏朗读难点节奏歌词。

5. 分段学唱歌曲。

(1) 学唱第一段歌词。

提问：如何体现小报童的活泼、乐观？他是用什么样的声音来叫卖报纸？

学习指导：高位置、有弹性的声音，稍快的速度演唱。

(2) 学唱第二段歌词。

提问：到了晚上小报童的报纸还没卖完，她的心情是怎样的？

学习指导：最后一句速度稍慢，音量稍弱，表达小报童内心的凄苦形象。

(3) 学唱第三段歌曲。

提问：面对苦难生活的小报童渴望着什么？用什么样的情绪、速度演唱？

学习指导：先慢后快、句尾充满希望。

6. 有感情完整演唱歌曲。

要求：词曲正确、高位置演唱、富有情感。

说明：

1. 学习要点：初步能够词曲正确地唱会歌曲，并能初步用不同的情绪和速度表现歌曲三段歌词中小报童的不同心情。

2. 教学意图：通过学习歌曲的三段歌词内容，帮助学生了解解放前报童的苦难生活，能更好流露情感表现，进一步教育学生热爱党，珍惜今天的幸福生活。

三、表演歌曲

1. 用打击乐器为歌曲伴奏。

提问：小报童是在什么样的天气中卖报纸的？应该用什么乐器伴奏比较合适？（沙锤）

(1) 师生讨论节奏型伴奏，并用自制的沙锤为乐曲伴奏。

提问：每天天不亮小报童就被钟声敲醒了，钟声用什么乐器伴奏比较合适？（三角铁）

（2）学生讨论不同段用不同乐器伴奏，学生自己探究。

（3）教师小结统一伴奏型。

（沙锤 $\frac{2}{4}$ ×× ｜ ×× ‖　　　三角铁 $\frac{2}{4}$ ×— ｜ ×— ‖）

2. 创编动作表演歌曲。

小组讨论并练习。

方法：学生手拿报纸边表演歌曲。

3. 综合表演。

活动方式：分乐器组、舞蹈组、演唱组进行综合表演。

说明：

1. 学习要点：能够用简易打击乐的固定音型为乐曲伴奏，并尝试用符合小报童形象的动作进行歌表演。

2. 教学意图：选择自己喜爱的方式表现歌曲，通过打击乐伴奏、演唱及歌表演，充分调动学生的学习主动性，深切地感受报童的苦难生活，并抒发对未来生活的美好憧憬。

四、教学小结

同学们，我们今天在这里深切地缅怀了人民音乐家聂耳，学习和演唱了他为我们少年儿童创作的歌曲《卖报歌》，通过歌曲的演唱，让我们体会到当年的小报童悲惨的童年。而你们今天能坐在这宽敞明亮的教室里学习是多么幸福，让我们珍惜所拥有的一切。

（3）小组活动：四人小组讨论：教学说明的作用是什么？如何来进行教学说明？

（4）全员活动：每组派代表交流讨论结果。

（5）活动小结。

在进行教学说明表述时需要关注的要领：

1. 我们在写教学说明时要做到的最基本的事情是说明这一环节与上一环节或下一环节之间的关系，特别是有的教学环节起到承上启下的关键作用，我们在教学环节陈述时无法体现。可以在教学说明中加以补充、明确。这是一个能够很好地串联起整个教学环节的表达空间，可以让我们把教学策略后的一切隐性的理念展现出来。有的教师认为教学说明是一个环节归一个环节来写的，其实我们要关注它的整体性。

2. 教学说明中要"点"出学习要点，即本环节主要解决的问题及"知识与技能"的学习水平要求；并在此基础上，解析教学策略及意图，即采用怎样的教学策略，使学生学会怎样的学习方法（聆听，唱、奏、演、舞、创，探究与合作，交流与表达等）。

3. 通过教学策略的运用,我们预设使学生形成怎样的能力(感知、理解、辨析、判断、评价等)、生成怎样的情感态度(学习的兴趣、习惯,对作品情感的体验、思想内涵的感悟与价值判断,融入"两纲"及相关德育要求等),这些都应该包含在教学说明之内。

4. 每个教学环节中,我们都有要解决的关键性问题,它们往往会影响整个课堂的流畅度和实效性。我们在教学说明中可以尝试解答在这一个教学环节中,我们是如何针对、围绕这一教学关键问题实现突破的。

活动三 任务小结

教学设计前要确定音乐课堂的教学目标,设计与教学目标相匹配的学习活动,进而撰写教学设计方案,这是教学准备必须考虑的三个环节。教学目标是教学准备的起点,只有在整体把握、明晰教学三维目标的基础上,教学才有方向、也有效益底线;设计适合学生音乐学习发展,并能有效突破教学重点、难点的教学方法和环节,是为了使学生有更好的音乐学习表现,教师要在教学实施前通过撰写教学设计理清教学思路和主线。我们要以课程标准为依据,保持教学设计中各个部分的内在一致性,设计好融课程标准、教学、学习于一体的音乐课堂教学方案,使学生与我们自己都获得最大化教学效益。

在这里,为大家精炼地归纳撰写时需要关注的要点:

(1)叙写目标分清三个维度,主体为学生,避免高、大、空。

(2)分别撰写教学重点与难点。重点确定突出核心知识与能力点;难点预设客观反映知识能力要求与学生实际水平的距离。

(3)教学设计时,应关注课内外资源的有效筛选、整合、利用。

(4)运用适合大多数学生身心特点及已有音乐学习能力的教学策略,必要时实施分层教学。

项目再构

任务四 设计实施

活动一 撰写一课时的教学设计和教案

小组活动

1. 根据给出的教学设计的要求和范例完成一课时教学设计和教案撰写。

(1)以四人为一组,采用给出的格式,根据三年级第二学期音乐教材,以相应第五单元《夕阳》为主要教学内容,合作完成一课时教学设计和教案撰写。

【课题】

【教材版本】

【课时】

【教学内容】

【教材分析】

【学情分析】

【教学目标】

【教学重难点】

1. 教学重点

2. 教学难点

【学习环境资源】

【教学过程】

说明：

1. 学习要点

2. 教学意图

（2）每小组依次交流，其余学员听完后可提出问题和建议。

活动二　音乐教学设计的原则与策略

一、全员活动

了解当前不同教学设计的思路。

1. 选择并阅读两个案例

案例一

【课题】《快快长》

【教材版本】选自上海音乐出版社九年制义务教育课本

【教学内容】初步学唱歌曲《小雨沙沙》

【教材分析】

《小雨沙沙》是一首由四个乐句组成的歌曲。前两个乐句表现了"小雨"和"种子"对话的情景，后两个乐句是告诉学生种子生长的过程。全曲展现出春意盎然的生气。歌曲的引子部分和尾声部分用了相同的音型模仿了雨声，更生动形象地描绘了春雨蒙蒙的景象，为歌曲演唱增添了无穷的乐趣。歌词则运用了拟人的手法，寓科学知识于歌唱活动中，学生可以从浅显易懂的歌词中懂得科学知识。

【学情分析】

所教的一年级学生由于刚接触唱游课程，在前阶段的学习中学习了音的强弱，音的长短，在初听乐曲中，帮助学生更好地学习聆听音乐、表现音乐形象，也在学唱歌曲中更好地根据歌曲情绪表现音乐。

【教学目标】

1. 初步学唱歌曲《小雨沙沙》，了解大自然中种子萌芽的过程，感受春天美好的意境。

2. 在聆听模仿、感受体验、理解讨论等音乐活动中，学唱歌曲《小雨沙沙》。

3. 能带着活泼、欢快的情绪演唱歌曲《小雨沙沙》。

【教学重难点】

1. 学习重点：能用活泼欢快的情绪演唱歌曲《小雨沙沙》。

2. 学习难点：容易混淆歌词中的衬词"哎呀呀"、"哎呦呦"；引子和尾声渐弱的演唱。

【教学准备】

多媒体、钢琴、题板和卡片。

【教学过程】

一、组织教学

衔接语：小朋友们，快乐的音乐时光又开始啦！让我们一起翩翩起舞吧！

听音乐《小雨沙沙》拍手进教室，听到小铃声拍手入座。

二、聆听模仿，感受体验

导入语：小雨点啊要和我们来问好，让我们一起听一听，它的声音是怎样的。

1. 教师弹唱引子部分：5 5 55 0 | 5 5 55 0 |

2. 教师提问：你能模仿它的声音吗？（全体学生唱引子部分）

3. 全体学生从 g 开始唱引子部分，半音模进至 b，各唱一遍。

说明：

1. 学习要点：本环节的重点意在学生模仿小雨点的声音"沙沙"，能够唱好"沙沙"，为歌曲《小雨沙沙》的引子和尾声做铺垫。

2. 设计意图：本环节重点意在通过聆听与模仿，初步感知小雨点的声音。

衔接语：这一次小雨点的声音发生变化了，我们一起来听一听。

4. 出示小雨点从彩虹上滑落的景象，教师弹唱引子部分：

5 5 55 0|5 5 55 0|5 5 55 0|5 5 55 0||

f   p

教师提问：小雨点的声音怎么了？

衔接语：是啊，小雨点被彩虹姐姐带走了，所以它的声音越来越轻。我们用一个符号来表示小雨点越走越远，它的名字叫做"渐弱"。

　　三、讨论学习，理解歌词

　　关键设问：你们的声音真好听，小雨点很想和你们做朋友，今天啊，它要为大家表演一首歌曲，请你仔细听一听，小雨点和它的好朋友小种子在歌曲里唱了什么呢？

　　1. 初听歌曲《小雨沙沙》。

　　2. 教师提问：你们听到了什么内容？

　　(1) 小种子在说话→教师带领学生有节奏地念读歌词：种子　种子　在说话　在说话

　　(2) 小雨沙沙的声音→教师带领学生有节奏地念读歌词：小雨　小雨　沙沙沙　沙沙沙

　　总结语：

　　(1) 这是一首多么动听的歌曲啊，它的名字就叫做《小雨沙沙》。(课件出示歌曲名字以及作词作曲)，我们一起来把它的名字念一念：《小雨沙沙》。这个小雨点啊是飘在天空中的小雨点，让我们一起来模仿天空中小雨点的声音：《小雨沙沙》。它是由许竟爷爷作词，王天容爷爷作曲的。它描绘了一幅春天里春雨绵绵，小种子破土而出的景象。

　　(2) 小种子在小雨点的帮助下，是怎样一步一步长大的呢？老师这里有四张图片，同时我也已经把它们放在了各位小组长的位子下面。图片上画着小种子四个不同的成长过程。分组讨论，让我们听一听，小种子是怎样在小雨点的帮助下，一步一步长大的。

　　3. 教师弹奏，分组讨论音乐，学生复听歌曲《小雨沙沙》，分组进行讨论排序。

　　4. 教师弹奏结束，邀请小组长上前，先一一解释每幅图片的含义，并带领学生读一读每幅图对应的歌词并做动作。

　　(1) 小种子上有小雨点飘下来，小种子尝到了甜甜的雨水：

　　——哎呀呀，雨水真甜

　　(2) 小种子喝到了雨水，想要快快发芽：

　　——哎呦呦，我要发芽

（3）小种子已经长出一点点，想要出土：

——哎呀呀，我要出土

（4）小种子已经完全钻出了泥土，想要长大：

——哎呦呦，我要长大

核对答案，并为自己鼓鼓掌。

收题板，请小组长回座位。

说明：

1. 学习要点：本环节旨在进一步熟悉歌词，分组讨论，了解植物生长过程，领会歌词的含义。

2. 设计意图：本环节旨在通过聆听与初步感受乐曲情绪；提问回答，及师生交流得知歌词内容和词曲作者；通过动作的表演，意在培养学生理解歌词含义，了解植物的生长过程，亲近大自然。

衔接语：我们一起来看一看，歌词里到底说了些什么。我来念一念蓝色的字，我来扮演春雨姐姐，请你们来念一念红颜色的地方。

5. 读歌词。

（1）师生配合念读歌词＋动作。

小种子迫切地想要到地面上来见到春雨姐姐，所以它说："哎呀呀，雨水真甜。"

（2）师生配合念读歌词＋动作。

小种子终于到地面上，它高不高兴呀？"哎呦呦，我要发芽。"

教师提问：小种子喝了甜甜的雨水又说了什么呢？

（3）师生配合念读歌词＋动作。

小种子终于到地面上来了，所以它忍不住高兴地说："哎呀呀，我要出土。"

（4）师生配合念读歌词＋动作。

最后小种子终于要长成一棵大树了，它说："哎呦呦，我要长大。"

说明：

1. 学习要点：本环节重点读歌词，强调衬词"哎呀呀"和"哎呦呦"的区别。

2. 设计意图：本环节旨通过学习歌词、重点纠正、动作辅助学习四段歌词，在朗读歌词的过程中，感受歌词生动的情感表达。

（5）歌词完整地读一遍。

衔接语：现在老师把歌词拿走了，让我们一起跟着音乐，看着图片提示，完整地念一念歌词。

6. 全体起立，动作＋念歌词（播放伴奏音乐）。

四、学唱歌曲《小雨沙沙》

导入语：小雨点要奖励大家走一条音乐小路，请你赶快拿出小手指，找一找小雨点在哪里。

1. 出示旋律线，教师钢琴弹奏旋律，学生手指跟着旋律线划出旋律走向（E大调）。

衔接语：让我们用"lu"来唱一唱旋律。

2. 学生用"lu"演唱旋律，教师钢琴弹奏旋律，E大调。

3. 教师范唱＋动作（音乐伴奏）。

4. （1）女生演唱红色字体部分，即音乐第一段，教师钢琴弹旋律。

衔接语：这个记号我们在《一对好朋友》里看到过，它的名字叫做"反复记号"。

（出示反复记号：||），所以第一个和第二个反复记号中间的部分我们应该唱几遍？（两遍）请我们男生来唱一唱蓝颜色的部分。

（2）男生演唱蓝色字体部分，即音乐第二段，教师钢琴弹旋律。

5. 全体学生演唱歌曲《小雨沙沙》，教师钢琴伴奏。

6. 请1—2组学生分别演唱，其余学生给予点评。

7. 全体演唱歌曲《小雨沙沙》，播放音乐，歌表演。

衔接语：春雨绵绵，种子萌芽，现在，让我们一起表演《我是一颗小种子》。

结束语：老师很高兴可以和大家一起学唱歌曲《小雨沙沙》，让我们听着音乐走出音乐教室吧。

案例二

【课题】三年级第一学期第四单元《小乐队》

【教材版本】选自人民教育出版社九年制义务教育课本

【教学内容】

1. 听赏民乐合奏的《紫竹调》。

2. 小组合作表演。

【教材分析】

本课选自人民教育出版社三年级第一学期第四单元课本，主要教学内容是听《紫竹调》，感受乐曲优雅、委婉的韵味，以及江南丝竹的独特魅力。乐曲《紫竹调》原系江苏南部民间小调，具有较强的叙述性，含蓄委婉，通俗流畅，常作为地方戏剧中亲人之间情感倾诉与表达的唱腔，是中国南方最流行的民间音乐，由于江南丝竹的独特魅力，使其成为世界上的文化遗产。

【学情分析】

作为小学高年级的学生,他们已在四年级时对民乐知识中的乐器的分类作了初步的认识,所以在五年级时,由原先的知识迁移到对江南丝竹的了解是顺理成章的,学生的音乐视野也会由此而打开。在让学生感受江南丝竹音乐魅力的同时,适当进行对比欣赏,可以加深学生对本土音乐的了解,在师生和谐合作表演沪剧及小组合作表演的过程中,培养了学生的合作表演能力,并再次体验到乡土文化的魅力,传承优秀的文化遗产,弘扬民族文化。

【教学目标】

1. 欣赏民族乐器合奏的《紫竹调》,感受江南丝竹委婉流畅的音乐特点,激发学生对本土音乐的兴趣。

2. 基本知道民族乐器中的"四大件",并能初步跟着音乐哼唱旋律。

3. 通过情景感受和对比欣赏,体验乐曲描绘的意境,并能以小组合作的方式表现音乐。

【教学重难点】

1. 教学重点:了解江南地区音乐旋律、节奏、风格的基本特点。

2. 教学难点:用小组合作的方式表现音乐。

【教学过程】

一、听笛子演奏的《紫竹调》,边听边进教室。

关键设问:

1. 乐曲将你带到了什么地方? 请你用语言描绘一下。

2. 你能听出乐曲是由什么乐器演奏的? 你还知道哪些民族乐器?

说明:

1. 学习要点:请学生在悠扬的笛声中边听音乐边进教室时感受江南水乡的意境。

2. 设计意图:巩固对音乐欣赏曲目《牧笛》的知识,并可以引出民族乐器中二胡、琵琶、扬琴,为欣赏民乐合奏的《紫竹调》作铺垫。

二、欣赏民乐合奏的《紫竹调》

1. 初听。

(1)关键设问:音乐情绪是怎样的? 你能听出有哪些乐器演奏的?

(2)边感受乐曲的情绪边模仿各种乐器演奏的姿势。

(3)介绍音乐知识:琵琶、二胡、笛子、扬琴合起来被称作民族乐器的"四大件"。

(4)介绍江南丝竹,拓展音乐视野。

2. 对比欣赏:
(1) 播放东北的《对花》音乐片段来进行对比欣赏。
(2) 感受江南音乐的委婉柔和,并体会南方丝竹音乐的节奏、旋律特点。

3. 复听:
(1) 自主选择乐谱哼唱主题旋律。
(2) 出示主题旋律谱例,感受不同乐器主奏的主题出现了几次。

三、拓展
师生互动合作表演沪剧名段《燕燕做媒》。

四、小组合作表演

五、小结
小结语:《紫竹调》原系江苏南部民间小调,具有较强的叙述性,含蓄委婉,通俗流畅,常作为地方戏剧中亲人之间情感倾诉与表达的唱腔,乐曲以二胡、琵琶、笛子演奏旋律,颇具江南丝竹的风格,是中国南方最流行的民间音乐。

2. 比较这两个案例中的教学设计思路与学员自己完成的有何不同,并思考为什么
3. 自由讨论

二、活动小结

音乐教学设计从整体来看,教学目标的设计必须明确,操作性强;过程的设计应新颖独特,能够体现教材的特点和教师的创意;教学手段的设计简捷有效、符合学生情趣;教学方法的设计能体现时代的特征和鲜明的音乐文化特色;教学媒体的设计能充分发挥信息技术的作用。总之,音乐教学设计要实现课程标准提出的"情感态度与价值观"和"知识与技能"目标,并通过教学设计落实课标中的"过程与方法"。所以,音乐课堂教学当通过教学及各种生动的音乐实践活动,培养学生爱好音乐的情趣,发展音乐感受与鉴赏能力、表现能力和创造能力,提高音乐文化素养,丰富情感体验,陶冶高尚情操。笔者以为应遵循以下教学原则:

(1)系统性原则。它是音乐教学设计体现完整性、合理性的重要原则,包括整个音乐教学的系统性、整册教材的系统性和整节课安排的系统性。

(2)人文性原则。音乐教学设计的人文性是体现音乐教学生命力的关键,对音乐学科的定位强调了音乐是人文学科的重要领域,教学设计当把音乐人文放在重要的地位,包括两方面:其一,通过学习音乐文化及与其他传统文化的关系,体味、理解音乐的文化内涵;其二,尊重学生的学习方式,发展学生的个性,充分保护学生的自尊和自信,体现师生之间的教学人文。

(3)情景性原则。对音乐教学而言,应该充分发挥通感的作用,给学生创造一个声像俱全的全新视听环境,使学生置身于优美的情景中,对音乐产生美好的感受和深刻的理解。

(4)音乐性原则。音乐教学设计当以精选的音乐为教学内容,让学生感受音乐的美。以音乐为载体,以音乐为导线,点燃学生的音乐情感之火,照亮学生的心灵之路,使音乐成为学生的心声。

(5)情感性原则。丰富的情感体验是音乐审美活动的核心,人的情感是生命的灵魂,"感人心者莫过于情"。教师动之以情,学生才能赏之生情,报之热情、激情并产生崇高的感情。

(6)创造性原则。艺术的生命力在于创新,能使学生产生创造的欲望。教学设计应该创设让学生能展示自己潜能的机会,指导他们创造的方法,不断给学生新鲜感,给学生以希望,激发学生创造的原始动力,给学生信心和勇气,使他们产生创造的冲动和愿望,产生创造力。

(7)开放性原则。新音乐课堂教学设计应体现开放的课堂、开放的内容、开放的手段、开放的过程、开放的评价。教师以开放的心态投入教学,让学生以开放的心态展开学习,体现音乐教学的民主性,使开放的教学环境成为学生自由遨游音乐世界的广阔天地。

感想记录

任务五　学习感悟

活动一　本单元的收获

1. 个别活动

分别把任务一和任务四活动一中个人撰写的内容贴入下表;然后完成下表中各栏目的填写。

本单元开始时,对于教学设计和教案撰写,我完成的有:	通过本单元学习,我完成了:

在本单元学习中, 我学到: 我想到: 我希望:

2. 小组活动

小组内依次交流个人的学习收获。

活动二　交流有特色的教学设计和教案

1. 个别活动

准备一到两份自己或他人的音乐教学设计和教案案例;思考:该案例在教学设计和教案撰写方面有哪些特色?

2. 小组活动

小组内进行交流并推荐一份最有代表性的案例。

3. 全员活动

各组依次介绍;学员思考:哪些方面可以借鉴并融入自己的教学设计和教案撰写?

4. 自由讨论

第二单元　范唱范奏

一、单元目标

1. 通过学习本单元的内容,了解音乐课堂教学中范唱范奏的重要作用。
2. 通过案例分析与讨论,寻找并明确有效的范唱范奏的原则、方法和策略。
3. 在实战演练中,掌握正确的范唱范奏技巧。

二、预设成果

　　学员能了解范唱范奏的重要性,掌握范唱范奏的方法和原则,并在实践中提升自己的业务能力。

三、任务设置

学习模块	学习任务	时间安排	达成要求
经验分享	任务一　明确范唱范奏的重要作用。	45 分钟	1. 回顾自己以往音乐教学经历,提高对范唱范奏的重视程度。 2. 明确范唱范奏的重要作用。
实例分析	任务二　了解范唱范奏的方法。	90 分钟	1. 通过对案例的分析,了解如何有效性地进行范唱与范奏。 2. 了解合适的时机与方式进行有效范唱范奏。
项目再构	任务三　设计范唱范奏的实战演练	90 分钟	能根据所给的音乐教材内容,确立恰当的教学目标和基本教学内容并设计相关的范唱范奏环节。
感想记录	任务四　交流感悟	45 分钟	1. 交流学习本单元后的感受。 2. 结合教学,加深对范唱范奏的理解,并在实践中提高范唱范奏的能力。

四、材料准备

　　阅读材料、教学录像、彩笔。

任务一　明确范唱范奏的作用

活动一　体验感受

1. 全员活动

（1）主持人以四至六人为一组，对全体学员进行分组。

（2）主持人出示一首歌曲的乐谱，请每组学员选择以下三种方式进行歌曲的学唱。

① 通过识谱学会歌曲。

② 通过播放多媒体学会歌曲。

③ 通过反复当面聆听教师的范唱学会歌曲。

（3）分组展示每组的学习成果，并每组派代表交流不同学习方式的感受。

（4）小组间相互评价并交流：哪一种方式更适合小学音乐课堂教学。

2. 活动小结

范唱范奏，是音乐教学过程中的重要步骤。教师以饱满的热情唱出歌曲所要表达的情感，用灵巧的双手奏出优美的旋律，使学生在听觉上保持对音乐的热情，引起学生的情感共鸣，对学生的情感投入产生潜移默化的影响，从而激发学生对音乐的兴趣，这是把音乐美的魅力传递给他们的先决条件。

活动二　明确作用

1. 小组活动

（1）请学员阅读下面有关"范唱范奏的作用"的论述，并思考：你最认同哪一个？为什么？

① 范唱范奏是音乐教学的良好开端与成功的一半。

② 范唱范奏能够让学生对歌曲（乐曲）有初步的认识，激发学生的学习兴趣。

③ 通过范唱范奏，将谱面上静态的音符变成实际音响，供学习的主体——学生们去感知、理解。

（2）学员按四人一组分组。在小组内交流对上面各种论述的看法。

2. 全员活动

请一些学员就他们认同的范唱范奏的作用发表自己的看法，鼓励其他学员提出不同看法。

3. 活动小结

（1）范唱范奏是音乐教学过程中的重要步骤。

《课程标准》指出音乐教学应坚持以审美教育为核心的教育，注重培养学生对音乐的兴趣、爱好及情感。教师通过自己饱满的情绪、准确的演唱、演奏所表达的情感，引起学生的情感共鸣，使学生在听觉上保持对音乐的热情。当音乐殿堂之门是由音乐老师亲手开启，学生的心目中也会慢慢树立音乐老师的地位与形象。他们会很自豪地认为："我们的音乐老师歌唱得可好听啦，我们可喜欢上音乐课了……"这是把音乐美的魅力和美的灵魂传递给学生的先决条件，从而能保障学生学习音乐的热情。

如一堂《采一束鲜花》的公开课。教师在教唱歌曲前，自己先随着伴奏带以一首《我和我的祖国》为导入进行有感情的范唱，并提出："同学们，你们爱自己的母亲吗？今天，老师想用歌声来表达自己对母亲的爱。"话音刚落歌声响起，只听那老师范唱时，脸上表情深情而细腻，双眼也在诉说着对祖国母亲深深的敬爱之情，并且在演唱时还根据歌词内容附带了一些形体动作，虽然学生并不会唱这首歌，但这时学生已被老师的歌声所深深打动，响起了雷鸣般的掌声。这时，我们不难看出学生的那种想通过自己学歌、唱歌的方式来表达对祖国母亲的敬爱之情的心情，已经在心中悄悄膨胀。

我们由此可见，老师深情的范唱是音乐教学过程中的一个重要步骤，是音乐课的一个良好开端，也是成功的一半。

（2）范唱范奏能帮助学生把握音乐的情感。

如果说歌曲（乐曲）创作者是首任创编者的话，那么能使歌曲的情感得到再次的升华的演唱者就是歌曲的第二个创编者，他通过自己的理解来表现音乐，或活泼或忧伤或欢快或悲壮，使人们从中受到美的熏陶和情操的陶冶。

曾经有这样的经历，当教师为新接班的孩子范唱时，那些孩子们都非常安静地、仔细地聆听着老师的歌声，下课时还说："音乐老师，我们以前的老师都不唱的，都叫我们自己唱或只放音乐的，现在你跟我们一起唱歌真好……"俗话说"乐由情起"，这充分说明了音乐由情感引起，也正是这种情牵动着无数人的心，使之受到美的感染。我们的孩子也是一样，他们更喜欢亲切的、生动的、活生生的歌声，而并非是那些所谓的制作精美的歌带。

所以在音乐教学过程中，老师自身的示范是启发学生正确表现歌曲情感的一种好的教学方法，从而能引领学生进入歌曲的意境中。

（3）范唱范奏是多媒体永远无法替代的教学手段。

任何学科的教学过程，最好的体现方式应该是师生互动的过程，音乐是情感的艺术，更需要注重师生情感的交流。教师充满感染力的范唱范奏、鼓励的眼神是电脑永远替代不了的。我们有不少音乐老师在课堂教学中为了省事，怕麻烦就都采用播放光盘或磁带来代替自己的范唱。虽然多媒体的运用给我们的教学带来了许多方便，但也存在着不少的弊端。我们不难发现光盘中的示范虽然很标准，但不及老师跟学生面对面的、有感情的、声情并茂的示范效果来的好。从中我们明确了：多媒体仅仅是为优化教学过程而采用的一种手段，教师才是教学活动的指导者、组织者，而学生则是知识的主动探索者，必须发挥教师的主导作用。

任务二　了解范唱范奏方法

活动一　分析案例

1. 小组活动

以四人为一组,阅读教案,并围绕三个问题进行分析:

(1) 教案中教师的范唱出现的时机是否恰当。

(2) 教师的范唱是否有效。

(3) 教师的范唱形式是否合理。

2. 全员活动

各小组之间相互交流。

在以下学唱《真善美的小世界》的教学过程中,教师围绕每个环节设定的关键设问和教学线索反复运用范唱,达成预期的教学效果。

一、感受与聆听

关键设问:歌曲的速度和情绪是怎样的? 你能听出哪些歌词内容? 请根据歌词内容猜猜歌名是什么?

1. 初听歌曲录音。

提问:(1)情绪(天真、活泼);(2)速度(中速、稍快)。

2. 复听教师范唱。

提问:(1)内容;(2)曲名(揭示歌名:《真善美的小世界》)。

3. 朗读歌词。(多媒体出示歌词,播放背景伴奏音乐)

4. 教师介绍歌曲背景。

二、学习与体验

1. 感受歌曲。

关键设问:歌曲分前后两部分,听听老师演唱这两部分情绪有什么不同?

(1) 教师范唱歌曲,学生比较歌曲中的情绪变化。(前半段欢快、活泼;后半段抒情、优美)

(2) 学生用"1u"哼唱全曲。

2. 学唱歌曲前半段曲调。

(1) 教师范唱前半段曲调。

关键设问:曲调中哪种旋律表现出了儿童欢快活泼的形象?(大跳的旋律)

(2) 师生对唱曲调。

(3) 师生同唱曲调。

3. 学唱前半段歌词。

关键设问:你应该用怎样的力度和情感来演唱歌词,从而表现少年儿童天真、快乐的形象?

（1）教师按节奏朗读歌词。

（2）学生按节奏朗读歌词。

（3）有感情地演唱歌曲前半段歌词。

（4）用 mp（中弱）力度唱一唱。

（5）小结：歌曲中的大跳的旋律，表现了少年儿童快乐的心情；mp（中弱）的力度，描绘了少年儿童天真可爱的形象。

4. 学唱后半段。

关键设问：学唱歌曲后半段，想一想这段曲调是抒发了少年儿童怎样的心情？

（1）学唱后半段第一句。

① 学生唱前半段，听老师唱后半段。

② 学生交流。

提问：三句相同的歌词，它的旋律一样么？我们可以用怎样的力度来表现？（强(f)）

③ 学生演唱。

④ 教师指导歌曲最后一句。（特点：旋律大跳）

（2）后半段力度处理。

① 教师范唱，学生评价。

② 多媒体出示：mp（中弱）、mf（中强）、f（强）的力度记号，学生为这两句配上合适的力度。

③ 按照力度记号唱一唱这两句歌词。

（3）完整唱后半段。

三、演唱与表现

完整演唱全曲。

（1）学生完整演唱，用录音伴奏，老师边指挥边和学生一起唱。

（2）教师总结：今天我们学唱了歌曲《真善美的小世界》，此刻同学们或许还沉浸在童话世界的纯真和欢乐中，让我们也做一个追求真善美的好少年。

（3）学生表演唱，教师指挥。

前半段：女生唱；后半段：全体与教师一起唱。

活动二 范唱范奏的时机

1. 小组活动

以六人一组交流讨论：回顾自己的教学经历，结合上述的案例，交流范唱范奏的时机。

2. 全员活动

每组派代表交流讨论结果，主持人记录讨论结果。

3. 活动小结

范唱范奏在课堂中的运用,教师应根据教学的需要,把握示范的时机。

（1）"课前"范唱与范奏——初步感知。

俗话说:音乐是塑造形象的情感艺术。在音乐教学中,学生的听觉细胞在学习新歌前都是新鲜而敏锐的;教师可以通过一些简单的课前训练使学生对新歌充满好奇;随即教师通过创设听、视、感、触的教学环境,让学生自然感受音乐、陶醉于此情此境。那么在教学之前,学生又刚刚萌生兴趣的时候来聆听歌曲范唱,效果往往是最好的;这样也最容易让学生接受并全身心投入;而教师的激情和学生的投入在教学时的融合就更能激发出音乐本身所蕴含的情感世界。

（2）"课中"范唱和范奏——深化表现。

在音乐教学实践中,学生有时会学习一些难度较大的歌曲。此时就需要教师通过一系列的方法,循序渐进地使学生掌握新的知识与技能。采用一般教学方法,如课堂教授以音乐知识或引导聆听歌曲等方式来导入,往往无法达到最佳效果,可能仍然会有一些学生对歌曲的内容不理解,或者唱歌技能与演唱的要求不符合要求。此时就需要教师直观指出歌曲的内容、情节以及旋律特点,引导学生据此想象,然后再对歌曲的重点部分进行片段性的示范,以达到教学的目标。如《童年多美好》的课堂上,学生通过教师的指导基本学会这首歌;然而往往情感上的处理还不到位;此时教师就可运用分段演唱法进行范唱。前段部分采用欢快、富有童趣的声音来演唱;而后段部分借用舒展优美的方式演唱,前段展现了快乐的童心世界,后段展示自然活跃的情绪;教师范唱后,再引导学生说出自己的感受和聆听两种范唱时的不同情感,再试问学生是否能像范唱那样演唱这首歌曲来抒发自己的感情。这样通过分段范唱的方法使学生很快地了解乐曲本身、体会抒发的不同情感,真正抓住音乐课堂的教学重点。

（3）"课尾"范唱、范奏——提高复习。

延续上段的课堂教学,在接近尾声时通过之前的范唱范奏方式达到全体学生基本完成教学任务,但却不代表每位学生都能很好地掌握歌曲。往往是优生更优,难生却提高甚少。小学音乐教学的任务并不只是为了发掘、培养音乐专才,更应面向全体学生,使每一位学生都能从中受益。所以教师需要采用"回声"的方式来巩固学生的理解和演唱。如教师可要求优生带领相对掌握不到位的学生来演唱,再请被带学生独自用"回声"的方式模仿学唱;若已掌握就请他们再作"示范"。使得每一位学生都能从中受益,无论学生掌握水平的差异,都能把音乐的快乐带入他们心中,更多的表演机会增强了学生的自信心,使每一位学生都能找到快乐和信心,以及掌握重点。

教师在课堂教学的范唱、范奏中,无论是"课前"、"课中"、"课尾",都要把重心放到通过情感进入角色,成为"曲"中人,势必能一唱（奏）成功。通过歌曲情绪、意境打动学生的内心,让学生更好地理解音乐。教师在整个范唱、范奏过程中,要以感情打动学生,以艺术性的表现为主、以语言讲解为辅;尽量在范唱、范奏中多设计几种艺术表现形式,使学生可以有对比、有体会,同时给学生的创造性思维留下发展的空间,把音乐各个层次的作用,如启情、益智、描绘、教育、认知等充分展现出来。

活动三　范唱范奏的形式

1. 头脑风暴

以"头脑风暴"的方式进行讨论,将学员在平时的课堂教学中运用的范唱范奏的形式填入右图。

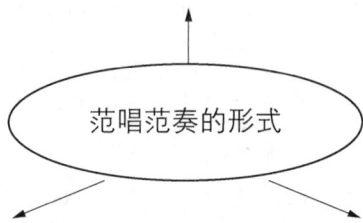

范唱范奏的形式

2. 小组讨论

四人为一组,讨论如何选择和恰当地运用不同的范唱、范奏的形式。

3. 活动小结

在音乐课的教学中,教师的"范唱"、"范奏"是学生学习新曲的第一个环节,它的重要体现在通过教师的示范将静态的音符变成生动的音响,以便学生感知。要达到这一目标就需要教师通过"范唱"、"范奏"艺术地再现作品,满怀情感演唱、演奏,示范优劣直接关系到学生学习效果,关系到学生的学习兴趣、情感共鸣,影响整节课的成败。因此教师要特别重视"范唱"、"范奏",并掌握其课堂应用,它一般可分三种形式:

(1)教师的范唱和范奏。

这是最为常见的形式,其优点是通过学生"耳濡目染",教师的范唱、范奏,使得学生感到亲切,心里消除欣赏和学唱之间的距离,从而激发自信心和学习兴趣。小学生的可塑性、模仿性很强,因此教师充满感情的范唱范奏可以让学生直观地听到乐声、感受情绪和旋律,还便于学生开始模仿教师的表演、姿态、口形甚至表情等,尽快地掌握歌曲内在情感,开拓视野、启迪心灵,培养学生的丰富艺术想象力和创造力。

(2)录音示范的范唱和范奏。

由于此类示范多出自著名艺术家的表演,对学生审美能力的提高非常有益。在实际教学中,有些歌曲,尤其多声部歌曲,教师的范唱往往不能达到完整展现歌曲的预期效果或无法引起学生兴趣,这时就要通过录音示范的方法,在课堂上充分利用多媒体教学,贴近学生心理发展水平,提高学生整体素质,达到预期效果。一般来说,专业录音的范唱音色好、伴奏丰富、表现力强,利于学生学唱,提高水平、培养学生的想象力和创造力。音乐艺术总的来说就是听觉艺术,因此应该努力发展学生的听觉,培养良好的音乐感受力。

(3)学生的范唱和范奏。

其最大优势在于打破了传统教学中单向"教师教—学生唱"的模式,多运用在教学内容基本掌握后。学生参与的示范,可更好地使学生掌握艺术语言,形成稳定良好的乐感和激发学习、表演的欲望,同时由于表演者是学生,所以更能激发学生音乐实践的意识和兴趣。

总的来说,教师在范唱范奏前要仔细分析,反复体味教材的艺术性进行范唱、范奏的设计;要精心选择伴奏对应的呼吸、咬字、行腔的设计,而音乐的呈现、高潮、尾声、力度的处理等就像是"二度创作"。

活动四 范唱范奏的示范方式

1. 活动导入

小学音乐课堂的乐曲范奏,主要是指在器乐教学时教师对乐器的范奏(如口琴、竖笛、口风琴、电子琴),当然也包括欣赏教学中一些器乐曲的范奏,它比单纯地听录音欣赏效果更好。直观形象的视听结合欣赏能引起学生的注意力、激起学生的音乐学习兴趣。当然,它需要教师具有良好的音乐素养和娴熟的演奏技巧。在音乐课中乐曲的范奏提供给了学生直观的现场音响媒介,学生聆听教师的范奏,不仅能够初步体验器乐曲的旋律、节奏、乐器的音色和性能,而且能够感知教师范奏的姿势、演奏的方法、演奏气质、演奏风格,提供学生学习的"摹仿源",培养学生良好的演奏习惯。

在音乐课中,"范唱"是教学不可缺少的环节,它也是音乐教师经常采用的一种教学方式和手段。在学生学习新歌的过程中,他们的思维主要集中在听觉的直接感知上,形象思维占主导地位。毫无疑问,听觉是一切音乐的基础和前提,教师声情并茂的演唱,定能给学生一个十分理想,优美的艺术形象。建立在歌曲美感体验上的聆听,会激发学生的音乐审美感受,使他们对新课的学习成为一个审美探索过程,而范唱方式的选择和运用是否恰当很关键。

2. 小组讨论

四人一组,回顾以往的教学与观摩课堂实例的经验,教师可以通过哪些方式进行范唱范奏?

3. 全员活动

交流讨论结果。

4. 活动小结

(1) 全曲范唱范奏。

在音乐课堂教学之前,教师完整地演唱、演奏所要学习的歌曲或乐曲。好的开头是成功的一半,学习之前的范唱范奏是首次与乐曲"亲密接触",目的是给学生一个全新的、形象的感知体验,并以此激发他们的学习兴趣和学习动机。因此,全曲的范唱范奏要完整、流畅、富有情感。

(2) 局部范唱范奏。

局部范唱范奏一般在两种情况下进行:一是乐曲或歌曲较长,而且难度较大,这时需要"化整为零"进行局部范唱、范奏;二是在演唱、演奏中临时出现问题,需要辅以教师的范唱、范奏给予纠正,比如复杂的节奏,较难的音程或乐器演奏技术上的问题,仅仅教师的"画龙点睛"式的范唱范奏即可达成教学目的。如在低年级学生的教学中可以采用教师示范前半句,学生演唱演奏后半句的方式。

(3) 对比范唱范奏。

有些学生不能及时了解到自己演唱演奏的正误时,教师可摹仿其错误的演唱演奏,与正确的相比较。对比范唱范奏的作用是让学生在"镜子里"看到、听到自己的演唱、演奏,更有利于学生及时发现自己的错误和不足,及时获得正确的方法并改正。还有利于学生辨别演唱演奏的准确性,从而提高学生对音乐的感受能力。

任务三　设计范唱范奏的实战演练

活动一　设计一个范唱范奏活动

1. 小组活动

学员以四人为一组,主持人发放两篇教学内容及主题,一篇为设计带有范唱的教学活动,另一篇为设计带有范奏的教学活动,各组任选其中一个教学内容,设计一个教案。小组组长进行说课,阐述教学设计中教师的范唱、范奏出现的时机、形式以及设计意图。

可爱的家

1=♭E　4/4

(英)比肖　曲
培恩　词

我的家　庭真可爱，美丽清　洁又安祥，姊妹
兄弟都和气，父亲母　亲都健康。虽然没　有好花
园，月季凤　仙常飘香，虽然没　有大厅　堂，冬天
温　暖夏天凉，可　爱的　家庭呀!
我不　能离开你，一切恩　惠比天长。

紫竹调

6=G　2/4

江苏民歌

紫竹　开花　七月　天　小妹妹呀

$3 \cdot 5 \quad 6\ 5\ 6\ \dot{1}\ |\ 6\ 5\quad\cdot\ |\ 3\cdot 5\quad 6\ 5\ 6\ \dot{1}\ |\ 5\ 3\ 5\quad\cdot\ |\ \dot{1}\ 6\ 5\quad 3\ 5\ 6\ \dot{1}\ |$

采花走得　欢，　手拎紫竹篮，　身穿紫竹

$5\ 3\ 5\quad\cdot\ |\ 5\quad 5\quad \dot{1}\ \dot{7}\ |\ 6\ \dot{1}\ 6\ 5\quad 5\ 3\ |\ 5\ 2\quad 3\ 5\ |\ 5\quad 1\quad -\ |$

衫，　　美丽的　紫竹花开胸　前。

$\|:\ (1\cdot 2\quad 5\ 5\ 3\ |\ 2\ 3\ 1\quad 3\ |\ 3\ 5\quad 5\ 6\ |\ 1\cdot 2\ 7\ 6\ 5\ |\ \underset{\cdot}{6}\quad -\quad)\ :\|$

采了一山又　一山，好像彩蝶飞花　间。

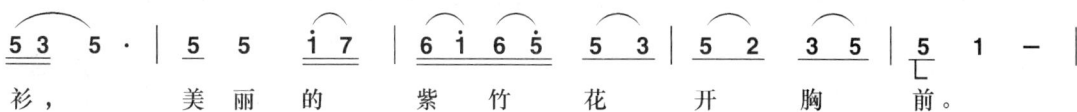

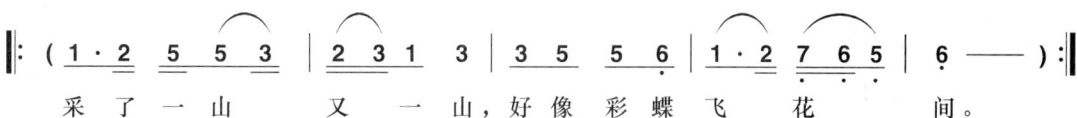

活动二　实施一个范唱范奏的教学片段

1. 小组活动

小组合作演示，推选一人担任教师角色，其余组员担任学生的角色，演示该小组所设计带有范唱、范奏环节设计的教学片段，时间约为十分钟。演示结束后，其他学员进行点评，对所设计的有范唱、范奏环节设计加以完善。

2. 全员活动

各组推选一位学员实施小组设计修改的带有范唱、范奏环节设计的教学片段。其他学员观摩并从以下角度进行点评：

（1）教师的范唱范奏是否正确表达作品。

（2）教师的范唱范奏是否具有感染力。

（3）教师范唱范奏后是否进行交流和补充。

活动三　任务小结

如何在音乐课中使范唱范奏能更好地服务于教学，受益于学生呢？老师在范唱范奏时要做到几个"到位"。

1. 准备到位

鉴于范唱范奏的特殊要求和作用，就需要音乐教师提前花工夫对所唱歌曲的内容、创作背景、节奏特点以及所要表达的思想感情等作全面深刻的了解。同时教师也需要从歌曲本身入手，如力度、速度、情绪以及演唱技巧等对歌曲进行处理。只有通过准备环节才能让教师在示范时鲜明生动地表达出作品完整的艺术形象，为后续的教学环节作好铺垫。

2. 情感到位

在"范唱范奏"中音乐教师要尽量把歌曲所包含的美好思想和内在情绪表达出来，并力求准确而富有情感；只有这样才能给学生带来艺术感染力，激发其学习的主动性和积极性。

3. 讨论到位

在"范唱范奏"之后,要引导学生听完示范后在歌曲(乐曲)的情绪、思想、内容和风格特点等方面进行积极的思考,从而使学生获得审美体验,并在随后的引导讨论中充分交流和补充帮助学生进一步完整地感受和理解歌曲,促进学生的思维活动,提高音乐鉴赏能力。

感想记录

任务四　交流感悟

活动一　谈谈收获

1. 个别活动

学员思考下列问题,了解自己对"范唱范奏"认识上的变化。

(1) 以前我对作业设计的认识是什么?

(2) 通过本单元的培训,哪些认识我已经彻底改变了?

(3) 我还希望有所提高的是什么? 请学员写下自己的感受。

2. 全员活动

学员在全班交流自己的感受。

活动二　感悟实践

1. 个别活动

学员客观思考并分析自己的教学,围绕"范唱范奏",写下自己有关这个主题的优点和弱点。

(1) 列举三至四条你平时音乐课堂教学中进行范唱范奏的方法及效果。

(2) 列举三至四条你打算尝试进行的范唱范奏的方法,为什么?

2. 个别活动

回顾本单元的学习实践和自己设计范唱范奏环节的过程以及实施过程中学生的反馈,对如何有效进行范唱范奏的过程有一个明确的认识。

3. 全员活动

学员把自己关于如何有效进行范唱范奏的方法讲述给全班听,并倾听同伴的意见。

第三单元　教学组织

一、单元目标

1. 了解音乐课堂教学组织的定义和基本内容，明确"静态组织"——课堂教学的设计和"动态组织"——课堂教学动态平衡的区别。

2. 通过对案例的观察、比较和分析，理解它们在有效音乐课堂教学组织中的作用和意义。

3. 能结合自己音乐课堂教学组织中的问题，观察他人在音乐课堂教学中的有效做法，改进自己的课堂教学组织，并在实践中提高自身的教学能力。

二、预设成果

1. 学员能了解并掌握音乐教学组织中的一些基本内容和要素，有针对性地开展音乐课堂教学互动活动。

2. 学员能掌握有效音乐课堂教学组织的原理、方法和技能，并能在音乐课堂教学实践中自觉运用，不断提升自己的专业能力。

三、任务设置

学习模块	学习任务	时间安排	达成要求
经验分享	任务一　课堂教学组织的概念	45 分钟	1. 了解音乐课堂教学组织的定义和基本内容。 2. 明确"静态组织"——课堂教学的设计和"动态组织"——课堂教学动态平衡的区别。
实例分析	任务二　课堂观察	45 分钟	通过对音乐教学案例的观察、记录、比较和分析，明确其在有效课堂教学组织中的作用和意义。
项目再构	任务三　设计实施	45 分钟	开展微型教学，通过同伴间的观察与交流，从而找出自己在这些方面的优势和关键问题，并进行改进。
感想记录	任务四　学习感悟	45 分钟	1. 增强音乐课堂教学是一个动态的、变化的、发展的过程的意识，小组合作完成主题海报。 2. 能在音乐教学中不断自我反思，改进教学组织管理，结合教学实践撰写案例。

四、材料准备

阅读材料、教学案例、彩笔、白纸。

任务一　课堂教学组织的概念

活动一　了解课堂教学组织的定义和基本内容

1. 头脑风暴

学员讨论：在日常教学中你是如何组织一堂课的？需要考虑哪些方面？在讨论的过程中主持人将学员谈到的观点罗列在黑板上。

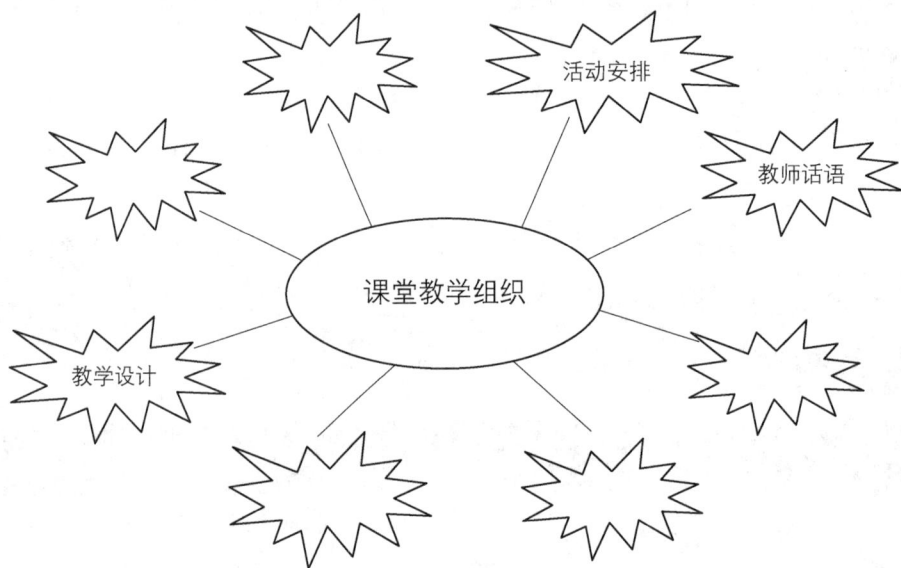

2. 全员活动

根据大家的讨论，主持人和学员一起讨论并归纳出课堂教学组织的基本内容。

（1）教学内容的组合。

（2）教学过程的导入。

（3）偶发事件的处理。

（4）课堂常规的要求。

（5）课堂教学的语言。

（6）教学环节的设计。

（7）教学方法的选择。

（8）教学情境的创设。

3. 活动小结

活动二 "静态"还是"动态"

1. "结对子活动"

每位学员思考课堂教学组织的内容：哪些是属于课前的组织，即"静态组织"——课堂教学的设计？哪些是属于课中的组织，即"动态组织"——课堂教学动态平衡？哪些是二者兼而有之？然后各找一位同伴，结对讨论并在相应的空格内打钩，完成下表：

序号	项目	"静态组织"	"动态组织"
1	教学内容的组合		
2	教学过程的导入		
3	教学环节的设计		
4	教学方法的选择		
5	教学情境的创设		
6	课堂常规的要求		
7	课堂教学的语言		
8	偶发事件的处理		

2. 全员活动

根据学员填好的表格，主持人和学员一起讨论并归纳出"静态组织"——课堂教学设计和"动态组织"——课堂教学动态平衡所包含的内容，从而明确二者的区别。

活动三 任务小结

课堂教学的组织是指在课堂教学中，教师协调、调控、整合课堂教学的各种因素及其关系，使之形成一个有序、高效的整体，从而保证课堂教学活动顺利进行的行为方式。组织教学一方面是维护课堂秩序、组织学生自觉学习的手段；另一方面是对教材、教具、教学方法、教学形式等因素最优化的组织形式，它贯穿音乐教学的始终。教师应针对授课内容的特点以及学生的特点，采取切实可行、灵活多样的组织教学形式。课堂教学的组织既包括课前的组织，也包括课中的组织。课前的组织是指为使教学能有秩序地顺利进行，教师根据具体的内容、对象、条件等进行全面考虑，从而形成实现教学目标的行为方式。课中的组织是指在课堂教学的过程中，教师通过各种言行，创设适宜的课堂情境，激发学生的学习兴趣，调动学生的积极性，以达到课堂教学预定目标的一些行为方式。课堂教学的组织为落实教学目标服务。

任务二 课堂观察

活动一 "静态组织"的归纳与思考

1. 主持人的话

"静态"的课堂教学组织是指构思课堂教学过程的设想、计划、思路等一系列教学行为，它一般体现在教学目标的制定、学习起点的确定、教学内容的研究、教学方法和媒体的选用、教学活动的安排等教学行为上。

2. "结对子活动"

主持人下发案例，学员两人一组阅读并交流对"静态"教学组织的理解及自己的感受。

案例一

【课题】四年级第二学期　第二单元《五十六朵花》

【教学内容】欣赏琵琶独奏曲《天山之春》

【教材分析】

《天山之春》是一首琵琶独奏曲，原为乌斯满江和俞礼纯合作的热瓦甫独奏曲，1961年由王范改编成琵琶独奏曲后广为流传。整首乐曲分为 A 段和 B 段，其中 A 段又分为两个主题。A 段为三拍子，第一主题用长轮演奏，带有浓郁的维吾尔民间音调特点，舒展宽广，具有较强的歌唱性；第二主题采用了新疆弹拨乐器常用的那种轻快活泼的节奏型，生动有趣。B 段是一个欢腾的快板段落，音乐转为 D 调，节拍也变成了二拍子，色彩明显，旋律带有强烈的新疆民间舞曲风格。作品的音乐情绪饱满，色彩明亮，表现了热情、奔放、欢乐的音乐情感。第一段通过两个鲜明对比的主题描绘了春到天山时一派明媚喜人的秀丽风光。第二段充分发挥琵琶扫、撇分和快夹弹等技法，热情奔放，一气呵成，形象地描绘了维吾尔族人民在天山脚下敲起手鼓、载歌载舞的欢乐热闹场面。

【学情分析】

四年级学生通过之前对《娃哈哈》、《马车夫之歌》、《新疆是个好地方》等音乐作品的学习，对新疆的风土人情有初步认识，同时会简单的新疆舞蹈动作；学生经过系统地音乐训练与学习，具备相应的视唱能力、歌唱能力、想象与表达能力以及即兴地合作能力。

【教学目标】

1. 聆听《天山之春》，感受音乐速度、力度、节拍等音乐要素的变化，并同步结合欣赏琵琶不同的演奏技法，从而体验"天山之春"时而深情如歌时而奔放即舞的旋律特点，感受天山之春的异域风情。

2. 视听结合，了解新疆风土人情及天山风貌；结合视唱、联想、欣赏等体验活动，乐于表达自己对音乐要素的变化所描绘的不同情境的理解,并能跟随教师钢琴弹奏或音频初步哼唱记忆 A 段音乐主题片段。

3. 在对比感受聆听不同主题旋律过程中,乐于合作或歌或舞或奏即兴为音乐开展集体表演活动。

【教学重难点】

1. 教学重点:感受乐曲第一乐段富于歌唱性的旋律特点和第二乐段富于舞蹈性的韵律特点,体验维吾尔族人民迎接春天的快乐心情。

2. 学习难点:感受与想象乐曲不同段落所描绘的不同情境;体验节奏、速度、力度等音乐要素对塑造音乐形象所起的作用。

【教学过程】

一、导入

1. 回顾旧知,回味新疆。

关键设问:你们对新疆有哪些了解呢?

2. 音画结合,欣赏天山风貌。

说明:

　　① 学习要点:初步感受天山的美以及天山脚下维吾尔族的风俗人情。

　　② 设计意图:通过媒体展示,将新疆天山南北的风土人情形象地展现在学生眼前,引导学生与自己生活经验对比,初步了解天山南北的地理环境以及维吾尔族人民热情奔放、能歌善舞的特点。不仅开拓了学生的视野,激发了学生的兴趣,也为欣赏乐曲做准备。

二、欣赏乐曲《天山之春》

1. 揭示课题、初步感受、乐器介绍。

(1) 揭示课题《天山之春》。

(2) 初步感受音乐。

关键设问:请仔细聆听,音乐的情绪是否发生变化? 乐曲是由什么乐器演奏的?

(3) 认识民族乐器——琵琶。

说明:

　　1. 学习要点:整体感知速度、力度等音乐要素的变化,感受乐曲情绪的变化,联想、想象音乐情境。听辨演奏乐器,能了解琵琶的音色、构造特点。

　　2. 设计意图:整体感知音乐,在师生交流中,引导学生感知速度、力度等音乐要素的变化,感知乐曲情绪的变化,联想、想象音乐情境,为分段欣赏打下基础。完整欣赏音乐,充分感受琵琶的音乐和表现力,为分段欣赏中体验琵琶不同演奏技法的表现力做好铺垫。

2. 欣赏乐曲《天山之春》第一乐段。

(1) 欣赏乐曲第一主题。

① 聆听思考,想象交流。

关键设问:乐曲节拍、速度、情绪是怎样的? 描绘了怎样的意境?

② 模唱旋律,感受旋律特点。

③ 观看范奏,了解演奏技法。

(2) 欣赏乐曲第二主题。

① 聆听思考,想象交流。

② 介绍手鼓,乐器伴奏。

③ 对比欣赏第一主题的再现。

说明:

　　1. 学习要点:感受乐曲节拍、速度、情绪的变化、想象因鳄鱼情境,进一步体会三拍子的韵律感和旋律歌唱性的特点,体会速度等音乐要素变化后音乐情绪的变化。

　　2. 设计意图:在模唱旋律、主题听辨的音乐实践活动中,感受旋律歌唱性和西域风格的特点并帮助学生记忆主题旋律;在乐器伴奏的过程中感受三拍子的韵律感,表现音乐的情绪特点,分享合作表演的愉悦和快乐。

(3) 欣赏乐曲第二乐段。

① 聆听思考,想象交流。

关键设问:乐曲第二段的节拍、速度、情绪有没有发生变化? 你能看到怎样一幅画面?

② 观看舞蹈,感受情绪。

③ 师生共舞,表现情绪。

④ 观看视频,了解演奏技法。

说明:

　　1. 学习要点:感受音乐节拍、速度的音乐要素的变化,体会演奏技法改变带来的表现力,感受情绪的变化,联想、想象音乐情境。

　　2. 设计意图:在观看教师舞蹈、师生共舞的活动中,帮助学生感受第二乐段舞蹈性的旋律特点,体会新疆人民在天山脚下载歌载舞、热闹欢腾的场面。

三、完整复听,回顾小结

1. 归纳乐曲基本结构。

2. 欣赏视频《天山之春》。

3. 小组活动

学员四人一组结合案例讨论:"静态组织"中有哪些有效方式可以保证课堂教学活动顺利进行?

4. 全员活动

各小组交流分享"静态组织"的有效方式。

活动二　任务小结

一、讲究有效的课堂导入是组织教学的重要因素

"兴趣是最好的老师"。小学生音乐课的学习,绝大多数是凭着兴趣爱好的无意识学习,特别是低年级学生,他们注意力易分散、好动,有的甚至还不大懂上课的规矩。这就要求我们老师除了做到常规要求外还要做有心人,注重用强制以外的教学方法——激起兴趣,来吸引学生的注意力从而激发他们的学习欲望。变被动学习为主动学习,这更有利于对学生进行情感渗透。俗话说:良好的开端是成功的一半。那么如何使学生集中精力,情绪饱满地进入状态呢? 可以从以下几方面入手。

1. 以情导入

上课时教师以自身的情绪来感染和调动学生的情绪。教师精神振奋,情绪饱满地走进教室,对学生产生一种号召力,以调整学生学习的心理状态,准备上课。教师还可以以课的内容进行情绪导入。例如:在欣赏《小星星变奏曲》的时候,演奏一段优美的旋律,调动学生的学习兴趣,从而也集中了学生的注意力。

2. 以静导入

在实际教学工作中,经常会出现难以预料的情况,有时甚至出现一片哗然的情形。这时教师如果靠声音在喧闹中是不易被学生注意的,而冷静、镇定却易成为学生的"新异刺激",从而达到"以静制动"的效果。实际中,这种方法适用于高年级的学生。

3. 以新导入

上课时,教师可以开门见山地点明本课所要学习的内容,提示难点、重点,让所有学生有一个心理准备,引起重视。如欣赏《灯碗开花》,这首民族乐曲的内容不太贴近生活,很难激发学生的兴趣。于是我把主奏乐器古筝加在了导入里面,用古筝旋律来作为导入,优雅的民族风格一下子吸引了他们的注意力,从而激发了他们的求知欲,学生变被动学习为主动学习,更有利于情感渗透。可见,激发学习兴趣,讲究课堂导入是上好课的重要因素,也是搞好教学组织的重要措施。

二、有效的教学设计是组织教学的重要保证

小学教材虽然简单,但要上好课,必须对简单的教材进行认真钻研,实现有效备课。我认为主要重视两个环节,即确立明确的教学目标和围绕目标设计学生的学习活动。

1. 明确教学目标

教学目标是每节音乐课的风向标。因此,教师在设计教案,分析教学内容之前,首先必须弄清楚为什么要教这些内容,把握教学的重点和难点,关注学生的音乐情感,对教材的处理抓住新知识的生长点。还要弄清楚通过这些内容的学习,学生将学会或获得什么,也就是必须先弄清楚目标问题。

2. 围绕目标设计学生的学习活动

要能体现有效的课堂教学,必须凸现学生的主体学习活动。课堂上的绝大部分时间应用于学生的学习活动,教师的"教"是为学生的"学"服务,这种服务包括在起始阶段把学生的学习活动启动和组织起来。如在歌曲教学时,应按着具体的教学目标,从学唱旋律、解决难点、熟悉歌词、处理歌曲、表现歌曲等过程有条不紊的开展教学,这样学生才能在学习中发现自己在不断收获和进步,从而达到水到渠成的效果,使音乐教学活动达到预期的效果。

三、教学环节的过渡巧妙是组织教学的有效手段

1. 环节过渡自然巧妙

音乐课的教学过程是一个特殊的审美过程,是学生对教师的教学由感知、感受、感动到最后形成一定的审美观念、趣味、理想、情感和能力的过程。同时它更是一个完整的教学过程,它的每一个环节不是孤立存在的,而是有机的融合在一起,并随着教学内容的一步步深入而展开在教学活动中。它需要教师精心设计自然巧妙的过渡,让人听着、看着不会感到牵强和别扭,起到"润物细无声"的作用。

2. 课堂结尾回味无穷

较好的结课,是为实现课时目标服务的。因此备课时,教师就要潜心钻研教材,有的放矢地设计出符合既定教育教学目标、体现教材本身特点的课堂结尾。但它绝不是单纯地对已学知识进行归纳总结,使学生所学的知识和技能形成系统,更应是知识的转化和升华,是课堂教学的延续,是学生思维活动的拓展和延伸,让学生的心时时牵挂着音乐,期待着下一节课。

(1) 留有余兴。一节课结束若是全课的高潮,在学生情绪高涨时结束,会使学生留下想象、回味、思索的余地,增强音乐课的魅力。

(2) 精心小结。精辟的小结和对本课重点的概括,能收到画龙点睛的效果;提出一些问

题,让学生在思考中结束课程,能激发学生的求知欲望。

（3）承前启后。在一个单元教学中,为了使知识保持连贯性,可在课堂结束时为下节课作铺垫,搭好新课和旧课之间的桥梁。

有效的课堂组织教学,不仅仅是建立一个良好教学秩序,构建一个有效的学习环境,更重要的是教师通过协调课堂内的各种教学因素而有效地实现预定的教学目标的过程。

活动三 "动态组织"的观察与反思

1. 全员活动

"动态"的课堂教学组织是指在课堂教学的过程中,调整课堂教学进程、协调师生关系、保证教学顺利进行的一系列教学行为。课堂教学中,教师面对的是一群活泼好动的学生,上课前的准备无论怎样充分,也难以预料课堂上会发生的各种情况。所以教师要灵活机动地搞好课堂组织,发挥组织技能以引起学生的注意,建立和谐的课堂气氛和及时调整课堂结构与内容。也就是说教师要根据学生的反馈信息,随机应变,因势利导,确保教学目标的实现。

2. 全员活动

观察课堂实录,思考案例中出现了哪些"动态组织"的活动,组织的效果如何。

【过程实录】

一、新课导入

1. 教师播放校庆20周年的照片。（以《送别》作为背景音乐）

师:同学们,每个人心灵深处总有一些美好的回忆,看一看这一幅幅画面,在你脑海中唤起了哪些回忆?

生1:我想到了自己在小学五年来同学间的温暖。

生2:我想到老师在我遇到挫折时开导我。

师:在我们的心灵都充满了对同学对老师们的不舍。请听老师在歌曲中表达了怎样的情感。

2. 教师范唱。

生:表达了过去的美好回忆以及留恋。

师:校园生活是美好的,同学间的友谊是珍贵的。让我们用歌声来表达对友人的留恋与祝福。

3. 复听歌曲。

师:这首歌曲表达了作者对友人怎样的感情,演唱时的情绪是怎样的。演唱形式?

生:歌曲是非常抒情优美的。

生:这首歌是童声合唱的演唱形式。

二、学唱歌曲

1. 感受歌曲前半段的旋律特点。

师：让我们来哼唱一下,体会歌曲一共有几句旋律?

生1：歌曲一共有四句旋律。

师：你们感受到歌曲的旋律有什么特点?

生2：前面两句旋律很相似,但结尾不同。

生3：后两句旋律跌宕起伏,就好像我们内心还有千言万语要诉说。

2. 学生学唱前两句旋律。

师：让我们先来哼唱一下前两句的旋律,体会两句旋律结尾有什么不同。

3. 学生学唱后两句旋律。

师：前两句仿佛是在回忆过去,后两句是对离别的不舍,这首歌曲的每句旋律都在倾诉对友人的难分难舍,让我们一起来哼唱后两句旋律。

(学生用"lu"哼唱旋律)

师：你们发现歌曲在哪里换气可以使歌曲连贯?

生1：我认为可以四小节换一口气。

师：大家同意他的观点么?让我们再次用 lu 哼唱。

师：这一遍你们唱得有进步,歌曲中哪些旋律还蕴藏着对友人的不舍?

生：我认为是"天之涯地之角,知交半零落"。

师：是啊,歌曲大跳的旋律让我们感受到了对过去美好回忆的抒发,让我们来唱一唱。

4. 学生唱难点句旋律。

师：这首歌曲不仅旋律优美,歌词也如是一首充满回忆的小诗,是著名的艺术家李叔同写的,让我们一起来读一读。

5. 学生朗读歌词。(配乐朗诵)

师：你们能不能配上歌词来唱?

6. 学生随伴奏完整的演唱歌曲。

师：注意演唱时情绪和歌曲的咬字吐字的清晰,你们觉得哪一句有困难?

生："天之涯地之角"与"一觚浊酒"。

师：谁愿意做一做小老师,来帮助他们?

7. 学生示范。

师：你真是小音乐家,让我们也来唱一唱这两句歌词。

8. 学生习练。

师：现在你们都会了么?让我们完整地演唱歌曲。

师：你们觉得仅仅这样唱能不能淋漓尽致地表达情感?

师：让我们用小组讨论的形式选择 f（强）、mf（中强）、mp（中弱）、p（弱）等力度记号，运用到歌曲实际演唱中，更好地表现歌曲的意境。

9. 小组讨论和习练。

师：同学们你们都练习好了么？你们是如何来安排歌曲的力度变化的？

学生交流各自小组的力度记号的运用，在小指挥带领下，有表情地演唱歌曲。

师：你们表演得很认真，谁能说说对方组有哪些值得我们学习的地方？

生1：第一组的同学，他们安排的力度变化很恰当，而且用歌声表现出来了。

生2：第二组的同学在演唱时表情很好，呼吸也是在很合适的地方。

师：你们说得都很好，这首歌曲是一首学堂乐歌，歌词以长短句结构写成，语言精练，感情真挚，意境深邃，歌曲完美地抒写了人生离合的真实体验和世间永存的挚意真情，让我们共同演唱这首李叔同的代表作《送别》。

三、初探第二声部

教师范唱第二声部。（学生跟伴奏演唱第一声部）

师：听一听你们在演唱歌曲时老师是如何与你们合作的。

生：老师演唱的是第二声部。

师：加入第二声部歌曲有什么变化？

生：感觉更深情、感情更真挚。

师（小结）：同学们，我们对母校充满了留恋，对金色童年充满了美好回忆，请珍惜时光，努力学习。下节课我们将继续学习歌曲《送别》第二声部。

3. 小组讨论

以四人为一组，讨论"动态组织"在音乐教学中起的作用，如何在教学中实施这些"动态组织"。

4. 全员活动

每组派代表讨论交流意见，主持人记录大家的意见。

活动四　任务小结

一、重视音乐课堂教学常规，是组织教学的重要手段

俗话说："无规矩不成方圆"。在日常教学课堂上也是同样要保持良好的秩序，这样才能保证教学效果顺利达到。尤其是音乐课堂，本身就是让学生充满激情和想象的地方；而音乐课的教学活动又比较开放，音乐游戏、律动、歌曲表演、舞蹈等形式，既使得学生很容易全情投入、活跃和激动，又难免容易造成个别学生的注意力不集中；所以教师若不能组织良好的课堂秩序就势必会影响到教学效果。因此，在音乐课堂上必须要建立一定的教学常规，让学生遵守必要的教学秩序。

1. 明确音乐课堂常规要求

要保持良好的课堂秩序,首先就是课前准备。主要是要求学生认真做到:备好学具快、静、齐。其次,学生上课要养成认真听讲、积极思考、回答和提出问题的习惯。第三,就是要求学生知道并注意时刻保持良好的课堂姿势,如"基本坐姿"、"朗读姿势"、"演唱姿势"、"演奏姿势"等等。一般地讲,"聆听音乐的常规",就是要求学生在欣赏乐曲、聆听歌曲时要做到安静、不讲话,对音乐的理解、感受可以用想象、自我陶醉以及身体动作来表示,如闭眼睛想象音乐,摇晃身体有节奏地做动作或手舞足蹈。而"唱歌的常规"就是要求学生在演唱时声音做到统一和谐,根据歌曲的速度、力度、情绪唱出歌曲的感情。歌唱时思想集中、声音饱满、富有表情。

2. 突出音乐学科特点

音乐课具有不同于其他学科的特点,如教学较为开放、活泼等,势必造成其课堂教学常规和其他学科相比,有其特别之处,即既要对学生进行站、立、坐及排队、进出教室的标准的常规要求,又要把这些都融于音乐中进行,让学生在浓浓的音乐氛围中轻松愉快地完成各项练习。一般需要树立"进教室的常规"、"表演的常规"和"乐器等道具使用的常规"。如"进教室的常规"就是要求学生在上课铃响后不大声喧哗、不追逐打闹;在坐下后听音乐拍手,安定情绪;用起立、坐下来表示上下行的音阶等;课堂上通过师生问好歌曲来增加师生感情。

1=C—D 2/4

<u>1 2</u> <u>3 4</u> | 5— | <u>1 5</u> 0 | <u>6 3</u> 0 | <u>5 4</u> <u>3 2</u> | 1— ‖
(师)同 学 们　好　你好(师) 你好　×老 师 你　好

在音乐课堂上也要树立"表演的常规"。音乐表演是课堂上颇受学生喜欢的活动。教师理应根据教学目的抓住这一时机对学生提出表演的具体要求,也就是"表演的常规"。如一般要求学生表演时要紧抓住音乐节奏和情绪进行表演,同时要有合作的精神;但由于学生在进行分组创编时会显得特别的兴奋,往往导致教师难以控制局面。所以根据学生特点可采用多种灵活、活泼的方式来形成一定的课堂"常规",如课前就与学生互动,明确弹奏《丰收之歌》时要求学生随乐拍手坐好。这样学生很快就能按教师要求达到特定的课堂要求,以保证正常教学顺利进行。在乐器练习时,也有"乐器练习常规"。音乐教师都知道要提高学生的音准和学习音乐的兴趣,课堂上的乐器练习也是非常必要的。但是乐曲声音一般较大,如果没有规矩的前提下,当教师示范、学生练习或收放乐器时,学生会不听要求,这给老师的组织教学带来很大的难度,更会使得整个课堂失控。所以乐器练习课上必须有其常规。一般在练习乐器前就需要与学生沟通好课堂的基本要求。如四年级引进了葫芦丝的课堂教学,在第一节器乐课教学时就规定学生将乐器统一放在座位的右边,教师讲解时要求学生都将葫芦丝横放于腿上,学生在自由练习后或收放乐器时,不用教师大喊,只要听到《小松树》学生就知道该干什么,听到舒伯特《摇篮曲》优美的琴声就把乐器放在右侧,这样既能安定情绪、稳定课堂秩序,又能使得课堂上学生活而不乱、教学顺利进行。

良好的习惯需要从小养成、从小事做起。因此教师需要从现在着手,从每堂课做起,用音乐与学生来约定,随着时间的推移师生在课堂上会越来越默契,使学生进入音乐室后既能保证与他们充分的互动与活动,又能形成良好的课堂规则;通过教师的努力让所有的活动都在音乐中进行,培养出语言的音乐性、动作的音乐性以及课堂活动的音乐性。

二、愉悦的课堂氛围是组织教学的有效途径

教师总体应该把握"因材施教"的原则,对于小学生来说,他们思想单纯、情绪直接,那么在教学实践中,就要重视和尊重小学生的生理、心理特点。教师在重视学生课堂学习效果的同时,更要重视对学生心理方面的提升;通过课堂上不同方式的鼓励和评价,引起学生不同的情感反应,使学生能在音乐课堂上一同感受音乐的快乐和情趣。但是要达到这样的教学效果就必须具备良好的"课堂常规"。因此教师在音乐课堂实践时更要注意课堂常规,主要包括以下几个方面:

首先,重视音乐课堂常规是搞好组织教学的前提。积极的鼓励和良好评价是形成愉悦教学的重要一部分。

(1)表情语言鼓励:即使教师一个赞美的微笑、惊喜的眼神,都会使学生内心激荡起愉悦的涟漪;而给学生一个充满爱意的目光,会让他们满心愉悦。

(2)肢体语言鼓励:如"夸张的伸手"、"竖起大拇指",就是这些小小的动作,如一丝春风轻拂学生的心田,足以打消学生心中的胆怯与不自信,为学生创设一个愉悦的学习环境。

(3)奖品鼓励评价:这是将褒奖物质化的一种方式,使得物质和精神统一。如在分组的区域里用诸如五角星、小红花等不同形状的小奖品及时鼓励学生,并且不断变换鲜亮的图形保持对学生的吸引力,这在低年级教学中效果显著。

其次,音乐教师上课时的表情也非常重要。所以教师要"表里如一",在课堂上要充满自信,对学生充满爱和希望、亲切、温和并讲究分寸,使学生及时受到教师的鼓舞和激励;使学生与教师产生心的共鸣、情的交融,以达到预设的教学效果。

三、能妥善处理课堂的偶发事件是组织教学的重要因素

在实际的音乐教学中,经常会遇到各种各样的偶发情况。如课堂上有学生精神不集中,等等。教师需要在以正面教育为主的前提下,进行处理:一方面教师需要考虑自己的教学方法,从积极引导学生参与音乐活动的角度,来酌情处理、改善课堂纪律,而另一方面教师需要通过各种方法处理课堂上出现的情况。如当有学生精神不集中时可从其身边轻轻走过,或提问旁边的同学回答问题,或让学生唱歌来转移注意力等,或用一些暗示的方法使学生重新专心投入当下的课堂学习。而对于高年级的学生还可以采用幽默的语言来处理,既能活跃气氛又能起到提醒的作用。在教学实践中,发生类似的问题时教师具备良好的教育智慧就显得格外重要了;而具体的处理方法也多种多样。

想要上好一堂音乐课,其实并不简单,它需要教师有效组织学生、课前做好充分准备和周密详尽的计划、安排;同时加强平时课堂教学中学生教学常规的养成,形成良好的课堂组织形式,注重维护好良好课堂氛围,最后注意妥善处理偶发事件,以确保教学实践活动的有效开展。

任务三　设计实施

活动一　微格教学

1. 小组活动

以四人为一组,学员自主选择组织教学的一个活动内容进行五分钟的微格教学。

2. 全员活动

学员分组开展活动,每组进行五分钟微格教学,一人扮演教师,其他学员扮作学生。其他组学员进行观察与记录。

3. 主持人小结

活动二　反馈与反思

1. 全员活动

负责观察和记录的学员进行反馈与点评。其他学员也可从自己扮演的学生角度,对关注点进行点评。

2. 个别活动

进行微格教学的学员根据其他学员的反馈意见进行自我反思,找出自己在教学中的不足。

3. 全员活动

主持人根据学员的分析,一起帮助开展微格教学的学员明确其在教师位置、眼神交流和体态语方面的优势和不足之处,并提出改进的建议。

4. 主持人小结

活动三　任务小结

再精彩的教学设计如果没有良好的组织教学做后盾也是白搭。音乐课上如何能组织好一群活泼好动的孩子专注地学习音乐是个大课题。既然组织教学是一个动态的过程,那就用一个个鲜活的音乐活动来进行组织教学,坚决不用命令来管理。

如何生动有效地进行小学音乐课的组织教学呢? 提供几个案例与老师们共享。

游戏一:比谁最慢

　游戏规则

　1. 不能发出任何声响,否则自动淘汰。

　2. 听琴声做动作。老师弹大调的上行琶音时,慢慢起来,反之弹下行琶音时慢慢坐下。

---

3. 动作必须连续、连贯,如发现动作停滞的、反复的,当场淘汰。

4. 无论老师的琶音弹得快慢,都以最慢的同学为获胜者。冠军得一"笑脸"。

奥尔夫说:音乐始自人自身。教学也应当如此。首要的是自己的宁静,倾听自己,对音乐的准备就绪,倾听自己的心跳和呼吸,是有根本性意义的。这个游戏的目的就是教会学生学会倾听。

游戏二:听音乐上下场

游戏规则

1. 每次比赛前提供两首乐曲如《追逐小溪》、《常回家看看》。共同讨论上下场的曲目配备,最好说出理由。

2. 听音乐上下场,不能出声,否则自动淘汰。

3. 和着音乐的节拍走动,否则算淘汰。

4. 听错音乐的淘汰。

5. 淘汰最少的组获胜,每人奖励一"笑脸"。

此游戏旨在教会学生学会关注音乐,关注音乐的歌名,关注歌词的内容。两首歌曲,哪首作为上场曲,哪首又作为下场的曲目。首先要听出是什么曲子,然后根据歌名及歌词内容再做定夺。关注音乐,孩子们的注意力都集中在"听"上,自然会安静喽。

游戏三:走向空处

游戏规则

1. 不能出声,不能碰撞,听音乐走向场地中空的地方。

2. 必须合拍。

3. 只要合拍,手上可以做任何动作。

4. 音乐停,动作停,届时每人就是一个个活的雕塑;音乐起,动作起。

这种音乐游戏活动不仅解决了课堂上的组织教学问题,而且还培养了学生敏锐的听力、注意力和反应能力,同时也发展了学生的创造力。在这些很"闹"的活动中,学生渐渐地学会了倾听,学会了安静。这是一种内心始发的,而不是我们强加给孩子们的。让学生自然地、直接地找回感性,找回人类失去了的平衡与和谐。而这些音乐活动恰恰也是达到这种目的的方法之一。

任务四 学习感悟

活动一 这一单元你学到了什么

1. 个别活动

学员反思自己在这一单元讨论过程中学到了什么,想到了什么,并写下来。

2. 小组活动

学员自由分组,在小组内交流各自在本单元所学到的或想到的内容。随后以小组为单位,根据主持人所给提示,做一张主题为"课堂教学组织"的海报。

3. 主持人小结

活动二 感悟实践

1. 个别活动

学员客观思考分析自己的教学优势与不足,并写下来。例如,分析自己比较成功的教学组织技能,思考以后将在哪一方面进行有针对性的改进和提高。

2. 个别活动

学员根据自己的教学实践,从"静态组织"、"动态组织"的方式中选取一项,撰写一份教学案例。

3. 主持人小结

活动三 任务小结

音乐课堂是由教师、学生和课堂环境三大要素所构成的进行教学活动的场所。课堂教学组织就是教师通过协调三者之间的关系而有效地实现预定教学活动目标的过程。组织音乐教学是一项多面、多层次、多因素的相关活动,也是一项创造性很强的艺术活动。课堂教学的组织首先要有预见性,上课前要有清晰的教学思路,预先设计好教学活动蓝图。其次,在课堂教学的进程中,教师要及时给学生学习的反馈,调整教学进程的速度和教学内容的难易度,达到课堂教学的动态平衡,落实教学目标。课堂教学组织的规律是:大处着眼,小处着手,既关注整体,也关注细节。

小学音乐课是艺术教育的重要组成部分,它有生动活泼的特点,搞好组织教学尤为重要。它是教学活动的"支点",是使课堂教学顺利进行的保证。要组织好课堂教学,音乐教师必须在教学过程中要根据学生的身心特点,教学内容及课堂教学的具体情况,采用不同方法因势利导地组织好课堂教学,关注每一位学生,运用一定的组织艺术,调动学生的有意注意,激发他们的情感,使其在愉快的心境中全身心地投入到音乐教学中去,保证课堂教学计划顺利完成,达到理想的教学效果。

第四单元　课后延伸

一、单元目标

1. 通过了解学习的意义,明确音乐课后延伸的目的及其途径。

2. 通过对音乐课后延伸案例的分析与讨论,寻找并明确有效课后延伸的原则与方法,同时了解有效的课后延伸设计的类型与形式。

4. 通过实践与同伴互助合作,提高音乐课后延伸设计的有效性,并在实践中提升自己的业务能力。

二、预设成果

学员能掌握音乐课后延伸有效设计的方法和原则,了解课后延伸设计的形式,并以此为依据,设计出不同类型的有效的课后延伸活动。

三、任务设置

学习模块	学习任务	时间安排	达成要求
经验分享	任务一　明确课后延伸的目的与途径	45 分钟	1. 明确课后延伸的目的和主要功能。 2. 了解课后延伸的途径。
实例分析	任务二　分析课后延伸的有效方法	90 分钟	1. 通过对延伸活动出现的不良现象的分析与讨论,寻找并明确有效课后延伸的原则与方法。 2. 观察课后延伸案例,了解课后延伸设计的有效机制。
项目再构	任务三　实战演练	90 分钟	能根据所给的教材内容,确立恰当的教学目标和基本教学内容并设计相关的有效课后延伸活动。
感想记录	任务四　学习感悟	45 分钟	1. 交流与比较各自设计的课后延伸活动,分享不同的学习成果。 2. 能在今后的教学中有意识地运用有效课后延伸的设计原则来改进日常的课后活动。

四、材料准备

阅读材料、教学录像、彩笔。

任务一　明确课后延伸的目的与途径

活动一　明确课后延伸的目的及主要功能

1. 导入

《课程标准》强调音乐实践,鼓励音乐创造。发展人文素养和艺术能力。在新理念的推动下,音乐教学更注重拓展学生艺术能力,延伸音乐教学过程,拓展学生音乐学习空间,开阔学生的知识面。让学生获得艺术学习的愉悦与满足感,身心得到和谐发展。同时音乐与相关文化是音乐课人文学科属性的集中体现,也是直接增进学生文化素养的学习领域。它有助于扩大学生音乐文化视野,促进学生对音乐的体验与感受,提高学生音乐欣赏、表现、创造以及艺术审美的能力。通过以音乐为主线的艺术实践,渗透和运用其他艺术表现形式和相关学科的知识,更好地理解音乐的意义及其在人类艺术活动中的特殊表现形式和独特的价值。

这里涉及的课后延伸即音乐课堂教学中完成教学内容后的拓展活动,也是指课后对音乐知识的探究延伸活动。

2. 小组活动

(1) 请学员阅读下面关于"课后延伸的主要功能"的论述,并思考:你最认同哪一个? 为什么?

课后延伸是一种对音乐教材补充的教育手段。

课后延伸是实现音乐课教学目标的有效途径和手段。

课后延伸活动的开展,有利于创设良好的音乐学习环境和氛围。

课后延伸活动的开展,为学生搭建了音乐综合学习的平台。

(2) 学员按四人一组分组。在小组内交流对上面各种论述的看法。

3. 全员活动

请一些学员就他们认同的课后延伸的主要功能发表看法,鼓励其他学员提出不同看法。

4. 活动小结

(1) 对音乐教材补充的教育手段。它是和音乐教材息息相关、密切联系的学习资源。音乐教师可根据教材内容,结合实际,使用各种手段给学生以丰富多样,合理有趣的拓展延伸,使用尽可能广泛的材料对学生的音乐学习进行拓展,这无疑是对上课环节的一个升华,能让音乐更深入学生的内心。

(2) 创设良好的音乐学习环境和氛围。音乐课"延伸活动"为学生创设了一种可以听、视、感、触的与音乐为友的环境、氛围。更好地激发学生的音乐兴趣。音乐课延伸活动的开展,使学生增强了学好音乐的自信心,从而更主动更积极地参与音乐实践活动。

(3) 为学生搭建音乐综合学习的平台。音乐课的延伸活动延伸了课堂教学的内涵,更好地改善了教与学、课内与课外及学生管理的关系。利用学习时间和其他业余时间,丰富学生的课余生活,更有利于校园文化的建设,使学生在课后延伸活动中得到更多的合作锻炼,潜移默化地培养了学生的群体意识和合作精神。

活动二　课后延伸的途径

1. 头脑风暴

学员讨论:在日常教学中你是通过哪些途径来进行课后延伸的?

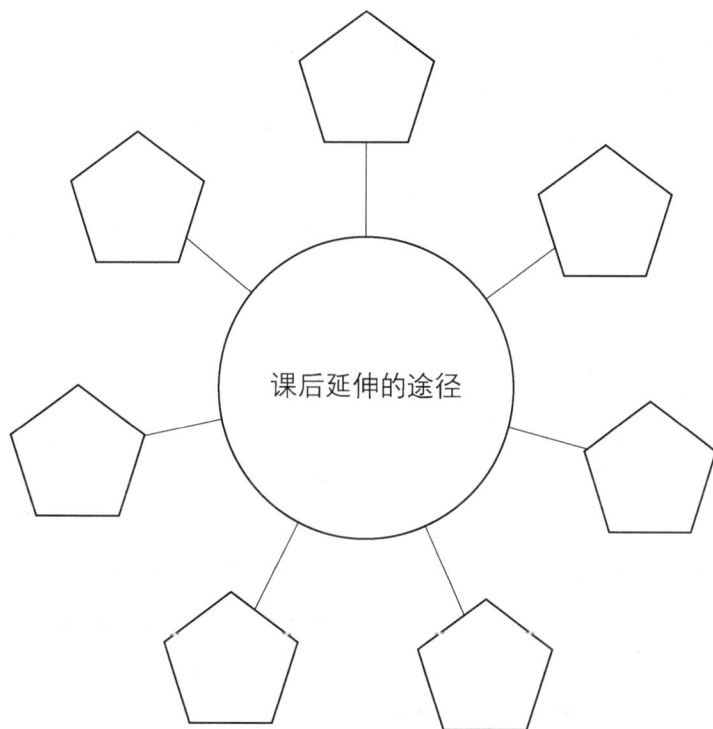

2. 全员活动

根据大家的讨论,主持人和学员一起讨论并归纳出课后延伸的主要途径。

3. 活动小结

(1) 从教材内容中联系延伸:

音乐教材内容涉及唱歌、乐理、欣赏、器乐、实践等几个方面的内容。由于当代学生的信息量大,各种媒体给了他们充分的学习音乐的途径。所以仅依靠教材内容进行教学是远不能满足学生的要求的。因此,从教材内容去联系拓展是最主要的途径。

① 从音乐教材内容的深度、广度上进行拓展延伸。这是音乐延伸教学最常见的方法,即根据学生的年龄特点和实际情况,抓住教材的内容关键点,利用各种资源对其在深度、广度上进行拓展教学。例如,在欣赏《美丽的草原我的家》时,为了加深学生对蒙古族歌曲特点的印象,通过课后让学生了解蒙古族的地域、地貌、风俗、风土人情等,延伸欣赏蒙古歌曲《鸿雁》、《天边》,

了解蒙古歌曲风格及演唱特点。这就使学生对蒙古族歌曲的特点有了更为深入的了解,在欣赏《美丽的草原我的家》时会有不一样的感受及表现。

②　从音乐教材的主题、特色进行拓展。现在音乐教材的编写都是按照主题划分单元的,我们可以围绕主题,根据学生实际增减部分内容,更加有效地突出主题。如在《温馨的家》这一单元中,可以在学会歌曲《可爱的家》后,抓住本单元主题,拓展到对家的赞美、对家的渴望,让学生想想有哪些表现家庭温情的歌曲或乐曲,使学生在温馨的环境和情绪下充分感受到家庭的美好与可贵,就能更好地体会到《温馨的家》这一主题。

(2)　从民间传统艺术中进行音乐拓展:

民族音乐文化的教育,一直是课后延伸的重要组成部分,如:教师在教唱《新疆是个好地方》中,老师抓住了歌曲与民风、民俗的内在联系,把生动、鲜活、具有民族特色的服饰、特产和音乐生活,展现在学生的面前。学生体验和感受了民族文化的活动。除此之外,还可以利用本地的民族民间音乐资源,引导学生走出学校,走近民间艺人,了解民间艺人,让学生了解民族民间文化,这也是我们在音乐课堂教学中进行文化拓展所要追求的目标。教师还可以挖掘、编写有本地区、本民族特色的校本教材,以补充教材的不足,把最具有本地特色的歌曲、器乐、舞蹈等艺术引入课堂,围绕一个主题,抓住重点,向学生介绍和让学生学习。

(3)　遵循音乐源于生活的特点,抓住音乐本体:

音乐是一种文化,它根植于文化的土壤中,应注重引导学生从生活体验入手,从自身音乐经验出发,紧密联系社会生活及音乐现象,主动探究和思考,使音乐学习成为一项生动、具体、艺术化的生活体验。所以,我们在音乐教学过程中根据教学需要,实现教师、学生、教材、教具、教学坏境与生活的多方面横向联系及他们之间的相互作用和影响,让音乐回归生活、回归自然,拓展广阔的教学空间。音乐课程具有很强的实践性,这就决定了它的实践机会无处不在。音乐又起源于生活,服务于生活,让知识向生活延伸,学生就可以接触更多的,更贴近生活中的学习资料。如:教师在教唱歌曲《郊游》时,学生通过聆听、感受,有感情地表现了歌曲。在课后延伸时我就为学生创设了"爬小山","过小河","走小桥","钻山洞"等这样一系列生活化的情境,使学生联想到实际生活中郊游所带来的快乐,从而打动学生的心灵,使他们感觉好像真正去郊游了。这种"身临其境"的感觉,不仅能更好的感受、体验音乐的美,同时也使学生感受到了音乐课堂的快乐。

(4)　遵循音乐教材要素,结合"姊妹"艺术:

与音乐具有十分密切的关系的"姊妹"艺术,包括舞蹈、美术、戏剧、影视等,它们与音乐有着许多相似的特征,如情绪、情感的表现等特点。在这一领域中要抓住贯穿各类艺术的主线,充分发挥与运用各种艺术门类的不同表现手段。

①　舞蹈——拓展"音乐想象"的最有效方式。舞蹈是唱歌时感情的升华。在课堂拓展教学中,加入根据歌曲内容创编的舞蹈动作,让学生边唱边听边表演,一定能加深学生对作品的体验与理解,从而拓展学生的"音乐想象"。例如,在学习《草原就是我的家》这首歌曲时,根据歌曲的内容,让学生模仿蒙古族的舞蹈动作,最后在演唱时随着歌曲的节奏与旋

律进行律动,学生们感到非常地开心、快乐。这里要注意,音乐课的课后教学,其目的之一就是根据课堂学习主题,通过一些有共同音乐特质或思想的内容,进一步深化学生对舞蹈的认知,拓展学生的音乐视野,激发学生进一步体验音乐的欲望,所以忌原地踏步,应有效延伸。

② 美术——拓展"艺术思维"的最佳导向。在课堂教学中,当听觉艺术与视觉艺术结合在一起时,它会同时刺激人的不同感官,可以培养学生的审美能力和艺术的思维能力、创造能力的作用。如:教师在歌曲《春天的歌》的教学后,让学生们观察春天万物的变化,然后拿起画笔画出来,以绘画的形式展示这首作品美妙的意境时,学生们都很兴奋。这样相关艺术间的横向联系和相关学科的整合,拓展了学生的思维和对不同艺术的综合感受。

③ 情景剧——拓展"艺术空间"的有力手段。情景剧的表演与创作是典型的艺术综合过程。像植物的生长需要阳光、空气、水分、土壤和特定的生态环境一样,人的艺术能力的发展也需要适合的条件和环境。如:在执教小小音乐剧《蜗牛与黄鹂鸟》时,教师让学生分组分角色扮演小猴子、小鹿、小鸟、蜗牛。首先,让学生根据自己的感受选择一首优美的旋律来表现音乐剧开始的情形,选择一首缓慢、稳健的乐曲表现慢吞吞的蜗牛形象,选择一首活泼欢快的乐曲表现小猴子、小花鹿、小鸟等形象。然后,教师进行简单的示范,让学生有一个比较感性的印象。在教师的指挥下,学生表演得惟妙惟肖,既展现了音乐剧的故事情节,又拓展了学生艺术活动的空间。

④ 影视资料——拓展直观艺术的有效延伸。音乐是以审美为核心,以形象性、情感性、愉悦性等独特形式来表现艺术美的。在音乐教学中适当准确地加入影视资料,可以使学生更加直观地了解作品。如经常利用学校的广播、电视播放一些优秀的儿童、影视歌曲,经典的中外名曲;例如欣赏京剧选段《穷人的孩子早当家》,在拓展中教师丰富了学生的戏曲文化知识,采用了戏曲联唱的方式,让学生集中欣赏。通过这种形式激发孩子对戏曲的兴趣,从中得到美的熏陶。

课外拓展延伸仅靠课堂是十分有限的,要想借助课外拓展延伸这条渠道达到真正开辟音乐天地的目的,必须让学生变被动为主动,培养他们的音乐素养。这就要求音乐教师一方面要激发学生向课外拓展延伸的兴趣,一方面进行合理指导。

实例分析

任务二　分析课后延伸的有效方法

活动一　剖析与思考

1. 小组活动

以四人为一组,观察教师出示的若干延伸活动的音乐案例现象,请学员思考:以下案例设计的拓展延伸活动的时机、内容是否适切?存在什么问题?

【现象一】

《春雨》这首歌曲形象生动地描绘了细雨蒙蒙、万物复苏的春天景象。在一次学校教研课上，一位教师执教的《春雨》主要围绕感受和表现春天的美来进行的，其中有渴望春雨、感受春雨、赞美春雨，最后的拓展环节是这样设计的："同学们，春天是我们最喜爱的季节，但是如果大自然的环境被人类破坏会怎样呢？"于是，同学们开始窃窃私语……

【现象二】

在一次公开课上，一位教师执教新疆维吾尔族歌曲《我是少年阿凡提》时，在学生还没有掌握歌曲节奏和音准的情况下，就开始让学生在"谁要……"处创编歌词，然后进行综合表演，有的学生唱歌（几乎听不见歌声），有的学生跳舞，有的学生用铃鼓等打击乐伴奏，看似很热闹，可是学生根本连歌曲都不会唱。

【现象三】

一位教师在教学生唱完《草原就是我的家》后，朗诵了一首《敕勒歌》，同时让学生齐念这首诗后说说这首诗的大致意思，接着教师问：你们去过内蒙古吗？你们知道蒙古族人民喜欢什么活动？学生不仅争先恐后地回答，更是情不自禁地站起来模仿骑马、射箭、摔跤等动作，课堂气氛非常活跃。这时教师为了能让学生尽快安静下来，播放了一段描绘内蒙古大草原景色的录像，把那种"天苍苍，野茫茫，风吹草低见牛羊"的草原美景着力渲染了一番，教师拿出事先准备好的蒙牛、伊利等来自内蒙古的牛奶，让学生认识、品尝，了解内蒙古的风土人情。

2. 全员活动

每组派一位代表，交流经过小组成员讨论后的结果。

3. 活动小结

【现象一】：挖掘教材不深刻，拓展牵强生硬。

【现象二】：选择时机不适宜，拓展蜻蜓点水。

【现象三】：延伸课堂无"音乐"，拓展偏离本质。

活动二　任务小结

1. 立足教材，适合拓展——有效落实

"拓展延伸"与"课堂教学"是相辅相成的。音乐拓展延伸是针对教材和课堂教学而言的，因为没有了教材也就不存在课内外衔接了，更没有所谓的"拓展延伸"了。著名教育家叶圣陶先生给教材定论为"例子"。教师必须要用好"例子"；那音乐教师的"拓展延伸"也就必须建立在用好教材的基础上。因此，音乐课堂上的"教学拓展"首先要立足于教材，并围绕教材精选适合的拓展内容。特别注意不要为了拓展而"拓展"，为了体现课改而生搬硬套地创

设一堂与教材无关的拓展课,就与其出发点背道而驰,不如摒弃。如在课尾,引导学生理解美,自然的美,联想到春天的美,让学生试着回忆学过的有关大自然的歌曲:《嘀哩嘀哩》、《山谷静悄悄》等;更可以让孩子聆听、观看《美丽的草原就是我的家》、《茉莉花》等作品,从而充分感受到绿色的大自然歌曲,曲中的青山绿水、鸟语花香更能激发孩子热爱大自然的情怀。上述这种"拓展教学"始终围绕教材,以过去学过的课程和认知为基点,顺课堂主题而拓展,"形式简单但不单调","内容简约而富有美感",成为达成既定教学目标(教材)的有效载体,真正体现出"拓展教学"的价值所在。

音乐教师在教学过程中,始终要把握"教材"这个教学活动的核心,其他的拓展顺延都只是辅助;因此要"立足教材"并"围绕主题进行拓展延伸"。

2. 精心预设,适时拓展——有效点睛

古语曰:"凡事预则立,不预则废。"这也侧面说明在教学中,科学的、合理的预设是一堂精彩音乐课的前提。或者说,若要顺利、成功地实施教学,就要提前做好铺垫工作,要在课前认真严谨地设立好目标,明确、计划并安排教学任务;同时在既定的教学任务作为课堂基调的基础上,科学合理地使用教学方法、梳理教学思路、策划好教学环节和架构。在实施课堂预设时,需要在课前依课程标准的三维目标、文本特点以及学生基础和情绪等方面的综合因素,有目的、有计划地精心设计必要的文本拓展的环节,这就是音乐教学中的"预设性拓展"。在音乐课实践中,常用的方法有针对歌曲和乐曲进行的歌词创编,针对节奏的乐器、舞蹈表演以及聆听与主题相关的乐曲等教学活动;但无论拓展的具体形式如何,都需要教师在课前预设中做好精心设计、细致安排。小学的音乐课堂教学的主要内容是让学生们学会歌曲,尽管就音乐教育本身来讲,"学会歌曲"并不能算是最终目的,但是首先必须要"学会歌曲",在此基础上才能引导学生进行拓展、表演,才能让拓展进一步为学生更好地理解歌曲而服务。

为了在音乐教学课堂上达到"水到渠成"的拓展效果,往往需要教师在教学的各个环节精心预设,通过学生在课堂上充分地感受、体验歌曲的情感、产生情感共鸣,这时候才能让学生自然地进入拓展环节。如欣赏课《打字机》中就可开展延伸环节:课前教师精心预设,课堂上借助人声、口琴、拍击或打击等辅助手段,从节奏等各个不同的角度和途径引导学生展开理解和欣赏。这样既使学生对音乐主题有更好的体验,尤其对富有特色的"打字、铃声、换行倒机"声有了深刻的印象;同时也培养了学生的节奏感和聆听的习惯,起到了通过一堂欣赏课拓展到提升学生的各种能力的教学目的上来。有时候教师还可借助各种生活场景,如"蛋炒饭",让学生来寻找与此相关的声响,待学生即兴表演完,再播放一段《蛋炒饭》音乐动画视频,通过画面中跳动的锅碗瓢盆配合惟妙惟肖的音乐来展现出有趣的厨房时光,同时又富有艺术的气息;当快课结束时再总结这种欣赏形式,并顺带再建议一个集体创编:关于"下课活动及上课铃响"的情景音乐,根据学生的兴趣情况,通过这种多层次、可叠加拓展最大限度地丰富学生们的音乐世界,也让学生们体会到"音乐来源于生活高于生活"的主题。

同时也要注意在预设拓展环节时要主题突出,既不要让学生们天马行空、不着边际地遐

想,也不要太多限制,应该让学生在教师的预设和引导下有序组织、步步深入展开想象、亲身体验,使得学习变得有效、扎实、丰满。这也从另一个侧面体现教师拓展的经验和智慧,教师的适时引导在课堂中能起到画龙点睛的作用,从而真正点燃课堂教学的"亮点"。

3. 凸显音乐,适度拓展——有效延伸

拓展教学其实是一种基于教学目标的形式多样、师生互动参与、课堂气氛活跃的教学模式。而在拓展延伸中"凸显音乐性"是提高课堂教学实效的核心。所以在课堂上根据既定目标以及学生的实际兴趣等因素,来控制合理的"度"以达到最佳拓展效果,是需要教师更多的经验和智慧的。不过很多教师在最初开始实践拓展时往往会事与愿违,关键也是在这个"度"的把握上。如想起一首音乐作品,里面往往融合了自然、地理、人文社会等方面的知识,而音乐课堂本质就是一个审美的天地,因此教师只有在教学中针对学生的具体情况合理选材,在学生理解音乐本身内容的同时,将与音乐作品有关的其他知识有机融入并引导学生领会,适度拓展,才能达到有效延伸课堂教学的目的。就是说拓展教学在音乐课中,始终要为音乐课服务,切不可"不着边际"、"喧宾夺主"、"本末倒置",不要把音乐课变成综合课或者思想品德课等。也就是说,拓展一定要从音乐学科本身出发,沿着特定的逻辑在教学中延伸和发散,最终再回归到音乐本质。

如在教授《我是人民的小骑兵》一课时:教师可身着蒙古族服装作为当地"导游",而学生头系红绸作为"小游客";教师随《我是人民的小骑兵》的音乐"骑马"进教室。当课件展示出蒙古族草原的美丽风景时,学生就会很快进入"小游客"的角色。然后在学生能熟练演唱歌曲后,教师开始启发"小游客":草原生活其实是丰富多彩的,那除唱歌跳舞外,你们知道草原人民还喜欢什么活动么?教师可引导学生单独回答,而后便可自然过渡到创编与活动阶段,如给蒙古族运动项目骑马、射箭、摔跤选择合适节奏为歌曲编配伴奏等。此时教师通过简短的话语引出配乐(用《草原就是我的家》的伴奏音乐),同时朗诵《敕勒歌》,并根据学生个性特长分成演唱组、舞蹈组、演奏组、朗诵组等组别表现出美丽的大草原、奔腾的马儿、热情的人民等。最后边播放歌曲《草原就是我的家》边用课件展示蒙古族衣食住行等生活习惯、民族风情的画面,让学生深入了解蒙古族人民的风土人情,以激发学生课外去了解各民族的歌曲、风土人情的兴趣。从这一案例看出教师要善于分析教材、把握同一主题下不同内容之间的联系;充分挖掘音乐作品中所蕴含的美,并运用多种多媒体手段让学生学习熟悉课程,并根据实际情况适时拓展教材,将拓展内容与课堂知识有机地融合在一起,同时激起学生的共鸣,为音乐课"锦上添花"。

音乐课的拓展延伸是"双刃剑"。用得好会起到事半功倍的作用,而把握不好或许会成为潜在的绊脚石。拓展延伸并不是课堂的点缀,也不是课堂的重点;必须"立足教材"、把握"教学目标"、适时、适度地通过教师的智慧拓展和延伸,才能真正体现出崭新的课堂面貌;要充分关注音乐、关注学生、关注课堂,才能真正地拓宽学生的学习视野,更好地落实教学目标,实现课堂的高质高效。

活动三　观察与归纳

1. 全员活动

音乐教学效应不仅仅停留在课内,而应向着课外延伸、伸展,运用自己在课内的教学方法,使学生在课外能更加关注音乐教学的方方面面,增强音乐学习的动力,并反过来促进学生课内音乐学习能力的提高。以下是一节有关了解民族乐器的音乐拓展课,课中教师结合学生的课内外自主学习,让学生喜爱民族乐器,并对其有初步的感知、了解。

2. 小组讨论

观察案例,以六人小组讨论,思考教师可采用怎样的机制提高课后延伸的实效性。

案例:

我们喜爱民族乐器

【执教年级】小学三年级

【教学目标】了解乐器的名称和形状,能够听辨部分乐器的音色,能够模仿乐器演奏。对乐器产生兴趣,能够喜爱乐器,为学习乐器演奏打下良好的基础。

【教学准备】师生在课前利用课余时间,收集与民族乐器相关的知识与图片等。

【教学过程】

1. 导入新课。

(1)进场:学生手持教师设计的音乐会门票对号入座。

(2)引言:今天,我请同学们来欣赏一场特殊的音乐会,特殊在哪儿? 下课前请你们来总结。

(3)导语:日前我从《音乐周报》上看到一则消息:自从 1998 年中国中央民族乐团率先叩开维也纳金色大厅之门以后,每年春节的中国民族音乐会成了当地的一道风景线,演出场场爆满,连站票也被卖到一张不剩。今天,我们就一起去聆听、去探究这些让外国人如此心动的中国民族乐器。

2. 自主学习。

(1)回忆学过的弦乐器和吹奏乐器。(课内外学习结合)

(2)播放民乐合奏《花好月圆》,学生听辨其中的演奏乐器。

(3)出示民族乐器图,说说想知道些什么? 学会些什么? 教师把学生的想法归纳如下:

了解乐器的名称和起源,知道乐器的外形和构造,听辨乐器的音色,模仿演奏乐器。

(4)分组制定学习目标:了解一种自己喜欢的民族乐器。(课内外学习相结合)

(5)选择相同乐器的同学安排在同组学习,互相交流。

3. 展示成果。

(1)召开"民族乐器展示会",检验学生小组学习的能力和效果。(课内外学习相结合)

（2）小组推荐或自荐上台展示一种乐器。（课内外学习相结合）

4. 听辨乐器。

（1）做"听音乐猜乐器"的交互游戏,练习听辨乐器的音色。

（2）小组听辨比赛。

（3）自己设计一种情景,选择合适的民乐曲作背录音乐。（课内外学习相结合）

5. 学后感受。

（1）这节乐器课你有什么感受？你认为最大的收获是什么？

（2）你最喜欢哪种民族乐器？说说理由。

3. 全员活动

每组派代表交流讨论意见,主持人记录并归纳。

4. 活动小结

（1）全体参与,班级展示与学校展示相结合:

新课程要求音乐教育"面向全体":关注每个学生的发展,让每个学生在音乐学习过程中体验成功,感受快乐。音乐课的延伸活动要强化普及意识、淡化选拔意识,着眼于调动每一个学生的主动性和积极性。因此每次活动要求全体学生参与,旨在让每个学生都有锻炼、有收获。先以班级为单位进行展示或比赛评出班级优胜者参加全校展示或比赛。有的活动,在展示过程中请专业教师作点评,让学生了解学会音乐技能的方法、要求及自己的努力方向。

（2）创建合作学习机制,实行"音乐小导师"制互帮互学:

合作学习机制,实际上就是把学生的力量、资源、财富、智慧集合起来使用。以加强学习、促进学习。每学期挑选一批技能突出、责任心强的学生作为"小导师",课外帮助同学进行音乐技能训练。与此同时,"音乐小导师"们在帮教的过程中,自己的技能也得到了提高,音乐知识得到了巩固。

（3）确立全面激励机制,激发学生参与音乐的积极性:

音乐教师要高度重视并亲自参与,对于开展的系列音乐延伸活动从选材、排练到演出,给予悉心指导。教师对获奖的同学发放证书,每次活动的成绩按一定的比例记入期末总成绩。这种机制大大促进了学生的积极性,充分调动了学生的主动性和自觉性。

（4）确立活动创新机制,保证"延伸活动"内容和形式的常演常新:

在音乐实践工作中,我们强调以学生为中心。充分发挥他们的主观能动性。老师一般提供指导,把握不同实践形式的艺术标准。鼓励学生在表演形式上予以大胆创新,给学生自由发挥的空间,让他们有所想,有所为并有所获。

音乐课"延伸活动"不能流于表面,而要把活动的设计、内容、形式、操作等层面落到实处,并根据学生、学校的实际不断创新和改进。

任务三　实战演练

活动一　设计有效的课后延伸活动

小组活动：

（1）组员按照执教年级分组，一、二年级为低年段组，三到五年级为中高年段组，以三至四人为一组，按学员组合后的人数分成若干组。

（2）主持人发放教材，相同年级的小组选定相同教学内容。对同一年级的相同教学主题、内容进行课后延伸活动的设计有助于学员之间展开研讨和分析比较。

玩具进行曲

1=G　2/4　　　　　　　　　　　　　　　　　　　　　　日本儿歌
中速　　　　　　　　　　　　　　　　　　　　　　　　罗传开　译配

1	5 5	1	5 5	1 2 3 2	5 0	5 6 5 4

1. 嘀　嗒嗒，嘀　嗒嗒，吹起　小喇　叭，　　小玩　具的
2. 嘀　嗒嗒，嘀　嗒嗒，绕场　一　周，　　洋娃　娃和

| 3 4 | 3 2 | 1 | 2 | 3 0 | 1 | 5 5 | 1 | 5 5 | 1 2 3 2 |

进行　曲　嘀嗒嗒。木偶的　个儿呀　都是　一般
小鸽　子也　嘀嗒嗒。法国的　洋娃娃　突然　跳出

| 5 0 | 5 6 5 4 | 3 4 3 2 | 6 7 | 1 0 |

高，小狗小马　也在　一起　嘀嗒嗒。
来，一吹笛子　锣鼓声就　咚咚锵。

圆圆和弯弯

1=♭E　4/4　　　　　　　　　　　　　　　　　　　　曾泉星　词
中速　甜美地　　　　　　　　　　　　　　　　　　孙广志　曲

(2 5 5 5 5 | 6 1 2 1 1 6 5 | 5 5 6 1 6 5 3 2 |

2 - 2 2 0) | 6 6 2 2 0 | 3 2 1 2 2 0 |

1. 圆　圆的桔，圆　圆的柑，
2. 弯　弯的犁，弯　弯的镰，

6 6 2̇ 2̇   2̇ 3̇ | 3̇ 2̇ 1̇ 6 6 0 | 2 5 5 5 5

圆　圆的葡萄　　结串串，　　　圆圆的蘑菇
弯　弯的稻穗　　沉甸甸，　　　弯弯的菱角

6 1̇ 2̇ 1̇ 6 5 | 5 5 6 1̇ 6 6 | 6 5 3 2 2 0

打　伞伞哟，　　圆圆的粮囤冒尖尖。
头　尖尖哟，　　弯弯的香蕉味甜甜。

6 1̇ — 3̇ 2̇ | 2̇ — — 6 | 1̇ 2̇ — 1̇ 2̇

啰　　　　　　哎！　　　　　哎
啰　　　　　　哎！　　　　　哎

1̇ 6 — — | 2 5 5 5 5 | 6 1̇ 2̇ 1̇ 6 5

啰！　　　　　农　家金秋　　圆圆多　喂，
啰！　　　　　农　家金秋　　弯弯多　喂，

5 5 6 1̇ 6 5 3 2 | 2 — 2 0 : | 2 5 5 5 5

敲锣打鼓唱丰　年　　啰！　　农　家金秋
张灯结彩庆丰　年　　啰！

6 1̇ 2̇ 1̇ 6 5 | 5 5 6 1̇ 3̇ 2̇ 1̇ | 2̇ — 2 0 ‖

弯　弯多　喂，　张灯结彩庆丰　年　　啰！

（3）主持人说明设计要求，要求根据所给的教材内容，确立恰当的教学目标和基本教学内容，根据教材做适当的延伸拓展与文本的再构。在简单制定教学过程后，设计课后延伸活动，并注明设计说明与意图。

（4）各组根据以下的表格内容分组设计。

任教年级	
教学目标	
教学重点	
教学难点	
教学过程	

	活动要求	设计说明
课后延伸设计		
课后延伸活动内容		

活动二　交流设计的作业

全员活动：

（1）各组轮流选派一位学员作代表交流，简单介绍小组设计的课后延伸活动。要求重点介绍课后延伸活动的形式和内容，同时讲清课后延伸活动的设计意图。

（2）根据各组代表的作业设计，其他学员思考：哪些课后延伸活动设计得比较合理？为什么？哪些课后延伸活动设计得不够合理？原因是什么？

（3）学员自由交流评价。

活动三　任务小结

音乐课后延伸是为深入理解教学内容服务的，不能让内容为拓展服务，如果因为拓展冲淡了教学的主题，那这样的手段就没有意义了。在实践运用过程中，我们绝不能机械地去模仿、照搬，而应根据实际的教学任务和学生特点灵活地应用尝试。

感想记录

任务四　学习感悟

活动一　谈谈收获

1. 个别活动

学员思考下列问题，了解自己对"课后延伸设计"认识上的变化。

（1）以前我对音乐课后延伸设计的认识是什么？

（2）通过本单元的培训，哪些认识我已经彻底改变了？

（3）我还希望有所提高的是什么？请学员写下自己的感受。

2. 全员活动

学员在全班交流自己的感受。

活动二　感悟实践

个别活动

学员反思自己平时的音乐课堂教学，记录课后延伸实施不太成功的一次活动设计或设计得不太理想的某一环节。思考课后延伸活动设计得不太成功的原因，并修改原先的设计。

活动三　任务小结

音乐教学要把学生带到更广阔的课外世界，把课堂延伸到课外，延伸到生活，引导学生到更广阔的天地去探索，去摘取新的知识之果，去获取更大的创造能力，才能真正做到培养学生的音乐素养。

推荐阅读

1. 金亚文主编：《小学音乐新课程教学法》，高等教育出版社 2003 年版。

2. 张前主编：《音乐表演艺术论稿》，中央民族大学出版社 2004 年版。

3. 周燕：《音乐课程教学的创新与实践》，《价值工程》2012 年第 31(17) 期，第 257—258 页。

4. 黄穗：《试论优化音乐课堂教学效果的创新途径》，《黄河之水》2011 年第 12 期，第 76—77 页。

5. 张晓娇：《浅谈小学音乐课堂组织教学》，《儿童音乐》2011 年第 3 期，第 11—13 页。

第二章　基本教学模块

在本章的学习中，我们将掌握音乐教学中基本教学模块的教学方法。在音乐教学中，以听赏教材或歌唱教材为主要的教学内容，在具体教学过程中，融合器乐教学和舞蹈教学。

学习中可以按章节内各个单元排列的顺序学习，着重学习第一单元听赏教学和第二单元歌唱教学的内容，也可以先开展本章内第三单元器乐教学和第四单元舞蹈教学的学习，再结合这两个单元的所学内容与第一、第二单元内容融会贯通，达成良好的学习效果。

我们主要依据的是《课程标准》对相关学习模块的要求，以及教师落实于课堂教学的基本方式。本章的学习是全书学习中的重点，可以结合实际教学和个人教学特点在教学实施后反观本章的系列学习活动和任务，予以加强。

第一单元　听赏教学

一、单元目标

1. 通过讨论,引导学员梳理影响听赏教学效能的因素,归纳出小学音乐听赏教学中的关键教学方式。

2. 学习《课程标准》中对小学生欣赏与感受提出的要求,明确小学阶段各个学段的具体要求。

3. 在思考、实践、分析的学习过程中,使学员明确小学音乐课堂听赏教学的一般模式和听赏教学设计的原则,从而优化听赏教学过程,提升听赏教学实际教学效能。

4. 激发学员主动观察和分析自己及他人的听赏教学,提高自我课堂教学改进意识和改进能力。

二、预设成果

1. 了解影响听赏教学效能的因素,并在课堂教学实践中有效避免这些干扰因素。

2. 明确有效组织音乐听赏教学的关键教学方式,并能在课堂中适当运用。

三、任务要求

学习模块	学习任务		时间安排	达成要求
经验分享	任务一	回顾与讨论	45分钟	通过讨论,引导学员梳理、了解影响听赏教学效能的因素。
	任务二	学习与思考	45分钟	学习《课程标准》中对小学生欣赏与感受提出的要求,明确小学阶段各个学段的具体要求。
实例分析	任务三	分析与归纳	150分钟	在思考、实践、分析的学习过程中,使学员明确小学音乐课堂听赏教学的一般模式和听赏教学设计的原则。
项目再构	任务四	设计与实践	60分钟	学员能够根据本单元所学,完成一份听赏教学的设计并实施。
感想记录	任务五	反思与改进	60分钟	回顾和反思本单元前四个学习任务,激发学员在日常教学实践中运用同伴互助的课堂观察来改进自己的听赏教学。

1. 围绕关键问题自学《课程标准》中感受与欣赏的相关内容。

（关键问题：《课程标准》中对小学低学段和中高学段提出的要求有什么区别?）

2. 根据以往的教学经验设计一张听赏教学的课堂观察量表。

（要求：涵盖你认为听赏教学中可能出现的教学模式方法。）

3. 准备用具：执教教材、记号笔、《课程标准》、观察量表。

五、展开学习

经验分享

任务一　回顾与讨论

活动一　比较小学音乐课堂教学中的听赏活动和生活中的听赏活动

1. **个别活动**

学员思考小学音乐课堂教学中的听赏活动和生活中的听赏活动有哪些不同，并完成以下表格。（记录关键词）

	音乐课堂教学中的听赏活动	生活中的听赏活动
学生们听什么?		
他们为什么听?		
听赏时他们的感受如何?		

2. **全员活动**

主持人出示表格，学员交流自己的思考结果。主持人把每个学员的想法记录在表格内，如有相同意见，则不重复记录。

3. **活动小结**

活动二　归纳影响课堂音乐听赏教学效能的因素

1. **主持人的话**

《课程标准》对"感受与欣赏"领域的定位是：感受与欣赏是音乐学习的重要领域，是整个音乐学习活动的基础，是培养学生音乐审美能力的有效途径。

音乐是听觉的艺术。音乐艺术的一切实践必须依赖于听觉，"听"是音乐艺术最基本的特征。

由于在现实生活中到处充满着音乐,学生每天都可能会无意识地听赏音乐,"被迫地"接受许多音乐信息,但往往"听而不闻",这在客观上造成了一些不良的听觉习惯,需要在音乐课堂中积极地加以纠正。

2. 个别活动

学员回顾自己听音乐的经历(比如:看电影时),思考影响听赏效能的因素,并完成以下的思维导图。

3. 全员活动

主持人请学员交流各自的思考结果。

4. 活动小结

活动三　提出音乐课堂听赏教学中存在的困难和解决的方法

1. 小组活动

按四人一组对学员进行分组。每个学员在组内交流自己在听赏教学中遇到的困难,然后对其他学员的困难提出解决的建议,该学员把同伴的意见记录下来。

2. 全员活动

主持人出示下列表格。各小组选派一名代表在全班汇报小组讨论的结果。由主持人把交流的内容填入表格内。

	困难	解决方法
学生方面		
教师方面		
其他		

活动四 任务小结

在音乐课堂学习中,影响学生听赏效能的因素有很多。例如,学生对听赏的音乐其中所包含的音乐要素掌握的程度;学生对听赏的体裁的熟悉程度及相关背景知识的了解;学生在听赏时,是否有图片、影像、肢体语言等其他辅助听赏者理解的手段;学生在听赏时,教师是否提供了适宜的听赏环境;学生在听赏时,其情绪也会影响到听赏的效果。

只有了解影响学生听赏效能的各种因素,才能尽量在进行听赏教学设计时避免这些因素。

任务二 学习与思考

活动一 学习《课程标准》

1. 全员活动

学员研读《课程标准》中欣赏与感受部分的具体要求,主持人请学员讨论两个不同年段要求的区别并做记录。

欣赏与感受达成目标	
低年级(1—2年级)	中高年级(3—5年级)
初步培养安静、认真聆听的习惯。	形成培养安静、认真聆听的习惯。
愿意在教师带领下,与伙伴交流聆听音乐的感受。	愿意在教师带领下,积极主动地与伙伴交流聆听音乐的感受。
能够听辨歌唱中的童声、女声和男声音色。	能够听辨歌唱中不同类型的女声和男声音色,说出人声的分类。
聆听、感受乐器的声音。能够听辨常见打击乐器的音色,并能用打击乐器发出强弱、长短不同的声音。	能够认识常见的中国民族乐器和西洋乐器,并能听辨其音色。
聆听感受自然界和生活中的各种声音,能够用自己的声音或打击乐器模仿喜欢的音响。	聆听不同体裁和类别的小型器乐曲,能够随着乐声哼唱短小的音乐主题或主题片段,能够通过律动或打击乐对所听音乐做出反应。
聆听儿童歌曲,聆听音乐形象鲜明、结构较为简短的进行曲、舞曲及其他体裁的音乐片段。	聆听少年儿童歌曲和颂歌、抒情歌曲、叙事歌曲、艺术歌曲、格调健康的流行歌曲等各种体裁和类别的歌曲,能够随着歌曲轻声哼唱或默唱。
能够通过模唱、打击乐器对所听音乐做出反应。	能够感知音乐主题,区分音乐基本段落,并能够运用体态或线条、色彩做出相应的反应。
能够听辨旋律的高低、快慢、强弱。	在聆听感知音乐的节奏和旋律的过程中,初步辨别节拍的不同,体验二拍子、三拍子、四拍子的律动感。
	聆听中国民族民间音乐,了解有代表性的地区和民族的民歌、民间歌舞、民间器乐曲和以京剧为代表的中国戏曲及曲艺音乐,体验其不同的风格。
	聆听世界部分国家的民族民间音乐,感受不同的音乐风格。

2. 主持人的话

从表格横向的对比中,我们可以看出,低年级与中高年级的目标要求有关联性,并层次递进,由浅入深。

活动二　如何帮助学生达到《课程标准》中对聆听与感受的能力要求

1. 小组活动

六人一组,请学员讨论以下问题,并将讨论结果记下来。

(1) 在实际教学中,你觉得应该怎样对学生进行听赏习惯的培养?

(2) 对照《课程标准》中不同年段的要求,你对听赏教学有什么想法?

(3) 你觉得可以运用哪些策略和方法来帮助学生完成《课程标准》中"音乐表现要素"的内容?

2. 全员活动

请各组长汇报小组讨论结果,主持人把学员的讨论结果记录下来。如有相同意见或想法,则不必重复记录。

3. 活动小结

"感受与欣赏"具有最直接、最具体的审美教育价值。它以一定的音乐为审美对象,以参与欣赏活动的人为审美主体,形成一种特殊的审美观照,其审美教育的价值主要体现为:(1)培养审美感知,包括音乐辨别力、音乐感受力和音乐记忆力,这是音乐审美的基础。(2)培养审美情感,包括音乐情感辨别力和音乐情感表现力,以及音乐情感理解力,这是音乐审美的发展和深化。

音乐表现要素方面的内容,是感受与欣赏音乐首先必须具备的知识和能力。音乐的表现要素非常丰富,学生在某个作品或在某一节课是很难做到全面认识和感受它的,教师应根据学生的年龄和实际水平,设计恰当的教学内容,在对音乐要素的感受要求上,也应由易到难、由低到高。

活动三　音乐课堂听赏教学中达成知识与能力存在的困难和解决的方法

1. 小组活动

按四人一组对学员进行分组。每个学员在组内交流自己在听赏教学中遇到的困难,然后对其他学员的困难提出解决的建议,该学员把同伴的意见记录下来。

2. 全员活动

主持人出示下列表格。各小组选派一名代表在全班汇报小组讨论的情况。由主持人把交流的内容填入表格内。

	困难	解决方法
音乐表现要素		
音乐情绪与情感		
音乐体裁与形式		

活动四　任务小结

音乐表现要素包括:

(1) 对自然界和生活中的各种声音的感受与体验。

(2) 对人声和乐器声的感受与听辨。

(3) 对力度、速度、音色、节奏、节拍、旋律、调式和声等音乐要素的聆听与体验。

(4) 对音乐结构的感知。

音乐的每一种基本要素都可以表现一定的情感,如旋律的起伏、节奏的张弛、力度的强弱、速度的快慢、音色的浓淡、调式的明暗等无不具有特定的情感意义,这些要素组合起来就构成了一定的表现手段。这些教学内容,有的具有相对的独立性,但更多的学习内容是交叉在一起的,是一个不可分割的整体。因此,在进行音乐表现要素的教学中,应该结合音乐实践和具体音乐作品,联系地思考,区别地认识,通过听辨、对比、选择、图解等方法,使学生对音乐表现要素有一个完整的体验。

实例分析

任务三　分析与归纳

活动一　设计听赏教学时的思考步骤

1. 个别活动

主持人出示一个五年级音乐书中的欣赏作品。学员据此设计欣赏教学的教学思路及环节。并写出在设计这些步骤时首先想到什么,然后考虑什么以及这样考虑的原因。

牧 场 上 的 家

张　宁　译词

赖广益　编配

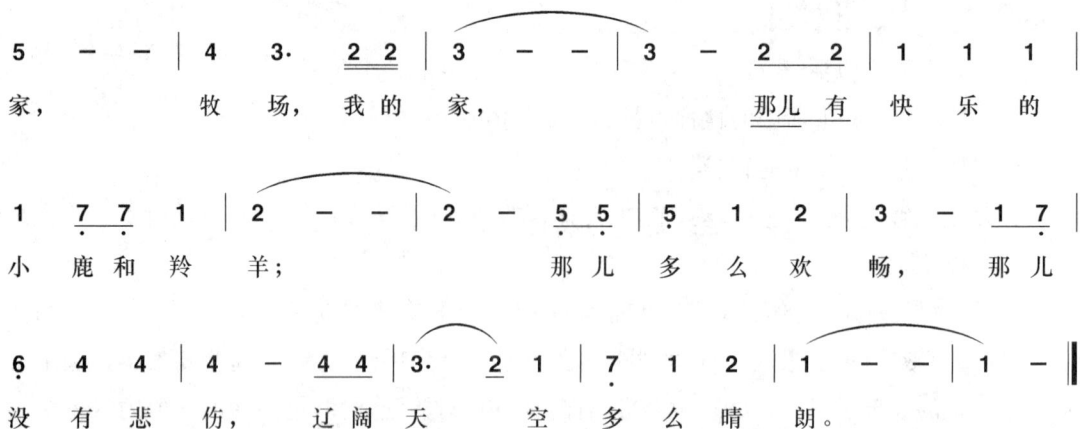

5 — — | 4 3. 22 | 3 — — | 3 — 22 | 1 1 1 |
家，　　　牧　场，我的家，　　　那儿有快乐的

1 7 7 1 | 2 — — | 2 — 55 | 5 1 2 | 3 — 1 7 |
小 鹿 和 羚 羊；　　　那 儿 多 么 欢 畅，　那 儿

6 4 4 | 4 — 44 | 3. 2 1 | 7 1 2 | 1 — — | 1 — |
没 有 悲 伤，　辽 阔 天 空 多 么 晴 朗。

2. 全员活动

主持人请学员进行交流。学员中如有相同意见，就不必重复。主持人把学员的思考结果记录下来并进行归纳。

活动二　听赏教学的一般模式

1. 个别活动

学员思考在进行听赏教学时，一般会采用怎样的教学方式并记录下来。

2. 小组活动

按四人一组的方式对全班进行分组。每个学员在小组内交流个人思考结果，再由各小组讨论听赏教学模式。

3. 全员活动

每组选派一位代表在全班面前汇报小组讨论的结果。随后由主持人总结。

4. 活动小结

音乐欣赏教学是以聆听音乐、表现音乐和音乐创造活动为主的审美活动。使学生充分感受、体验蕴含于音乐形式中的美和丰富的情感，为音乐所表达的情感或情境所吸引，并通过参与、体验、表现和创造活动与音乐产生强烈的情感共鸣，从而陶冶学生的性情，完善其人格。

一般而言，听赏教学的基本模式分为以下几个阶段：

第一阶段	第二阶段	第三阶段	第四阶段
创设情境 激趣导入	→ 新作赏析 感知体会	→ 理解体验 创编实践	→ 拓展延伸 小结升华

活动三　设计听赏教学的原则

1. 个别活动

主持人出示听赏教学案例。

【教学内容】欣赏乐曲《土耳其进行曲》

【执教年级】四年级

【教学目标】

1. 欣赏钢琴独奏曲《土耳其进行曲》,感受乐曲轻快活泼的情绪,正确判断进行曲的风格。

2. 用律动参与等方式感受并联想乐曲表现的情景。

3. 感受进行曲风格,体会力度的变化。

【教学重难点】

1. 教学重点:聆听乐曲,辨别不同段落音乐情绪与情境的不同。

2. 教学难点:模唱三个音乐主题,感受音乐的力度变化。

【教学过程】

一、乐曲初听

1. 播放手机音乐铃声,导入新课。

关键设问:

有谁知道这段音乐铃声播放的乐曲名称吗?

若不知道的情况设问:让我们带着问题仔细听。

若知道的情况设问:让我们来判断乐曲的演奏形式和风格。

2. 初听乐曲。

(1)判断和交流:

关键设问1:乐曲属于哪种类型,摇篮曲、小步舞曲、进行曲?

关键设问2:你是根据哪种感受判断这是首进行曲?

关键设问3:乐曲的演奏形式是乐器合奏、大提琴独奏、还是钢琴独奏?

(2)出示课题:

莫扎特(奥)《土耳其进行曲》

(3)土耳其简介:

土耳其是横跨欧亚两个大洲的国家。国旗由红、白两色构成,有星星、月亮的图案。

说明:

《土耳其进行曲》是莫扎特《A大调钢琴奏鸣曲》[作品331]中的第三乐章。莫扎特在第三乐章中写下这首进行曲,并标上"土耳其风"的提示,具有当时盛行的东方风味,成为很多钢琴音乐会的返场曲目。因此,本环节针对这首相对并不陌生的乐曲,学习内容包含乐曲类型、演奏形式、作曲家及简单的文化背景。

二、分段聆听

1. 主题A。

(1) 边听边拍腿。联想主题A的音乐情境。

关键设问：这群士兵排着怎样的队伍、带着怎样的情绪出征？

(2) 出示表格，填写并交流。

关键设问：

你能用什么动作表现精神饱满、英勇威武的士兵？

模仿一下士兵行进的队伍，在这个过程中有没有听到相同的旋律？

(3) 听老师弹奏，感受乐句旋律特点和力度变化。

关键设问：感受重复的旋律，想象士兵们在干什么？

① 找出重复旋律、一强一弱，能联想到什么情景。

② 用"lu"模唱旋律：师生交流对唱，男女生交流对唱。

(4) 复听主题A，律动、模唱，参与体验。

说明：

　　主题A要求学生在音乐律动体验和交流模唱中感知并把握这个主题的力度、情绪和情景的音乐要素，为后面主题B、C和尾声在欣赏和音乐要素的比较学习时确立方向作好铺垫。遵循《课程标准》中所提倡的动觉切入，让学生用自己喜欢的行军动作来感受主题A；并采用听觉、动觉相结合的方式，通过分角色交流模唱来感受乐句的旋律特点和强弱规律，联想情景，加深对主题A的音乐理解和记忆。

2. 主题B。

(1) 第一遍静心聆听，感受力度、情绪、情景等音乐要素与主题A的不同。

(2) 教师弹奏，感受乐曲的助威节奏与气势。

关键设问：

你能跟着我的弹奏抓住(左手)节奏吗？ 模仿了哪件乐器？

强而有力的鼓声响起，有什么作用呢？

(3) 出示简谱，随教师琴声敲击椅子，模拟主题B的(左手)节奏，感受力度与主题A的不同。(注：双腿略微分开，用手置于中间握拳适度敲击椅子，模拟鼓发出类似"beng"的声音。)

(4) 用"da"模唱主题B的(右手)旋律，模拟号声，感受其情绪与主题A的不同。(注：手拿号角，坐直。吸好气，注意"da"的发音不能太白，嘴巴打开。)

(5) 男女生鼓号齐鸣，合奏并模唱主题B。

　　3. 主题 C。

　　(1) 出示乐谱，边听边画旋律线。（PPT 上的旋律线在乐谱上随音乐的进行呈现。）

　　预设生成问题：你能捕捉到旋律线条吗？

　　关键设问：

　　① 旋律的起伏幅度如何？

　　② 哪种音符出现频率很高，节奏密集？

　　小结并对于"情景"的联想设问：高低起伏的旋律，紧密的节奏，仿佛把我们带入激烈的战斗，我们看到了士兵有的在……？有的在……还有的在……？

　　(2) 请一位学生上台手指 PPT 上的乐谱，教师弹钢琴，学生手指旋律线并模唱主题 C，感受该主题旋律走势，体验行军路线。

　　(3) 出示表格填写，比较与主题 A、B 音乐要求的不同。

　　4. 完整复听，为各主题排序和欣赏尾声。

　　(1) 为乐曲各个主题排序，分男女两组，边听边请最快听出每个主题的同学到黑板上贴(反馈评价)。

　　关键设问：最后一部分是这三个主题中的哪一个？还是都不是？让我们来听音乐。

　　(2) 聆听尾声，教师跟着音乐画"烟花"图谱，想象战果如何，感受乐曲情景。

　　(3) 尾声填表，比较与前面三个主题在音乐要素上的不同。

　　(4) 复听尾声，再次感受士兵凯旋而归，亲朋好友夹道欢迎的情景。

　　5. 复听全曲。

　　(1) 小结设问:

　　欣赏的乐曲曲名是什么？是哪位作曲家的作品？乐曲的演奏形式是怎样的？你喜欢哪个主题,为什么？

　　(2) 再现莫扎特《土耳其进行曲》的场景。

　　要求：请一位学生做指挥官,三个主题分别用节奏律动、身体律动、模唱的形式带领全班再现士兵出征、作战、凯旋而归的情景。

　　三、拓展欣赏

　　1. 欣赏教师表演。

　　教师弹奏另一首世界著名的贝多芬的同名作品,简单比较与莫扎特的《土耳其进行曲》的不同。

　　2. 通过网络资源收集《土耳其进行曲》的知识。

　　学员仔细阅读主持人提供的听赏教学案例之后,如实填写下面的表格,尽量详细。

教学中做得比较好的地方		教学中需要改进之处		
具体举例	理由	具体举例	理由	我会这样处理

2. 小组活动

按四人一组方式对全班进行分组。各小组成员在小组内交流对上述案例的分析。各小组尝试归纳进行听力教学时需要关注之处。

3. 全员活动

请各小组选派一位代表在全班面前进行交流。

活动四　任务小结

小学音乐欣赏根据儿童思维和接受能力,欣赏教学中应灵活运用下列原则。

1. 由浅入深

小学生对客观世界的认识还处于缺乏感性认识和理性认识的阶段,由于他们的知识、生活经验的缺乏,往往对作品所描述的某些客观现实不易理解,对某些情感不易体验,因而欣赏教学要按小学生的认识能力,有计划、系统地进行教学。欣赏教材的篇幅应由短小的作品开始,再逐步听较长的作品;作品所运用的表现手段应由简到繁,作品的内容和形式应由易到难。教材的选择,直接关系到不同年龄学生对音乐欣赏的兴趣,在选材时,应考虑音乐对所教学生的可感受性、可接受性,因此,教师应根据不同年龄学生对音乐作品的理解能力的不同,选择合适的教材。低年级学生应选取音乐形象鲜明,能为学生所接受的音乐作品让学生欣赏。要求音乐作品的形式结构清晰、特点鲜明,形式本身比较工整、短小,可参与性强等。高年级的学生可适当选听一些具有一定逻辑性,篇幅较长的乐曲。

2. 由近及远

由于学生所接触的生活范围狭窄,情感和兴趣正在发展,因此欣赏作品的内容应从学生的日常生活和他们所喜爱的、感兴趣的事物开始,再逐步由近及远地扩大他们的视野。在教学中,教师应指导学生观察生活、丰富其知识,使他们听音乐时能进行联想,从而提高他们欣赏音乐的兴趣。欣赏教材的选择,常从儿童歌曲开始,逐渐扩大到其他歌曲,由反映学生生活情趣的器乐曲扩大到外国的优秀音乐作品,使欣赏教学符合儿童的认识规律。在音乐欣赏活动之前,要充分预知学生已有的知识经验,分析了解学生已掌握的知识内容,预知儿童的知识水平,让学生通过自身活动来解决问题,获取经验,发展能力。

3. 由具体到抽象

在器乐作品中,由于没有文字结合,音乐内容就不像歌曲那样表达得具体、明确。但在某些器乐作品中,由于运用了客观世界中音响的直接模仿(如鸟叫、军号、钟声等)、或近似模仿(如雷鸣、风声、时钟嘀嗒声等)的手法来刻画音乐形象,这种直观性的听觉形象,就容易为儿童所理解。而在某些用暗示性、象征性描写的音乐中,所描写的形象没有听觉上直观形象,只有视觉上的形象(如云彩、闪光等)或仅是表现情绪的形象(如欢乐、悲哀等),这种抽象的描写,又常需借用标题、文字作解释才能使人听懂,因此,这类作品就不易为儿童所理解,教师应多选择直接模仿和近似模仿的乐曲。

总之,音乐欣赏是音乐教育的组成部分之一。学生对音乐作品听得愈广泛愈深入,那他们对音乐的欣赏能力就愈能快速发展,从而提高学生的音乐鉴赏能力和表现力。学生有了欣赏音乐能力,才能使他们对音乐发生兴趣,从而能自觉、积极地学习。所以教师应在课内外重视音乐欣赏的教学工作,应克服困难,创造条件,尽可能多给学生创造欣赏音乐的机会,并采用多种行之有效的方法,生动地向他们介绍、分析音乐作品。

项目再构

任务四　设计与实践

活动一　微型教学实践

小组活动:

(1) 按八人小组方式对全班进行分组。

(2) 小组共同寻找、欣赏一份教材内容,并确定其适合的教学对象,即适合学生的年段。

(3) 再将八人分成两人一组的四个小组,每个小组根据教学材料,设计一般听赏教学过程中的其中一个环节,并根据每个教学活动的要求,一起设计相应的教学活动并写出预期达到的目标。(完成表1)

(4) 选出一位学员在小组内进行教学,其他学员扮演学生。其他组成员观摩,完成课堂观察量表。(完成表2)

(5) 每位小组成员写一份上课的感受,如:上课时心情是否愉悦,教学内容是否有趣,活动是否有效等。

表1　听赏教学设计

听赏教学设计	
教学内容:	
适合年级:	
教学目标:	
教学重点: 学习难点:	

听赏教学设计	
教学过程：	第一阶段：创设情境，激趣导入。 第二阶段：新作赏析，感知体会。 第三阶段：理解体验，创编实践。 第四阶段：拓展延伸，小结升华。

表 2　课堂观察量表

评价内容		达成	一般	未达成
培养聆听的习惯和方法	① 预设正确、合理的欣赏要求，能设计有助于培养音乐思维的问题。			
	② 注重培养学生安静、专注的聆听习惯。			
	③ 指导基于感受体验和想象联想的聆听方法。			
指导音乐主题的追踪和把握	① 有相对完整的音乐欣赏过程和整体的音乐情感体验。			
	② 通过多种方法、途径对音乐主题进行哼唱、视唱和记忆。			
关注音乐文化和内涵	① 重视音乐欣赏中对作者、年代、民族、国家等文化背景的了解。			
	② 注重对音乐作品思想内涵和音乐情感的挖掘、渲染，关注教育的意义。			
引导音乐的理解表现和自主参与	① 指导学生根据音乐要素、文化背景，体验情感，理解形象。			
	② 引发学生用多种方式自主参与音乐表现，开展二度创作。			

活动二　归纳总结

全员活动：主持人请各小组交流下列问题：

（1）各位执教学员讨论刚才的微型教学实践中，比较有效的是哪些方面？（目标定位，教学活动的设计，教学环节的安排，教学关键性的设问等）

教学成功之处	原因

（2）刚才的微型教学中，有待改进之处是什么？原因在哪里？建议采取怎样的改进方案？

有待改进之处	原因	改进方案

活动三 任务小结

音乐欣赏教学目的是扩大学生的音乐视野，丰富他们的音乐知识，提高他们的鉴赏力和对音乐的兴趣与喜爱之情。欣赏教学法应是多种多样的，要培养学生的听辨力、记忆力和想象力。要选取既有艺术价值，又有思想教育意义的古今中外的优秀作品作为教材。教材排列次序要由浅入深，由近及远，由具体到抽象。欣赏教学是以听觉的感知和想象相结合的特殊认识过程。教学过程大体分为3个阶段：

（1）整体性教学。初听，使学生对作品有一个完整的初步的印象，听之前教师要做适当的介绍。

（2）分析性教学。分段听，分析研究和评论。

（3）综合性教学。复听，再一次完整地欣赏作品，获得一个更清晰的音乐形象，从而更深刻地理解作品。结合着欣赏，通过讲解，还要使学生获得有关音乐的表现手段，声乐、器乐以及中外音乐史的常识。音乐欣赏教学基本组织形式，可分为课内欣赏与课外欣赏两种。

欣赏的方式有：教师演唱、演奏或听唱片、听录音；参加音乐会，听电影、电视、广播、戏剧表演中的音乐，以及欣赏歌咏比赛的节目等。

总之，音乐欣赏教学是一门艺术，我们要用多变的形式和丰富的内容真正把学生吸引住，从而使学生真正走进音乐的殿堂，一起来感受音乐的无穷魅力。

感想记录

任务五 反思与改进

活动一 这一单元你学到了什么

1. 个别活动

学员思考：你觉得通过本单元的学习，对欣赏教学的理解是否和以前有所不同。请写下来。

2. 小组活动

学员八人一组在小组内介绍在本单元学到的或想到的内容。

学习专题：		
学习时间：		学习地点：
学习本单元后对欣赏教学的理解		
本单元中的收获		
活动后最想说的话是：		

姓名：　　　　　　　　填表时间：

活动二　你在听赏教学中最需要改进的是什么

1. 个别活动

学员回顾自己的听赏教学,制定一份在听赏教学中最需要的课改计划。

需要改进的地方	
改进的目标	
改进的措施	
帮助我执行改进计划的同伴	
实施改进计划的时间	

2. 全员活动

学员把自己关于听赏教学的改进计划分享给全班,并听取同伴的意见。

活动三 感悟与实践

1. 个别活动

选一个欣赏作品进行教学设计。在教学设计前,先考虑并回答下列问题。

听赏前

1. 一节课的学习目标是否适度明确?

2. 本节课预设的欣赏要求是否合理,是否有助于培养学生的音乐思维?

3. 本节课对音乐作品思想内涵和音乐情感的挖掘、渲染,是否有一定育人价值?

4. 用何种方式让学生自主参与音乐表现,开展二度创作。

---

2. 小组活动

请小组内其他成员扮演小学生进行微型教学,把上述教学设计在小组内付诸行动,并在实践后回答下列问题。

听赏后

1. 一节课所学的内容有多少学生能初步掌握?

2. 本节课是否注重培养学生安静、专注的聆听习惯?

3. 本节课对音乐主题进行哼唱、视唱和记忆的方法途径是否有效?

4. 学生是否能根据音乐要素、文化背景来体验情感,理解形象。

---

3. 小组活动

根据制定的听赏教学改进计划把微型教学写成一个改进案例,并和互助同伴进行讨论交流。

4. 活动小结

音乐欣赏是音乐教学的重要组成部分,是培养学生音乐兴趣,扩大音乐视野,提高音乐感受、理解、鉴赏能力以及发展想象力,丰富感情、陶冶情操的重要途径与手段。音乐欣赏对学生的教育作用是其他任何教学手段所不能替代的。

(1)由表及里:

欣赏者要经过这么一个心理反应过程:感知外部音响→开展想象联想→得到情感共鸣→理解认识。所以欣赏教学时必须遵循这一心理反应过程,引导学生逐渐由低层次的直觉欣赏向高层次的情感欣赏、理智欣赏方面发展。这样既符合心理反应过程,也有利于欣赏教学。

（2）精讲多听：

语言是不可能代替音乐表现作品的，因为音乐作品都可以从不同高度、角度和深度去领悟。在教学中，不能离开音乐的艺术形象而作繁琐冗长的讲述，因为如果讲述过多，必然把学生的注意力分散，同时也阻碍了学生的独立思考。必要的作品分析和知识介绍应该主动、精炼、富有启发性，目的在于把学生的注意力吸引到音乐上来，通过师生间的讨论，听赏等共同活动，使学生深入体会作品的思想内容。

（3）调动想象、联想能力：

想象和联想是音乐欣赏者必然产生的心理现象，是欣赏教学中带有创造性的心理活动。在欣赏教学中要充分发挥学生的主观能动性，启发他们对音乐的丰富想象力，引导他们准确地体验音乐情感。在教学中，既要注意启发学生的想象、联想能力，又应注意教师的指导作用。由于学生的年龄、知识水平、审美经验等的限制，他们的联想和想象往往会与音乐的基本情绪和内容有一定的差异，这就需要教师的精心指导。

第二单元　歌唱教学

一、单元目标

1. 通过讨论,明确歌唱教学在音乐教学中的目的和作用。

2. 通过与同伴互动交流,明确不同年级的歌唱要求,分享歌唱教学中培养良好歌唱习惯的有效途径。

3. 结合自己教学和观察他人课堂中的教学,明确在歌唱教学中帮助学生正确表达歌曲情绪的方法。

4. 通过案例分析,理解歌唱教学中的基本教学环节,使学生在唱会歌曲的同时唱好歌曲。

二、预设成果

1. 学员能根据小学阶段不同年级对学生的歌唱能力目标要求,找到有效的歌唱习惯及发声训练的有效方法。

2. 学员通过培训,运用对音乐内涵和歌曲形象的理解,找出方法解决学生在歌唱中音准、节奏方面的问题。

3. 学员能掌握常用的歌曲创编的基本方法,以及不同演唱形式在歌唱教学中的运用,帮助学生唱好歌曲。

三、任务要求

学习模块	学习任务	时间安排	达成要求
经验分享	任务一　学习与思考	45分钟	1. 学习《课程标准》中对小学生演唱提出的要求,明确小学阶段各个学段的具体要求。
	任务二　目的与作用	45分钟	1. 通过阅读和讨论,明确歌唱教学在音乐教学中的目的和作用。 2. 通过讨论和分析,明确制约学生歌唱能力的主要因素。 3. 通过体验,明确正确的发声方法在歌唱教学中的作用。
实例分析	任务三　方法与途径	90分钟	1. 结合自己的教学和课堂观察,明确通过歌唱教学帮助学生表达歌曲情感的方法。 2. 通过和同伴交流,分享帮助学生解决歌曲难点的有效途径。
	任务四　实践与分析	90分钟	通过模拟教学、讨论和分析,明确常用歌曲教学的环节,帮助学生学好歌曲。

学习模块	学习任务	时间安排	达成要求
项目再构	任务五　后续活动	90分钟	结合实践和经验,讨论总结不同年段的歌唱教学方法。
感想记录	任务六　学习感悟	60分钟	通过培训,思考如何在中高年级歌唱教学中加强合唱方面的能力培养。

四、前期预热

1. 围绕关键问题自学《课程标准》中"表现"的相关内容。

（关键问题:《课程标准》中对小学低学段和中高学段提出的要求有什么区别?）

2. 根据以往的教学经验设计一张歌唱教学的课堂观察量表。

（要求:涵盖你认为歌唱教学中可能出现的教学模式方法。）

3. 准备用具:执教教材、记号笔、《课程标准》、观察量表。

经验分享

任务一　学习与思考

活动一　学习《课程标准》

1. 全员活动

学员学习《课程标准》"表现"课程内容中关于演唱的学段目标,明确小学生毕业时应达到的歌唱学习要求,请学员圈出符合自己执教年级的学生歌唱能力要求。

歌唱能力要求	
低年级(1—2年级)	中高年级(3—5年级)
1. 能够用正确的姿势、自然的嗓音,有表情地独唱或参与齐唱。 2. 能够对指挥做出反应。 3. 能够采用不同的力度、速度表现歌曲的情绪。 4. 学唱儿歌、童谣及其他短小歌曲,参与演唱活动。 5. 每学年能够背唱4—6首歌曲。	1. 能够用正确的演唱姿势和呼吸方法唱歌,培养良好的唱歌习惯。 2. 能够用自然的声音、准确的节奏和音调,有表情地演唱歌曲。 3. 初步学会轮唱和简单的两声部合唱,并能够对指挥动作及前奏做出恰当的反应。 4. 能够对自己和他人的演唱作简单评价。 5. 每学年应能背唱歌曲4—6首。 6. 初步学会演唱短小的京剧或地方戏曲唱腔片段。

2. 小组活动

按年级分组,执教相同年级的学员组成一个小组。若一人执教不同年级,则按照本人选择或人数均匀分组。各组成员根据自己所执教学生的年龄特点,结合所学习的《课程标准》,讨论本年级学生需要达到的歌唱学习要求。

3. 全员活动

请各小组推选一名学员汇报小组讨论结果,主持人把学员讨论的结果记录下来。如有相同意见或想法,则不重复记录。

任务二　目的与作用

活动一　歌唱教学的目的和作用

1. 小组活动

以四人一组,请学员讨论音乐教学中歌唱教学的目的和作用,并把讨论结果记下来。

2. 全员活动

各组推荐一位成员参与全员交流活动。第一组交流完毕后,主持人随机邀请其他小组的代表依次交流。主持人随后总结归纳学员的看法。

3. 活动小结

我国现阶段的中小学音乐《课程标准》体现了歌唱教学的重要作用:歌唱是学生进行艺术实践,表现音乐的重要手段,是音乐教学的重要内容。歌唱教学是音乐教学中最有效的手段,富有表情的歌唱形象鲜明、内容丰富、旋律优美的歌曲,最能感染教育少年儿童,因此,唱歌在音乐教学中应占有重要的地位。西方国家也大力推崇歌唱教学在中小学音乐教育中的基础地位。歌唱教学作为普及音乐教学的重要手段,已得到了全世界的重视。

(1)歌唱教学是提高音乐素质的重要手段:

歌唱教学是全面学习音乐的基础,歌唱活动直接与情感相关联,与心灵相沟通。在学习歌唱的过程中兼顾欣赏、练耳、识谱,了解音乐知识,是增进对音乐了解的最佳途径。我国中小学音乐教材把音乐知识综合在歌曲的教学中。在歌唱教学的过程中教会学生音乐知识、提高音乐素质,让学生通过歌唱来体验音乐,激发学生学习音乐的兴趣。

(2)歌唱教学在德育美育方面起着重要作用:

在我国中小学音乐课本上采用了大量的优秀歌曲,这些歌曲对于教育学生热爱生活,热爱大自然等及道德、情操、性格等方面的发展有潜移默化的影响,并在激发学生情感,拓展知识,发展想象力和创作力,促进身心健康发展有着显著作用。特别是歌词,往往是深入人们心灵,激发人的感情的直接动力。

歌唱具备了旋律、节奏、和声等音乐之美,歌唱能使学生体验音乐之美,并参与创造音乐之美的活动中去,使学生在实践中获得音乐美感。在合唱中,学生还会体验到和声美——声音的和谐美。音乐之美激发了学生的想象力。歌唱在学校美育中的地位和作用是其他形式所无法替代的。

(3)歌唱在语言发展及民族文化的弘扬方面有显著作用:

歌唱需要语言,要求字正腔圆、吐字清晰。特别是中国歌曲,汉字要求声、韵、调等,这就要求演唱者在唱好歌曲的前提下要打好语言基础。歌曲中的歌词又具有诗歌性,同时又培养了学生的语感。在歌唱中能够熟练地运用语言,正确发音,对学生的语言表达能力的培养有一定的作用。在我国中小学音乐教材中有着大量的民歌或民歌风格的创作歌曲,这些歌曲是引导儿童进入音乐世界的最好材料,是加深学生音乐"母语",培养儿童热爱民族音乐,继承民族传统的必由之路。

总之,在我国中小学音乐教育中,要正确地运用歌唱教学。只有这样,才能更好地把音乐普及到每个角落,达到教育的全面性、普及性的要求。正确的运用歌唱教学,不仅对学生音乐技能、音乐素质的提高起到基础作用,也为培养音乐人才打造了坚实的基础。歌唱教学不仅能促进中小学教育中德育、美育的培养,更重要的是能协调各"育"之间的关系,促进学生的全面发展。

活动二 影响学生歌唱能力的主要因素

1. 小组活动

按年级分组,执教相同年级的学员组成一个小组。若一人执教不同年级,则可按照本人选择或人数均匀分组。小组讨论歌唱教学中遇到的问题。主持人随后归纳出最主要的问题,学员讨论出现这些问题的原因。

2. 个别活动

主持人列举学员的主要困惑。例如,一些学生不愿意唱歌;一些学生害怕独唱;一些学生表达能力较弱;一些学生太过腼腆,缺乏自信。学员思考影响学生歌唱能力的因素。随后支持人下发以下表格,学员思考并完成表格。

影响学生歌唱能力的主要因素

3. 头脑风暴

学员畅谈影响学生歌唱能力的主要因素。主持人将学员的不同观点汇总并板书。主持人根据板书呈现的内容进行总结,并提供下列表格供学员参考。

影响学生歌唱能力的主要因素
心理因素 (由于自身的生理情况或者所处的生活环境和生活经历的不同,表现出的歌唱心理也是千差万别的)
知识和技能的因素 (要看学生是否具备演唱能力,就要求学生在乐感、节奏、音准、音乐表演等方面具有一定能力)

影响学生歌唱能力的主要因素
演唱习惯因素 (演唱姿势、呼吸方法、发声状态、歌唱时的吐字咬字,都会影响歌唱的表达)
生理因素 (影响唱歌的先天性因素,包括发声器官的发育情况、声带使用情况等嗓音条件)

活动三　正确的演唱习惯在歌唱教学中的作用

1. 小组活动

以四人一组,请学员讨论:在影响学生歌唱能力的因素中哪些是可以通过小学音乐教学来提高的,并把讨论结果记下来。

2. 全员活动

各组推荐一位成员参与全员交流活动。主持人随后总结归纳学员的看法。

3. 活动小结

《课程标准》在低年级的学段目标中要求学生"能用正确的姿势、自然的声音,有表情地独唱或参与齐唱"。因此,我们认为平常课堂中对于歌唱教学必须建立一定的学习常规,从小抓起,让学生养成良好的歌唱习惯,学会正确的歌唱方法。音乐是一种技术性非常强的艺术,每个人在表现自己的时候受到表现技巧的限制,越是有技巧,表现头脑中事物的能力也就越强。而正确把握音准是歌唱的基本要求,也被认定为该活动的关键能力之一,如果连进行准确的演唱都不能做到,那何谈更高水平上的有表现力的演唱呢? 因此,作为和谐歌唱的起步阶段,我们有责任在低年级使更多的孩子拥有歌唱的基本能力。

(1)腰背挺直——良好的演唱姿势。

正确、良好的歌唱姿势,是训练学生掌握自然圆润的发声方法的前提,也是掌握唱歌技巧的基本要求。低年级学生刚进入小学不久,生性活泼好动,很多学生唱歌姿势不正确。如:有的驼背、有的含胸、有的耸肩、有的头伸得很长、有的口型张得太大、有的则口型张得太小,过于拘谨。教师可通过游戏来进行唱的常规教育。如:先让他们了解熟记"开门"、"关门",坐像钟、站像松,每个动作名称,游戏时,我说"关门",学生马上耸耸肩;说"坐像钟"学生马上挺胸坐直,双脚放平;说"站像松"学生马上笔直站立,眼看前方。同时提示学生两腿分开,与肩同宽。这样,学生在做做、玩玩中养成了良好的歌唱姿势。除此之外,脸部的表情也有助于学生养成良好的歌唱习惯:做到眉开眼笑、脸带微笑。

(2)自然放松——美好歌唱的入门要诀。

通过探索和研究我们发现:在非压抑的情况下,尤其在自由、自然地歌唱的情况下,学生发出的声音总是比较自然、舒适、松弛和美好的。而且,在这种情况下,低年级学生"唱走音"的情况也往往会大大减少。所以,轻声、用"耳语"似的感觉开始唱,已经成为一种低年级学生歌唱的"入门要诀"。有些教师可能会发现：要求低年级学生轻声，低年级学生就会"没声"，即便"有声"，音色也总是不够清澈明亮，缺乏童声磁性。但实际研究已经证明：在"轻声入手"的初期，低年级学生的音色的确会让人感到软弱一些，有着轻声入手良好习惯的班级，在演唱完全没有记忆负担和技术负担的熟悉歌曲时，一旦情绪、情感进入适宜状态，明亮、美好、富于感染力的歌声马上就会自然出现。所以，不必过分担心轻声入手会失去美好童声音色。必须注意先决条件是"寻求自然的，不压抑的歌唱状态"。由于低年级学生自我调控的能力还相当弱，也几乎没有形成自我调控的内部感觉标准，当教师发出要求轻声歌唱的指令后，希望遵循指令的紧张感加上对"何谓轻声标准"的惶惑感，迫使低年级学生很难保持放松的身心状态，自然也就不可能指望他们发出自然美好的声音了。

所以，在指导低年级学生做"轻声入手"的歌唱练习时，教师绝不应该直接用指令的形式要求低年级学生压低音量。最有效的办法是示范——教师用富于情感感染力的、口面腔共鸣向前发音的、耳语般轻柔的声音，对低年级学生讲解要求、发出邀请和作出歌唱示范，提供的琴声前奏和伴奏也是一样的标准，由教师作出正确、美好的示范。即使你唱的是一首很令人鼓舞和兴奋的舞蹈歌曲或进行歌曲，也不要用很大的力气唱。要努力争取做到的是：声音不大气势大。这样长时间的浸染，可以使学生的头脑中形成优美的歌唱状态和声音的记忆，即所谓耳濡目染了。如果在这开头的阶段处理不当，会让孩子感到唱歌很难，从而产生畏难情绪，最终对唱歌失去信心。因此，首先可以营造一种良好的歌唱氛围，使学生能够沉浸其中，用生活化的、形象化的意境渲染来替代强硬的说教，保证了孩子歌唱的兴趣和自信，同时也让孩子知道了用自然的声音演唱歌曲是最美的。

（3）高音开始——声音位置的唤醒。

有关研究表明，婴幼儿最先获得的音区是在与口面腔共鸣相适应的中音区，也就是我们通常所说的 C 调的中音 a 附近。建议在对 3 岁到 8 岁的孩子进行集体歌唱发音教学时，应从"重新唤醒"他们婴儿时期的高位置发音感觉开始。为了更自然地让低年级学生学会使用他们美好的嗓音，教师在低年级学生的集体歌唱活动和其他有关活动中，可以利用各种机会自然地引导低年级学生，发出从高处滑向低处的声音，如讲故事中模仿刮风或流星从人上划下来等。歌唱定调时尽量保证大部分的音高在中央 do 到高音 do 周围。学唱新歌之前的复习，可以选择一两首音域较窄的有趣小歌，从较高的调开始向下移调，以作为嗓子的"热身运动"。

（4）听觉模仿——本能的吐字习惯。

歌唱教学的起源就是听，低年级学生在学习一首歌曲的时候，第一感觉就是跟着音乐唱、自我发挥，到最后的结果就是跑调。如何解决这一个难题，就在于一个字——听。这里的听既是指听歌曲的旋律音高也是指听发音的位置。音乐是一门时间艺术，是以听觉为其主要表现形式的，因此"听"应作为小学生音乐教育的一条主线，如果说音乐欣赏课是培养学生听的审美能力，那么听唱模式培养的是学生听的记忆能力与再现能力。如何让好动的低年级学生安静地听呢？教师可以给学生布置一些任务。比如在学习练声曲《谁在叫》中，教师先提问：哪些小动物在唱歌？它们的歌声有什么特点？然后让学生听。学生有了需要解决的问题，自然就会安静地听了。教师还可以制定一些小密语，比如一个短的音乐，告诉学生现在只听不唱，经常这样训练，学生就会形成安静地听的习惯。

第二个更高的层次就是听觉模仿。"向前唱"是指使用口面腔的共鸣获得清澈明亮的声音，是中国母语语言发音最自然的方式，也是获得童声清澈明亮音色的最自然的方式，更是使低年级学生避免将声音压在喉咙里或压进胸腔里的最自然的防范措施。作为肌肉精细运动自我反馈调控的一种模式，如何进行口面腔共鸣、如何向前唱等这些通过语言很难表达清楚，也不大可能通过视觉或触摸觉观察来弄明白。但是，通过听觉人们可以自然模仿，和接近周围其他人的发音共鸣方式。如：在同一个家庭中，甚至在同一个语言文化地域中，人们说话、歌唱的共鸣方式，在总体上是十分类似的。对低年级学生歌唱教学的研究也证明：只要教师和儿童同伴能够提供正确的发音共鸣示范，几乎每个低年级学生都能自然掌握"向前唱"的歌唱发音模式。

实例分析

任务三　方法与途径

活动一　课堂观察

1. 小组活动

以六人一组，主持人出示下面的歌唱教案。各组观察教学内容中如何通过歌唱教学帮助学生表达歌曲情感的方法。

教案一

【课题】歌曲《春雨》

【教学内容】学唱歌曲《春雨》

【教学目标】

1. 学唱歌曲《春雨》，感受歌曲优美、舒展、愉悦的情绪和充满童趣、诗意想象的意境，表达对春雨的期盼和赞美。

2. 在整体和分段相结合的音乐体验中，抓住歌中连线以及大附点与切分节奏的旋律特点，初步能用连贯的气息、柔和的音色，词曲正确地演唱歌曲，用歌声感受春天的意境。

3. 在实践体验的过程中，愿意用歌声表现音乐要素与符号，并在老师与同伴的交流反馈中对歌曲进行二度创作。

【教学重难点】

1. 教学重点：初步能用饱满连贯的气息，柔和的音色，词曲正确地演唱歌曲。

2. 教学难点：唱准休止、大附点以及切分节奏，并能用连贯的气息表现连线符号。

【教学过程】

一、组织教学

听音乐入室,并做律动。

音乐:《春晓》伴奏音乐

导入语:同学们,让我们伴着春天的歌谣、愉快的律动进教室。

律动设计:歌曲前两拍跑跳步,后两拍钩脚摆臂进入教室,到位的学生随音乐做踏点步的律动。

二、聆听与感受

1.初听歌曲。

导入语:伴着《春晓》的音乐,你们刚才的律动充满了春天的气息,一年之计在于春,我们将进入"春天的歌谣"。在这单元中,我们将领略到不同地域不同音乐作品所描绘的春天。今天老师就带来这样一首歌曲,请你听一听歌曲把我们带入怎样的画面?听完以后你能不能为歌曲取一个好听的名字?

(学生回答)

2.揭示课题。

教师总结:你们对音乐充满了想象力,词作者刘同仁老师在一次偶然的时候看到小朋友在春雨中嬉戏玩耍的景象时,便写下了这首歌曲的歌词,再由武庆森老爷爷铺上了充满童真和幻想的旋律。武庆森老爷爷创作了三百多首充满童心童趣的歌曲,深受少年儿童的喜爱,这首歌曲的歌名就叫作《春雨》。

3.听教师范唱。

关键设问:让我们再来听一听,歌曲的开头和结尾部分有什么特点,让你感受到这是一场怎样的春雨?

说明:

1.学习要点:聆听歌曲,结合教师的提问,通过自己的想象,感受歌曲意境。

2.教学意图:歌曲的引子和尾声部分,充满意境和联想的空间,通过提问,引导学生积极展开想象,激发学生对春雨的喜爱。

三、实践与表现

1.学唱歌曲的引子和结尾部分。

导入语:你们的耳朵真灵,歌曲的开头和结尾部分有相同的旋律,这种创作手法叫做"首尾呼应",这样的手法让我们对春雨的到来充满了遐想,我们是多么渴望这样一场春雨的来临啊。那就让我们先来学一学充满意境的引子部分。

（1）用歌声来感受一下旋律：出示引子部分的旋律，用"lu"哼唱比较两个乐句的旋律的异同。

（2）提问：两句旋律有什么特点？（春雨落在大地上，落在屋檐上。）

（3）用动作提示学生这两句的音高。

（4）要求：让我们把小眉毛扬起来，上面是春雨的光临，下面是有土壤的滋润。

（5）男女生对唱引子部分。

（6）比较歌曲尾声部分的旋律，最后一句上扬的旋律表现了什么，如果旋律下行给你的感受如何？

说明：

　1. 学习要点：唱准引子和尾声部分的旋律和音准，能够通过气息、音量的控制和力度的变化，表现春雨来临的意境。

　2. 教学意图：通过歌声的引子和尾声的演唱，发挥学生对春雨的美好想象，以此发展学生对旋律的力度变化和声音音量的控制。

　2. 自学歌曲主旋律部分。

过渡语：让我们一起在雨中感受春天的美好，学唱这首歌曲的第一段歌词。

要求：吐字清晰，把节奏唱准确。

（1）跟着钢琴用"lu"哼唱旋律。

（2）朗读歌词。

（3）分组自学歌曲。

学生反馈，老师发现问题及时纠正。

说明：

　1. 学习要点：自主学习主歌的歌词和旋律，通过教师的关键设问，体会并唱准歌曲中的附点和切分节奏，并能够体会歌曲连线符号表现的美好意境。

　2. 教学意图：通过体会歌曲中清新流畅的旋律以及附点、切分节奏的运用，感受旋律与歌词之间的相互承托、彼此呼应，感受歌词所描绘的春回大地，万物复苏的景象。

（4）唱准歌曲的节奏与连音线：

比较：不同连音线的作用。

指导：圆滑线唱得圆润连贯。

（5）难点句解决：

提问：这里三句歌词的旋律一样么？三句相同的歌词在表达怎样的心情变化过程？

分组表现

说明：

1. 学习要点：体会三句"悄悄飞进我的家"的旋律节奏的不同所表达的情感，在讨论和实践中，运用连跳音的不同的唱法以及力度的变化，表现春雨来临，心花怒放的喜悦之情。

2. 教学意图：感受三句相同歌词，不同旋律的音高、节奏所表达的情感变化，前两句活泼跳跃，后一句连贯明亮，表现作者对春雨的欢迎和期盼。这里的休止符也同时让学生展开丰富的联想。

（6）有表情地完整演唱第一段歌词，每四小节换一口气。

（7）学习 DS 反复记号。

（8）学唱歌曲第二段歌词。

朗读歌词

师生对唱第二段歌词

四、歌曲处理

1. 完整演唱歌曲，根据力度变化演唱歌曲。

要求：引子部分　中弱

　　　主旋律部分　中强

　　　尾声部分　中弱并渐弱

2. 尝试运用合适的象声词为歌曲配伴奏。

出示两种象声词：× ×｜× ×｜

　　　　　　　　滴　滴　滴　滴

　　　　　　　　× ×｜×× 0｜

　　　　　沙 沙　沙沙

男女生合作表现：（1）女生主旋律，男生象声词。

　　　　　　　　（2）男生主旋律，女生象声词。

总结：我们的合作使歌曲充满了画面感。

3. 两声部表现结尾句。

（1）尝试演唱第二声部。

（2）合作演唱。

说明：

1. 学习要点：尝试运用合适的象声词与节奏型在歌曲的二拍长音处编配伴唱，使歌曲动静相结合，充满画面感。

五、情景表演歌曲《春天交响曲》

师生共同进行综合表演。（播放MTV）

过渡语：春天是个多姿多彩的季节，让我们共同演绎一首绚丽多彩的春天交响曲，请选择这三种中你擅长的方式进行表演。想象情景造型表演

要求：用演唱、衬词、二声部伴唱共同表现歌曲。

评价：通过生生和师生互评表演的效果。

说明：

1. 学习要点：本环节旨在运用演唱、二声部伴唱、衬词相结合的方法，共同感受春意盎然的景象。

2. 教学意图：通过生生合作、师生合作，每组承担不同的表演任务，加强学生的合作意识。体验师生、生生合作、互动、分享的喜悦。

六、总结

总结语：春天是美好的，大自然是美丽的，一年之计在于春，一天之计在于晨，童年时代也正是生命的美好开始，希望同学们珍惜美好的时光！

案例二

【课题】歌曲《牧童》

【学习内容】

1. 学唱歌曲《牧童》第一、二段。

2. 初步尝试二声部合唱，表现牧童与牛羊快乐和谐相处的场景，帮助学生稳定二声部音准，使之获得合作、互动、分享的成功喜悦。

【教学目标】

1. 学唱歌曲《牧童》第一、二段，基本唱准歌曲《牧童》高、低的旋律，并尝试二声部合唱。

2. 通过多种音乐实践（听、演、唱、合等）逐步体会不同的音乐要素（速度、拍号、临时变化音、旋律与节奏特点等）所表现的牧童与牛羊形象。

3. 积极参加歌、乐曲的体验与表现；初步感受欧美乡村音乐所表达的人与自然和谐相处的情境，抒发对幸福生活的美好向往。

【教学重难点】

1. 教学重点：通过多种音乐实践逐步体会不同的音乐要素所表现的牧童与牛羊形象；在二声部合唱中表现牧童与牛羊快乐和谐相处的场景。

2. 教学难点：基本做到音准正确、音色和谐统一地进行二声部合唱。

【教学过程】

一、聆听歌曲《牧童》

1. 初次聆听。

关键设问：接下来，让我们来聆听一首歌曲，歌曲的情绪如何？歌曲中唱得是谁？它发生了一个怎样的故事？

（1）聆听歌曲（第一遍）。

（2）学生交流。

（3）教师揭示歌名。

（4）音乐背景文化介绍。

说明：

1. 学习要点：初次感受歌曲的基本形象、歌词内容等，了解相关的音乐背景知识。

2. 教学意图：旨在通过完整聆听歌曲，引导学生初次感受歌曲的基本形象；音乐人文的渗透能够让学生初步了解歌曲的背景文化；教师的范奏能激发学生兴趣，为后面的歌唱与器乐学习作铺垫。

---

2. 听辨歌曲的音乐要素。（节拍、速度）

关键设问：你能听出歌曲的拍号、速度吗？

（1）聆听歌曲。（第二遍）

歌名	速度	拍号
《牧童》		

（2）学生交流。

（3）教师总结。（快速，2/4 拍）

说明：

1. 学习要点：歌曲的速度、拍号。

2. 教学意图：旨在通过有目的的听辨，引导学生感知不同的音乐要素（速度、拍号）所表现的牧童形象。

---

3. 用动作表现音乐场景。

聆听歌曲。（第三遍）

说明：

1. 学习要点：感受牧童吹小笛和黄牛在一起快乐的心情。

2. 教学意图：旨在通过简单的律动，进一步熟悉歌曲旋律；想象歌曲所描绘的牧童与牛羊快乐玩耍的情景。

二、学唱歌曲《牧童》（第一段）

1. 理解切分节奏。

(1) 关键设问：什么样的节奏表现出快乐的牧童？

（视唱歌谱）

(2) 复习切分节奏。

关键设问：切分节奏让我们感觉这个牧童的心情怎样？（欢快、跳跃）

说明：

1. 学习要点：切分节奏。

2. 教学意图：感受切分节奏中重拍第二个音的可爱、跳跃感觉，引导学生感知不同的音乐要素（节奏）所表现的快乐、调皮的牧童。

---

2. 理解旋律的高低起伏。

(1) 小组自学歌词。（两遍）

(2) 师生交流难点。

关键设问：把旋律连起来，哪两个音最高啊？

（学生交流）

教师总结："满"和"跟"既是旋律中最高的两个音，也是切分节奏的重音

(3) 难点指导。

要求：①气息用力；②眉毛竖起；③口腔打开。

(4) 小组反馈与评价。

评价要点：①唱出切分节奏的调皮；②唱准这两个高音。

(5) 全体再次演唱要求：①音准与节奏正确；②统一呼吸。

说明：

1. 学习要点：学习演唱一段歌曲。

三、学唱歌曲《牧童》(第二段)

1. 感受二声部合唱。

(1) 关键设问：你听到了几个旋律? 这种演唱形式叫什么? 它带给我们怎样新的音乐感受?

(听录音,学生交流)

(2) 关键设问：如果高声部代表的是牧童的形象,那么低声部又像是什么呢?

(学生交流)

总结：你们的音乐想象力很丰富,低声部好比是牧童的小伙伴,它们形影不离,快乐和谐地生活在一起。

2. 学唱歌曲第二段。(低声部)

(1) 学习歌谱。

关键设问：试唱低声部的旋律,观察它和高声部旋律哪里不同?

(视唱低声部歌谱)

学生交流：第二、三乐句旋律不同。

(2) 发现旋律特点。

关键设问：观察第二乐句出现什么记号? 第三乐句的旋律走向如何?

学生交流：第二乐句出现了一个♯fa,而第三乐句的旋律走向是朝下的,并且第一、二个音都是 do。

(3) 演唱歌词。

关键设问：那这样的旋律又想为我们展现怎样的场景? 让我们演唱歌词进一步地来体会,看看到底发生了怎样的故事?

(学生演唱歌词)

(4) 理解音乐符号与旋律特点。

帮助记忆：羊儿喝水——第二乐句中的升记号

牛儿平稳前行——第三乐句中第一、二个音相同

(学生演唱歌词(第二遍))

(5) 全体再次演唱。(第三遍)

要求：①音准与节奏正确;②统一呼吸。

四、初步尝试二声部合唱——歌曲《牧童》(第二段)

1. 理解二声部旋律,发现规律与特点。

高、低声部在第二、三乐句中,都是开始旋律相同,后面旋律变化。

说明:

　　1. 学习要点:理解高、低声部的旋律走向,形象地记忆旋律,理解旋律。

　　2. 教学意图:旨在通过观察二声部合唱谱,帮助学生理解高、低声部的旋律走向,形象地记忆旋律,理解旋律,解决合唱难点。

2. 分组练习,教师巡视。

(1) 学习要点:音准、节奏、呼吸记号。

(2) 学习方法:组长带领组员演唱。

说明:

　　1. 学习要点:分组练习。

　　2. 教学意图:发扬团队合作精神和学习的主动性,教师作为学习促进与指导者要深入到学习小组中,参与学生的学习活动,对学生在合作学习中出现的问题进行指导、反馈与评价。

3. 反馈与评价。

(1) 初步尝试二声部合唱。

关键设问:根据我们的练习要求,谁来当小老师评价?

(2) 学生交流。(如果有问题,再重点练习片段一遍)

(3) 再次尝试二声部合唱。(录音伴奏)

六、初探轮奏的魅力——歌曲《牧童》(第三段)

聆听歌曲第三段。

关键设问:我请一位同学和老师来合作一下。请同学们思考我们用了怎样的演唱形式,它带给我们怎样的故事?

(师生二声部轮唱)

总结语:二声部轮唱,好似牧童和牛羊快乐地歌唱,度过了炎热的中午,明朗的晚上。我们下节课将用轮唱的形式学习歌曲的第三段。

说明:

　　1. 学习要点:感受轮唱《牧童》的魅力。

　　2. 教学意图:通过师生合作,让学生初步感受轮唱的魅力,为下节课的轮唱学习做准备。

活动二　歌唱教学中帮助学生表达歌曲情感的方法

1. 全员活动

请各小组推选一名学员汇报小组讨论"歌唱教学中帮助学生表达歌曲情感的方法"的结果，主持人把学员讨论的结果记录下来，如有相同意见或想法，则不重复记录。

2. 活动小结

小学生以形象思维为主，具有好奇、好动、模仿力强的身心特点。教师要充分利用这些特点，进行有效的歌唱教学，从而引导学生有表情地演唱。移情渗透式的少儿歌唱教学法是指"注重情感体验，以儿童自主参与为主要形式的歌唱教学。"这一方法分为五个阶段：教师的情感体验，学生生活经验的积累、回忆，模仿与表演，移情讨论，声情并茂的演出。其中，最关键的一个阶段是移情讨论阶段，即教师以设问的方式引导学生将作品的经验迁移到自身的情感体验中，把自己设想成歌曲中的角色，鼓励学生按自己的想法尽情设想并表演。低年级音乐教材中，每一课都是包含"听、唱、奏、动、创"等音乐实践活动的小"集成块"，非常适应低年级学生的身心特点，让孩子们从小体验音乐活动的丰富性和完整性，把音乐课变成孩子们乐于投入的生动活泼的活动。因此，该教材十分适合运用移情渗透式歌唱教学方法。

（1）激趣移情。

兴趣是调动思维，探究知识的内动力。正如托尔斯泰所说："成功的教学需要的不是强制而是激发学生的兴趣"。教师应充分利用教材蕴含的情感内容激发学生的兴趣，调动和培养学生的积极性。

（2）展开想象。

教师要组织好移情讨论坏节，充分调动学生的想象力，把对生活经验的积累和回忆，通过想象的翅膀，变成新的认识。有时候，要引导学生把自己设想成歌曲中的角色，鼓励他们按自己的想法尽情表演。

想象是人进行发现运动的必要因素，它在儿童的学习和思维发展进程中具有重要作用。儿童时期是一个人想象力快速形成和发展的时期。因此，在小学低年级音乐教学中，要保护孩子们的音乐想象力，让他们感到通过音乐开展想象是一件有趣的事。

（3）创设氛围。

低年级学生集中注意力的时间较短。很多学生对于每堂课反复练习的部分会渐渐失去兴趣，没有耐心。此时，教师可通过自身肢体语言、各种演唱形式、各种小游戏等激发学生的学习兴趣，并通过适当的评价增强学生演唱的信心。歌唱是一门艺术，能够让孩子们愉快地歌唱同样也是一门艺术。教师要让学生看到歌唱的美、感受到歌唱的美；让学生自由地歌唱、愉快地歌唱。把学生变成一只只快乐的小鸟，在音乐的天空飞翔；变成一条条活泼的小鱼，在歌声的海洋畅游。

活动三　突破歌唱教学难点的有效途径

1. 小组活动

学员自由组成六人一组,畅谈自己在平时的歌唱教学中是如何通过有效途径突破教学难点的。学员根据交流情况,合作制作海报。

2. 全员活动

各组推荐一名成员对所制作的海报进行说明。根据各组汇报的情况,学员一起讨论突破歌唱教学难点的有效途径。主持人总结归纳。

3. 活动小结

在歌唱教学中,有时用有声语言无法表达的意境,通过一个简单的手势就能明白,并加深体会。"肢体互动"是在课堂中师生之间利用互动的肢体语言诠释音乐的旋律美、节奏美、声音美、韵味美。这种源自歌曲的内容、歌曲的意境,让师生相互表达内心情感体验、撞击着思想,使音乐语言更生动化、形象化,唤起情感共鸣。

"利用肢体互动突破歌曲中的难点"就是教师在教学中,以"玩中学、学中玩、玩中得"为目标,把歌曲中难点与之相结合,设计各种学生喜闻乐见,容易掌握的教学手势来学习,着眼细处,规范演唱。下面将从音乐教学目标的三个维度出发,介绍运用"肢体互动"解决歌唱教学中的难点的一些具体做法。

（1）运用"肢体互动"解决歌唱教学中的知识技能。

"肢体互动"打破了歌唱教学中对知识技能训练"只能意会,不能言传"的模式,让学生易学、乐学,在活动中积极主动地学习音乐基本知识与基本技能。

① 运用"肢体互动"提示发声位置。

案例：学唱歌曲《云》教学片段

同学们学会歌曲后,按照老师的要求,随着音乐节拍向上左右摇摆着双臂,有感情地演唱歌曲。可是,歌声并没有我想象中的那么美,没有达到歌曲所要表达的那种意境,听起来就是没有韵味。再听再琢磨,原来是孩子们的发声位置不对,难怪听着那么慵懒,仅有的那一点点气息也被双手晃得支离破碎。作为教师的我该如何引导呢?"云,云……"立刻计上心头。

师：小朋友,云飘在哪里呀?

生：天空中。

师：你能用动作做出来吗?

只见一只只小手在头顶前方举了起来,做随风飘动的律动。

师：让我们把这首好听的歌唱给天空中的云听,让你的声音传到它那里去。

此时教师也用上同样的动作,范唱了一句,学生的演唱状态完全和前面不一样,虽然表面上看上去动作单调了,但整首歌曲的意境却在声音中表现得淋漓尽致。

可见,对学生来说,掌握科学的发声方法并不是高不可攀的,只要采用一些直观的、儿童化的、拟人化的手势,学生便能在充满童趣的活动中掌握歌唱方法。师生简单的肢体互动,把抽象的音高位置形象具体化了,比老师重复的范唱讲解和学生机械的模仿练习有效多了,这真是踏破铁鞋无觅处,得来全不费功夫。

② 运用"肢体互动"解决节奏难点。

案例:三年级下册,《猫虎歌》最后一句的教学片段

$\frac{4}{4}$ 5 3 5 6 — | 6· 1̇ 2 ·5 | 6 0 0 0 ‖

"森 林 之 王" 你服 不服

当教师第一眼看到这歌时,心里就咯噔了一下,这么难的节奏,三年级的学生能唱下来吗?越是难越想挑战,越能体现手势的魅力。经过反复的尝试、思索,得出了一组比较合理有效的手势。从小猫神气的样子着手设计,在"森"字处伸出一个手指表示小猫指着老虎,待唱到"王"字时点三下手指,并配上三下点头,学生起劲地表现出了小猫得意的样子。其实这三下手指正是划出了这个长音的时值。唱到"你"字收回手,在前一个"服"字双手叉腰并跺脚,"不"字起身,再一个"服"字重重地甩头。这一串手势看起来复杂,其实学生一跟就会,也非常贴近孩子。从表面上看,教师忽视了节奏难点,重视了手势的引导,其实正是这种"忽视"让学生感觉不到歌曲的难点存在,反而轻松掌握了。

③ 运用"肢体互动"帮助学生理解歌曲。

教学目标中指出过程与方法包括体验、模仿、探究、合作与综合,这些都是歌唱教学中的难点,但歌唱教学中如果运用"肢体互动"就能很好地帮助学生在这些学习过程中轻松自如地掌握歌曲,并且培养能力。运用"肢体互动"理解作曲意图,培养学生探究能力。

案例:三年级学唱歌曲《顽皮的小杜鹃》教学片段

教师在黑板上出示:$\frac{4}{4}$ ×× | × × × × | ×咕咕 ‖ 让学生加上杜鹃的叫声拍出节奏。师生一起玩起了游戏,师出一个手指,生拍一遍,师出两个手指,生拍两遍,通过师生间的玩,生生间的玩,学生对歌曲的节奏已完全把握住了。此时再播放歌曲的伴奏音乐,让学生聆听出这组节奏在歌曲里出现了几次?学生用手指随音乐指出六次,教师紧接着就出示:

1. $\frac{4}{4}$ 5̲5̲ | 1 3 5 3 | 1 5̲ 3̲ ‖
   咕 咕

2. $\frac{4}{4}$ 3 5 | 4 2 2 4 | 3 5̲ 3̲ ‖
   咕 咕

3. $\frac{4}{4}$ 1̲3̲ | 2 5̣ 6̣ 7̣ | 1 5̲ 3̲ ‖
   咕 咕

师：大家都听出是六次，可偏偏只有这样的三句旋律，为什么呀？

话音一落，一个学生就站了起来。

生：肯定有几句是重复的。

师：那会是怎样重复呢？

教师在钢琴上慢速地弹奏歌曲旋律，学生边看着上面给出的三句乐谱，边用手指表示听辨的顺序。待我弹完学生便说出了"112323"，还有个孩子补充最后的"咕咕"声有两次。综合同学们的回答，一首完整的曲谱就呈现在大家面前，同学们对各个乐句已很熟悉，填上词便能唱得很上口。此时我又疑问："同学们，为什么作曲家要用'112323'的顺序呀，'112233'不是更容易唱吗？"有的说这样不好听，有的说没有变化，又有个孩子说："两句用一样的旋律，似乎是'我'找到了杜鹃，就不再是顽皮的杜鹃了。"他的回答着实让我折服。

可见此处通过"肢体互动"，学生并不仅仅是停留在对乐谱熟悉的层面上，更是反映出对音乐的敏锐度，对作曲的探究性。所以，只要教师引导的方法得当，学生就能透过旋律，真正走进歌曲，走入音乐。

④ 运用"肢体互动"体验歌唱教学中的人文情感。

歌曲的情感性、人文主题性是歌唱教学中更深层次的内容，但它的作用是不容忽视的，如果歌曲演唱者没有投入情感，不能理解歌曲的内涵，那么他的演唱也必将是苍白无力的。但小学歌唱教学中由于学生年龄、知识层面等原因往往知识技能容易掌握，而人文情感不易体会，但通过"肢体互动"就能较好挖掘歌唱教学中的人文情感，让学生有感情地演唱。

教师充分利用小学生的生理发展有好动、好玩、好奇、求异、好胜等特点，选择最适合他们的学习方式，积极地运用"肢体互动"，就能有效地吸引学生对歌曲的注意力，激发学生对学唱歌曲的积极性。

案例：学唱歌曲《剪羊毛》教学片段

歌曲《剪羊毛》表达了人们在广阔、美丽的大草原上愉快劳动的情景。这对从未到过大草原的孩子来说，光靠教师讲解大草原如何的美是不够的。教学中教师借助多媒体，让学生通过视觉形象欣赏草原那充满诗情画意的景色……加之配乐，让学生倾听草原上的各种声音：鞭子声、马蹄声、嘹亮的歌声……在此基础上，教师做剪羊毛的动作，师生一起表现"草原一片"、"白雪飘零"……（手自胸前向前伸出，打开双手立掌从上移到下……）这手势让师生不知不觉置身于此景中，使他们受到感染且流露出喜爱、赞美大草原之情。"剪子咔嚓响"、"幸福来到"（中指和食指伸出模仿剪子轻快地剪→双手击掌后指向胸。)这两个手势强调了人们在此情此景下快乐劳动的具体表现,使学生理解到是劳动创造了生活,是劳动创造了幸福。在这声、色、情、景的交融中,再让学生闭目遐想……

教师不用解释,学生热爱劳动、热爱生活的感情便油然而生,感情得到了强化,主题得到了深化,歌声自然而然就达到教师所希望的要求,能以情感人。所以,在教学中教师要善于发现和挖掘音乐教材的审美因素,将自己的音乐审美体验积极地融入其中,利用"肢体互动"引发学生形成强烈而浓郁的音乐审美情感。

任务四　实践与分析

活动一　模拟教学分析

1. 小组活动

按年级分组,执教相同年级的教师形成一个小组。若一人执教不同年级,则可按照本人选择或人数均匀分组。主持人出示下面的歌唱教学材料。各组从材料中选择适合自己所教年段的教学内容,讨论并设计一份教案,并推选一位学员进行模拟教学。

只怕不抵抗
(儿童歌曲)

$$6\ 3\ |\ \underline{6\ 3}\ |\ 2\ -\ |\ \underline{1\ 2}\ |\ \underline{1\ 2}\ \overset{\frown}{\underline{1\ 6}}\ |\ \underline{\dot5}\ -\ |\ \underline{6}\ \cdot\ \underline{5}\ \underline{6\ 1}\ |\ 5\ -\ |$$

嗒的 嗒的 嗒！ 打 起 小 铜 鼓， 得 隆 得 隆 冬！

$$\underline{1\ 2}\ |\ \underline{1\ 3}\ |\ 1\ -\ |\ 3\ \cdot\ \underline{5}\ |\ 3\ \dot6\ |\ 1\ \cdot\ \overset{\frown}{\underline{6}}\ |\ \underline{1\ 2}\ \underline{3\ \cdot\ 2}\ |\ \overset{\frown}{1}\ -\ \|$$

不 怕 年 纪 小， 只 怕 不 抵 抗， 只 怕 不 抵 抗！

剪 羊 毛

1＝C 2/4

小快板　愉快　活泼地

澳大利亚民歌

杨忠杰译词杨忠信配歌

$$3\ \underline{3\ \cdot\ 2}\ |\ \underline{1\ 1}\ \underline{3\ 5}\ |\ \dot1\ \dot1\ \underline{\dot1}\ |\ 6\ 0\ |\ 5\ \underline{5\ \cdot\ 6}\ |\ 5\ \underline{3\ \cdot\ 1}\ |\ 2\ \underline{2\ \cdot\ 3}\ |\ 2\ 0\ |$$

1.河 那 边 草 原 呈 现 白 色 一 片， 好 像 是 白 云 从 天 空 飘 临！

2.绵 羊 你 别 发 抖 呀，你 别 害 怕， 不 要 担 心 你 的 旧 皮 袄！

$$3\ \underline{3\ \cdot\ 2}\ |\ \underline{1\ 1}\ \underline{3\ 5}\ |\ \dot1\ \dot1\ \overset{\frown}{\underline{\dot1\ \dot7}}\ |\ 6\ 0\ |\ \underline{\dot2\ \dot1}\ \underline{7\ 6}\ |\ \underline{5\ 4}\ \underline{3\ 2}\ |\ 1\ \overset{\frown}{\underline{1\ \cdot\ 7}}\ |\ \dot1\ 0\ |$$

你 看 那 周 围 雪 堆 像 冬 天， 这 是 我 们 在 剪 羊 毛,剪 羊 毛。

炎 热 的 夏 天 你 用 不 到 它， 秋 天 你 又 穿 上 新 皮 袄,新 皮 袄。

$$\dot2\ \underline{\dot2\ \cdot\ \dot1}\ |\ 7\ 2\ |\ \dot1\ 3\ |\ \dot1\ 0\ |\ 6\ \underline{6\ 7}\ |\ \dot1\ \overset{\frown}{\underline{7\ 6}}\ |\ 5\ \dot1\ |\ 5\ 0\ |\ 3\ 3\ \underline{3\ 2}\ |$$

洁 白 的 羊 毛 像 丝 棉， 锋 利 的 剪 子 咔 嚓 响！ 只 要 我 们

$$\underline{1\ 1}\ \underline{3\ 5}\ |\ \dot1\ \dot1\ \overset{\frown}{\underline{\dot1\ \cdot\ 7}}\ |\ 6\ 0\ |\ \underline{\dot2\ \dot1}\ \underline{7\ 6}\ |\ \underline{5\ 4}\ \underline{3\ 2}\ |\ 1\ \overset{\frown}{\underline{1\ \cdot\ 7}}\ |\ \dot1\ 0\ \|$$

大 家 努 力 来 劳 动， 幸 福 生 活 一 定 来 到，来 到。

2. 全员活动

学员讨论,根据"歌唱量表"评析各组教学情况,分析优点和不足。

	评价内容	达成	一般	未达成
发声方法	① 引导学生用自然的状态、科学的方法进行歌唱			
	② 注重班级整体音色的和谐与统一			
识谱能力	① 关于难点并予以指导和帮助			
	② 为学生设计巩固、提高识谱能力的多元活动			

	评价内容	达成	一般	未达成
和声技能	① 注重对和声听觉的培养			
	② 关注音高和音准的建立			
情绪表达	① 激发演唱的兴趣			
	② 从情感角度出发,关注对歌曲旋律及音乐要素上的体验			
	③ 歌曲处理恰当、真实;允许学生依据特长选择表现歌曲的形式			

3. 活动小结

学员交流不同年段在歌唱教学中的基本环节。然后主持人总结不同年段在歌唱教学中的基本环节有哪些。

活动二　任务小结

小学歌唱教学的目的是帮助学生掌握歌唱的基本知识,并通过优秀歌曲的艺术形象感染和教育学生。歌唱教学在小学音乐教学中占有重要的位置,教学时间比例占得较大。教师应在歌唱教学中运用较好的教学方法,不仅是教学生唱会歌曲,还要注意加强学生歌唱基本技能的训练,培养学生独立歌唱的能力。

歌唱教学中的基本环节:

第一步:创设情景,导入新课。

利用游戏、音乐故事、律动、肢体表演、媒体播放或谈话等方式导入新课。

第二步:感知旋律,了解背景。

利用多媒体或图片向学生展示歌曲背景和民族风情等。同时播放本课歌曲音乐,让学生在欣赏民族风情的同时感知歌曲旋律。

第三步:探索发现,学习新知。

(1)范唱歌曲:播放录音或教师范唱,给学生全方位的视听撞击,使歌曲给学生留下深刻的印象,激发学生学习音乐的兴趣。

(2)教读歌词:学习歌词时,学生会有许多生字不认识,需要教师读歌词为学生学习歌曲清除障碍,同时也帮助学生了解歌词内容。

(3)学唱歌谱:识谱教学较难掌握,教师应先加快节奏,让学生在欢快的节拍声中掌握歌曲的旋律与节奏。

(4)学唱歌曲:通过学生互动、师生互动、评价与反馈等,变换模唱、接力唱、教师领唱等形式来教学,使学生学会歌曲。

(5)攻破难点:运用多种方式攻破难点,让学生自信歌唱。

（6）练习歌曲：教师给予学生展示的空间，通过独唱、男女生分唱、边律动边唱、对唱等形式练习歌曲。激发学生的兴趣，也使课堂氛围积极活跃。

第四步：表现歌曲，实践创造。

根据音乐旋律自创舞蹈动作，相互表演、乐器伴奏、同学合作共同表演，或根据音乐强弱音的分布，用手势表现等。

第五步：拓展延伸，课堂小结。

音乐课的拓展内容应该与学生现有的知识储备相联系，拓展后最终还要回到音乐中。在师生整合、延伸、概括后，在悦耳的乐声中，在欢快的舞蹈中，音乐课落下帷幕。

当然教无定法，学员可在掌握歌唱教学基本环节的基础上，灵活运用，融会贯通。

项目再构

任务五　后续活动

活动一　不同年段学生的歌唱教学方法

1. 小组活动

按年级分组，执教相同年级的学员组成一个小组。若一人执教不同年级，则按照本人选择或人数均匀分组。各组成员根据自己所执教学生的年龄特点，讨论适合该年段学生的歌唱教学方法。

2. 全员活动

请各小组推选一名学员汇报小组讨论结果，主持人把学员讨论的结果记录下来。如有相同意见或想法，则不重复记录。

活动二　任务小结

一、低年级唱歌教学以"趣味"为先导（1—2 年级）

1. 创设趣味的导入

好的导入就如音乐课精彩的前奏，它引导学生积极投入地参与到音乐活动中。针对低年级学生的心理特点，在唱歌教学中的导入环节，可引用有趣味的节奏或故事、猜谜、律动游戏等方式。

例如：一年级《两只小象》一课，一位教师就是从趣味的节奏来导入新课的：教师首先创设"小象来电报"的情景，对小朋友们说："今天，小象从动物园里给我们一年级的小朋友发电报啦，我们一起来收听，看谁接听的电报最准确！"此时学生充满了好奇心，产生了兴趣。于是，教师在每一小组第一个同学的小手上拍击出歌曲的基本节奏：$\frac{3}{4}$ ×× × × | ×× ×—‖ 接下来，学生一个传一个，传递完毕后，教师请学生将收到的节奏拍一拍，并请学生猜一猜小象电报里说的是什么，教师要求学生按前面的节奏发挥想象说一句话。学生的思维一下子

就变得活跃起来,有的学生说:"小朋友们｜你们好",有的学生说:"欢迎你们｜来做客"等等。教师顺势导入新课:"小朋友们,让我们也邀请小象来我们班做客,好吗,让我们一起说:欢迎小象｜来做客。看! 两只小象唱着欢快的歌来到我们班了!"教师同时出示课题《两只小象》。从这个例子我们可以看到,教师通过"小象来电报"的游戏,不但使学生掌握了歌曲的基本节奏,为学习新歌做好了铺垫,而且充分激发了学生学习新歌的兴趣,生动、有趣的导入了新课。

2. 创设趣味的情境

好的情境导入可以使唱歌教学达到事半功倍的效果。在音乐课堂上,教师创设让学生听、视、感、触的环境、氛围,可以激发、感染、诱导学生的情感。

例如:在教一年级《小雨沙沙》时,教师播放一些春雨沙沙、春苗发芽等春天景色的图片,并把歌曲作为背景音乐以创设一些逼真形象的教学情境,然后请学生用摇沙球或搓塑料袋等方式随着音乐来表现由远而近听到的小雨"沙沙"声。教师利用配乐、声源的探索表现来创设情境也能收到较好的效果。

3. 创设趣味的活动

低年级学生好模仿,在模仿中学习的乐趣远远胜过单一枯燥的反复模唱。学生在听赏、模唱的过程中可以自由选择自己喜欢的节奏加上动作模仿。对于节奏感强和有较好合作能力的班级来说,教师还可以有意将四条节奏分别请四小组逐一加入进行拍奏,形成多声部的节奏练习。这样练习的目的是通过多种游戏手段,让学生参与音乐活动并贯穿于课堂的唱教教学之中。同时通过特有的节奏为歌曲进行伴奏,起到了训练学生节奏感和提高协调合作能力的作用。

例如:在教学《理发师》一课时,可以在让学生初步完整地感受歌曲旋律之后,让学生再次欣赏歌曲。同时跟着老师用肢体语言来模仿理发、剪发、梳发、喷水的动作和节奏。

剪刀　2/4　咔嚓　　咔嚓｜咔嚓　　咔嚓｜

梳子　2/4　唰　　　唰｜唰　　　唰｜

吹风机 2/4　　鸣　　—　｜鸣　　　—｜

喷水　2/4　沙　沙沙｜沙　沙沙｜

二、中高年级唱歌教学以"情感"为突破口(3—5年级)

1. 趣味练声,夯实情感

基础训练目的是让学生在有趣、多变的练声曲中,乐此不疲地提高自己的发声功底,为情感表现打好基础。

(1)联系生活,练气息:

【方法】

用情景法或想象法来促使他们正确呼吸。采取以下几种方法:

① 闻花香练习。吸气要求心静,注意力集中,用鼻腔慢慢地吸入,好像一直缓缓地进腹部、肚脐、腰围处(膈肌),吸满后将气吐掉。这样反复练习,让学生们进一步体会深呼吸的感觉。

② 吹蜡烛练习。呼气要求均匀,缓缓呼出。

（2）有趣多变,练声曲:

【方法】

① 可选用教唱的歌曲作为练声曲,用该歌曲的情绪配以母音进行练习。假如是一首活泼的歌曲,可以用轻巧灵活的练声曲去发声;假如是一首抒情曲,可以用甜美而流畅的练声曲去发声。

② 选用一些模仿生活情景的练声曲。这样学生会更感兴趣。如:火车叫 u——、小猫吃鱼 ü——等等。选用的练声曲最好同教唱的歌曲结合起来,做到有的放矢。

③ 选用同一练声曲变换不同的情绪。具体包括改变练声曲连、跳音的区别、速度力度的对比等等,而这些又都是达到歌曲情感表现的奠基石。由此训练学生对歌曲的处理能力。

④ 选用的练声曲与教唱歌曲特点统一。在一首练习断音、跳音的练声曲之后选一首较轻快跳跃的曲目让学生试唱,找出其中有代表性的乐句,使学生感觉它的歌唱性,用这种感觉再回去练声,这样做很容易使学生保持全身心的投入,达到良好的演唱状态,进而更好地表达歌曲本身的情感。

2. 深情范唱,唤起情感

教师在范唱时一定要注意声情并茂,因为这是最直观的声乐教学,给学生做好表率作用。

（1）范唱前准备要到位。教师在范唱前要对所唱歌曲的内容、创作背景、节奏特点及所要表达的思想感情等作全面深刻的了解。同时从歌曲的力度、速度、演唱技巧、情绪表达等方面对歌曲进行确切地演唱处理。

（2）范唱时情感要到位。教师在范唱时要以真实的情感和饱满的精神状态投入歌曲的意境,去唤起学生的情感,更好地促进他们对歌曲意境的理解。让学生在教师直观生动的范唱中,在模仿的基础上发挥其主动性、想象力和创造力,进一步生动地表达歌曲的思想感情和意境,使演唱具有表现力。

3. 反复聆听,体验情感

在唱歌教学中,应先从听觉入手,让学生分析歌曲旋律,体验歌曲表达的情感。低年级的讨论分析重点在歌曲的情绪表达上,如:是愉快的、优美的、轻松的,还是雄壮有力的等等;而中高年级的讨论分析则应体现在旋律的起伏、节奏音型、速度、力度的变化等等,也可通过分析旋律,让学生画一画图形、线条、色彩,将各乐句的旋律线、力度、情绪等表现出来,从而培养学生情感的整体体验。让学生在各种活动中分层次、分步骤地反复聆听歌曲时,教师要注意的是每次聆听应提出不同的要求和问题。那么,这就要求教师在课前一定要针对不同的歌曲精心设计问题。这样,学生在带着不同目标和要求的多次聆听中不知不觉地熟悉了歌曲旋律、感受了歌曲情绪、把握了歌曲风格,为学唱新歌做好了充分地铺垫。

4. 朗读歌词,丰富情感

朗读歌词时要注意区别语文学科中课文的朗读。因为我们朗读歌词的目的不只是要读出作者所表达的思想感情,更重要的是为学习歌曲做好铺垫,所以在唱歌教学中的朗读歌词,除了要有感情地朗读以外,还必须用演唱歌曲时的状态,也就是轻声高位置的声音来朗读歌词。

5. 演唱歌曲,表现情感

"让学生有感情地演唱歌曲"是目前我们唱歌教学的一个重点和难点,也是目前我们唱歌教学中最薄弱的一个环节。要想让学生真正知道怎样有感情地演唱歌曲,最关键的就是指导学生用音乐要素在细节上去处理演唱歌曲。学生经过前面环节的情感铺垫,在多次聆听、分析朗读歌词以及聆听教师深情范唱的基础上,已经很好地把握了歌曲的思想与感情内涵、歌曲旋律与曲式的特点,这时,我们可以放手让学生做一回"小老师",让他们根据自己的感受来处理演唱歌曲。当然这必须要求教师指导学生进行一段时间的训练后,让他们掌握一定的处理歌曲的方法,有运用力度、速度、音色等音乐要素来处理歌曲的能力的前提下,才能放手让学生自己当"小老师"来处理歌曲,不然学生就会有为难情绪,不知从何下手。那么在平时的常规唱歌教学中,我们就可以进行这方面的训练,比如:让他们说说歌曲当中什么地方应唱得强一些,什么地方应唱得弱一些;哪句唱的时候应用跳跃、有弹性的声音演唱,哪句应唱得连贯、优美一些等等,说的同时还要求学生说出自己这样处理的理由是什么,并按照自己的处理试着唱一唱。之后,教师可以引导学生选择最好的一种处理方法来进行演唱。

6. 表现歌曲,升华情感

教学中应注意培养学生自信的演唱、演奏能力及综合性艺术表演能力,发展学生的表演潜能及创造性潜能,使学生能用音乐的形式表达个人的情感并与他人沟通,在音乐学习活动中得到升华。这就要求我们广大的音乐教师要在扎扎实实地教唱和处理歌曲的基础上再让学生进行表现,而表现的内容和过程都要始终围绕并突出音乐性。

总之,唱好歌是在会唱歌中体现的。歌曲的处理和表达是在学习歌曲的过程中完成的,这是音乐教学原理中很重要的原则,也是审美教学的规律。

感 想 记 录

任务六　学习感悟

活动一　这一单元你学到了什么

1. 个别活动

每位学员反思在这一单元讨论过程中学到了什么,想到了什么,并写下来。

2. 小组活动

学员自由分组,并在小组内交流在本单元想到、学到的。

活动二　感悟实践

1. 个别活动

学员客观、独立思考,分析自己如何在今后的音乐课堂中开展合唱教学。

2. 全员活动

学员交流各自对合唱教学的设想。

活动三　任务小结

进入中年级后,大量的二声部合唱歌曲成为音乐课堂教学的重点和难点。合唱是歌唱的最高形式,有着极为丰富的艺术表现力和感染力,能表现如诗如画般的意境以及深刻的思想内涵;合唱训练能培养孩子从小具有独立感、协调感、均衡感等综合音乐感受和集体观念、协作精神。在合唱训练中,既能学到科学的发声方法,养成良好的发声习惯,又能进行多声部演唱,使自身的歌唱水平达到一个新的高度。

从年级段来看,四年级是开始进行合唱训练的较好时期。首先,学生已经掌握了一定的音乐基础知识,常见的节奏型、音乐记号、术语基本能看懂;其次,其在歌声的音量、力度方面能达到和谐统一。

1. 统一音色,矫正咬字、吐字习惯

合唱是种集体的表演形式,它不同于个别的声乐教学活动,在合唱教学中,要求各声部音色完全一样是很难做到的,但通过训练可以使各声部的音色比较接近,将不可协调音色(包括尖细、嘶哑)统一到圆润、明亮、柔和的可协调音色中去。要鼓励暂时难以与众协调的学生树立信心,克服不良的发声习惯(如用喊叫方式歌唱等),让他们在良好呼吸的支持下做几个母音的发声训练,如"O"、"U"等,此类母音的发声因口型收成圆形,可利用口腔和后鼻腔的共鸣促使声音放松,改变发声的习惯。训练时可引导学生设想嘴里含着一口水,不能吐,也不能咽,就这样保持"含"的姿势,在这种状态下发"U"音。"U"音色稍暗、柔和,用它进行训练也容易找到头腔共鸣,克服喉音、大声吼唱、位置低、声音"炸"、"虚"、"白"、"咧"等毛病。还应让学生注意用耳听,使自己的声音向周围音色靠拢,最终使合唱中听不出尖声、喊声和哑声。

咬不准字头,归不好字韵,这是少年儿童声音训练中普遍存在的问题。特别是开口呼的音,如:a、ai、an 等,学生发音普遍靠前,声音单薄。针对这种情况,可指导学生用普通话大声朗读歌词,结合发声,训练不同声母韵母的口形,使学生学会自然圆润的发声,逐步养成习惯,以保证合唱时声音协调统一。实践证明用朗读与歌唱结合的方法训练咬字、吐字是可行有效的。

2. 先攻齐唱

齐唱教学是二声部合唱教学的基础。要提高声部的齐唱能力,齐唱能培养学生的呼吸、发声、共鸣和控制音高、音色等多种能力,培养合作精神。良好的齐唱能力可以帮助学生树立合唱的信心。为了巩固声区,解决用声上的响而不噪,轻而不虚,高而不挤,低而不压,做到声音上的协调,平衡,统一。

3. 从视唱入手逐步进入二声部合唱

教师不必急于让学生唱完整的多声部合唱歌曲。可从短小的二声部视唱着手。而且应从轮唱开始。这是合唱教学的过渡。在唱好齐唱的基础上轮唱，一方面能培养学生唱二声部歌曲的兴趣，另一方面也是训练声部速度保持一致的良好手段。教师可选择一些旋律基本相同的轮唱练习曲，因为旋律相同有利于培养学生初步的和声听觉能力，这是合唱教学中至关重要的，良好的听力能帮助学生听清楚自己声部与其他声部层次分明的歌声，并时刻注意使自己声部的速度与其他声部保持一致。

总之，歌唱教学给予学生的美是多方面的。首先它具备了旋律、节奏、和声等音乐之美。更重要的是，歌唱能使学生参与表现音乐之美的活动中去，在实践中获得音乐美感。所以，人的歌喉是最纯洁、最卓越的乐器。歌唱在学校美育中的地位和作用，是其他形式所无法替代的。希望我们的探索有助于更多教师关注小学课堂的歌曲教学，提升学生的音乐审美表现能力。

第三单元　器乐教学

一、单元目标

1. 通过学习，明确器乐教学是辅助唱歌、欣赏、创编等教学内容，培养小学生对音乐的理解力和表现力的有效途径，提高音乐的理解力和表现力是提高小学生音乐综合能力的基础。

2. 通过对不同乐器的了解和器乐教学的具体内容，掌握常用的小学阶段乐器演奏的基本方法，并能结合学情，改进或设计活动。

3. 通过对器乐演奏能力评价要求和方法的学习，理解评价器乐学习的目的是为了提高学生的演奏能力。

4. 通过学习，树立在教学中培养学生对演奏乐器兴趣的意识，并能制定以培养学生对演奏乐器兴趣的意识为目的的器乐教学计划。

二、预设成果

1. 学员能理解器乐教学的概念及其重要性，明确器乐教学的目的，掌握器乐教学的基本内容、常用乐器的演奏方法和评价方式。

2. 学员能制定适合执教年级的器乐教学计划。

三、任务设置

栏目	任务	时间	要求
经验分享	任务一　器乐教学的概念和意义	20分钟	了解器乐教学的概念、器乐教学的理论依据和器乐教学的实践价值。
实例分析	任务二　器乐教学的具体内容和教学建议	40分钟	了解和掌握小学器乐教学的基本内容，如：学习演奏的姿势、演奏的方法等。
	任务三　融入器乐教学的活动设计	60分钟	学习和掌握在器乐教学过程中，将其与唱歌、欣赏、创编等教学内容紧切结合的活动设计。
	任务四　器乐教学评价	30分钟	观察不同音乐能力的学生在器乐演奏过程中的参与度与表现力。
项目再构	任务五　器乐教学的计划制定	20分钟	能根据器乐教学的目的和要求，完成一份器乐教学计划。
感想记录	任务六　学习感悟	20分钟	完成器乐教学单元学习后测试；完善器乐教学计划。

执教教材、《课程标准》、各类课堂乐器。

经验分享

任务一　器乐教学的概念和意义

活动一　什么是器乐教学

1. 个别活动

主持人出示下面二篇学习材料,学员思考器乐教学的概念与意义。

材料一:什么是器乐教学?

这里的器乐教学是在小学音乐课堂上运用易于学习、演奏、方便集体教学的乐器教学,如口琴、口风琴、竖笛、排箫、陶笛、吉他以及各类打击乐器等。在器乐教学的过程中,教师将其与歌唱、欣赏、创编等教学内容密切结合,发挥器乐辅助教学的功能,使乐器成为孩子们的音乐学习伙伴。

材料二:器乐教学的理论依据和实践价值

器乐教学是音乐课堂教学中不可或缺的组成部分。《课程标准》指出:器乐教学对于激发学生学习音乐的兴趣,提高对音乐的理解、表达和创造能力也有着十分重要的作用。在《课程标准》中,不仅将器乐与演唱等并列,作为表现领域的重要内容之一,而且在感受与鉴赏、创造等领域都渗透了器乐教学因素。美国著名的音乐教育心理学家詹姆士·莫塞尔曾说过"器乐教学可以说是通往更好体验音乐的桥梁",事实上它本身就是一个广泛的音乐学习领域,在这一领域内,它为我们音乐教学提供了独特而令人高兴的音乐教育价值、效果的可能性。儿童们充满着喜悦的心情,在教师的指导下,一定能将这种可能性逐渐变成自己的东西。学生通过演奏乐器不仅能提高节奏感、韵律感,还能提高音高听辨和音准延长能力。器乐演奏对于学生学习音乐的兴趣和创造能力及可持续发展的情感生活中有着十分重要的作用。

器乐教学在音乐教育体系中,既是学生学习音乐和表现音乐的重要手段,又是开发其智力的重要途径。人的大脑是由左、右半球所组成的,其中有些地方是特殊的最富有创造性的区域。当学生学习弹琴与绘画时,双手必须做精细、灵巧的动作,这就使这些区域的活动力被激发出来,处于"兴奋"状态。许多科研成果表明,当学生学习演奏乐器时,由于左右手指经常运动,使得反应更加灵敏,智力得到开发,而且对左半球与右半球的协调、平衡、和谐发展有着重大的作用与影响。这种智力的促进与开发,既表现在反应灵敏、思想开阔上,也表现在观察力敏锐、想象力和创造力丰富等方面。从生理上分析,学生在演奏器乐时,美妙音乐影响其情绪,情绪又影响着荷尔蒙的分泌,进而影响大脑分析能力和记忆能力,由此可见通过演奏美的音乐不但能影响和激发学生的情绪,促进智力的开发,还能陶冶情操,美化心灵。

因此,不管学生会民族的吹打乐还是会拉弦弹拨乐,不管学生会西洋的吹奏乐还是会弓弦打击乐,只要能辅助教学,为教学提供有利的服务,调动学生的学习积极性,我们都应该加强。这不仅能促进其他学生的学习积极性,而且更为课堂音乐艺术形象的塑造增添更亮丽的光环,给人以美的熏陶和美的享受。

2. 小组活动

学员四人一组在小组讨论对器乐教学的不同理解。讨论题如下:

(1) 什么是器乐教学?

(2) 器乐教学的理论依据和实践价值是什么?

(3) 器乐教学的目的是什么?

(4) 你在日常教学中是如何进行器乐教学的?

活动二　任务小结

乐器演奏是音乐教学中的主要表现形式之一,演奏乐器为学生开辟了直接体验、表达音乐的路径,或许他们的演奏尚显稚嫩,或许他们的演奏并不悦耳,然而对音乐深刻地感悟、理解或许起源于此。

在音乐教学课堂上,在教学合一的有趣演奏活动中,以器乐教学为基本让学生感受乐器带来的真实课堂氛围,激发学生对音乐的兴趣以及对优美声音的感受,这样对培养学生亲近音乐的良好态度具有重大作用。同时,乐器还可以引导学生表现音乐的能力,一条简单的发声练习,学生可能很难唱准确,但是老师利用乐器来进行引导,这样就很容易让学生把握音准,大大增强学习信心。

器乐教学的真正目的在于辅助音乐教学,培养学生的艺术形象思维,提高学生的动手能力和综合素质。

实例分析

任务二　器乐教学的具体内容和教学建议

活动一　器乐教学的具体内容和教学建议

1. 小组活动

学员四人一组阅读器乐教学的具体内容,并在小组讨论是否还有其他内容可以补充。

打击乐器的正确演奏方法:

小铃:

演奏时演奏者双手食指和拇指各执小铃一端,要注意不要拿捏铃体,而是要拿捏铃体尾部露出的绳线部分,敲击时手腕放松,使小铃充分振动,发出清脆的声效。

三角铁：

演奏时演奏者左手手腕弯曲举至胸前，把三角铁上的绳环挂在食指上，再以拇指辅助握持，右手持击鎚。

鼓：

演奏者上身肢体放松，击鼓时双臂向上自然弯曲置于鼓面上，双手握槌，右手拇指第二关节和食指二三关节握鼓槌柄部，拇指与食指第三关节自然并拢，中指、无名指、小指弯曲，与槌柄保持一定的间隙以控制鼓槌。左手掌心向内侧，拇指食指虎口处夹持鼓槌柄部，用无名指第三关节托住鼓槌底部。其他手指向掌心方向自然弯曲成握球状。

掌握了正确的持槌姿势，还要有正确的击奏方法。在练习中一定要使学生体验"击奏"，要有弹击的效果。鼓槌击打在鼓面后，须立即恢复击鼓时的预备动作。击鼓动作要完成于瞬间，而且有弹性和充分的共振，要奏得明亮、集中、结实、有力度。初学者练习击奏时还应注意击奏的位置，应击在鼓的中心点左至五厘米处。在练习时可先单手练，然后双手练，也可双手交替练习。

响板：

演奏者将响板置于虎口位置，一面用拇指，另一面则利用食指或中指扶持着，然后考手指的夹动令响板发声。演奏方法有两种：一种是右手的中指套上松紧带，靠中指和拇指的捏合使两板相击而发出声音；另一种是将响板放在左手手心中，用整个右手的手掌相击而发出声音。后一种方法比较适合低年段学生的演奏。

铃鼓：

铃鼓是小鼓旁边加上金属片在叩打或摇动时发出声效的节奏乐器。

持鼓的方法：左手将食指、中指、无名指穿入鼓框没有铃的位置，用大拇指和小指撑着鼓面，呈"六"字状。

打法：手指轻轻弯曲，用指尖敲打，会发出铃和鼓面混合起来的动听的声音。左手持鼓，右手用手腕肘部处敲打出节奏，注意手腕放松，敲打出的声音有弹性。奏颤音，用左手单手手腕关节，细微且迅速地上下摇动。

双响筒：

双响筒是一种竹木体乐器，由空心的竹筒及木柄组成。演奏时，演奏者左手持乐器木柄，右手持小木棒敲击竹筒两侧，会发出高低两种声音。要使学生懂得双响筒一侧发音低，一侧发音高。演奏时注意敲击时手腕放松，声音更为清脆明亮。

沙球：

沙球又名沙锤，用密封的椰子壳外加木把制成。演奏时，左右手各握一把，双手交替上下晃动，奏出各种节奏音型。沙球发音为清脆、短暂的沙沙声，所以在晃动时要运用手腕力量，使沙球内的沙粒集中于一点，而不能呈散沙装使节奏不清晰。

木鱼：

木鱼是用木头刻制的、形似鱼状、中间空而头部开口的一种乐器，通过另一根木制的棒敲击鱼头而发音。其音色接近于响板。演奏方法为左手持"鱼的尾部",右手持棒按节奏敲打"鱼头"的顶部。

教学建议:

每一种打击乐器音色都各有特点,我们要引导学生感知听辨不同乐器的不同音色特点,并在尝试中掌握选择合适的乐器为歌曲、乐曲伴奏,选择的乐器的音色表现要适合歌曲、乐曲的情绪与节奏特点。

用课堂打击乐器为学唱或聆听歌曲编配多声部的伴奏,可以进一步帮助学生掌握打击乐器的演奏要领,培养学生的节奏感和合作演奏能力。在低年级,教师可以出示已编配完成的节奏谱让学生分声部练习,然后尝试在恒定的速度下合奏。中高年级,教师可以向学生提供几组节奏,让学生分组实践,根据歌曲、乐曲以及所选择使用课堂打击乐器的音色特点,选择适用的节奏来合奏,教师在活动过程中要帮助学生归纳小结要领和规律,充分感受合奏的乐趣。

课堂器乐演奏的正确姿势:

1. 口风琴演奏姿势

口风琴的演奏姿势可分为立奏和坐奏两种。立奏时身体的重心必须在两腿之间,腰部要直,胸部不能太紧张,头部须自然。在一般情况下,演奏时上身不要左右摇摆。在初学口风琴或练习时,一般都采用坐奏,坐奏时要注意不能将一条腿搁在另一条腿上,头部不能过于低垂,不能选用过高的凳子。因为这些都会妨碍正常的呼吸。用这种姿势在演奏时能看清每一个琴键。演奏时将琴搁在双膝上,用左手扶吹嘴,右手按键。同学们对口风琴熟悉到一定的程度时一般采用立奏姿势演奏。采用这种姿势时,演奏者须用左手竖拿着琴,右手按键,双唇轻轻地对准短吹口,留一点空隙即可。

2. 口琴演奏姿势

左手以虎口处夹住琴身的中央,其余四指尽量并拢,掌心蜷曲成一个音室置于琴身后方。右手以拇指和食指捏住右琴缘,其余四指也是尽量并拢,两掌心相互呼应,并类似向远方呼叫一般。左右两手腕关节应该可以自由同时左右横移,但不要让手臂也随着移动。

注意:左手掌不要马上包住琴身后方。且四指与口琴呈平行方向,如此才能留出一个可以让口唇滑行吹奏的通道。两肩自然下垂不要僵硬,两臂内缘稍贴向身体才不会到处晃动,不管是立姿还是坐姿,上半身应该挺直切勿弯腰驼背,两脚张开与肩同宽,放松身体的肌肉。建议学生动手不动口,用手来移动口琴,不要以口来带动琴。

3. 竖笛演奏姿势

身体要自然端正,竖笛于身体的夹角保持 40 度左右,肩放松,上臂自然下垂。手指、手腕放松,用第一关节的指腹按音孔,手指与音孔平行,开放音孔,手指不易抬得过高。要求嘴角微内收,双唇放松而有控制地含住吹口,含入的深度约一厘米,并进行按指练习。

教学建议:

以上三种课堂器乐演奏都需要训练学生的气息,以支持演奏技巧的正常发挥,气流强弱的不同会获得不同的音高。同一音孔,气流强则音高,气流弱则音低。所以要学习控制气息,并根据音高吹气,力量恰当,使发音既轻松又充分,音色圆润明亮,全闭音孔要缓吹。(1)可以教会学生吹蜡烛时火苗吹动而不灭。(2)可以教会学生把空中的小羽毛吹浮在空中不落地。(3)吹肥皂泡但不把它吹爆。(4)用气息把放在嘴前的小纸片吹动而不吹跑。我们可以运用以下方式逐步让学生掌握控制气息的方法。

1. 口风琴

吹奏口风琴时,可以用气息支持吹奏连贯的音,也可以将手指按在同一个键上不放开,通过用气息断开的方式,演奏同音反复,练习气息的断奏。教师可以运用很多方式帮助学生体验演奏的气息控制方法。

2. 口琴

口琴吹奏采用腹腔为主的呼吸法,腹腔储气量足,又能控制气息的调节。口琴是属于吹吸音结构乐器,小学阶段有的学生会出现吹奏时只会吹气不会吸气的现象,教师可以让学生反复体验呼与吸的不同,学会吹吸的演奏技巧。

3. 竖笛

正确的方法是从鼻子和嘴角吸气,吸到胸部和腰部,小腹微微向里收,使演奏有气息支持。

任务三 融入器乐教学的活动设计

活动一 器乐教学活动设计要求

小组活动

根据器乐教学内容,学员在小组讨论下列问题:

(1)一般在什么时候开展器乐教学?

(2)如何在课堂音乐教学中开展器乐教学?

(3)如何将器乐教学与唱歌、欣赏、创编等教学内容紧切结合,起到辅助教学的作用?

活动二 器乐教学的活动实践

1. 个别活动

观察三节课的教学设计,学员观摩并思考:在以上教案中,教师是如何将器乐教学与其他教学内容紧密结合,起到辅助教学的作用?

案例一

【教材内容】

歌曲《勤快人和懒人》

【教学目标】

1. 通过乐曲《森林铁匠》的复习和歌曲《勤快人和懒人》的学唱,感受音乐活泼欢快的情绪和劳动的快乐。

2. 在听、视谱、拍击节奏、口风琴吹奏等的音乐学习过程中,初步学会歌曲《勤快人和懒人》的演唱。

【教学重难点】

1. 教学重点:歌曲《勤快人和懒人》的学唱。

2. 教学难点:演唱时的同度音高和音准与口风琴吹奏时"穿指与跨指"的运用。

【教学过程】

一、聆听与感受——歌曲《勤快人和懒人》

1. 初听歌曲《勤快人和懒人》。(播放配套教材的 CD)

要求:安静聆听

提问:内容(歌词大意)、歌曲的情绪?(风趣、诙谐)

2. 复听:歌曲《勤快人和懒人》。(教师范唱,配套教材的 CD 伴奏)

提问:歌曲《勤快人和懒人》的拍号?

3. 揭示课题:《勤快人和懒人》。(词曲作者)

告知学生:这是一首美国童谣,由中国作者汪爱丽改编。歌曲风趣、诙谐地赞美勤劳人劳动后成功的喜悦,懒惰人无所事事的空虚。

说明:

歌曲的学唱需从聆听开始,帮助学生熟悉旋律、节奏。每一遍聆听,对学生分层次提出了不同的要求,感受歌曲的情绪、认知歌曲的内容和内涵,了解歌曲的创作背景。通过聆听,激发学生的学习兴趣,引发学习歌曲的欲望,为歌曲的新授做好铺垫。

二、习得与练习——歌曲《勤快人和懒人》

衔接语:如此一首好听的童谣,我们一起来看看,它的节奏和旋律是怎么组成的。(多媒体呈现歌曲《勤快人和懒人》的节奏谱)

1. 学习和节奏练习:

要求:视谱思考歌曲的节奏规律(八分音符和四分音符的组合),并用象声词"嚓嚓"(炒菜声)和"哚哚"(剁刀声)念歌曲的节奏。

　　2. 视唱歌谱:

　　衔接语:厨房里,勤快的厨师是又炒又剁忙碌地工作着;教室里,我们又听、又唱、又吹,同样忙碌的学习着音乐,让我们一起学唱歌曲旋律。(多媒体呈现歌曲《勤快人和懒人》的五线谱歌谱)

　　(1) 唱谱。

　　旋律走向:上行;模唱

　　难点:同音反复的音准

　　① 口风琴吹奏练习。

　　吹奏要领:气息:力度的控制和乐句的完整。

　　　　　　　　指法:穿指法和跨指法。

　　a. 学生在教师自编的《口风琴开关歌》的演唱下,整齐地从口风琴盒内取出口风琴,并集体进行音阶吹奏练习。(上行与下行音阶吹奏)

　　b. 教师示范吹奏,提示用穿指法和跨指法之处。

　　c. 学生自习,教师巡视指导。

　　d. 学生个别与集体吹奏,生生、师生互评。

　　② 学唱歌曲。

　　A. 用"lu"哼唱歌曲旋律。

　　a. 用"lu"哼唱。(清唱)

　　b. 完整哼唱歌曲第一段。(钢琴单音弹奏)

c. 完整练唱歌曲第一段。（电子琴伴奏）

B. 有感情地朗读歌曲两段歌词。（注意学生发声的音位）

C. 学唱歌曲。

要求：基本流畅、音准、吐字清晰。

a. 轻声齐唱。

b. 亮声齐唱。

教师讲解两个"的"的不同演唱要求：

c. 小组和男女生对唱。生生和师生互相评价演唱效果

说明：

　　对歌曲情绪的把握以及音乐形象的理解是唱好一首歌曲的关键。歌曲的第二和第三乐句节奏完全相同，旋律最后一小节的最后一个音不同，落在主音上，使之产生终止感。通过对两个"馒头"不同演唱要求的讲解，既解决了五度大跳和同度音高的音准问题，获得音乐的初步审美。通过小组和男女生对唱，生生和师生间的相互评价，找到各自演唱时的不足，解决演唱时遇到的问题。

---

　　3. 小结：

　　厨师们和铁匠们以及全世界所有热爱劳动的人们正在辛勤的劳动着并快乐着，我们忙碌的 35 分钟的音乐学习就要结束了，这也是一种劳动，是一种脑力劳动。通过我们的脑力劳动，我们学会了美国童谣《勤快人和懒人》的口风琴吹奏和演唱，并且体验了劳动的快乐。相信通过同学们的勤奋学习，大家一定会获得更多不同学科的方方面面的知识与技能。下课！

案例二：

【教学内容】

1. 学习二声部合唱《牧童》。

2. 欣赏《牧场上的家》。

【教学重难点】

1. 教学重点：感受、体验并初步表现音乐的情感及风格特点；体会合奏的魅力与乐趣。

2. 教学难点：根据不同的音乐形象，较好地把握吹奏技能；在默契的声部配合中略带起伏地表现音乐。

【教学目标】

1. 积极参加歌、乐曲的体验与表现;初步感受欧美乡村音乐所表达的人与自然和谐相处的情境,抒发对家的依恋以及对幸福生活的美好向往;积极开展分组学习与合作,感受并体会合奏的魅力与乐趣。

2. 进一步学习二声部合唱《牧童》以及初步欣赏《牧场上的家》;学习用长笛、口风琴吹奏其旋律;在合作中进一步表现音乐的意蕴。

3. 在吹奏练习中,尝试运用较轻柔的吐音、连贯的气息、优美的音色吹奏。在体验、欣赏、演唱、吹奏、合作等音乐实践中逐步提高学生的审美能力和表现力。

【教学过程】

一、复习与提高——《牧童》

1. 复习歌曲《牧童》。

关键设问:歌曲的名字是什么?是哪个国家的歌曲?演唱时情绪是什么样的?这首歌曲的旋律是什么?

说明:

1. 学习要点:歌曲的名字、国家、情绪、旋律。

2. 教学意图:旨在通过复习,激发学生对上节课学习要点的记忆(歌名、国家、情绪、旋律等),为后面二声部合唱的提高学习作铺垫。

2. 反馈与评价。

形式:二声部合唱《牧童》。

关键设问:你们觉得自己的合唱如何?

学生交流,教师总结。

说明:

1. 学习要点:发现问题,解决问题。

2. 教学意图:这是一个生成的教学环节。旨在通过生生自评与互评,发现其在二声部合唱时出现的问题,引导长笛组的学生运用已掌握的知识与技能有效迁移至合唱学习中。在这一环节中教师作为学习促进与指导者要洞察问题、找准原因、理解学生、把握决策,给予适时的点拨、指导。

3. 合作表演《牧童》。(录音伴奏版本)

形式:二声部合唱《牧童》。(长笛伴奏)

要求:(1)音准正确;(2)情绪欢快;(3)声音轻盈且富有弹性。

说明：

1. 学习要点：合作与表演。

2. 教学意图：学生在进行二声部合唱时音准不太稳定，借助长笛合奏能有效帮助学生稳定音高；引导学生运用跳音记号轻盈跳跃地演唱；最后在合唱与器乐的合作表演中更好地烘托音乐形象。

4. 教师小结

二、聆听与感受——《牧场上的家》

1. 初设意境、传递音乐人文知识。

关键设问：牧童在为我们讲述怎样一个故事？

播放视频：美国乡村民谣《Home on the range》。

学生交流感受，教师背景介绍。

说明：

1. 学习要点：感受乐曲的意境；了解乐曲的创作背景。

2. 教学意图：本环节注重音乐人文知识的传递和体验。旨在通过聆听（乡村民谣歌唱版本），初步感受其音乐意境；通过介绍乐曲的创作背景，激发学生的学习兴趣，积累相关音乐文化。

2. 初步体验乐曲。

关键设问1：乐曲是几拍子的？

关键设问2：乐曲的演奏乐器？

3. 进一步体验乐曲。

◆ 方法：模拟管弦乐队场景（学生分组模仿乐器演奏姿势，教师指挥）

第一组：小提琴　　第二组：大提琴　　第三组：竖琴　　第四组：长笛

说明：

1. 学习要点：进一步听辨乐器音色；模仿乐器演奏姿势。

2. 教学意图：旨在模拟管弦乐队的场景，进一步熟悉乐曲旋律、听辨乐器音色、激发学生的演奏兴趣，为后面的合奏学习（学生版本）作铺垫。

三、习得与合作——《牧场上的家》

1. 教师范奏，学生视谱演唱。

关键设问1：哪一乐句是高潮？

关键设问2：其他几个乐句有什么特点？

2. 分组练习。

第一、二组：长笛吹奏主题旋律。

第三、四组：口风琴吹奏高潮旋律。

提示：(1)指法;(2)呼吸记号。

要求：(1)节奏平稳;(2)音准稳定;(3)指法正确;(4)气息连贯。

说明：

　　1. 学习要点：长笛组吹奏乐曲主题旋律，口风琴组吹奏乐曲高潮旋律。

　　2. 教学意图：分组练习能增加同伴间的互助，消除紧张、取长补短。教师作为学习促进与指导者要深入到学习小组中，参与学生的学习活动，对学生在合作学习中出现的问题进行指导，帮助学生掌握相互合作、交流的方法，提高学习效率，为后面的合奏环节作铺垫。

---

3. 分组反馈与评价。

关键设问：你能从音准、节奏、音色、气息等方面进行点评吗？

长笛组展示。

口风琴组展示。

共同评价要点：

(1)指法是否正确？(2)旋律是否正确？(3)音色是否圆润柔美？(4)气息是否平稳连贯？

说明：

　　1. 学习要点：反馈与评价。

　　2. 教学意图：这是本课的难点突破环节，也是一个生成环节。通过分组反馈与评价，师生共同发现吹奏的问题与不足。教师通过形象地比喻：教室——牧场，呼吸——闻花香，创设艺术化的学习环境，让学生在情感体验中学习知识与技能，在知识与技能的有效运用中进一步表达音乐形象。

---

4. 合奏乐曲。

运用力度记号变化演奏：

(第一乐句 p,第二乐句 mp,第三乐句 mf,第四乐句 mp)

方法：分组合作,调配音量,表现力度

第一乐句：教师吹奏。

第二乐句：长笛组吹奏。

第三乐句：全体吹奏。

第四乐句：长笛组吹奏。

要求：(1)音色柔美；(2)气息连贯；(3)力度变化；(4)配合良好。

说明：

1. 学习要点：把握力度记号，提高和丰富整体表演效果。

2. 教学意图：旨在通过明确的评价要点引导学生的学习表现，完善小组合作表演。根据力度记号进行声部音量的编配调整，丰富演奏效果，提高学生音乐学习的合作、协同、交流与表现能力。在师生合作中帮助学生构成比较丰富的、能表现音乐情感的完整音乐表现。

四、升华与总结——《牧场上的家》

1. 学生演唱歌曲。(请燕子演唱组演唱《牧场上的家》)

说明：

1. 学习要点：进一步领悟音乐意境，升华音乐情感。

2. 教学意图：运用信息技术手段，欣赏《牧场上的家》(中文歌唱版本)。学生在演唱歌词中进一步领悟音乐意境，升华情感；较形象地体会出单元主题所表现的少年与自然和谐相处的快乐时光，抒发对家的依恋和对幸福生活的向往，潜移默化地落实"两纲"教育。

---

2. 总结，下课。

总结语：今天的音乐之旅，我们做了回捷克斯洛伐克的快乐牧童，也领略了美国牧场的迷人景象，让我们带着对家的依恋，享受做一个快乐少年的美好时光吧！

案例三：

【教学内容】歌曲《可爱的家》的两声部的学唱

【教学重难点】

1. 教学重点：用明亮的音色完整演唱歌曲《可爱的家》。

2. 学习难点：歌曲两声部演唱时的声部旋律音准的把握。

【教学目标】

1. 学唱歌曲《可爱的家》，感受歌曲宁静安详的情绪；在电子琴用各种音色和音型表现歌曲《可爱的家》，感受音乐丰富的表现力。

2. 学唱歌曲《可爱的家》的两声部，学会不同旋律演唱时的合作，表现声部的和谐、清晰。

3. 在电子琴练习、自弹自唱等多元器乐学习方式的辅助下，学会歌曲《可爱的家》的两声部的演唱。

【教学过程】

一、复习与巩固。

1. 歌曲《可爱的家》的复习。

表演形式：用电子琴自弹自唱；表演时教师在学生中间巡视。

表演要求：演奏指法正确；演唱位置高，吐字咬字以及气息的注意。

说明：

　　通过自弹自唱的形式来复习歌曲，既能借电子琴来复习歌曲的演唱以及演奏时的旋律、指法，又能练习歌曲演唱时的气息以及乐句演唱时的节奏音准。

2. 歌曲《可爱的家》的背景人文介绍。

二、歌曲第二声部的学习

1. 聆听与感受。

聆听歌曲《可爱的家》的录音范唱。

要求：找一找歌曲中哪些乐句出现了两声部？

谈一谈，当歌曲加入了第二声部，有什么感受？

提示：如果将高声部比作是家庭中的孩子，那么低声部便是我们家庭中的长者，他们用那慈祥的声音，向我们娓娓诉说着家中的美好往事。

2. 教师弹奏第二声部旋律。

提问：像这样的旋律，你觉得选择怎样的音色比较好？（弦乐）

说明：

　　通过聆听，感受歌曲所表达的情感，通过对电子琴的音色选择，使得旋律产生形象感觉，培养学生对音乐形象的理解和音乐情感的体验。

3. 电子琴练习第二声部。

(1)观看教师示范视频，说说弹奏低声部旋律时需要用到哪 3 种指法？(2)练习歌曲第二声部：边弹边默唱旋律，练习用时 2 分钟，按正确指法弹奏，熟记旋律。

4. 电子琴齐奏第二声部。

要求：指法正确，节奏正确。

(1)齐奏第二声部；(2)同学用"lu"自弹自哼唱；(3)加入歌词；(4)加入伴奏，齐唱第二声部。

5. 两声部合唱的练习。

要求：演奏指法旋律正确；演唱时相互聆听对方的声音,聆听自己的琴声,聆听教师的伴奏,把握音准和节奏。

(1) 聆听教师电子琴双轨录音；

(2) 分声部自弹自唱,复习已学旋律；

(3) 以自弹自唱的形式,在教师双轨录音的伴奏下,进行两声部合唱。

说明：

用不同的音色表现不同的声部,既能培养学生听辨不同的旋律、把握各自声部的音准的能力；又能让学生学会用不同的音色表现不同的音乐形象；更能培养学生彼此合作、相互聆听的习惯。

6. 师生合作《可爱的家》。

要求：(1) 教师自弹自唱歌曲齐唱部分(两乐句),学生自弹自唱歌曲合唱部分；

(2) 旋律清晰,指法正确。

说明：

在电子琴自弹自唱的器乐学习模式的辅助下,学生基本学会演唱歌曲《可爱的家》的第二声部,通过教师与学生分工、分乐句共同表演作品,既能巩固学生已学知识,更能激发学生的兴趣,在下节课中进一步唱会、唱好这首歌曲。

三、小结

教师小结：我们今天借助电子琴的伴奏,初步学会演唱这首歌曲,感受了电子琴丰富的表现力,在今后的学习过程中,我们将一直坚持使用电子琴这一好帮手,帮助我们感受音乐给我们带来的快乐。

2. 活动小结

器乐教学要注意以下几点：

(1) 这里的器乐教学是指将乐器作为学具,辅助教学内容。因此,课堂上不要为了演奏而演奏,而是应在课前准确定位目标,确定器乐在本节课中所起到的辅助作用,在动作思维中融合音乐情境与要素的体现、表演,这是保证课堂器乐教学有效性的关键所在。

(2) 在器乐教学中,教师要正视学习差异,可以设计分层、合作的教学方法,以帮助能力不同的学生解决在学习、掌握器乐吹奏过程中出现的参差不齐的问题。在合奏中,不同能力的学生可以承担不同的任务,尽量保证齐奏或合奏的良好声音效果——气息均匀、音色优美,音乐情绪恰当,富有音乐表现力。

任务四　器乐教学评价

活动一　评价范围和形式

1. 小组活动

学员四人一组，讨论以下问题：

（1）评价的目的是什么？

（2）那些评价形式比较适合？为什么？

（3）如何评价比较适宜？

2. 全员活动

交流各组的讨论结果。

活动二　任务小结

器乐演奏评价的目的是测试学生的器乐演奏能力。评价的形式有：分层评价、生生互评、对比评价、延时评价。

1. 分层评价，享受成功

每个人心中都强烈地希望能被肯定，每个学生都是有着独特个性的人，每个学生在学习上的能力是有差异的，在音乐方面也是如此，尤其是对音乐技能的掌握，差异十分显著。因此，在评价中不能忽视学生的能力差异，要制定不同的评价标准，有针对性地提高和培养学生，让每一个层次的学生都享受成功，得到发展。

2. 生生互评，实现双赢

榜样的力量是无穷的，利用好班级优秀学生的宝贵资源，让他们起到桥梁作用，教学效果会事半功倍。在教学中，教师应想方设法调动优秀学生的积极性，给他们提供展示才能的平台，在班级树立威信，授予"乐师"的光荣称号，让他们能主动地、全力以赴地帮助别人，让智慧的火花得到迸发，并使火花熊熊燃烧，照亮全班，让整个课堂形成良性循环，让每个人都能体验到互助的力量和成功的喜悦。以强扶弱，生生互评，更好地培养了学生的合作学习、评价能力，使全班的器乐演奏水平螺旋上升，很快有大幅度提高。

3. 对比评价，激活热情

对比评价是为了更持久地保持学生的热情，是一种实用、直观的教学手段。音乐老师一般都上好几个平行班，很方便在平行班之间展开横向对比，让学生清楚地了解各班的差异，学生会自然而然趋向选择优秀。这种透明的对比评价，让学生知己知彼，增强集体荣誉感，对于优秀班级用鼓励性的语言和奖励来评价学生，唤醒学生内心的情感，激发更饱满的学习热情，对落后班级的具体情况进行总结、分析，找出落后的原因和不足，争取下次获得优秀。教学实践证明，有了班级的对比评价，自然形成了激烈的班级竞争机制，学生情绪高涨，大部分班级能够互帮互学，为班级荣誉努力，常常收获理想的教学效果。

4. 延时评价,催生期望

延时评价是一种信任和期待,是一种点拨和启发,它有助于增强学生的自信心。教师要用发展的眼光对待学生,使学生感受到老师的期待,进而化为一种积极的行为。在器乐教学过程中,我们不难会碰到学生自暴自弃的现象,这时作为音乐教师要正视这种现状,带着欣赏的慧眼,带着宽容之心努力发现孩子的闪光点,多安排学生参与音乐活动,积极关注学习反馈情况,并对他们形成积极暗示和期待,使他们有信心战胜困难、主动学习。

评价犹如催化剂,催促着学生向目标靠拢,鼓舞着学生进取,指引着学生朝着未来的方向前进!

项目再构

任务五　器乐教学的计划制订

活动一　器乐教学内容回顾

1. 全员活动

学员讨论下列问题:

(1) 什么是器乐教学?

(2) 器乐教学的具体内容有哪些?

(3) 你知道哪些器乐教学活动? 活动的过程和目的是什么?

(4) 器乐演奏能力评价可以有哪几种形式?

2. 个别活动

主持人呈现一张空白的器乐教学计划表。让学员完成本份表格。

器乐教学计划
教学目标:
教学内容:
课时安排:
器乐演奏能力评价:

活动二 任务小结

（1）器乐教学的目标是为了让学生感受、理解、欣赏、表现音乐。通过演奏，有效提高学生节奏感、韵律感，提高学生的音高听辨和音准延长能力，培养学生的协调能力和合作能力。小学音乐教学是以审美为核心的普及性的艺术教育，可全面培养学生的音乐素质。

（2）器乐教学的内容：把器乐教学与唱歌教学、欣赏教学、乐理视唱练耳教学等有机结合，对学生整体音乐素质的提高大有好处。

（3）器乐演奏能力评价是为了检测学生是否掌握基本的演奏能力。建议形式为：分层评价、生生互评、对比评价、延时评价。

感想记录

任务六 学习感悟

活动一 自我检测

个别活动

主持人出示下列判断题。学员完成判断题以检验自己对器乐教学的理解程度。

（　　）1. 器乐教学可以有效提高学生的节奏感、韵律感，提高学生的音高听辨和音准延长能力，培养学生的协调能力和合作能力。

（　　）2. 器乐教学是指整节课的纯技能的器乐练习。

（　　）3. 器乐教学可以与唱歌教学、欣赏教学、乐理视唱练耳教学等有机结合。

（　　）4. 器乐演奏能力评价的目的主要是是为了增强学生的学习积极性，体验成功的乐趣。

活动二 任务小结

器乐作为中小学音乐教学的基本内容，既是学生学习音乐、表现音乐的重要手段，也是开发学生智力、培养学生协调能力的重要途径。

（1）器乐教学中，要注重让学生学习正确的演奏姿势和方法，培养规范演奏和爱护乐器的良好习惯。

（2）教师要善于结合器乐教学的特点与学生年龄特征以及实际演奏水平，选用灵活多样的方法进行教学，服务于不同的教学目的和任务。

（3）教师应重视和加强合作演奏的能力培养，使学生感受多声部的魅力，在同伴合作演奏过程中，初步培养齐奏、伴奏及合奏的能力，帮助学生积累与他人合作的经验，培养协调能力。

第四单元　舞蹈教学

一、单元目标

1. 通过分析小学阶段舞蹈的学习要求,明确舞蹈学习的必要性、重要性和层次性。

2. 通过与同伴互动交流,梳理出舞蹈教学中若干有效的教学方法,并能根据这些方法进行微型片段设计。

3. 结合自己实践归纳,明确在音乐教学中引导学生用肢体语言感受和理解音乐是表现音乐情感的重要途径。

4. 通过学习和思考,掌握舞蹈教学中的基本舞蹈技能的教学步骤与方法。

二、预设成效

1. 学员了解和掌握小学阶段舞蹈教学的目标和要求,明确激发和培养学生用肢体语言感受和理解音乐的兴趣是舞蹈教学的重要目标之一。

2. 学员能根据课堂所学,结合自己学生的情况和《课程标准》的要求设计有针对性的舞蹈教学活动。

3. 学员能掌握舞蹈教学的若干指导策略,并能在课堂教学实践中自觉运用。

三、任务要求

学习模块	学习任务	时间安排	达成要求
经验分享	任务一　定位与聚焦	60 分钟	通过学习《课程标准》对小学舞蹈的学习要求,总结自己的教学经验,明确各年段舞蹈教学的目标和要求。
实例分析	任务二　运用与再生	60 分钟	1. 通过回顾和反思,收集一些曾用过的舞蹈教学方法或指导方法,总结最有效或效果欠佳的一种,并说明理由。 2. 归纳适合小学音乐舞蹈教学的指导方式。
实例分析	任务三　实践与分析	90 分钟	通过模拟教学、讨论和分析,明确在音乐教学中引导学生用肢体语言感受和理解音乐是表现音乐与情感的重要途径。
项目再构	任务四　学习和思考	60 分钟	通过学习、讨论,掌握舞蹈教学中的基本舞蹈技能的教学步骤与方法。
感想记录	任务五　学习感悟	45 分钟	通过培训,思考如何运用舞蹈教学,提高学生的团队合作能力。

执教教材、记号笔、《课程标准》。

经验分享

任务一 定位与聚焦

活动一 舞蹈教学的要求和目标

1. 小组活动

四人一组,回顾自己的学习经历或上课经验,讨论在音乐课堂上对不同年段学生舞蹈的学习要求有什么不同？并将讨论结果记下来。

2. 全员活动

学员研读《课程标准》中"表现"部分的综合表演的具体要求,主持人请学员讨论对两个不同年段学生要求的区别并做记录。

综合性艺术表演能力要求	
低年级(1—2年级)	中高年级(3—5年级)
1. 学会随着音乐做简单的身体律动。 2. 学会有表情地进行歌表演。 3. 初步学会2—4种儿童舞、民族民间舞蹈的基本动作和简单组合。 4. 能够与他人合作,进行律动、集体舞、音乐游戏、儿童歌舞表演等活动。	1. 学会在理解歌曲情感的基础上进行歌表演。 2. 初步学会2—4种民族民间舞蹈、现代舞的动作组合。 3. 能够主动参与综合性艺术表演活动。 4. 在有情节的音乐表演中担当一个角色。 5. 能够对自己和他人的表演作简单评价。

活动二 任务小结

艺术是抽象的、感性的,需要经过反复的实践才能掌握。综合性艺术表演的教学方法和目的大致与演唱、演奏相同。它的价值意义主要表现在：

（1）符合儿童的年龄特征。儿童具有情感外显、活泼好动,喜欢热闹、好奇心强但持久性差等特征,参与综合性艺术表演正符合他们的心理需求。

（2）面向全体学生。鼓励每个学生积极参与,在音乐表演的实践活动中,增长知识,开阔视野,提高表演水平,发挥表演潜能。

（3）培养学生的音乐兴趣,激发他们的学习热情,增强动作的协调性,丰富情感体验,潜移默化地陶冶情操。

（4）在综合性的音乐活动中,让学生充分感受参加集体活动的快乐,体会个人与集体的关系,学会恰当地表现自己、与人合作,逐步形成合作意识和团队精神。

任务二　运用与再生

活动一　回顾舞蹈教学中尝试过的指导方式

1. 对子活动

将学员分成两人一组,所有坐在左边的学员将音乐舞蹈教学中曾尝试过的指导方式写在表格的左栏中;而所有右边的学员则将音乐舞蹈教学中曾尝试过的指导方式写在表格的右栏中。之后学员进行交流。

曾尝试过的指导方式	

2. 全员活动

每位学员将各自所写的左右栏指导方式黏贴在白板上。全体参与者来到展板前,阅读他人的经验,同时写上自己的评价和想法,分析最有效或效果欠佳的指导方式,并说明理由。最后由主持人进行必要的分析和点评。

活动二　结合案例分析最有效或效果欠佳的舞蹈教学方法

1. 小组活动

(1) 随机将学员分成若干小组,呈现案例,思考其最有效或效果欠佳的舞蹈教学方法,并写在白纸上。

(2) 小组讨论完后,主持人根据大家的意见,进行重组,将想法类似的学员编在一个组内。最先成立的小组先进行交流,然后每个组选派一位学员就自己组内的观点进行阐述,其他组内的学员可以提问和发表评论,主持人适当点评。

(3) 评价与归纳。主持人将不同评价整合在一张表内。

案例一

【教学内容】歌曲教学《金孔雀轻轻跳》

【教学目标】

1. 了解傣族人民生活的地域、风俗、服饰等特点并感受傣族人民在欢庆泼水节时的欢快、喜悦情绪,学唱傣族儿童歌曲《金孔雀轻轻跳》和学习傣族"孔雀舞"的基本舞步、手形、姿态。培养学生音乐艺术的创造力和表现力,提高音乐审美能力。

2. 通过了解、演唱、模仿、跳舞、感受、表现等音乐艺术活动,培养学生丰富的艺术感受力、即兴创编能力和集体合作能力。

3. 激发学生对我国民族灿烂音乐文化的热爱和树立民族艺术的自豪感、自信心。

【教学重难点】

1. 教学重点:歌曲演唱及学跳傣族"孔雀舞"的基本动作。

2. 教学难点:掌握歌曲中切分、附点的节奏与傣族舞的动作姿态要领。

【教学过程】

一、创设情境,导入新课,激发学生学习兴趣与探究欲望。

1. 教师导语:

小朋友们,你们看老师今天穿的是我国哪个少数民族的服饰? 你们知道傣族的风土人情和风俗习惯有哪些么? 老师的家乡在我国的西双版纳,那儿是个美丽神奇而又令人向往的地方,现在就请你到我的家乡傣族园去观光旅游和做客好吗?

说明:

我以傣族少女那优美的装扮、体态、语言、表情和舞姿创设真实意境,来吸引学生对傣族有更深入了解的欲望,并以观光旅游做客这一学生喜闻乐见的形式激发学生学习兴趣和探究愿望。

---

2. 学生边观看傣族风光片,教师边讲解介绍:

(1) 西双版纳地域;

(2) 竹楼;

(3) 泼水节;

(4) 傣族的音乐舞蹈、服饰。

说明:

傣族风光片的音乐以本课歌曲《金孔雀轻轻跳》为背景音乐,为学生更好熟悉歌曲做好准备。

二、感受体验,在音乐审美过程中获得愉悦感。

1. 师问:你知道我们傣族人将什么鸟视为吉祥的象征吗?

教师出示孔雀录像,并解释:我们傣族人民认为孔雀美丽、善良、智慧,因而把孔雀视为最吉祥的鸟,可以带来幸福的鸟。

2. 教师再问：由于对孔雀的喜爱，你知道傣族人最擅长跳的是什么舞？

教师边出示一段傣族"孔雀舞"的示范舞蹈，边讲解：由于傣族人对孔雀的向往和崇拜，常以跳"孔雀舞"来表达自己的理想和愿望，所以"孔雀舞"在傣族流传得非常广泛。

说明：

　　此环节给学生创设更广阔的感受体验空间，让他们前去感受美、体验美、表现美，从而为创造美奠定基石。

三、运用生动的实践活动，训练学生节奏能力。

教师问：为这优美的舞姿伴奏的傣族乐器你知道有哪些吗？

教师依次出示象脚鼓、巴乌、葫芦丝的乐器图片和音乐片段，并在此穿插节奏训练环节。

教师拍打，学生模仿：$\frac{2}{4}$ <u>×× ×</u> | <u>×× ×× ××</u> | <u>××</u> ‖

说明：

　　在介绍傣族一系列风土人情间，穿插两个象脚鼓的节奏模仿与拍打，环节极其自然、不留痕迹地融合过渡到大自然的秀美风光，并为下一步学唱歌曲《金孔雀轻轻跳》，解决歌曲中切分、附点节奏而做好铺垫。

四、模仿探究合作表演，为音乐表现和创造能力的进一步发展奠定基础。

1. 教师揭示歌曲：今天，老师给大家带来了一首傣族歌曲《金孔雀轻轻跳》，听一听歌曲情绪是怎样的？

2. 学唱歌曲，待学生有感情地演唱歌曲后，教师过渡语："傣族人不仅能歌，而且善舞。让我们学跳几个傣族'孔雀舞'动作，一起来参加傣族即将举行的泼水节好吗？"

教师讲解示范，学生学跳"孔雀舞"基本动作：

（1）手形；

（2）姿态；

（3）脚下基本动作。

3. 学生掌握"孔雀舞"动作要领，合作创编表演歌曲《金孔雀轻轻跳》。

引导学生分别以演唱组、舞蹈组、节奏组三种艺术表现形式，围成三个圆圈合作创编表演。

说明:

此环节作为本课的重点和关键,在学唱歌曲、学跳"孔雀舞"、创编合作表演过程中以学生为主体,将美的歌声、美的形象与意境始终围绕着感受泼水节的欢乐喜庆气氛,让学生参与其中,即兴发挥,体验、表现美感。

五、综合探究、延伸拓展,开阔学生音乐视野。

教师过渡语:"今天我们学唱了一首傣族儿童歌曲《金孔雀轻轻跳》,除这首歌曲外,你还知道哪些表现孔雀的歌曲或舞蹈呢?"

教师将这方面信息展现给学生,扩大学生音乐视野。

1. 民族舞蹈《林之雀》;

2. 杨丽萍的《孔雀舞》。

教师小结:由于我国舞蹈工作者的勤奋努力,"孔雀舞"有了很大的发展。这一舞蹈形式经舞蹈家杨丽萍的演绎,推向了国内外,并受到了世界人民的高度赞赏与评价,她的"孔雀舞"让人如醉如痴,令人惊叹不已。

说明:

本课的延伸拓展这一环节以多角度创造美来表现"孔雀舞"的歌舞形式,让学生的音乐视野得到广泛的开阔,从而更加提高学生的民族自豪感和自信心,让学生的音乐艺术情操受到高层次的熏陶,音乐情感达到一定的升华。

六、课堂小结:今天我们的观光旅游就到这里。学生伴随着杨丽萍的"孔雀舞"音乐模仿孔雀开屏的动作飞舞出教室。

案例二

【教学内容】欣赏《阿细跳月》

【教学目标】

1. 感受乐曲5/4拍的韵律,并能用声势动作参与表现。

2. 熟悉并熟练视唱主题旋律,能听辨出乐曲基本结构。

3. 了解相关的民俗文化,学习并掌握"跳月"的基本舞步,乐于参与集体舞表演。

【教学重难点】

1. 教学重点:感受乐曲的旋律特点及节拍韵律。

2. 教学难点:掌握"跳月"的基本舞步。

【教学过程】

1. 队列游戏。

(1) 学习四个变化队形：男生走到女生左边；男生退回原位；女生退到男生旁边；男生退到女生旁边。

(2) 依学生情况确定是否增加队形变换难度。

(3) 在音乐中听老师指令变化队形。

2. 节奏游戏。

(1) 声势模仿——学生模仿老师的声势动作。

基本节奏：×　×

(2) 声势节奏对话。

师：×　　×　×　生：×　　×

(3) 师生节奏互动。

① 老师拍哪里学生拍哪里，注意老师是三拍，学生是两拍。

② 老师走到学生当中即兴与学生玩节奏对话游戏。

③ 在《阿细跳月》的音乐中完成5/4拍的节奏互动游戏。

3. 学习"跳月"舞步。

(1) 老师边做动作边提问：你们仔细看一看老师会把五拍藏在哪些动作里？（三拍在脚上，二拍在手上）

(2) 学生用动作表现五拍子，即走三步拍两次手。

(3) 随《阿细跳月》音乐用"跳月"舞步参与表现。

4. 欣赏《阿细跳月》。

(1) 熟悉乐曲主题：

① 老师演唱音乐主题，学生找主题中重复的旋律。

② 老师演唱音乐主题，学生找到主题的骨干音。

③ 老师出示乐曲主题，学生视唱主题。

(2) 完整聆听乐曲，并思考：主题在乐曲中一共出现了多少次？

(3) 再次完整聆听乐曲，老师依次与学生对拍5/4拍的节拍，随音乐参与表现，音乐主题每重复一次换一个学生对拍。

(4) 老师提问：在以前的学习中我们接触到了一些中国的民族乐器，比如吹管类乐器竹笛、箫等，弹拨类乐器琵琶、阮等，打击类乐器鼓、镲……在刚才这段乐曲中你们听到了哪些乐器呢？听到乐器时请模仿乐器的演奏动作。

(5) 老师提问：你们觉得这首乐曲的速度是怎样的？乐曲的情绪是怎样的？乐曲向我们展示了什么样的情境？

(6) 老师填词演唱主题旋律，提问：这是哪个民族的歌曲？

（7）老师简要介绍彝族和《阿细跳月》。

（8）学生试着填词演唱主题旋律，老师伴舞。

5. 课堂小结。

任何艺术都是来源于生活，音乐来源于生活，舞蹈来源于生活，谢谢大家陪我一起感受了一支非常热情的舞蹈，它的名字叫《阿细跳月》。

活动三　任务小结

我国很多小学在进行音乐舞蹈教学时，教学模式过于单一，难以体现新课标的教学要求。如何结合音乐与舞蹈，让学生理解音乐作品的情感内涵，掌握作品的表达方式，提高音乐教学效果是值得探讨的问题。

1. 用舞蹈表达音乐内容

在进行小学音乐教学时，可以在课堂中添加舞蹈元素，让学生通过动作来表达、感受音乐。例如，在课堂上播放一首《玩具进行曲》，让学生模仿小玩具一边排队踏步一边做敲鼓、吹喇叭、敬礼、拍手等动作，通过舞蹈动作表现音乐特点，让学生掌握音乐的表达技巧，理解音乐的含义，活跃课堂氛围。在进行音乐教学前，应先对教材进行深入分析，找出可以采用舞蹈表演的教学内容，并根据教学内容编排舞蹈动作，为学生表演或指导学生练习。让学生掌握音乐作品的同时学会用舞蹈表达音乐，从而提高学生体验、感受音乐魅力的能力。

2. 创设有趣的教学情境

在音乐教学中，可以为学生创设有趣的教学情境，提高学生的学习兴趣，让学生主动参与到学习过程中。课前应以教学内容为准，设计符合教学要求的教学情境，并通过形象的舞蹈动作表达课程内容，让音乐更生动，营造一种音乐的情感氛围，提高音乐教学的趣味性。例如，在欣赏《马车夫之歌》的教学过程中，由于该曲目属于新疆维吾尔族歌曲，可为学生展示几个维吾尔族舞蹈经典动作，如移项、绕腕动作，表现新疆维吾尔族舞蹈的特点，并营造出歌曲中所表达的意境。

3. 注重培养学生艺术感受能力

在进行音乐舞蹈教学时，应注重培养学生的艺术感受能力。例如，一二年级学生处于舞蹈学习的初级阶段，可为学生创设与教学内容相符合的音乐情境，采用教师范唱、录音播放等方式，让学生感受乐曲所表达的含义，理解歌曲情感，激发学生的学习欲望。并指导学生用自己想到的动作来表达歌曲，从而提高学生的创造能力。采用这种方式进行音乐舞蹈教学，彻底改变传统教学模式，充分体现学生的创造性和主动性。例如，在教学生演唱《欢乐的小雪花》时，可先向学生描述雪花飞舞的景象，让学生观察下雪时的情景，观察雪花飘落的过程，引导学生联想自己身处雪花飞舞的环境中，让学生体验雪花飘落的感受，体会歌曲的韵律感，使学生感受舞蹈所表达的含义和精神，理解歌曲意境。

在小学音乐舞蹈教学过程中,引导学生用肢体语言感受和理解音乐是表现音乐与情感的重要途径。巧妙设计音乐与舞蹈结合的教学方式,让学生聆听音乐、感受音乐奥妙的同时,感受舞蹈带来的美妙感觉,提高学生的艺术感受能力和创造能力。

任务三　实践与分析

活动一　模拟教学分析

1. 小组活动

按年级分组,执教相同年级的教师形成一个小组。若一人执教不同年级,则可按照本人选择或人数均匀分组。各组从教材中选择适合自己所教年段的教学内容,讨论并设计一份教案,并推选一名学员进行模拟教学。

2. 全员活动

学员讨论,评析各组教学情况,分析优点与不足。学员交流如何引导学生用肢体语言感受和理解音乐表现情感。主持人总结。

活动二　任务小结

舞蹈是少年儿童接触得较多的艺术形式,它通过肢体语言为我们传达了另一种"美"的情感体验。孩子们十分愿意用舞蹈动作、肢体造型来表现和传达自己的感受与情绪。因此,音乐课堂教学中的舞蹈教学是必不可少的。在斟酌如何上好一堂音乐课的同时也应好好思考一下这堂课的舞蹈教学该怎样进行。在音乐课上,教师往往可以根据音乐主题,用舞蹈的肢体语言向学生阐释音乐内容,培养学生优良的音乐素养;丰富学生的音乐体验;激发学生学习音乐的兴趣;提高学生审美情趣;使他们的个性得到张扬、身心得到和谐的发展。

1. 以舞蹈教学激发学生兴趣

小学生活泼好动、热情开朗,在音乐课中,只是单纯的唱歌教学会令他们觉得乏味,舞蹈就是用肢体语言在音乐的情感和意境的启迪下,用身体演绎出它的节拍、韵律。音乐课中舞蹈教学采用愉快互动的教学方式,让学生伸臂展腿、扭头摆臀,营造愉快、活泼、生动、有趣的教学氛围,调动学生学习的积极性,让学生在快乐中学习音乐。

例如:在《我的家在日喀则》这一课的教学中,我在介绍踢踏步时让学生先了解藏族舞蹈中踢踏步的来源,同时也示范了藏族舞的几个基本动作并让学生随着音乐一起做。这不仅拓宽了学生的音乐文化视野,也使他们充满了好奇心和新鲜感,学习音乐的兴趣更浓,受到的感染和熏陶更强。

2. 借助舞蹈教学进行欣赏

音乐是一种是以审美为目的和核心的听觉艺术。舞蹈是把对音乐的感受与体会用动作形式表现出来。在欣赏一段音乐时,反复的倾听会让学生觉得枯燥,这时便可以以舞蹈带动听觉欣赏,边听音乐边用动作来表现音乐,激发他们体验快乐的愿望,使学生的思维在动作的支配下处于兴奋状态,亲身感受美的力量、美的真谛。

如在欣赏《美丽的草原我的家》中,我让学生先聆听,然后用蒙古族最具代表性的动作"硬肩"来表现乐曲,既能让他们了解蒙古族舞蹈动作的特点,又能体会乐曲所带来的意境,充分理解乐曲所要表达的情感。在欣赏教学中,让学生随音乐用肢体语言能更生动、更准确地理解和表现音乐感受并展开联想,是发展学生抽象思维和调动学生积极性的有效办法。

3. 舞蹈教学辅助歌词的记忆

在小学音乐课中,对于识字量不大的低龄学生而言,歌词的记忆成了学习音乐的小小障碍。但是如果在学唱歌曲时加入生动形象的舞蹈动作,歌词的记忆就变得轻而易举了。

例如:在教唱《我们把祖国爱在心窝》这首歌时,它的歌词中的几个动词特别难记。于是我就根据歌词的内容编了几个简单的舞蹈动作,利用肢体语言协助学生记忆。如"大海把浪花捧在心窝"、"蓝天把白云贴在心窝",我设计了两个不同的动作,学生很快就理解并记住了歌词,而且还知道了"捧"和"托"两个动作的肢体语言,学生当时兴趣很浓,歌词的记忆就在愉快的跳动中轻松搞定。

4. 舞蹈教学延续音乐之美

音乐教学以情感审美为基本特征,音乐教学的"美"体现在过程的完整统一、变化对比、自然流畅、一气呵成的有序积累。音乐教学从感性入手、以情动人、以美感人,调动学生积极参与和体验音乐实践活动,让学生充分享受音乐,产生愉悦的美感。舞蹈教学能使学生的情感与音乐产生共鸣,把对音乐的表象感受引向情感与理性感知,在不断的体验中感受、领悟、发掘音乐的情感内容,加强对音乐的理解,得到美的熏陶与精神的升华。

例如:在《金孔雀轻轻跳》的教学中,我以优美的傣族舞作为切入点来发挥音乐美,让舞蹈辅助音乐教学,达到较好的教学效果。设计把创编的舞蹈动作加入到歌词中进行表演这一环节,给学生提供了一个舞台,让他们在音乐表演中获得了愉快的感受与体验,也让学生在主动愉快的表演中自然而然地提高了自身的表现能力和创造能力,充分感受音乐的"美"。

以肢体语言感受音乐表现情感的舞蹈教学打破了音乐课的僵化形式,活跃了音乐课的气氛,丰富了音乐教学的内容,突破了音乐课的保守教学结构,改善了学生的学习方式,优化了音乐教学效果,体现了音乐课程的重要思想。

项目再构

任务四　学习和思考

活动一　舞蹈教学主要分为哪些类型

1. 小组活动

随机将学员分成若干小组,思考并讨论舞蹈教学的主要类型,并写在纸上,讨论时间为10分钟。

2. 全员活动

每组派代表交流思考结果。主持人将反馈的内容填写在黑板上，如有相同意见，则不必重复记录。

3. 活动小结

小学阶段的舞蹈教学包含了歌表演、儿童舞蹈基本舞步、民族民间舞蹈组合、集体舞等。

活动二　儿童舞蹈基本舞蹈技能的具体方法和动作要领举例

1. 小组活动

请学员以六人为一组，分别尝试表现：碎步、小跑步、跑跳步、踏点步。并推选出表演较标准的学员进行公开展示。

2. 全员活动

交流点评进行公开展示的学员动作是否到位。讨论交流这些舞步的具体方法和动作要领。

3. 活动小结

小学阶段的舞蹈律动以下肢动作为主，配以较为简单的上肢动作。学习和掌握一定数量的少儿舞蹈基本舞步，对于提高学生舞蹈动作的协调性、灵敏性及舞蹈表现力具有很大的作用。以下是一些舞步的具体方法和动作要领：

（1）碎步：

碎步是儿童舞蹈中常用的舞步，练习碎步时可以选配各种节拍、速度的音乐。

具体方法和动作要领：

预备：双脚正步位站好。

开始：双脚起踵，左右脚用前脚掌小幅度地、快速地交替踩地，可以向前、向后、左右移动，也可以原地做。双膝松弛而不僵硬，收小腹，立腰。

一拍内完成多次左右脚交替。

（2）小跑步：

小跑步是儿童舞蹈在变换队形时常用的舞步。稍快而跳跃性的音乐都可以作为小跑步的伴奏音乐，节拍以 2/4 拍、4/4 拍为主，音乐的速度不能太快或太慢。

具体方法和动作要领：

预备：双脚小八字位站立。

开始：左右脚用前脚掌交替向前小跑，双膝微屈而有弹性，收腹立腰。

一拍两步，双脚间的步距要短小而均匀。音乐较快时可以一拍一步。

（3）跑跳步：

跑跳步是表现儿童最自然的"连蹦带跳"式走路现象的舞步，是儿童最喜爱的舞蹈步伐之一。活泼欢快的 2/4 拍和 4/4 拍音乐都能使跑跳步这一舞步表现得生动、愉悦而有趣。

具体方法和动作要领：

预备：双脚小八字位站立。

第1拍：前半拍右脚向前迈一步，身体重心移到右脚并屈膝；后半拍抬起左脚，同时右脚向前进一步。

第2拍：前半拍左脚向前迈一步，身体重心移到左脚并屈膝；后半拍抬起右脚，同时左脚向前前进一步。

一拍一步，两脚交替行进，也可原地做跑跳步。

（4）踏点步：

这个舞步在双脚"踏"和"点"的方向或位置上具有多种多样的变化。音乐的节拍和速度也可以根据踏点步的不同变化而作相应的选择。

具体方法和动作要领：

左右旁点：

预备：双脚小八字位站立。

第1拍：右脚向右侧踏一步，身体重心移到右脚。

第2拍：左脚前脚掌在右脚边点地，同时双腿屈蹲，身体重心依然在右脚。

第3—4拍：左脚向左侧做，动作同1—2拍，方向相反。

前（后）进退点：

预备：双脚小八字站立。

第1拍：右脚向前（或向后）踏一步，身体重心移至右脚。

第2拍：左脚前脚掌在右脚边点地，同时双腿屈蹲，身体重心仍然在右脚。

第3拍：左脚向后方踏一步，身体重心移至左脚。

第4拍：右脚前脚掌在左脚边点地，同时双腿屈蹲，身体重心仍然在左脚。

小踏步蹲点：

预备：双脚小八字位站立。

第1拍：右脚向右侧踏一步，身体重心移至右脚。

第2拍：左脚前脚掌在右脚的右后方点地，左腿在右腿后交叉，双腿微屈蹲，身体重心仍然在右脚。

第3拍：左脚向右侧踏一步，身体重心移至左脚。

第4拍：右脚前脚掌在左脚的做后方点地，右腿在左腿后交叉，双腿微屈膝。

一拍一步，四拍完成左右各一次踏点步。

活动三 民族民间舞蹈的具体方法和动作要领举例

1. 小组活动

请学员以六人为一组，回顾与讨论小学阶段出现的带有我国各民族民间舞蹈特点的歌曲或乐曲有哪些。

2. 全员活动

每组派代表交流讨论结果。主持人将反馈的内容填写在黑板上,如有相同意见,则不必重复记录。

3. 活动小结

小学阶段出现的相关内容有:

新疆维吾尔族:乐曲《马车夫之歌》、歌曲《新疆是个好地方》、乐曲《天山之春》、歌曲《我是少年阿凡提》。

蒙古族:乐曲《我是人民小骑兵》、歌曲《草原就是我的家》、欣赏《美丽的草原我的家》、乐曲《草原牧歌》、乐曲《赛马》。

彝族:乐曲《阿细跳月》。

藏族:歌曲《我的家在日喀则》、歌曲《同唱一首歌》。

壮族:歌曲《唱歌的白云》。

塔塔尔族:歌曲《丰收的节日》。

客家高山族:歌曲《摇船调》。

回族:乐曲《花儿与少年》。

土家族:歌曲《乃哟乃》。

傣族:乐曲《孔雀舞》、歌曲《金孔雀轻轻跳》。

汉族秧歌:《民族舞曲联奏》。

下面列举有代表性的民族民间舞蹈具体方法和动作要领:

新疆维吾尔族舞蹈:

新疆维吾尔族舞蹈特点是:情绪热情洋溢,动作柔美细腻,善于运用身体各部位(如:头部、颈部、手腕等)进行舞蹈,舞步灵巧多变且韵味独特。

基本手形:男孩:五指自然张开;女孩:五指自然微曲,中指伸出靠近拇指手指尖向上压腕立掌。

基本动作:转腕、搭指、翻压腕、托帽位、提裙位、移颈。

基本舞步:垫步、进退步、错步。

藏族舞蹈:

生活在"世界屋脊"的藏族人民善良淳朴、能歌善舞,他们的民间舞蹈种类繁多、风格鲜明,其中流传最广、最具有代表性的有踢踏、窝庄、弦子等;藏族服装的长袖和脚上的靴子成为藏族舞蹈中不可或缺的上肢动作和舞步的要素。

基本手形:五指自然伸直,握袖时四指略向手掌心弯曲。

基本动作:双手付髋位、单臂袖位、前后摆臂、双摆袖。

基本舞步:平步、靠步、三步一靠、退踏步。

蒙古族舞蹈:

蒙古族人民有"马背上的民族"之称。他们的民间舞蹈生动反映了草原生活劳动情景。

基本手形：平手、插腰手、挥鞭手、双手勒马。

基本动作：硬腕、勒马挥鞭、耸肩、雄鹰展翅。

基本舞步：走马步、跑马步。

傣族舞蹈：

傣族主要分布在我国西南部云南省的西双版纳、德宏等地。地理环境气候属热带雨林气候。傣族的"泼水节"、跳"象脚鼓舞"、"孔雀舞"等都是傣族人民文化生活的代表。

基本手形：掌型：四指并拢、拇指张开并努力上翘，形成大虎口掌。

冠型：食指和拇指弯曲并相对形成一个O型，其余三个手指张开并伸直。

基本舞姿：三道弯、展翅、抱翅。

基本舞步：平步、碎蹉步。

布依族舞蹈：

布依族主要集居在贵州，贵州地处云贵高原低河谷地带，那里山清水秀、土地肥沃，自然风光多姿多彩。布依族舞蹈具有"上柔下弯"的特点，多是集体舞。

基本动作：上下分掌、扭摆胯。

基本舞步：勾抬腿摆扭、踏跳摆胯步。

在课堂教学中，教师以学习教材内容为主，在教学过程中，同时教会学生民族民间舞蹈的基本动作要领和舞步，主要的教学方法有示范法、分解动作法等，让学生在学跳舞蹈的过程中进一步掌握歌曲、乐曲的韵律感，了解民族风土人情。

感 想 记 录

任务五　学习感悟

活动一　你最大的收获是什么

1. 个别活动

学员反思在这一单元的学习讨论中学到了什么，想到了什么，并写在卡片上。

2. 小组活动

随机将学员分成若干小组，每人用30秒到60秒时间交流培训心得。

活动二　感悟实践

1. 小组活动

四人小组讨论并思考：如何运用舞蹈教学，提高学生的团队合作能力。

2. 小组活动

组内交流，共同分享。

活动三　任务小结

在音乐教学中归属感是一种强大的动力因素。积极开放的课堂就像一个温暖的家,对学生充满了吸引力。舞蹈教学能满足学生的各种要求,鼓励学生参与集体的一切活动,让学生在集体中感受到自身的价值所在,感受到自己为集体所作的贡献,从而产生一种强烈的归属感。

推荐阅读

1. 杨丽苏主编:《新课程音乐教学法》,西南师范大学出版社 2011 版。

2. 金亚文主编:《小学音乐新课程教学法》,高等教育出版社 2003 年版。

3. 教育部基础教育课程教材专家工作委员会编写:《义务教育音乐课程标准(2011版)解读》,北京师范大学出版社 2012 年版。

第三章　基本教学活动

在日常的教学中，我们常常会认为本章中所包含的四个教学基本活动较难实施，或者较难把握其具体的方法，导致在教学过程中产生忽视或不愿积极尝试的心理。本章的学习将达成"解惑"的学习目的。

在本章的学习中，可以将章节内各个单元的学习内容融会贯通。因为在具体的教学过程中，创编性活动、合作性活动、实践性活动、探究性活动可能在同一课时内，在同一单元的教与学中，呈现并行推进或交织着互为补充的状态，任何一项不可偏废。

掌握基本教学活动，可以对我们在第二章的基本教学模块学习起到有效的"推波助澜"的作用。学习者可以根据第二、第三章的学习，反思在实际教学中两者之间的联系，不断完善自己的教学方式与方法。

第一单元　创编性活动

一、单元目标

1. 通过回顾自己的音乐课堂教学和同伴互动交流，了解音乐创编性活动的各种类型及在音乐课堂教学中需要开展创编性活动的环节。

2. 通过观摩课堂教学片段或观察课例，了解各种创编性活动在音乐课堂教学各个环节中的主要作用。

3. 通过阅读文章和观察他人课堂教学中的有效做法，掌握音乐创编性活动的基本方法。

4. 通过同伴互助，能根据不同的教材主题、教学内容以及不同的教学对象设计有效的创编性活动。

5. 能够反思并改进自己在音乐课堂教学中设计创编性活动的问题和不足，并通过实践，提高自身的设计能力，改进自己的课堂教学。

二、预设成果

1. 学员了解各种创编性活动的手段以及它们在音乐课堂教学各环节的功能，并掌握设计有效的音乐课堂创编性活动的基本方法。

2. 学员能根据不同的音乐教学主题、教学内容和教学对象来设计有效的创编性活动，提高自身的教学设计能力。

三、任务要求

学习模块	学习任务	时间安排	达成要求
经验分享	任务一　了解创编性活动	30分钟	1. 了解创编性活动在课堂教学中的重要性。 2. 用思维导图的形式，学员回顾组织过的创编性活动。 3. 了解课堂教学中哪些环节需要使用创编性活动。
实例分析	任务二　设计有效的创编性活动的基本方法	60分钟	1. 观察课堂教学片段或观察课例，了解各种创编性活动在课堂教学各环节中的作用。 2. 掌握有效设计创编性活动的基本方法。
项目再构	任务三　设计有效的创编性活动	60分钟	能够运用了解到的方法，根据不同的音乐教学主题、不同的教材内容和不同的教学对象设计有效的创编性活动。
感想记录	任务四　学习感悟	30分钟	1. 交流学习体会。 2. 反思并改进自己音乐课堂教学中的不足。

四、材料准备

卡片、水笔、课堂教学片段案例。

经验分享

任务一　了解创编性活动

活动一　一张特别的卡片

1. 个别活动

主持人给每一位学员发放一张卡片和一支水笔。学员用一句话概括什么是创编性活动,并写在卡片上。

2. 小组活动

随机四位学员为一组,学员相互交流自己卡片的内容,将大家的共识汇总出来。

活动二　为什么要开展创编性活动

1. 小组活动

以四位学员为一组,请学员结合刚才的小组交流,思考并讨论为什么要开展创编性活动。

2. 全员活动

主持人出示表格,学员交流自己的思考结果。主持人把每个学员的想法记录在表格内,如有相同意见,则不重复记录。

3. 活动小结

音乐本身是一门艺术,所以音乐活动本身就需要丰富的想象及创造力,那也是为什么它能在想象力与创造力的培养方面起着特殊的作用;因此教师在日常教学时要有意识地多为孩子们培育创造性活动的机会以便他们创造力的发展。奥尔夫曾经说过:"让孩子自己去实践,自己去创造音乐,是最重要的"。在教育过程中老师们首先考虑到的应该是孩子,其次才是音乐,因为孩子是教学活动中最重要的因素。教师可以利用孩子们自己的特点以及各种可能性去安排他多去实践,也可以给他们一个任务,遵照他们自己的想象,让每个孩子可以完全根据自己的条件去做他们愿意做的事。这样一来,教学的活动才是围绕孩子们的,才是孩子的活动,教学的结果才能从孩子身上体现出来。

《课程标准》这样阐述:"音乐创造包括两类学习内容:其一是与音乐有关的发掘学生潜力的即兴创编活动;其二是运用音乐材料创作音乐。"这种创造在日常的课堂中,更多地表现为一种即兴的意蕴;通过教师在教学过程中设定生动有趣的创编性的内容、形式和情境,引发孩子们情感共鸣,从而转化为孩子们的自主的创编性表现。在小学音乐课堂中,由于学生均为儿童,所以创编性活动更是一项综合性的艺术创作活动;要求它要结合音乐、戏剧、舞蹈、美术、文学、生活等内容,并将歌唱、演奏、表演、身体活动等充分结合,让孩子们去实践,从而呈现多样化、个性化的特点。此外,音乐创编性活动还必须建立在充分认知的前提下,要以情感共鸣为基础;尤其针对儿童教育,在日常音乐教学实践中,要注意让孩子们的群体意识、合作精神、实践能力、创造能力等得到锻炼和发展,教师要学会通过集体力量获得成就。

活动三　创编性活动的类型

1. 个别活动

学员回顾自己的课堂教学,并用思维导图的形式在纸上写出自己所使用过的创编性活动的类型。

2. 头脑风暴

以"头脑风暴"的方式进行讨论,将学员谈到的创编性活动类型填入下面的思维导图。

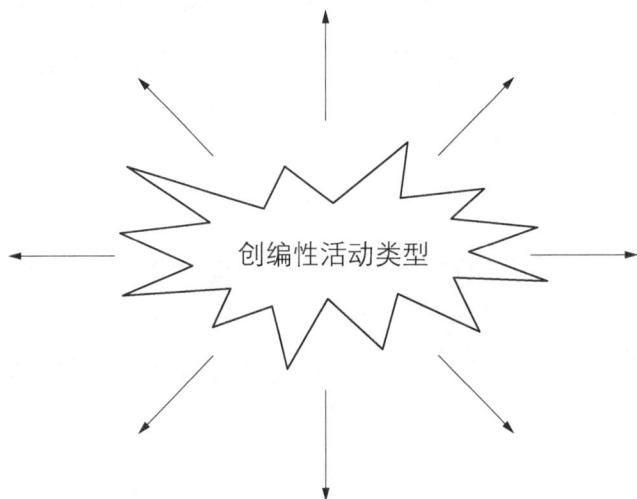

创编性活动类型

3. 活动小结

小学音乐课堂创编活动包括：歌词创编、旋律创编、节奏创编、舞蹈律动创编、情景表演创编等等。

活动四　如何开展创编性活动

1. 个别活动

学员反思自己在什么教学环节中开展了什么类型的创编性活动,完成下列表格。

主题	环节	活动类型	目的

2. 全员活动

主持人将学员列举出来的活动和使用该活动的目的梳理和归类如下：

各种创编性活动的使用阶段和目的

活动类型	环节	目的
歌词创编 旋律创编 节奏创编 舞蹈律动创编 情景表演创编	欣赏乐曲的过程中 唱会歌曲后	激发学生兴趣 加深对歌曲(乐曲)的感受 发挥学生的想象力 提高实践能力 培养创造能力

活动五　任务小结

《课标解读(2011年版)》中明确指出：(1)音乐是创造性最强的艺术之一，因此，音乐教育在发展学生的创造力方面表现出了极大的优势，也为学生发展发散性思维和创新能力的培养提供了良好的心理基础。(2)创造教学是引导学生发挥想象力、发掘创造性思维的音乐教学领域，也是引导学生积累音乐创作经验的重要学习领域。(3)在关注对学生创造力培养的同时，还要关注音乐教育方式的创新。创编性活动是音乐新课标"创造性"基本理念在课堂上的具体体现，是时下流行于音乐课堂中的一种"时尚"的教学活动，它以场面的欢乐、多领域的综合、表现形式的丰富营造了一个全新的教学氛围。事实上，在把音乐创作教学融入日常音乐艺术实践活动中，还会顺带地学习音乐创作方法，一举两得。不过，教师也需要看到一个更为灵性的本质，那就是：创编活动旨在发展学生的发散性思维与创新能力，因此教师的创编教学安排应紧紧地围绕这一主旨。然而在现实中，大都创编教学处在一个实践与探索的阶段，也有不少的创编性活动流于表面，或是被作为一种时尚元素刻意地加入到教学环节中，然而那背离了创编活动的核心主旨。因此，该如何把创编这种时尚的教学方法，教得深、有灵性，教得成为"实在的时尚，有效的时尚"，更应该是教师们需要重点思索与研究的课题。

实例分析

任务二　设计有效的创编性活动的基本方法

活动一　设计音乐教学的创编性活动

1. 个别活动

观察若干音乐教学的创编性活动的教案，并记录执教者实用的手段和方法，完成下列表格的第一列和第二列。

活动内容	活动方法	活动目标

案例一：

【教学内容】

1. 复习游戏律动《找朋友》。

2. 欣赏歌曲《小小葫芦娃》。

【教学目标】

1. 复习《找朋友》，感受乐曲的欢快气氛。听赏《葫芦娃》主题歌《小小葫芦娃》，感受七个葫芦兄弟齐心协力勇斗妖魔的豪情，体验歌曲所表现的热烈、欢快、自豪的音乐情绪。

2. 通过聆听、故事讲述、造型创编的学习加深对《小小葫芦娃》的了解。

3. 通过对《小小葫芦娃》人物造型的塑造，加深对歌曲的理解。

【教学重难点】

1. 教学重点：用身体造型表现《小小葫芦娃》中的人物形象。

2. 教学难点：用激昂、自豪的情绪来演唱歌曲。

【教学过程】

一、组织教学

衔接语：好朋友们快来呀，让我们一起听着音乐愉快的进入教室。

1. 听音乐踏步进教室。（音乐为《找朋友》）

2. 师生问好。（钢琴伴奏）

衔接语：找找，找朋友，我要找个好朋友！让老师的好朋友们一起跟着老师的琴声与歌声，一起来唱一唱。

二、演唱与游戏——《找朋友》

（一）聆听与演唱

1. 学生初唱。（钢琴伴奏）

错误示范：拖沓无力、大声地演唱

正确示范：亲切、有活力的演唱（眉毛抬得高高，嘴角笑得弯弯）

衔接语：现在请大家和我一样，眉毛抬得高高，嘴角笑得弯弯，我要看一看谁的表情最好，等一等我要请他做游戏。

2. 学生复唱。(钢琴伴奏)

说明：

　　本环节进一步加深了对歌曲整体旋律的回忆、感受、理解，为歌曲的游戏做好铺垫。

3. 学生起立演唱。(钢琴伴奏)

提示：用眼睛去找一找我们的好朋友。

(二)音乐游戏

1. 全体师生在原地跟着歌词做动作。(师生清唱)

找找，找朋友，我要找个好朋友。(原地踏步拍手)

敬个礼(敬礼)，握握手(握手)，你是我的好朋友。(第一遍：双手大拇指翘起放在脸两侧随节奏左右摇摆；第二遍：拉手转圈)再见！(挥手)

提示："再见"意味着还想再见到我的好朋友。

衔接语：非常好，大家的动作十分整齐，请坐，接下来我们要一起做个小游戏，听好规则：

(1)我请一位同学起立，在听到音乐后开始找朋友，唱"找找，找朋友，我要找个好朋友"，当唱完这一句的时候我已经站在了好朋友的面前，这时好朋友起立，与我一起完成接下来的动作。

(2)接着请这两位好朋友继续找朋友。但当你们有16位好朋友了之后，就请你们走回自己的座位，代表游戏结束了。

(3)那其他同学就坐在座位上带着表情拍手边为他们演唱。

(4)现在让我告诉大家一个小方法，怎样能够尽快地找到好朋友啊？就是找距离自己近一点的同学，听明白了吗？好，现在我请前面唱歌时表情做得最好的同学先开始找朋友。

2. 请一位同学起立，在一遍音乐之后找到朋友，完成动作后，再由这两位同学接着找朋友，同时钢琴伴奏移调……到16位后，变换游戏方式：

(1)请10位小朋友起立，间奏响起开始找朋友，当唱完"找找，找朋友，我要找个好朋友"这一句的时候我已经站在了好朋友的面前，这时好朋友起立，与我一起完成接下来的动作，接着两人交换位置。

(2)接着两人交换位置，请新的10位好朋友继续找朋友。3轮后游戏结束。请小朋友回到自己的座位上。

其余两点同1的(3)和(4)点。

我们每个人都有自己的好朋友,遇到困难互相帮助、互相学习,今天,我为大家带来了7位好朋友,让我们用小耳朵来听一听这首歌,猜一猜他们是谁?

三、欣赏与表演——《小小葫芦娃》

(一)初听(播放录音)

提问:1. 是什么动画片的主题曲?——《葫芦娃》

2. 欣赏歌曲《小小葫芦娃》是一首怎样的歌曲?——激昂,自豪

(二)复听(播放录音)

提问:讲了一个什么故事?

(三)《小小葫芦娃》简介(播放录音)

词作者:吴应炬 曲作者:姚忠礼

简述《葫芦娃》故事:《葫芦娃》是个传奇的故事:在深山里,有一个白胡子的老爷爷,在自己家的葫芦藤上种了红橙黄绿青蓝紫七个葫芦,七个葫芦变成了七个葫芦兄弟,他们各个神力无比,有一天,来了一个蛇精和蝎子精,抓住了老爷爷,葫芦兄弟一个个单独去救老爷爷,但因为每个人的力量是有限的,所以当他们与妖魔战斗的时候并没有成功,但是在最后他们齐心协力运用了集体的力量一起打败了妖魔。

(四)造型创编

1. 根据红娃——大力娃,橙娃——千里眼、顺风耳,黄娃——金刚娃,绿娃——火娃,青娃——水娃,蓝娃——隐身娃,紫娃——宝葫芦的人物图片,请个别同学回答人物名称、发挥想象力做出相应的动作,请表现好的到讲台前进行表演,并请其余同学做一做,学一学,或请同学进行点评。

2. 全体同学跟着录音,在听到碰铃声时变换一个人物造型,在最后看到大力娃的造型。

(五)演唱

衔接语:我看到了各不相同的造型,你们的想象力真丰富,现在,我想赞美你们又神奇又可爱的造型。

1. 教师范唱"叮当当……本领大"。（钢琴伴奏）

衔接语：当我们在演唱时，在两次"叮"的时候加上小锤敲打的动作，来帮助我们的演唱。

提示："叮"手势朝上。

2. 女生演唱"叮当当……本领大"。（钢琴伴奏）

3. 女生和男生演唱"叮当当……本领大"。（钢琴伴奏＋和弦）

提示：声音既要好听，又要唱出葫芦娃团结在一起的力量。

4. 全曲演唱：前半段教师范唱，后半段学生唱。

5. 全曲表演：(1)前半段用造型 (2)"叮当当……本领大"开始演唱(第一遍原地，第二遍走出座位)

6. 读一读"七个葫芦娃，个个本领大，同心协力降妖魔，团结力量大！"

7. 完整欣赏葫芦娃音频片段。

提示：演唱语气要坚定有力。

（六）拓展

衔接语：动画片的主题曲能够让我们更好记住动画片的故事，更喜欢里面的人物，可见音乐的魅力是很大的，钱老师小时候也和你们一样喜欢看动画片。今天，我准备了3首动画片主题曲，让我们一起看一看，最后说一说歌曲的名字，会唱的小朋友可以轻声地一起唱一唱或做一做动作，观看的时候不能讨论，把答案藏在自己心里。

1.《喜羊羊与灰太狼》——《别看我只是一只羊》。

2.《冰雪奇缘》——《Let it go》。

3.《熊出没》——《我还有点小糊涂》。

四、教师小结

同学们，今天我们欣赏了《小小葫芦娃》，让我们知道了一个道理，朋友之间应该共同欢乐，互相帮助，大家齐心协力战胜困难，因为团结力量大。在我们的快乐童年里，许多动画片的主题曲都非常好听，带领我们走进音乐的神奇之旅，回家后，可以收集更多动画片主题曲音乐，在下节课上与我们一起分享。

五、律动出教室（《小小葫芦娃》音乐）

案例二：

【教学内容】《勤快人和懒人》

【教学目标】

1. 在学唱歌曲《勤劳的人和懒人》的过程中，感受歌曲风趣、幽默的情绪特点，同时对"快乐劳动"的主题有所体验，树立热爱劳动、热爱生活的基本的人生态度。

2. 在感受体验、即兴表演、自主学习、听唱结合等教学活动中学唱歌曲《勤快人和懒人》的旋律以及歌词,并能用诙谐、幽默的语气、语调表现歌曲的情绪。

3. 能用不同的速度表现《勤快人和懒人》的歌曲情绪,尝试创设情景,创编在教室里劳动的歌词。

【教学重难点】
尝试用不同的速度与情绪演唱歌曲《勤快人和懒人》。

【教学过程】
一、音乐表演《森林铁匠》

说明:
　　通过情境创设表演预设了劳动的主题,以节奏乐器和动作表演相结合的方式再现音乐,为之后的歌曲学习埋下伏笔。

二、情景节奏游戏

1. 自主表演。

关键设问:想一想,妈妈平时在厨房做些什么?

要求:学生跟着《勤快人和懒人》的伴奏音乐模仿厨房的情景在音乐中进行即兴表演。

2. 节奏游戏。

要求:教师帮助学生归纳动作、提炼节奏,以节奏卡农的游戏方式跟音乐再次表演。

说明:
　　通过有节奏的声响和动作共同模拟厨房劳动,并以节奏卡农的游戏方式进行表演,既了解了歌曲的节奏特点,也熟悉了旋律,为歌曲的学唱打下基础。

三、学唱歌曲《勤快人和懒人》

1. 揭示课题。

2. 聆听范唱。

3. 学唱第一段歌词。

(1) 教师范唱第一段歌词。

关键设问:歌词里哪一句话最能体现勤快人在忙碌时的情景?

(2) 学习"有的炒菜,有的煮饭,有的在蒸馒头"。

（3）出示第一段歌词，师生接龙完成演唱。

（4）完整演唱歌曲第一段歌词。

关键设问：勤快人做事时的心情是怎样的？他们做事又快又好，我们可以用怎样的速度来演唱？

（5）小结：用稍快的速度，欢快的情绪，跳跃的方法演唱第一段歌词。

4. 学习第二段歌词。

（1）出示第二段歌词。

关键设问：懒惰人在厨房里干什么啊？

（2）动作表演。

（3）情景表演唱。

（4）小结：用稍慢的速度，慵懒的情绪，连贯的方法演唱第一段歌词。

说明：

在学唱歌曲中把情景的表演、音乐要素的感知与音乐情感的体验有机结合。让学生在学唱歌词、对比歌词、表演歌词的过程中建立劳动光荣、懒惰可耻的人生态度。

---

5. 选择合适的打击乐器为乐曲伴奏。

6. 歌表演。

四、拓展延伸

1. 联想情景，创编歌词《教室一角》。

要求：启发学生联想教室里各种劳动的场景，创编一段歌词。

说明：

在学会歌曲的基础上，教师将学生的注意力利用播放校园场景转移到他们的日常生活中，在发现身边的勤劳人的过程中再次感受歌曲所要传达的主题思想，同时也进一步帮助学生熟悉歌曲的旋律。

---

2. 反馈评价。

3. 拓展欣赏《疯狂的厨房》。

五、课堂总结

师：希望我们每个同学都能做一个勤快的人，帮助父母做力所能及的事。能在劳动中获得喜悦与快乐，养成爱劳动的好习惯。

2. 小组活动

学员分组讨论执教者使用该创编性活动的目的和对教学的作用,完成上面表格的第三列。

3. 头脑风暴

以头脑风暴的形式讨论在设计创编性活动时要考虑的方面,如:

(1)要根据教学主题。

(2)要根据教材内容。

(3)要根据学生的认知水平和学习经历。

(4)要根据教师的音乐素养和教学风格。

活动二 设计创编性活动的方法

1. 个别活动

学员反思平时在课堂教学中进行使用的创编性活动的方式以及使用该活动的目的,填入下表。

活动方式	活动目的

2."结对子活动"

主持人介绍以下设计有效创编活动的方法。

(1)歌词创编。

歌词来源于生活并提炼于生活。现在的音乐教材中有许多的歌曲都与小朋友的学习生活息息相关,有许多的生活经验成了他们创编的题材,因此学生们对这些歌曲的学习表现出了极大的兴趣,也非常愿意对歌词进行创编。学生对创编歌词从小学低年级就有所接触了,这是创编教学中的基础性活动。学生首先记忆歌曲不是它的旋律,而是琅琅上口的歌词。在学生熟悉的歌曲中增添新的段落或改变歌词内容,这样做不仅能激发学生的学习兴趣,变被动学习为主动学习,而且有利于培养学生的创新思维。

《幸福拍手歌》是一首大家耳熟能详的歌曲,欢快的节奏,易记的歌词,容易在学生之间传唱。于是,通过师生互动环节改编成了一首《课堂纪律歌》:"如果已经坐好,我们拍拍手(XX);如果认真听课,我们拍拍手(XX);如果准备好了,我们一起来拍手(XX),那么现在就来一起上课吧!(XX)"这样创编歌曲,不仅有利于低年级学生课堂习惯的培养,更为学生创建了一个交流共享、富有生命力的音乐课堂。

(2)舞蹈创编。

小学生的活泼、好动的特点,在小学音乐课堂中,能体现得淋漓尽致。学生们听到各种旋律的音乐，会做出不同的反应。当学生听到欢快、富有动感的音乐时，他们往往会很开心，并不由自主地随着音乐热情舞动起来；听到抒情、缓慢的音乐时，会轻轻地摆动身体，感受音乐的美妙。自然，歌曲律动的创编也就顺应而来。

① 根据歌词创编舞蹈动作。例如：教授三年级的蒙古歌曲《我是草原小骑手》，这首歌旋律活泼、欢快。同学们一听就会喜欢，通过歌词也能知道蒙古族小朋友们在载歌载舞时的动作。于是，骑马、拉弓射箭、摔跤等各种蒙古族舞蹈动作油然而生，特别是害羞于舞动的男孩子们，一下就情绪高涨起来，自信满满地表演着，充分感受舞蹈带来的快乐。

② 根据音乐特点创编舞蹈动作。例如：在教授三年级的歌曲《乃哟乃》时，教学目标就明确提出要能模仿摆手舞，掌握土家族摆手舞的基本动作及简单的队形。于是，教师通过课件让学生在了解土家族的风俗和动作特点之后，再学习基本的摆手动作。学生们可以根据基本动作进行创编，整个过程力求营造出旅游景点旅客参与民俗舞蹈活动的轻松氛围，让每个孩子有一种"我是主角"的快乐感受，并制造出热烈的土家族过摆手节时载歌载舞的节日气氛。

（3）情景剧创编。

每首歌曲都有其独特的创作背景。小学生好动、爱模仿、爱表现；小学音乐教材多以故事情节为主，这符合小学生的年龄和心理特征，贴合学生的实际需要。在教学中选择他们日常生活中形象的动作来表演深受学生的喜爱，并能给他们很好的体验和感受。学生在学习歌曲时，通过结合生活实际与课堂教学，进行虚拟的情景化、游戏化的表演，从而了解感悟音乐作品内容。

例如：在教授二年级的《大鹿》一课时，在新课导入部分教师就根据歌曲的内容，创设出一个森林故事，从而为后续的情景剧做好铺垫。为了追求舞台上即兴表演的真实感，教师在课件中准备了较多的"场景"画面背景，给学生提供了一个好的表演环境。而且教师还要准备充足的道具：头饰、猎枪、篮子等工具，学生使用起来也显得更加兴奋，仿佛自己就是一名真正的演员在认真地表演。学生们根据歌词很快能理解其中形象鲜明的角色，动物的角色由学生们自由选择扮演。特别是在表演当中，一些学生除了按歌曲内容进行即兴表演外，常常会出其不意地做出一些动作，如：在我描述背景："在美丽的大森林里，生活着许多的小动物"时，有的学生虽然没有表演剧中的人物，但能灵机一动，将手放在头顶做兰花指状，大声说："我是森林中美丽的花朵"；有的学生双手手掌张开，站在讲台上说："我是森林中的大树"；所有的学生都运用自己的肢体语言进行即兴创编。看着这一张张稚嫩的小脸与滑稽可爱的动作，教师也忍俊不禁，激动地走到表演队伍中，举起双臂说："我是能为大鹿和小兔避难的房子"。随后有几个学生跑到我跟前，说："我是猎人，正在追兔子"、"我是小兔，正在采蘑菇"、"我是大鹿，我要勇敢地救小兔"……一组组学生配合得那么完美，那么默契，真是出乎我的意料。他们在快乐、愉快的心境中进行即兴创编，发挥想象，通过丰富的形象思维，挖掘出自己对音乐独特的即兴创作潜能。喜欢的表演，熟悉的场景，整个情景剧表演过程快乐而有序，大家不仅能准确地表达歌曲的情感内容，而且能培养团结合作的意识。

这种情景剧的创编有效地培养了学生的探索能力、实践能力、自主学习能力,并且能让学生感受音乐的快乐,从而爱上音乐课堂。

(4)节奏创编。

节奏在音乐里至关重要,它是音乐的骨骼,是构成音乐的基本要素,是表现音乐的重要手段之一。在指导学生进行即兴创作中,也要格外注重节奏的创编;其方法有多种,在教学的过程中要注意从学生的实际水平出发,循序渐进地进行教学。

如在教授一年级《音的长短》这一课时,在学生掌握了(×)和(××)这一节奏后,就和学生玩节奏补充游戏。如出示:

2/4××| |×××| |×—| |

这条不完整的节奏,让学生补充创作,然后对创作完整的节奏进行节奏练习。这样学生学得轻松、学得有趣,培养了初步的音乐创造能力。在学生有了一定的节奏知识后,可进一步加深节奏创作的内容。如在教授三年级(×××)切分节奏时,在学生掌握了这一节奏后,我出示节奏谱:

2/4×××|×××|×× ××|×—‖

让学生在原谱的基础上加以节奏变化,创作出新的模仿句。如学生的模仿句:×××|×××|×× ××|×× ×‖,这样可以拓展学生的思维发展能力及创作能力。有了以上的创作基础,在歌唱活动中,就可以鼓励学生,即兴创作节奏进行伴奏,可用拍手、拍腿、踏脚等活动,也可选用相适应的打击乐器,让学生创作节奏来为歌曲进行即兴的节奏伴奏。在五年级演唱歌曲《祝福祖国》后的自学知识部分,要求学生能够能根据同一歌词,用不同的节奏演唱出来。这是一种演唱歌曲以外的新形式,这不仅提高了学生对音乐知识的掌握要求,也丰富了该歌曲的表现形式。可是,自学节奏创编不是随手就能拈来的,它需要学生较高的音乐素养。那么我们该如何完成呢?在教学中,我首先从学生最喜欢的周杰伦风格"说唱"入手。用电子琴给学生一个固定的节奏,只要不出节奏外,高兴的词就说紧凑一点,抒情的词就说缓慢一点,这样就能很快创编出不同节奏的歌曲。再以此类推就能用同一首歌曲的歌词,创编出不同节奏形式的音乐风格。

总之,通过丰富多彩的教学手段进行音乐创造教学,目的就是让学生的思维达到最活跃的程度,充分施展出他们的聪明才智,发展他们的个性和特长,挖掘他们的创造潜能。创编活动的教学方法,就能很好地体现这一目的,丰富音乐课堂,领悟音乐真谛,获得精神愉悦。

3. 全员活动

学员根据自己所教的年段交流:在课堂教学中更倾向于使用哪些创编性活动的方法,为什么?

任务三　设计有效的创编性活动

活动一　同主题异构

1. 小组活动

学员按年级分成五大组(若学员人数较多,每大组还可分成若干小组,每小组成员根据自定的同一主题设计符合该年级学生的创编性活动,并将其运用在教学课堂中。各组选派一位学员进行展示。

2. 全员活动

每个小组依次进行微型教学展示,其他小组观摩并完成下列表格。

年级	主题	活动方式	活动目的
一年级			
二年级			
三年级			
四年级			
五年级			

活动二　设计创编性活动的策略

1. 小组活动

主持人呈现四个不同的教学内容。学员根据所提供的教学内容分成四大组,每大组再分成若干小组,每小组三至四人。小组内成员共同合作,根据培养学生不同技能的教学内容,设计创编性活动。

内容一:为歌曲《小雨沙沙》创编合适的律动。

内容二:为乐曲《保尔的母鸡》创编情景剧。

内容三:为歌曲《理发师》创编歌词。

内容四:为乐曲《我是人民小骑兵》创编合适的节奏,用打击乐器为歌曲伴奏。

2. 小组活动

每个小组依次交流本组设计的创编性活动。大组内进行归纳、合并和筛选。大组成员合作演示:推选一人作为教师,其余学员为学生,进行教学演示。

3. 全员活动

以大组为单位,进行教学演示,其他组观摩,并完成下列表格。

活动内容	运用方式	目标适切度	达成效果

4. 活动小结

在多年的小学音乐教学中,我总结出了如下创编性活动教学的方法:

(1)节拍训练:

① 拍手的游戏:

基本要求:教师、学生面对面站在教室的两边。

乐曲要求:放一段三拍子乐曲。

动作要求:跟着节奏拍拍手,但要求两边打拍子方式不同。如教师向左拍一拍,学生们须向右拍后两拍;如教师向上拍,学生则须向下;教师向前,学生则须向后。

② 带有音响效果的"打拍子"游戏:

基本要求:用具尽量简单易取得,常用的有手鼓、塑料杯与橡皮筋(可预先把橡皮筋套在杯子上)和写好拍子的纸牌。

学生可一起,或者分为多组。

乐曲要求:教师根据教学需要自行安排。

动作要求:当教师亮出拍子时,学生们模仿乐器声音打拍子;如可分成两组,当教师亮6/8拍,一组用手鼓敲正拍,而另一组轻拨橡皮筋,模仿拨弦的声音。

③ 慢拍子的运动:

基本要求:室内。

乐曲要求:优美舒缓的乐曲。

动作要求:放松运动;如学生们可以听着优美的节拍和旋律在教室里慢走,感受音乐的韵律感;教师可以多次转换乐曲的节拍和风格。

(2)节奏型训练:

节奏训练可有助于加强学生的节奏感。教师可在鼓上敲击一段节奏,可能随时丢掉一个音,让学生发现并用手填上。如:教师连续敲击 $\frac{2}{4}$ ×× × |× ×× |的节奏型,然后将第二小节第一拍漏掉,变成 $\frac{2}{4}$ ×× × | o ×× |学生用"拍手"的方式将空拍填补上。当学生们掌握这个规律后,就可以让学生自己创造一段节奏,反复练习。

(3)欣赏训练:

欣赏训练有助于学生在听觉上积累丰厚的作品,增加对音乐的感觉、对旋律的感知能力,增强对歌唱时节奏的把握能力和歌曲艺术形象的表现力。可以充分利用校园广播,在进校、课间、放学三种时候分别选择不同的优秀音乐作品,每周一换。而且在播放时老师做一些简单讲解,让校园时时回荡着优美的旋律。

(4)即兴创编训练:

① 在音乐教学中创编歌词。

通常的歌唱教学一般会让学生把歌词记住、唱准以完成教学任务。而即兴创编则要求教师有意识地让学生在一定程度上改编歌词,提高学生的发散性思维,培养学生的创造力和自信心。

A. 替换式:不改变歌词原有结构,只替换部分名词、动词或象声词等。这种办法非常简单,较适合于低年级学生。如对《勤快人和懒人》中的劳动部分进行改编,很多学生们想出了"自己扫地、自己整理房间、自己收拾书包"部分;同时孩子们唱着自己编的歌,开心不已。

B. 递进式:由易到难、逐层深入地改编歌词。如通过《两只老虎》歌词中的"老虎跑得快"启发学生:"除了老虎,动物王国中谁还跑得快?"学生会积极反馈"狮子、豹子兔子"等;教师还可再引导他们说一说各种动物的习性等增加教学乐趣。也可以适时让学生进行歌词创编。在创编歌词时,学生们的创造力在一定程度上依赖身边的环境,丰富多彩的生活环境可吸引孩子们主动进行创编性活动。如在歌曲《小乌鸦爱妈妈》的教学中,教师根据学生的生活经验,可创设"小树林"等环境,或让学生们戴上各种小动物的头饰来展开联想,引导学生进行创编,效果非常好。

② 在音乐教学中创编动作。

学生天性活泼好动,适时鼓励学生设计与歌词、旋律吻合的表演动作,使整个教学过程活跃起来,"寓教于乐",不断激发学生的创造潜能。

③ 在音乐教学中创编旋律。

音乐旋律对于学生来说,是一件较难的事;教师需要构思组织一些游戏,在游戏过程中完成。在日常练唱教学过程中,当音准掌握得差不多时,安排同学戴上不同音符的头饰玩"找朋友"的游戏,用找朋友的方式巩固音符知识,训练不同的音高;再转换不同的节奏,形成完整旋律。(一般创编以4小节或8小节进行,教师弹琴)生一起唱,让学生在创编中感受到成功的乐趣。

一位哲人说过:欢乐的名字是创造。我们的学生在创造中获得快乐,在快乐中创造心中的梦想。新课标赋予了音乐教学新的活力,也要求教学要不断创新;通过"创编歌词、即兴舞蹈、创编旋律"等环节,把我们的课堂点缀得绚丽多彩。

感想记录

任务四 学习感悟

活动一 这一单元你学到了什么

1. 个别活动

学员反思在这一单元的讨论过程中学到了什么,想到了什么,并写下来。

2. 小组活动

学员在小组内交流自己在本单元学到的或想到的内容以及学习体会。

活动二　创编性活动的注意点

1. 小组活动

以六人为一组,回顾本单元活动内容,讨论在创编性活动中需要注意的事项。

2. 全员活动

每组派代表交流讨论结果,主持人把每个学员的想法记录下来,如有相同意见,则不重复记录。

3. 活动小结

创编教学是一个崭新的教学领域,它通过丰富多彩地教学手段进行音乐创造教学,尽可能使学生的思维达到最活跃的程度,充分施展出孩子们的聪明才智;同时通过培养学生的创造性思维和音乐审美情趣,发展他们的个性和特长,这才是素质教育的体现。当然它不像单一的唱歌、欣赏教学那样在日常教学上已经积累了丰富的经验,对有些问题的认识还有待进一步提高。我凭借积累的"创编"经验,总结了以下几点,希望可以共同探讨。

（1）创编应"重过程而轻结果"：

随着教育思路的转变,孩子们起初创编出来的歌词、内容难免幼稚,动作难免笨拙,旋律也会荒腔走板,但作为教师应关注的是从无到有的这一过程,应该清醒地意识到,这个过程才是孩子的乐趣所在。在孩子们创编的一瞬间,是音乐与创作灵感交汇的一瞬间,也体现出了艺术的真正生命力,这才是《课程标准》的核心目标所在。

（2）创编的曲目应精选：

不要要求学生把教材中的歌曲首首创编,过于形式化;应该在众多的歌曲中,选择学生喜爱的优秀作品,或具有典型性、代表性和特色的歌曲请学生进行创编,使学生由"要我编"变为"我要编",变"被动"教学为"主动"教学的体验式教育。

（3）创编的内容应多样性：

创编的内容不要过于拘谨,它可以是与歌曲本身直接相关的,也可以是与歌曲本身的内容无关的;学生可以模仿,也可以自创体验;既可以是歌词创编活动,也可以是律动的创编,还可以是节奏或旋律的创编,只要是与音乐教育有关的都值得尝试。

（4）正确评价,增强学生信心：

"创编"的转变,其实对于孩子们也具有一定的挑战;习惯于"授——听"模式的孩子们,可能转变到"主动"上也需要一个过程,尤其在心理上,这需要教师多加鼓励,正确评价,以增强信心。如即兴创编活动时,应多注重学生的创编过程,不宜把目光过多聚焦在创编结果上,引领学生放飞想象才是"创编教育"的关键。一方面,在学生创编的过程中,应认真观察学生的创编活动;走近学生,鼓励他们发挥想象力、创造力,并及时发现其中的问题,给予指导,保证创编活动朝正确的方向进行;另一方面是在创编结束之后,无论创编的结果如何,教师应该以鼓励性语言为主,对学生进行积极的评价;要让学生感受到成功的喜悦和对学习音乐的信心,让学生可以积极参与到以后的即兴创编活动中,增加音乐教育中的互动参与,进而依托学生的主观能动性,不断提高小学音乐教育的教学效果。

活动三　感悟实践

个别活动

学员反思自己平时的课堂教学,记录创编性活动设计得比较成功的一节课或设计得不太成功的一节课或一个环节。思考创编性活动设计得不太成功的原因,并修改原先的设计。

第二单元　合作性活动

一、单元目标

1. 通过反思合作性活动的经验,得出合作性活动的定义,并理解音乐合作性活动的意义。

2. 通过体验并观察音乐合作性活动的案例,分析合作学习的特点。

3. 通过反思案例,掌握组织音乐合作性活动的具体步骤和注意事项。

4. 结合自己教学中的问题,通过同伴合作,设计音乐合作性活动并呈现组织过程。

二、预设成果

1. 学员能反思自己在教学过程中所运用的合作性活动组织过程,从师生不同角度体验活动过程,并总结组织合作性活动的方法,通过反思、实践、计划、再反思来提升自己的专业能力。

2. 学员能掌握组织合作性活动的方法,并能在课堂教学实践中自觉运用。

三、任务设置

学习模块	学习任务	时间安排	达成要求
经验分享	任务一　走近合作性活动	30分钟	1. 回顾在平时教学中运用合作性活动的案例,归类整理,得出合作性活动的定义。 2. 反思、交流有关合作性活动的成功案例,理解合作性活动的意义。
实例分析	任务二　体验合作性活动	60分钟	1. 通过体验合作性活动,观察教师行为,从师生两个角度分析案例细节,提出存在的问题。 2. 通过讨论,总结适合使用合作性活动的教学环节。
项目再构	任务三　组织合作性活动	60分钟	1. 通过分析案例和反思自己的教学,了解组织合作性活动的方法。 2. 通过讨论,了解组织合作性活动的注意事项。
	任务四　设计合作性活动	30分钟	通过合作,以小组为单位完成一个合作性活动的设计。
感想记录	任务四　学习感悟	30分钟	1. 形成在教学实践中运用合作性活动的意识。 2. 总结组织合作性活动的方法,通过反思、实践、计划、再反思来提升自己的专业能力。

阅读材料、教学片段、彩塑水笔。

经验分享

任务一 走近合作性活动

活动一 反思——整理——定义

1. 个别活动

学员在白纸上写下两个曾经使用过或参加过的合作性活动,写下方式、小组人数、活动任务、活动结果。学员思考问题:什么是合作性活动?

2. 小组活动

根据记录下的案例,学员四人一组进行交流,发表各自意见。每位学员选择一个刚写下的案例在组内交流。组内成员围绕"什么是合作性活动"进行讨论,发表各自看法。小组为单位选择一个刚交流过的,大家一致认为是合作性活动的案例,准备在全班交流,并说明理由。

3. 全员活动

(1)主持人和学员共同讨论如下问题:

① 合作性活动的目的是什么?

② 合作性活动的主体是谁?

③ 教师在合作性活动和非活动性活动中的角色是否一致?

(2)每个学员在白纸上写下合作学习的定义,并在班内交流。

4. 活动小结

《课程标准》指出:要以培养学生的审美为核心,让学生主动参与,发展他们的个性和创造能力,养成学生共同参与的集体意识和相互合作意识。自主、合作、探究是现代教学改革的重要学习方法,在小学音乐课堂中进行合作学习是教学的一个重要方面。

合作式学习是指学生在小组或团队中为了完成共同的任务,有明确的责任分工的互助性学习活动。小学阶段的合作式学习主要以小组合作的方式为主。

运用小组合作学习的方式可以有效培养学生共同参与的团队意识和相互尊重的合作意识,认识到个体在小组学习中的重要性,并且可以让学生对讨论的过程和结果作出正确的判断和评价,在学习中掌握正确的学习方法,找到最佳的解决问题的方法和途径。在对音乐的学习中,学生开拓了思维,团结友爱的集体观念和互帮互助的高尚情操得到培养,也增进了学生积极进取的竞争意识,小组合作学习,一定程度上弥补了教学不能顾全每个学生个体差异带来的不足,让每一个学生都能得到发展。

合作性学习的主体是学生。虽然是学生的舞台,老师看似只是起一个引导的作用,但其实,教师在合作教学中的作用非常重要。教师在学生进行学习的过程中,时刻要改变自己的身份,时而是一个促进者,时而是一个合作者,时而是一个帮助者。学生在思维方式,掌握知识的多少,以后的发展等方面都取决于教师在合作性活动中的作用。

活动二　反思成功案例,理解合作性活动的意义

1. 小组活动

(1) 主持人提供两个合作性活动的案例。

案例一

【教学内容】

1. 复习聆听《在钟表店里》

2. 新授歌曲《小洋娃娃和小熊跳舞》

【教学目标】

1. 学唱歌曲《洋娃娃和小熊跳舞》,感受音乐欢快活泼的情绪,体验洋娃娃和小熊跳舞时的憨厚可爱,能感知歌曲中的音乐形象。

2. 能唱好一字多音、八分休止符的部分,并能用活泼欢快的歌声演唱歌曲。

3. 在歌曲学唱过程中,通过体验节拍、感受旋律、表演律动等方法,学会歌曲《洋娃娃和小熊跳舞》。

【教学重难点】

1. 教学重点:学唱《洋娃娃和小熊跳舞》,体验歌曲轻快活泼的情绪,并能用歌声表现出来。

2. 学习难点:掌握歌曲中的“前十六后八”、“八分休止符”的节奏,以及能用正确的方法唱好每一句旋律的最后一个音。

【教学过程】

一、复习导入

1. 听《在钟表店里》片段。

提问:(1)歌曲的名字?(2)歌曲的情绪?

2. 分组拍节奏、展示。

四个节奏:

(1) $\frac{2}{4}$ ×　　　× |1

(2) $\frac{2}{4}$ × × × × |1

(3) $\frac{2}{4}$ × × × 0 |1

(4) $\frac{2}{4}$ × × × × × |1

---

3. 用节奏为《在钟表店里》的音乐伴奏。

二、记忆旋律

1. 分小组拍《洋娃娃和小熊跳舞》中的节奏。

(1) 小组练习

(2) 四个小组合作、节奏接龙

2. 聆听歌曲。

(1) 听歌曲，教师表演舞蹈动作。

(2) 教师范唱，学生随教师表演舞蹈动作。

3. 揭示歌名。

(1) 提问：歌曲名字。

(2) 提问：歌曲情绪。

(3) 有表情地念歌名。

(4) 介绍歌曲作者。

4. 唱字母谱。

(1) 教师唱第一、第三句，学生唱第二、第四句。

(2) 学生完整唱字母谱。

要求：演唱情绪活泼，每句旋律最后一个音唱好。

三、口风琴练习

1. 口风琴日常练习。

$$\frac{2}{4}\ \underline{1\ 1\ 1\ 1}\ 5\ |\ \underline{2\ 2\ 2\ 2}\ 6\ |\ \underline{3\ 3\ 3\ 3}\ 7\ |\ \underline{4\ 4\ 4\ 4}\ \dot{1}\ |$$

$$\underline{\dot{1}\ \dot{1}\ \dot{1}\ \dot{1}}\ 4\ |\ \underline{7\ 7\ 7\ 7}\ 3\ |\ \underline{6\ 6\ 6\ 6}\ 2\ |\ \underline{5\ 5\ 5\ 5}\ 1\ \|$$

2. 分小组练习《洋娃娃和小熊跳舞》的第一、第二句旋律。

3. 师生用口风琴合作展示。

4. 教师用电子琴与学生完整表演。

说明：
　　通过口风琴练习熟悉旋律。完整表演时学生吹第一第二句,有能力的学生可以加上第三第四句。

四、记忆歌词
1. 师生交替读歌词。
(1) 第一段：教师读第一、第三句,学生读第二、第四句。
(2) 第二段：学生读第一、第三句,教师读第二、第四句。
2. 女生读第一段、男生读第二段。

说明：
　　由于女生能更好地表现轻声高位地读歌词,故此环节通过女生带动男生读好歌词。

3. 完整读歌词,并加上舞蹈动作。
五、演唱歌曲
1. 分小组练习。
要求：注意声音、表情、动作。
2. 小组展示,其他小组评价。
评价内容：(1) 唱得是否整齐? 表情是否到位? (2) 有没有加上舞蹈动作?
3. 全体完整演唱歌曲,并加舞蹈动作。
六、综合表演
1. 听教师演奏电子琴,按音乐节奏表演行走中的玩具。
2. 歌表演《洋娃娃和小熊跳舞》。

说明：
　　再次创设情境,通过歌表演作为本节课的反馈。

七、结束本课
小结：让我们随着愉快的音乐,离开教室吧。

案例二

【教学内容】学唱歌曲《唱京戏》

【教学目标】

1. 学唱歌曲《唱京戏》,感受歌曲欢快、愉悦的情绪,尝试用高位置带京调的发声位置,体验京剧刚劲有力的唱腔,使学生乐于参与京剧学习以及与同伴合作表演。

2. 在对唱、自学、打板等课堂实践方式的师生互动中,帮助学生用高位置发声方法基本唱准歌曲中附点及休止符等节奏,初步感知本首京剧西皮流水过板开唱的节奏特点以及京调韵味。

3. 通过观看视频,初步了解京剧的历史地位和艺术特点,体会京剧的独特魅力,弘扬民族自豪感。

【教学重难点】

1. 教学重点:运用高位置的发声方法能够初步正确演唱歌曲《唱京戏》。

2. 教学难点:

(1)唱出歌曲中的京调韵味及唱准过板开唱的节奏。

(2)参与"唱"、"念"、"做"、"打"的音乐活动。

【教学过程】

一、聆听与感受

1. 初听教师范唱:京剧《苏三起解》。

思考:老师表演的是什么?

2. 教师介绍京剧。(播放PPT,配歌曲伴奏)

3. 听音频范唱。

关键性设问:(1)演唱者是带着怎样的心情演唱京剧的?(2)歌曲中唱了些什么?

说明:

1. 学习要点:感受京剧的特点及历史地位。

2. 教学意图:通过聆听教师的演唱与音频范唱,激发学生对学习京剧和了解京剧艺术的兴趣,把握歌曲的情绪,并通过提问,了解学生对京剧的现有认知,为京剧的学习打好基础。

---

4. 揭示课题《唱京戏》。

要求:高位置朗读课题。

5. 听教师范唱。

要求:熟悉歌词和表演的动作要领。

6. 学生练习与认知。

学练指导：每句歌词通过学生边念边做动作进行认知，同时做到高位置朗读。

（1）介绍京剧的行当：

出示歌词：生旦净丑角色全。

（2）介绍四种表演形式：

出示歌词：唱念做打不简单。

（3）介绍京剧脸谱：

出示歌词：五色的油彩脸上画。

（4）介绍京剧的伴奏乐器：

出示歌词：锣鼓一响就开演。

7. 完整念歌词并用动作表现。（配音乐伴奏）

要求：站姿挺拔、高位置朗读，亮相动作眼神到位。

8. 观看视频《京剧演员艰苦训练》。

提问：看了这段视频你有怎么样的感受？

说明：

1. 学习要点：熟悉歌词内容，再次了解京剧的艺术表现形式及特点，并能基本掌握表演的动作要领。

2. 教学意图：通过聆听教师的范唱，学生练习及视频观看等方式，了解京剧的历史地位及艺术特点，并初步感受歌曲情绪，熟悉歌词内容及基本掌握动作要领，对学生唱好本首京歌做铺垫。

二、学唱歌曲

1. 学习歌词。

学练要点：

（1）教师打板念歌词。

（2）学生尝试打板默读歌词。

（3）知道过板开唱，学生打板朗读歌词。

要求：高位置朗读、打准拍点。

（4）解决节奏难点。（根据学生情况预设解决方法）

（5）完整跟伴奏朗读。

要求：高位置朗读、节奏正确、打准拍点。

说明：

1. 学习要点：读准过板开唱的歌词节奏，并指导学生解决节奏难点。

2. 教学意图：在聆听、比较和实践活动中，体会本首京剧过板开唱的节奏特点，并通过默读、打板、师生接读以及有节奏的高位置朗读，让学生进一步体会本首京歌节奏特点。

2. 学习歌曲旋律

学练要点：

(1) 用"yi"哼唱旋律，体会发声位置。

(2) 找出装饰音，唱出京剧韵味。

(3) 解决换气，学会在休止处换气。

(4) 完整哼唱旋律。

要求：高位置发声、节奏正确、打准拍点。

说明：

1. 学习要点：用"yi"哼唱旋律体会发声位置、体会装饰音所表现的京剧韵味、学会在休止符偷气的换气技巧。

2. 教学意图：在学习旋律的过程中，运用观察歌谱、调整呼吸、模仿演唱等方法，解决旋律中难点，一边打板一边体会西皮流水的旋律，让学生进一步体会京剧韵味，为学唱歌曲做好铺垫。

3. 自主巩固歌曲。

实施方法：

(1) 小组自学。

要求：①词曲正确；②打板准确；③高位置演唱。

(2) 小组反馈评价。

(3) 解决难点句。

(4) 再次分组反馈。

评价标准：①词曲正确；②打板有节奏；③高位置演唱。

说明：

学习要点：分组学习歌曲，用高位置的发声把词曲唱正确，并打准拍点，唱准歌曲一字多音的难点句，以及解决三四句紧凑的节奏难点。

教学意图：自学歌曲既能让学生再次熟悉歌曲旋律，又可以提高学生的自主学习能力，每组在组长有节奏的打板下，体会歌曲节奏特点，唱准歌曲旋律。再通过生生互助以及教师对于难点句的有效指导，帮助学生更好地把握歌曲节奏并表现京歌的韵味。

1.	"唱"、"做"表演京剧。

学练要点：

(1) 听范唱回忆动作。

(2) 动作指导：

要求：站姿挺拔、动作到位。

(3) 跟音乐完整表演。

(4) 学生领舞，共同表演。

要求：①词曲正确；②打板有节奏；③自信地进行表演。

说明：

1. 教学要点：能自信地结合京剧表演带有京剧韵味的动作。

2. 教学意图：在师生、生生互动的演唱表演中，体会京剧的表演形式，感受表演京剧的乐趣。

2.	分组进行"唱"、"念"、"做"、"打"的习练。

学练要点：

(1) 体验学习"圆场步"。

(2) 分组练习。

3.	综合表演。

实施方法：

(1) 教师介绍要求。

活动要求：表演投入、自信大方、带京剧韵味。

(2) 综合展示表演。

(3) 反馈评价。

说明：

学习要点：拓展了解京剧的出场基本步"圆场步"，自主选择"唱"、"念"、"做"、"打"中自己喜欢的方式来合作表演。

四、总结

关键性小结语：从你们的眼神中、演唱中和表演中，我看出了你们对京剧的热爱，对我们国粹的自豪。今天我们演京剧唱京歌的活动到此结束。

（2）学员六人一组，每组针对活动一中的合作性活动的定义对两个案例进行分析讨论。可使用以下表格。

讨论事项	案例一	案例二
活动目的		
活动主体		
教师作用		

（3）各小组代表简单陈述小组讨论的结果。

2. 个别活动

在日常教学中，根据教学内容的不同，教师会组织不同形式的合作性活动，以达到不同的教学目标。主持人让学员思考以下问题：

（1）在平时教学中，你多久组织一次合作性活动？

（2）你组织合作性活动时，通常要求多少学生组成一组？

（3）每次合作性活动通常持续多少时间？

（4）你的学生是否喜欢参与合作性活动？

（5）你为什么要组织合作性活动？

3. 小组活动

学员讨论交流。学员十人一组，五位学员围成一圈，背向圆心，另五位学员站在外围面向圆心，与前五位学员一对一面对面站立。讨论时，面对面的学员先交流思考第一题，然后，外围学员顺时针移动一个位置，形成新的对子，交换对第二题的看法。以此类推，直至讨论完五个问题。

4. 头脑风暴

主持人要求学员在全班范围内谈谈对上述思考题第五题的看法，并在白板上记录下来。各组可以派代表执笔记录。在图形周围以短语的形式将大家的看法写下来，见下图：

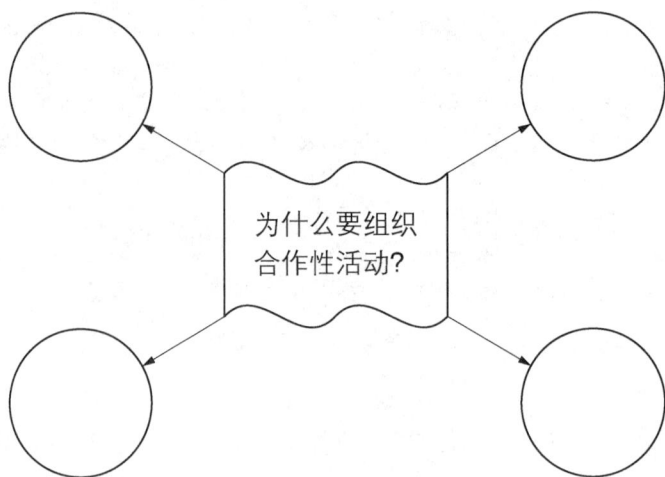

为什么要组织
合作性活动？

活动三　任务小结

为了促使学习变得生动活泼，让全部学生都可以互动参与到学习的全过程，人人都可以体会到成功的喜悦，"合作性活动"在教学实践中是一种极富创意又行之有效的教学方式。同时它既能发掘学生个人的内在潜能，又能培养集体的团队合作精神。

1. 培养学生合作意识和合作能力

在教学组织中，要让学生们人人参与，注重学生合作活动中的表现，如对音乐表现上强调小组为单元的汇报。要让学生们体会到每一个人都有长处和不足，每个人的智慧、个性、才干是不同的；在过程中懂得"组内合作交流，组间公平竞争，竞争的同时也要倡导组间的相互学习借鉴"，这样在学生合作实践活动中，不知不觉地就培养了他们的合作意识，锻炼了合作与沟通的能力。

2. 锻炼学生自制力和组织能力

教师应该在合作学习的教学过程中越来越扮演一个顾问、一位交换意见的参加者，或者是课堂活动的首席的功能。充分调动小组的作用，培养小组长的组织协调能力，帮助其树立威信。组长可轮流来当，每节课对各小组的学习情况进行总评并记录；充分"放权"，凡是被组长两次提出批评不改的同学，组长有权让他退出本组，以促使组内每位同学都极力为自己的小组争得荣誉，个体的自制力也得到体现。同时由于全员参与，使得每位学生都能在课堂上有所收获，在于教师和学生合作互动的学习过程中，每个学生的特长都得到发挥；这样既弥补师生在教学活动中所不能单独完成的任务，又使每个学生都体验到与教师一起学习的乐趣，增加对于组织管理和自制力的信心。

3. 增强学生参与和成功的体验

在每次开始合作课题之前，让学生明确本次合作学习的主要任务以及学生自身的"小"任务是什么，然后通过简单练习让他们理解合作中的一些规则以及需要注意问题，让学生在体验活动中不知不觉地形成一种能力。在合作互动的时候，让学生拥有充足、宽裕的发言以及补充、辩论的表现的时间,使得不同程度孩子们的智慧和能力都得到发挥,从而使学生们都能出色地完成任务,在活动结束后,最后在合作活动结束后,无论结果如何都要多给学生一些激励性的语言,让他们感悟到自己的存在的价值,最终产生一种成就感、自豪感。

4. 为学生形成性评价打下基础

"合作学习"能有效地改善个体的学习环境,扩大参与面、提升参与度;非常有利于引导学生用不同的方式探讨和表现音乐,以培养他们的"参与意识"、"合作意识"、"创造意识",并发展其创新性思维。在此过程中,要求教师要创造良好的合作学习的气氛,以及给学生心理上的鼓励,对学生多一些理解、宽容,这样学生就会在良性的自我认知的基础上,思维变得更加活跃,参与的热情更高涨,从而获得更强的合作欲望,使得教学过程生机勃勃。

实例分析

任务二 体验合作性活动

活动一 体验、观察并分析合作性活动

1. 全员活动

(1) 主持人向全体学员提出将要进行的体验活动的要求:学员要站在学生的角度体验合作学习,同时站在教师的立场观察整个合作性活动的实施过程。

(2) 全体学员体验合作性活动。

① 主持人将学员分组。

② 主持人解释活动的内容并分发讲义。学员以小组为单位,为歌曲进行创编歌词活动。

摇 船 调

1=F 4/4
中速
台湾民谣

5	2 3	5 6 5 3	2 3	5 6	1· ‖	2 3	5 6	1 — ‖
嗨	啰 嗨		在 眼	前 哪?				
嗨	啰 嗨					在 眼	前	

③ 学员开始进行合作性活动,主持人巡视并及时给与帮助。

④ 活动结束,主持人要求各组进行反馈,并给予评价。

2. "结对子活动"

学员结对对刚才的合作性活动进行反思,从教师和学生两个角度分析这个活动,并填写以下表格。

	教师行为	学生行为
第一步		
第二步		
第三步		
……		
需改进之处		

3. 全员活动

全体学员对上述表格中的"需改进之处"进行反思、讨论交流。

活动二　总结适合合作性活动的教学环节

1. 个别活动

学员思考:在什么教学环节中使用合作性活动比较合理?

2. 全员活动

全体学员讨论上述问题,畅所欲言,总结适合组织合作性活动的课堂教学环节。

活动三　任务小结

《课程标准》提出:"充分利用音乐艺术的集体表演形式和实践过程,培养学生良好的合作意识和在群体中的协调能力",要想达到这一目标,需要做到以下几点:

首先,合作学习是一门科学,它指出在音乐课堂教学中开展小组合作学习要选择好合适的时机。不能"为用而用"。滥用或随意性使用都会使效果大打折扣甚至适得其反。因此,"合作学习"的使用应遵循"能用则用,有用则用"的原则,"追求实效,宁缺毋滥"。这势必需要教师在学生小组合作学习之前,要让每一位学生明确学习的目标,才能达到预计目标,而不是让学生们盲目探究;其次,也要考虑适度的难度,合作学习的内容应当难易适中。如在小学音乐教学过程中小组合作学习可以选取二度音乐创作、器乐演奏、音乐探究活动等各个方面,这样适度的难度既保持了学生的热情,又能够通过合作学习使学生获得更多自信与自制能力。

再次,需要根据教学内容的学习需要来确定合作学习的形式;常用的合作方式,如:"同位二人合作"、"小组合作"、"大组合作"或"自由结合合作"等,不同的合作模式会带来不同的效果。但其基本原则是"小组合作学习的形式必须为音乐教学内容服务,根据具体教学内容、教学目标来安排小组合作的目的、任务、流程"。

项 目 再 构

任务三　组织合作性活动

活动一　怎么分组

1. 全员活动

(1) 全部学员站在教室中间的空地。主持人要求学员闭上眼睛,然后十指分开,双手交握,手心相抵。学员睁开眼睛,看自己交握的双手。学员在各自的组内就主持人给出的话题"谈谈你的爱好"和组内学员进行交流。

(2) 主持人小结:这个游戏活动旨在打开思路,分组方式不局限在按座位分组,可以按学员的喜好、习惯等来分。有趣的分组方式也是吸引学生注意力的一种方法。

2. 全组学员讨论

在教学中组织合作性活动时曾经用过的分组方式,以及组内成员的人数。

3. 活动小结

高效的合作性活动中,分组是关键,合理科学的分组,能提高学生参与小组合作学习的兴趣,利于学生在合作学习中更好的发挥自己的才能,所以优化分组非常重要。首先,教师可以根据学生的兴趣爱好、音乐学习能力、性别、合作能力等方面综合考虑,合理搭配,坚持"组内异质"、"组间同质"进行,组建成均衡的小组。其次,确定好每一个小组的人数,为了学生间的沟通与交流,每个小组以 4—8 人为宜。这样每个组内的所有成员的参与度就大大提高,合作学习的效果也比较理想,最后分组后,每一个小组选出组长,负责安排小组成员的工作,并带领小组一起完成教师布置的合作学习任务。组长可以让学生轮流担任,让每个人都有锻炼的机会。合理灵活的分组只是为合作学习创设了必备的条件,在日常教学时,我们一定要把握好每一次合作契机,及时地进行引导和启迪,让学生体会到合作学习的乐趣。

活动二　课前要做什么准备

1. 个别活动

以刚才体验的合作性活动(任务二活动一)为例,每个学员在纸上写下组织该活动前需要做的准备。

2. 小组活动

四人一组,学员互相交流刚刚写下的答案,并将别的学员提到但自己没有想到的写下来。通过交流,学员间互相学习,总结组织合作性活动前需要做的准备工作。

3. 活动小结

在课前,教师需要做充足的活动前的准备工作,如教具、设备、小乐器、活动场地的准备,以及教师指导语的准备等。

在进行音乐合作教学研究过程中,为了解小学生对实施小组合作学习的喜爱度的基本情况,设计一份"小学生音乐课堂小组合作学习调查问卷",课前通过谈话、调查等途径了解学生对小组合作学习的喜爱度。

小学生音乐课堂小组合作需求调查问卷

1. 你喜欢音乐课吗?喜欢( )较喜欢( )不喜欢( )

2. 你喜欢音乐课堂上进行小组合作吗?喜欢( )较喜欢( )不喜欢( )

3. 你们在音乐课上经常小组讨论吗?经常( )不经常( )偶尔( )

4. 你认为小组合作学习的方式好还是教师课堂讲课的方式好?

小组合作( )教师讲课( )

5. 如果请你选择,你最喜欢的学习方式是哪一类型?＿＿＿＿＿＿＿＿

6. 其他＿＿＿＿＿＿＿＿＿＿＿＿＿＿＿＿＿＿＿

这样的调查主要是为了了解、掌握小学生对音乐课堂小组合作学习的需求以及喜爱,从而更好地开展教学,为合作性学习做充足的准备。

活动三 学生活动时教师的行为

1. 个别活动

学员联系自己的教学实际,反思自己在组织合作性活动时的行为,对比刚才小组讨论的结果,寻找自己的不足及改进方法。

2. 活动小结

当小组活动开始的时候,教师扮演的是监控者的角色。教师应该仔细观察学生的互动过程,放下"架子"走到学生中去,成为他们的一员。在师生、生生间打开合作学习的渠道,让师生缔结成为学习的共同体。在合作学习时,我们只是架设学习的桥梁,组织学生自主合作,主动地获取知识,形成能力。教师只能在小组讨论发生障碍时,及时给与引导和点拨,促使合作学习顺利进行。在学生合作学习过程中,我们应该加强各小组的巡视,细心观察每个学生的活动情况,注意学生是否积极参与到合作学习,是否与成员进行合作交流,确保每个学生的综合素质能在合作学习这种学习形式中得到发展和提高。

活动四　活动后如何组织反馈

1. 个别活动

主持人呈现以下思考题,让学员通过反思自己的教学行为,对组织反馈形成初步概念,认识组织反馈的重要性。

（1）你要求学生在合作性活动后进行反馈吗?

（2）你通常要求学生以个人形式反馈,还是小组形式反馈?

（3）你通常要求学生以什么形式反馈?

（4）你通常如何对学生的反馈信息进行评价?

2. 头脑风暴

全体学员以"头脑风暴"的形式谈谈活动后如何组织反馈,围绕三个问题:怎么反馈? 谁来反馈? 反馈什么?

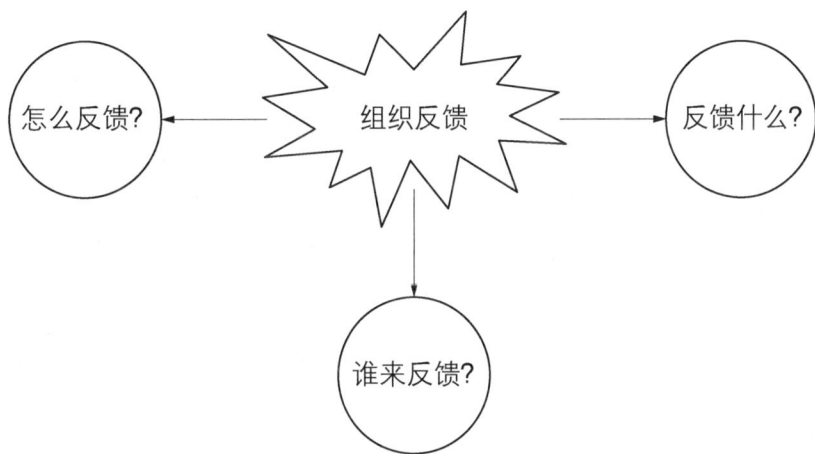

3. 活动小结

合作学习的目的是为了更好地巩固和提高,不能为了活动而活动。小组活动后的反馈是检验小组活动成效的一种不可或缺的手段。因此,合作学习之后,师生都要及时归纳,并进行信息反馈。不管由谁来进行活动后的反馈,教师都应该在小组活动之前给出清晰的指令,告知反馈的方式。反馈评价的方式可以是小组间的互评,也可以由老师来进行评价。评价时要多鼓励,少批评,使学生保持对合作学习的热情,提高合作学习的主动性和积极性;让学生自己主动思考彼此间的差异,学会取长补短,发挥生际互补的作用。让他们学会分享、倾听、融合等合作技巧,逐步形成合作学习的能力。

活动一　根据教材设计合作性活动

1. 个别活动

（1）主持人提供三个教学内容。

摇啊摇

1=D　6/8

中速

上海童谣

朱良镇曲

（ i· 23·5 | 6· 6· | i· 23·6 | 5· 5·

1 3 2 6 | 5· 6· | 7·32 6·75 | 1· 1· ）

3 65· | 3 65· | 3 5 i 6 | 5· 5·

摇啊摇，　　摇啊摇，　　摇到外婆桥。

1 3 2 6 | 6 5 | 1 3 2 6· | 5 2 3 1·

外婆叫我好宝宝，　一只馒头　一块糕。

‖: 3 65· | 3 65· | 1 3 2 6 | 1· 1· :‖

摇啊摇，　　摇啊摇，　　摇到外婆桥。

吉祥三宝

1=E　2/4

王　宝词

布仁巴雅尔　曲

（5̣ - | 5̣ 3 | 3·22 6̣ | 1 - | 5̣ - | 5̣ 3· 3 5̣ 3

3̣ 2· 2 6̣ 1 | 1 - ） ‖: 3 5· × | 5 5 5 5 5 5 3 2

英：阿爸　哎　英：太阳出来月亮回家

英：阿妈　哎　英：叶子绿了什么时候

布、乌：宝贝啊乌、英：爸　爸像太阳照着

3 5· × × × × | 5 5 5 5 5 5 3 2 | 3 2 × × × × ×

了吗　布：对　了　英：星星出来太阳去哪里了布：在天上

开花乌：等夏天来了英：花儿红了果实能去摘吗乌：等秋天到了

妈妈英：那妈妈呢乌、布：妈　妈像绿叶托着红花英：我呢

英:我　　怎么找也找不　到它　布:它回　　家了　太阳星星月亮就是
英:果实种在土里能发　芽吗　乌:它会　　长大的　花儿叶子果实就是
乌布:你像种子一样正在　发芽英:　　　　　　我们三个就是吉祥

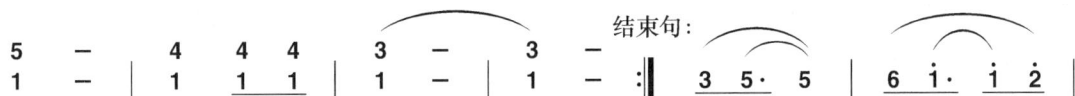

吉　　　祥的一　　家　　　　　　　哦　　　　　哦
吉　　　祥的一　　家
如　　　意的一　　家

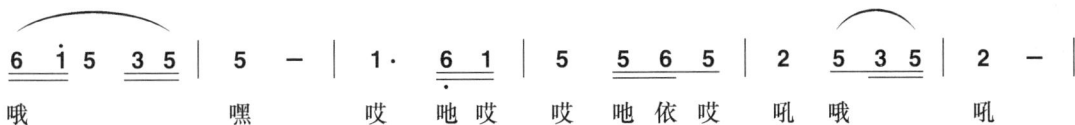

哦　　　　嘿　　哎吔哎　哎吔依哎吼哦　　吼

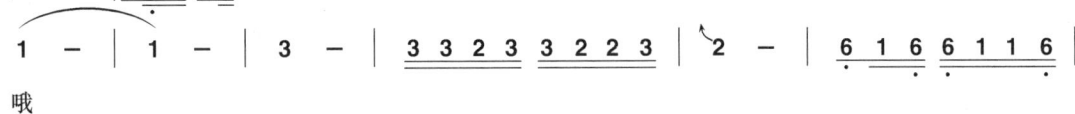

哦

采茶舞曲

周大风　词曲

1=G 2/4

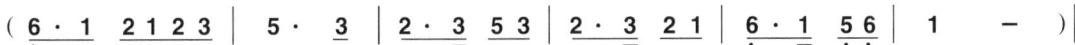

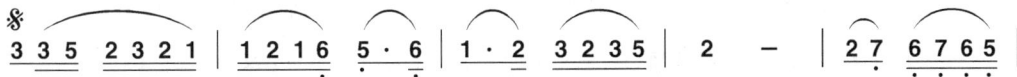

1.2. 溪水　　清　清溪　水　长，　　　溪水

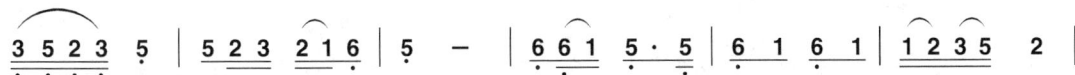

两　岸　好呀么好风光。　　哥哥　呀你上畈下畈勤插秧
　　　　　　　　　　　　　姐姐　呀你采茶好比凤点头，

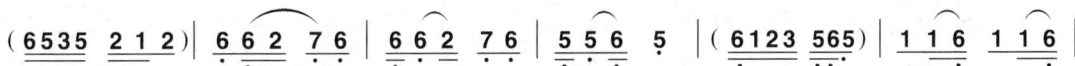

妹妹　呀东山西山采茶　忙。　　插秧　插得
妹妹　呀采茶好比鱼跃网。　　一行　一行

183

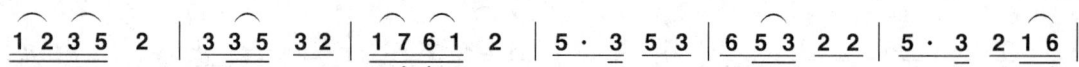
喜洋 洋, 采茶 采得 心花 放, 插的 秧来 匀又 快呀, 采 的 茶来
又一 行, 摘下的 青叶 篓里 装, 千 篓万篓 千万 篓呀, 篓篓新茶

满山香。 你追 我赶 不怕 累呀, 敢 与 老天
放清香。 多快 好省 来采 茶呀, 青青新茶

争春 光 争 春 光, 咳 呀 争呀么 争 春 光。
送城 乡 送 城 乡, 咳 呀 送呀么 送 城

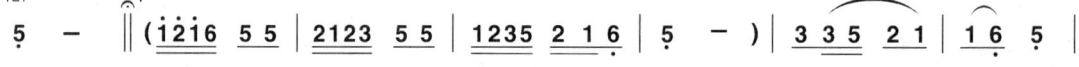
乡。 左采 茶来

右 采 茶, 采茶 姑娘 齐采 茶。 一手

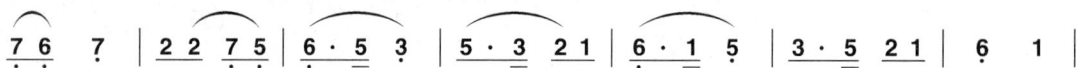
先来 一手 后, 好 比那 两只 公鸡 争 米

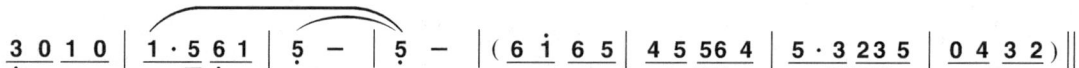
上又 下。

（2）主持人说明需要完成的任务，即根据材料设计一个合作性活动。

（3）每个学员根据自己所教年级，选择一个教学内容进行设计。学员可以思考以下问题：

① 这个材料的学习目标是什么？

② 如何合适地运用合作学习来达成学习目标？

③ 合作学习活动的要求是什么？

④ 合作学习活动后的反馈方式？

⑤ 合作学习后的评价方式？

（4）学员思考完上述问题后，根据相应教学内容着手设计一个合作性活动。可参考以下表格：

内容	
主题	
活动任务	
分组	
反馈形式	
评价方式	

2. 小组活动

选择相同教学内容的学员组成一组,如果某一组人数太多,可以拆分成两至三个组。小组成员间交流设计方案,合作修改。例如:学员 A 告诉小组成员自己的方案设计,组内其他成员指出不足之处并给出修改意见。

活动二　反馈与分享

全员活动

学员间相互学习,一起分享。以提供的教学内容为单位,每个教学内容选择一个案例,由案例设计者讲解自己设计的意图和具体操作方案,和大家一起分享。其他学员一起聆听并讨论该方案的优势和执行时可能存在的问题,并给出意见。

活动三　任务小结

一般情况下,教师组织合作性活动的流程如下:

1. 根据教学目标和教学内容设计活动方式;
2. 考虑小组成员人数、分组方式;
3. 准备活动需要的材料;
4. 考虑提出清晰的要求,帮助学生更好地完成活动;
5. 考虑反馈的人员和方式;
6. 考虑评价的形式。

感想记录

任务五　学习感悟

活动一　自我检测

个别活动

学员通过完成主持人提供的有关合作性活动的判断题,自我检测有关合作性活动的知识内容。

判断下列陈述是否正确。

（　　）1. 合作性活动就是将学生安排在一起，让他们自由活动。这样，老师就省心省力了。

（　　）2. 在课前，需要做充足的活动前的准备工作，如教具、乐器的准备，以及教师指导语的准备等。

（　　）3. 学生在进行活动时，教师不用参与，可以休息一下。

（　　）4. 针对人员比较固定的小组，可以固定某个学生进行每次活动的反馈，这样活动效果会比较好。

活动二　这一单元你学到了什么

1. 个别活动

主持人请学员反思在这一单元讨论中学到了什么，想到了什么，请他们用思维导图形式写下来。

请运用你在本单元学到的知识，用词语的形式写下你认为和"合作性活动"有关的内容，完成一个思维导图。

合作性活动

2. 小组活动

在小组内介绍你在本单元学到或想到的内容，听取他人的想法，并进行讨论。在讨论的过程中可以丰富自己的思维导图，加深自己对"合作性活动"的理解和感悟。

活动三　感悟实践

个别活动

学员客观思考分析自己的教学，围绕合作性活动，写下有关这个主题的教学实践中可以开展哪些模式的合作学习？

活动四　任务小结

音乐合作性活动是在教师引导下,以小组为主体通过各种互动形式达到培养学生合作精神,促进学生音乐学习的一种教学方法。既契合了小学生的认知水平、身心发展规律,体现了"玩中学"思想,又凸显了合作学习、过程性体验学习的理念。

1. 音乐表演合作学习活动

音乐是表现的艺术,合作是音乐表现的特殊需求。因此,合作表演法是音乐合作教学中最常用、最普遍的方法,是音乐教学区别于其他学科的最大特征。其中包括合作演唱、合作演奏、合作律动与合作表演。音乐具有艺术美、旋律美、灵动美、内涵美的特点,每首音乐都具有它自己的意义和价值,学生在快乐的氛围中合作表演、感受音乐的魅力,可以提升学生的音乐素养和综合素质,对教师的整体教学水平有着促进意义。

2. 音乐欣赏合作学习活动

实施音乐欣赏合作学习活动,要关注欣赏方法和互助讨论这些方面的组织和引导。欣赏是提升音乐素养的基础,基于欣赏课程的合作学习,学生共同收集资料,整理归纳、互助讨论,或基于欣赏过程,拓展表演,运用学生的方式将对音乐内涵的欣赏展现出来,也可结合学生感兴趣的内容,拓展分析,综合学习。

3. 音乐游戏合作学习活动

音乐游戏活动是一种趣味的体验过程,借助游戏能激发学生创新想象能力,鼓励学生在游戏中相互交流,互助搭配与探索体验。游戏的过程是音乐感悟、创造与展现的过程,结合音乐教学内容与教学目标,选取游戏类活动形式,制定科学的游戏方案、角色任务、游戏目标,以此展开针对性的游戏活动合作学习过程,音乐游戏合作学习过程,将游戏的趣味性、轻松性、互动性与音乐活动的艺术性、人文性、律动性相结合,通过运用合作学习模式,使学生们相互交流、互助合作,从而调动全身器官以及学习积极性。

4. 音乐探究合作学习活动

培养学生的探究能力、创新能力、应用能力符合新时代下社会的需求。音乐作为一门艺术学科,除了需要加强对学生的美育教育之外,还需要引导学生在学习过程中,激活思维、发散思维、合作交流、探索创造。基于此,实施探究合作学习活动的过程中,要引导学生在音乐活动中感悟、体验、探索与解决问题,培养探究能力与应用意识。给予学生创新、探究的时间与空间,让学生在互助合作的学习模式下,自主探究、互助合作,积极探索、体验与创造,提升音乐素养。

第三单元　实践性活动

一、单元目标

1. 通过对以往课堂教学活动的回顾和讨论,明确实践性活动的定义及其意义。

2. 通过体验实践性活动,分析实践性活动的特点和主要活动组织形式。

3. 通过课例分析和同伴互动交流,初步总结实践性活动的设计和实施的基本原则与方法,并懂得根据教学环节的需要,设计与之相符的实践性活动。

4. 能结合教学内容,设计实践性活动并呈现组织过程,提高设计实践性活动的有效性。

二、预期成果

1. 成员回顾自己教学过程中所采用的实践性活动,通过体验、学习、交流、实践、反思,掌握实践性活动的设计和实施的基本原则和方法,找出自己在课堂教学中实施实践性活动的问题和不足,制订相应的措施,提升自己的专业能力。

2. 学员能根据所提供的的案例判断实践性活动的有效性,初步总结归纳实践性活动实施的原则和方法。

3. 学员能掌握组织实践性活动的方法和技术,根据所提供的教材进行实践性活动的设计。

三、任务设置

学习模块	学习任务	时间安排	达成要求
经验分享	任务一　体验实践性活动	30 分钟	1. 通过体验音乐实践性活动,了解实践性活动的特点。 2. 通过同伴合作,讨论并总结出实践性活动的主要组织形式。
	任务二　了解实践性活动	90 分钟	1. 回顾在日常课堂教学活动的案例,进行归纳和总结,明确实践性活动的定义。 2. 交流实践性活动的成功案例,明确实践性活动的意义。
实例分析	任务三　观察和分析课堂实例中的实践性活动	90 分钟	1. 通过观摩课堂实践性活动的课例,同伴交流讨论,初步总结出实践性活动的设计和实施的基本原则和方法。 2. 能通过学员之间的讨论交流,总结不同教学环节中的实践性活动的作用。

学习模块	学习任务	时间安排	达成要求
项目再构	任务四　设计实践性活动	60 分钟	1. 根据本单元所学的有关实践性活动的理论,结合所提供的教材,设计对应的实践性活动,以片段教案的方式呈现。 2. 通过同伴间的讨论交流,总结课堂教学中实践性活动设计的几点建议。
感想记录	任务五　学习感悟	45 分钟	1. 形成在课堂教学中运用实践性活动的意识。 2. 通过反思自身的教学现状,并结合本单元所学理论,总结出设计实践性活动的原则、方法等,从而促进自身的专业发展。

四、材料准备

阅读材料、教学片段、彩塑水笔。

经验分享

任务一　体验实践性活动

活动一　体验实践性活动

1. 小组活动

（1）主持人准备三个装有不同活动内容的信封。

活动一:
教师准备多媒体。要求学生听着音乐,有节奏地律动。
活动二:
教师发给学生歌谱,请学生跟着老师的钢琴,学唱歌谱。
活动三
教师播放音频,请学生选择合适的乐器,用恰当的节奏为歌曲伴奏。

（2）学员根据所教年级分成三组。每组八到十人。小组推选一名学员担当教师角色,其余学员担当学生角色。

（3）每组派一名代表抽取一个装有不同活动内容的信封,每组的"教师"组织"学生"开展信封内规定的活动。

2. 个别活动

主持人请学员就刚参加过的活动,在白纸上书面回答:

（1）这个活动是否属于实践性活动？

（2）如果是，这个活动属于哪个教学内容或哪个教学环节？

3. 小组活动

持有相同意见的组员组成小组，交流和讨论上述问题。组员一起商议，并确定大家公认的适当的教学内容和适用的教学环节，向全班介绍。主持人了解学员对于实践性活动的初步认识。

4. 全员活动

主持人将各组的讨论写在黑板上，归纳学员对于实践性活动的认识。学员发表感想，书面记录在白纸上。

活动二　任务小结

正如《课程标准》所述：音乐课的教学过程就是音乐艺术的实践过程。音乐课程各领域的教学只有通过聆听、演唱、演奏、综合性艺术表演和音乐创编等多种音乐实践形式才能得以实施。学生在亲自参与这些实践过程中，获得对音乐的直接经验和丰富的情感体验，为掌握音乐相关知识和技能、领悟音乐内涵、提高音乐素养打下良好的基础。

因此，所有的音乐教学领域都应强调学生的艺术实践，积极引导学生参与演唱、演奏、聆听、综合性艺术表演和即兴编创等各项音乐活动，将其作为学生走进音乐、获得音乐审美体验的基本途径。通过音乐艺术实践，有效提高音乐素养，增强学生音乐表现的自信心，培养学生良好的合作意识和团队精神。

任务二　了解实践性活动

活动一　什么是实践性活动

1. 小组活动

（1）主持人出示下列表格，让学员回忆在课堂中采用的不同类型的实践性活动，在"活动名称"和"活动特征"两个栏目中用词组描述。

活动名称	活动特征

（2）学员首先按任务一的分组方式交流对实践性活动的认识，然后从小组到大组归纳总结相同的意见。主持人从中了解学员对实践性活动的认识。

活动二　实践性活动的类型

1. 个别活动

学员回顾自己的课堂教学，并用思维导图的形式在纸上写出自己所使用过的实践性活动的类型。

2. 头脑风暴

以"头脑风暴"的方式进行讨论，将学员谈到的实践性活动类型填入下图。

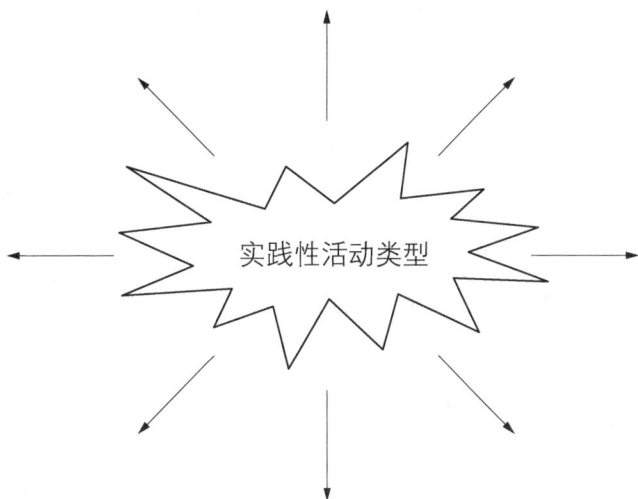

实践性活动类型

3. 活动小结

音乐教学中，聆听、演唱、演奏、创编都属于实践性活动，通过各种活动与方式，如律动、声势、歌唱表演、舞蹈、游戏、打击乐器演奏、口风琴演奏、角色扮演、小音乐剧表演等。让学生亲自参与到音乐中感受音乐的美。

活动三　如何开展实践性活动

1. 个别活动

学员反思自己在什么教学环节中开展了什么类型的实践性活动，完成下列表格。

主题	环节	活动类型	目的

2. 活动小结

实践性的教学活动是课堂教学较大的难点，也是最受学生喜爱的一个重要部分，教师给学生提供一个实践学习展示的平台，通过不断地探索、研究、反思，让学生乐于参与、主动参与、积极动脑，在实践中培养学生交流与合作的能力，分析问题和解决问题的能力。这是作为一名音乐教师在音乐教学中最重要的教学目的。

（1）自主性音乐实践活动。在音乐教学中，发挥学生主体性，发挥学生在教学中的主体作用,以学生为中心,开展多元化的教学活动,结合学生直接参与教学的机会,以实现学生自主地学,主动地学,创造性地学,使学生真正成为自主学习的主人,成为音乐课堂的主人。比如小学五年级音乐课《庆丰收》,描写了人们边吹唢呐边扭秧歌的欢快情景。秧歌是汉族人民喜闻乐见的民间舞蹈。课堂上,教师提问:你们会扭秧歌吗? 同学们都跃跃欲试起来,此时,老师和同学一起舞蹈,而配乐就是这首《庆丰收》,在教师有意识的安排中,学生自主完成了教师设计的教学任务。

(2) 合作性音乐实践活动。《课程标准》指出:"在音乐实践活动中,要培养学生良好的行为习惯和宽容理解,互相尊重,共同合作的意识和集体主义精神。"合作学习要求小组成员全员参与,合理地利用竞争机制,互相合作,扬长避短,增加信息交流量,拓展思维的深度和广度,使其资源得到共享。为了有效地开展小组活动,增强小组合作的效果,教师应注重培养学生合作的习惯。例如二年级音乐欣赏《龟兔赛跑》的教学中教师讲课时会安排音乐故事表演,这时就要合理安排分工合作。课本中给出了几个角色:小兔,乌龟,小熊,小猴子,小猫。除了这几个角色,教师还可以添加几个角色,使得人人有活干,人人有事做。小组分工时,教师要遵循"组间同质,组内异质,优势互补"的原则,把学优生学困生安排在一起,给每个人都留有机会。这样合作学习才能发挥其作用,达到教师与学生之间,学生与学生之间相互支持、配合,促进情感交流的目的。

(3) 探究性音乐实践活动。探究性学习是指学生在教师的引导下,学生自主参与学习,并获得知识。在开放性的现实情景中主动探究,亲自体验,从而培养学生的创新意识和创造能力。探究性学习在更大程度上给学生以学习的自由,让学生学会自主学习,把学习的主动权还给学生。它有助于激发学生对音乐的学习兴趣,培养学生良好的学习习惯,逐步形成高尚的审美情趣,最终达到促进身心和谐发展、全面提高综合素质的目的。教师在音乐教学中要善于引导,让学生自主探究,合作探究,实践探究,延伸探究。比如在四年级音乐课《小小少年》中,学生在自主学习歌词之后,教师提问:你都在哪里听过这支歌曲,学生会纷纷说出各种渠道:有的是碟片,有的是电台,有的是电影中……这时,让学生合作探究学习歌曲,看谁学得好,看谁合作得好;歌曲学到一定时候,教师拿出各种乐器,让学生自由配乐,进行实践探究;最后,歌曲圆满结束后,可以提问学生都有哪些体会,可以说一说吗,孩子们会说出许多你想不到的话来。课堂中,学生的能力得到了充分的发展,真正实施了素质教育。

实例分析

任务三 观察和分析课堂实例中的实践性活动

活动一 实践性活动的有效性

1. 全员活动

(1) 主持人以 PPT 演示文稿形式展示实践性活动的两堂教学案例。

(2) 请学员观察这两堂课运用了哪些有效的实践性活动?

案例一

【教学内容】

1. 复习歌曲《闪烁的小星》。

2. 欣赏乐曲《小星星变奏曲》片段。

3. 拓展欣赏及表演。

【教学目标】

1. 复习歌曲《闪烁的小星》和欣赏乐曲《小星星变奏曲》的片段,体验歌曲的情绪,用肢体语言表达乐曲,感受夜晚优美、安静的意境。

2. 欣赏由《闪烁的小星》主旋律改编的两段乐曲,体验两段乐曲的不同情绪,结合歌唱,以情感为主线,以动作为中心,达到唱听一体化的目的。

【教学重难点】

1. 教学重点:用断、连的方法唱好歌曲《闪烁的小星》。

2. 教学难点:欣赏《小星星变奏曲》,体会、感受不同乐段的不同情绪,并能根据情绪即兴配上合适的动作。

【教学过程】

衔接语:一闪一闪亮晶晶,天空布满小星星。小朋友们,你们还记得上一节课我们学过的歌曲《闪烁的小星》吗?

一、复习歌曲

1. 复习演唱《闪烁的小星》。

2. 教师指导学生演唱《闪烁的小星》,并进行歌曲处理。

教师提问:你觉得怎样唱,才能把小星星"一闪一闪"的感觉唱出来呢?

请学生回答,并请学生来示范演唱。

(1) 第一句"一闪一闪亮晶晶"唱出小星星一闪一闪的感觉。

全体学生用正确的方式演唱第一句。(注意:小星星和我们是好朋友,唱的时候应当亲切)

教师提问:你们来看,在第二句话上面出现了什么?(多媒体呈现彩虹)

(2) 第二句"满天都是小星星"用连贯的声音来演唱。(全体女生)

衔接语:小星星站在哪里?(高高的天上),示意学生的声音也要像小星星一样站的高高的。

第二次请男生演唱,教师钢琴伴奏。

第三次请全体学生一起演唱第一句和第二句,教师钢琴伴奏,特别注意两句话用不同的演唱方式(断,连)。

(3) 教师钢琴伴奏,分组演唱两句《闪烁的小星》,并要求边唱边仔细听别的小组有没有按照老师的要求,注意跳跃和连贯的对比。

请学生来做点评。

(4) 教师钢琴伴奏,学生完整演唱歌曲,多媒体呈现歌词,红色字为跳跃演唱,蓝色字为连贯演唱。

二、歌表演

衔接语:接下来,就让我们加上动作,在美妙的音乐中,表演歌曲《闪烁的小星》吧!

要求:学生即兴摆造型做动作,边唱边表演,表达对歌曲的感受与体验。

三、欣赏《小星星变奏曲》

衔接语:你们表演得真棒,作为奖励,小星星为我们带来了一段动听的音乐,请你选择一个最舒服的姿势,闭上眼睛,静静欣赏。

1. 初听。

学生初步感受乐曲的主旋律以及音乐的变化,并了解其演奏形式是钢琴演奏。

教师介绍《小星星变奏曲》的作曲者——莫扎特,多媒体呈现乐曲名字。

衔接语:我们刚才听到的是它的片段。是由钢琴演奏的。那么它到底变在哪里呢?接下来,就让我们一起来玩个游戏,它的名字叫做“变变变”。

2. 复听:游戏“变变变”。

(1) 教师介绍游戏规则。

衔接语:请你在音乐一开始就摆一个漂亮的造型,当听到音乐有明显的变化时,再变一个造型,等音乐结束的时候,请告诉大家你变了几次造型?

(2) 学生听音乐,变造型。

（3）学生反馈变化次数,答案不一。

3. 完整欣赏音乐并看多媒体画面,自己找出音乐"变几次"的答案。

衔接语:到底变了几次造型呢? 请看大屏幕,小星星会告诉你答案。(多媒体)

（1）自己找出音乐"变几次"的答案。

（2）请学生回答每次变化给我们的感受。

（3）教师总结每段的感受,揭示它到底变在了哪里,每一段最大的区别在哪里。

说明:
　　1. 学习要点:完整欣赏音乐并看多媒体画面。
　　2. 设计意图:通过观看多媒体,让原本比较抽象的音乐具体化、形象化,帮助学生感受、体验乐曲中的情绪变化,并为下面的表演做铺垫。

教师揭示:每一段之间最大的变化是在节奏上,教师分句演奏每一个版本的旋律,感受它们在节奏上的变化。所以作曲家给它取名为《小星星变奏曲》。请小朋友一起来念一念乐曲名字:《小星星变奏曲》。

4. 跟着音乐的变化即兴表演。

教师带领学生在每段不一样的音乐中做一做动作,感受音乐的变化。

四、拓展欣赏

1. 欣赏两个不同版本的"小星"。(流行版本,3/4拍节奏版本)

请学生回答两次音乐带来的不同的感受,并说说更喜欢哪一种。

2. 分组,为乐曲起名字。

要求:请小朋友为自己喜欢的音乐取一个名字。师生共同归纳两个名字。

分组:喜欢第一首和喜欢第二首的学生分组坐在两边。

3. 即兴模仿。

学生跟音乐模仿教师动作,请他们在听到自己喜欢的音乐时到中间表演,其他学生为其拍手伴奏。

4. 综合表演。

衔接语:我知道我们小朋友都有一对灵敏的耳朵,现在蔡老师把这些音乐都编辑到了一起,请你把今天学到的本领都表现出来好吗? 好,星星歌舞会现在开始!

顺序:

（1）唱《闪烁的小星》。

（2）表演流行版本音乐。

（3）表演3/4拍节奏版本音乐。

（4）歌表演《闪烁的小星》。

四、小结

在今天的课中，我们的收获可不少，我们不但和小星成为了好朋友，还一起唱了歌曲《闪烁的小星》，感受到了音乐给我们带来的快乐。以后在我们的课上，老师还会带你们认识更多的音乐朋友，好吗？那就让我们听着《小星星变奏曲》的音乐，结束今天的唱游课吧。

案例二

【教学内容】

1. 听赏管弦乐《红旗颂》（片段）。

2. 初步学唱歌曲《雨花石》。

【教学目标】

1. 聆听乐曲《红旗颂》，感受乐曲所抒发的真挚情感；学唱歌曲《雨花石》，感受歌曲所表达的深切情感和抒发的情绪。

2. 在哼唱旋律、比较聆听、音乐表演等多元聆听模式下感受、聆听乐曲《红旗颂》；在反复聆听、哼唱旋律、比较写作手法、模唱及视唱曲谱的过程中初步学唱歌曲《雨花石》。

3. 聆听乐曲《红旗颂》，了解乐曲的主奏乐器和创作人文背景；初步学唱歌曲《雨花石》，把握切分节奏、休止符等音乐要素在歌曲中的作用。

【教学重、难点】

1. 教学重点：有感情地演唱歌曲《雨花石》。

2. 教学难点：把握歌曲《雨花石》中切分节奏、休止符以及附点节奏等音乐要素在歌曲中的作用。

【教学过程】

一、聆听与体验——管弦乐《红旗颂》

1. 主题1聆听。

关键设问：乐曲表达怎样的情感？在旋律上与哪首乐曲相似？主题旋律的主奏乐器是什么？

（1）初听。

提问：①乐曲表达的情感？②与哪首歌曲的旋律相似？

（2）复听。

提问：乐曲的主奏乐器。

（3）揭题：《红旗颂》，作曲吕其明。

教师揭示聆听的乐曲是管弦乐《红旗颂》的主题旋律，由国歌改编。

（4）主题1表演。

关键设问：你们准备用怎样的动作来表达此刻的心情？

教师简单介绍乐曲《红旗颂》：早在抗日战争时期，年仅10岁的吕其明和姐姐俩随着父亲一起来到了安徽抗日前线，但姐弟俩眼睁睁地看着父亲被敌人杀害；1949年，当毛主席宣布中华人民共和国成立、第一面五星红旗升起的时候，年轻的吕其明仿佛看到了父亲的身影；在之后的岁月里，每逢想到此情此景，他便心情无比激动，于是他怀着对烈士们的崇敬之情写下了乐曲《红旗颂》。

说明：
1. 学习要点：本环节的重点意在通过聆听，使学生初步感知引子部分的旋律走向、情绪特点、主奏乐器等音乐要素，初步了解引子部分即国歌的变奏。
2. 设计意图：本环节的重点，意在通过比较聆听初步感知乐曲引子部分与国歌旋律的相似；通过提问回答，及师生交流得知乐曲的主奏乐器、曲作者；通过动作造型的表演，意在培养学生缅怀先烈的崇敬之情。

2. 主题2的聆听。

关键设问：这段旋律所表达的情感是怎样的？请你跟着琴声哼唱旋律，并选择画面上的配图，塑造一个造型好吗？

（1）初听：主题旋律2的情绪。

（2）哼唱旋律：教师钢琴演奏主题旋律2，学生用"lu"哼唱主题2的旋律。

（3）再听旋律：在"解放军战士敬礼""英勇的战士冲锋"和"江姐绣红旗"三幅画面中选择一幅合适的画面，并看着画面，用一个造型来表现。

（4）音乐综合表演：男生表现主题旋律1（英勇奋战或敬礼、行注目礼）；女生表现主题旋律2（哼唱或者"绣红旗"）。

3. 教师小结。

正是因为这首歌由国歌改编，有号角般的旋律，才为我们的祖国送上了一份深深的祝福，作者用音乐表达了我们的祖国成长道路中的艰辛、不易；因为这首乐曲是一首大型的交响史诗，故在今天的课堂中，我们只能欣赏到其引子部分和展开部分的第一主题旋律。在今天放学之后，同学们可以在家中，借助强大的"百度"搜索工具，来完整的聆听这首乐曲。

说明：
1. 学习要点：本环节的重点意在使学生在聆听的过程中，初步感受展开部分主题旋律所表达的一种缅怀之情，回忆共和国诞生时的艰辛不易。
2. 设计意图：本环节的重点，意在通过比较引子与展开部分旋律的情绪以及辨别展开部分主奏乐器，感知情绪；通过选图片，塑造人物形象等方式产生"缅怀之情"。

二、聆听与感受——歌曲《雨花石》

衔接语：老师看了你们的表现，却心里在"流泪"，你们表现得很投入，很英勇，在音乐的世界中，有许多作曲家被先烈们的勇敢所打动，写出了不少的音乐作品。在本单元中，也有这么一首歌曲，你们听，这首歌曲中唱了什么？

1. 初听。

(1)歌曲的情绪；(2)歌词大意(音乐所要表达的是怎样的情感)。

2. 朗读歌词。

提示：用对烈士的崇敬之情来朗诵。

3. 揭示歌曲名字：《雨花石》，作者：龚耀年。

说明：

1. 学习要点：本环节进一步加深学生对歌曲整体旋律的记忆，感受理解歌曲并比较歌曲前后情绪的变化，为歌曲的学习做好铺垫。

2. 设计意图：本环节旨在通过聆听理解歌词，感受歌词"排比"的写作手法；在教师介绍人文资料、用伴奏音乐作为"背景音乐"的过程中，进一步记忆歌曲的旋律，在交流的过程中感受音乐形象。在朗读歌词的过程中，感受歌词情感表达的质朴。

三、实践与演唱

1. 听旋律看歌谱。

提问：聆听范唱，看看歌谱的特点？((1)歌曲中运用了装饰音、切分节奏以及短小的休止符，来表达"哽咽"之情；(2)歌曲中每两句均为变化重复)

2. 视唱歌谱。

要求：能唱谱的唱唱名，其余同学用"lu"哼唱。

提示：这首歌曲分成了前后两段。

3. 学唱歌曲前两句。

关键设问：歌曲中运用了哪些动词表现了雨花石在泥土之中？

(1)唱谱(演唱唱名，提示：变化重复处)；(2)朗读歌词(跟着旋律哼唱，思考作者用了哪两个动词来表现雨花石在泥土中)；(3)把歌词和旋律结合起来(注意：切分节奏)。

4. 学唱歌曲第三、第四两句

关键设问：作者是如何抒发自己对雨花石的崇敬之情的？

(1)教师演唱。(思考后半段变化在哪儿)

(2)唱谱。(为什么两句的开头不同？因为革命的信念是从树立一直到坚定信心)

(3)演唱歌词。(提示：两句歌词完全重复，但要表达对革命事业和信念必定会成功的迫切心情)

5. 完整演唱。

（1）全体演唱，做到前后两段情绪变化。

（2）分角色演唱：四句歌词＋结尾。（①女生；②左；③右；④全体；结尾：教师和全体）

说明：

1. 学习要点：本环节旨在要求学生准确把握节奏、力度，控制情绪演唱歌曲。

2. 设计意图：通过师生问答、辨认音乐符号、教师引导等学习方式，引导学生理解音乐要素，升华演唱时的情感，感悟"雨花石"所铺就的是一条五彩的路，是一条通往光明的路，坚定自己的情感和信念。

四、教师小结

今天我们聆听了吕其明爷爷的《红旗颂》（片段），学唱了歌曲《雨花石》，同学们用肢体语言动作和歌声表达了自己对祖国的崇敬之情，愿我们的祖国明天更美好！下课。

2. 个别活动

观察以上音乐教学的实践性活动案例后，记录执教者实用的实践方式以及评价活动的有效性，完成下列表格。

活动内容	活动方法	活动有效性

3. 小组活动

学员分组讨论执教者使用实践性活动的目的和对教学的作用。结合自己的教学经历，谈谈自己在实际课堂中对实践性活动的有效运用。

4. 活动小结

虽然教师们正在努力为学生创设丰富的音乐实践活动，为学生提供更多的参与音乐体验的机会，但当前很多音乐课堂中的实践活动还只流于形式或表面，活动本身并没有让学生获得对音乐的直接经验和丰富的情感体验。

（1）音乐实践活动的创设要突出音乐本体。

对音乐的学习，其实就是对音乐语言的学习，当我们学会了音乐语言中基本要素的含义时，就自然能读懂音乐整体的内涵了，从音乐本体中提炼音乐要素，为学生创设能够容易、深入理解这些要素的音乐实践活动，最终达到把握整首音乐内容的目的。

（2）音乐实践性活动需紧扣教学目标的创设。

设计的每一个音乐实践活动背后都有其明确的出发点和依据,所以音乐实践活动要紧扣教学目标、为实现教学目标而服务,紧扣教学目标创设的音乐实践活动是达成一堂优质音乐课的必要条件。

(3)音乐实践活动的创设应尊重学生兴趣。

兴趣对学生的学习有着神奇的内驱作用,能变无效为有效,化低效为高效。如果教师在创设音乐实践活动时能够充分尊重学生的学习兴趣则能优化课堂教学,提高教学质量。只有能启发学生学习兴趣的音乐实践活动才会增加学生主动学习的热情。从学生的兴趣出发,尊重学生兴趣来创设音乐实践活动也是创设有效音乐实践活动的重要保证。

(4)音乐实践活动的创设要遵循审美规律。

音乐教育的审美功能是一个从感受美到鉴赏美,再到创造美的过程。因此音乐实践活动作为实现音乐教育审美功能的途径,它的创设也应该遵循音乐审美规律。在创设音乐实践性活动时要遵循从简到繁,从易到难的规律,让学生能够通过音乐实践活动走进音乐、感悟音乐、鉴赏音乐,领悟作品的精神内涵,引起情感激荡,并进行美的旋律的创编,最终实现学生对音乐的理解能从表象走进内在,从感性上升到理性的目的,从而影响他们的审美判断力和行为。

活动二 实践性活动的适应范围与内容

1. 头脑风暴

(1)学员以头脑风暴的形式针对"实践性活动的适应范围"充分发表自己的意见,主持人将学员的观点填入图中。

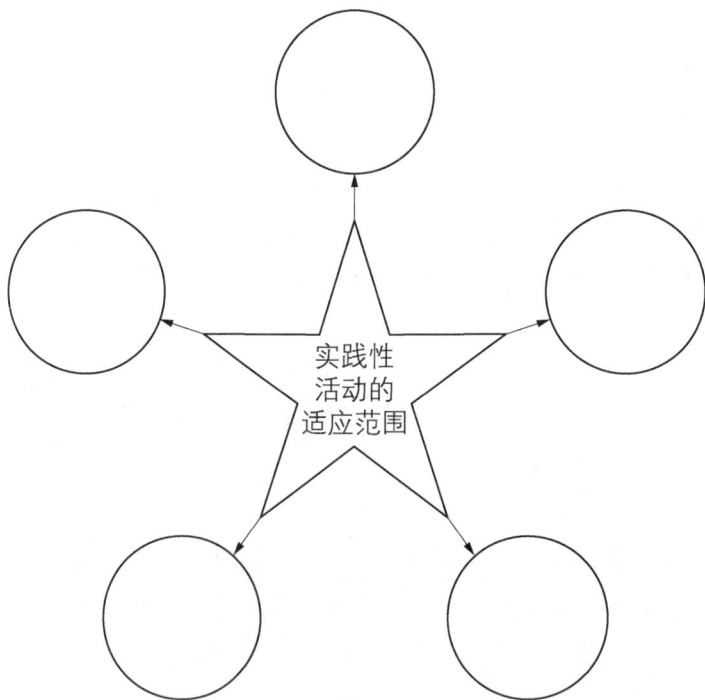

（2）根据讨论结果，学员把自己对于实践性活动的适应范围的认识填入下表。

实践性活动的适应范围
1.
2.
3.
……

2. 小组活动

学员在组内交流自己填写的表格，归纳本组对实践性活动的适应范围的认识。

3. 活动小结

实践性活动的适应范围很广：歌曲学习兴趣的培养、音乐欣赏的参与度、为各种音乐与歌曲配备的打击乐合奏、口风琴演奏，歌曲或标题音乐中有情景的角色表演、低年级的音乐游戏、中高年级的音乐剧表演、创造性的音乐活动（创造声音、创编打击乐节奏型、创作小歌曲），活动课中更多的参与性表演、组织小小音乐会的策划等。以下是分年段的实践性活动内容与要求，可以作为参考。

主题	小学低年级的音乐课程内容与要求	
	情意	实践
感知	能较专心地听辨音响，初步具有学习音乐的欲望。	1. 在音乐游戏活动中感知音的长短、强弱、快慢、高低。 2. 在模唱音阶与简单旋律的过程中借助唱名字母注音的方法感受并唱准音高。 3. 从二年级开始结合歌曲认识五线谱无升降调号中的常用音位并唱准音高。 4. 在由多种声源演示的过程中，感知由单纯音符组成的节奏型，并认识常用节奏符号，识读简短节奏型。 5. 在音乐感受中认识小节线、小节、终止线。
表现	有参与表演的欲望，表演时自然、大方。	1. 学会用听唱的方法学唱歌曲。 2. 能够用自然的声音歌唱，学会齐唱。 3. 能够在集体演唱中背唱部分教材歌曲。 4. 通过模仿，学习部分儿童打击乐器的敲击方法。 5. 能够随歌（乐）曲作简单的律动。 6. 通过体验与模仿学会作歌表演。 7. 通过模仿，学会2—4种儿童舞步。
鉴赏	喜欢听音乐，乐于想象。	1. 能初步体验音乐中的情绪变化，能用动作表示。 2. 聆听短小乐曲，能够想象音乐所描绘的情景。 3. 听赏由常用键盘乐器演奏的中外短小乐曲为主，知道乐器名称，听辨其音色。 4. 能够辨认几首听赏曲的主题旋律。 5. 通过听赏音乐作品，知道几则音乐家的小故事。
创造	初步具有参与音乐创造活动的兴趣，并能与伙伴合作。	1. 能在模仿的基础上，并结合生活经验，探索音的长短、强弱、快慢、高低。 2. 能够用多种生活语言、短小的诗句创编节奏型。 3. 能够即兴地运用肢体动作表现音乐。 4. 能够自选打击乐器表现乐曲情绪。

主题	小学中高年级的音乐课程内容与要求	
	情意	实践
感知	能专心地感受音乐要素的变化，能认真地学习音乐基础知识。	1. 能在音乐的实践活动中感受、对比音乐中的要素。 2. 能够感知、听辨调内相对音高。 3. 通过听觉与动觉感知及演示常用节奏型及切分节奏型，认识常用音符及休止符。 4. 结合对旋律的听辨与感受，进一步了解五线谱常用知识，从四年级开始逐步增加五线谱知识的学习内容。 5. 感受音乐的变化，了解力度记号、速度记号及其他常用记号的表现作用，初步学会使用记号。 6. 能够听辨二、三、四、六拍子的音乐，认识常用拍号，理解其含义。知道其指挥图式。 7. 通过听、唱，能够感受旋律的结束音。
表现	有表演的欲望与积极性，能有感情地表演。在集体表演中善于与他人合作并有愉悦感、荣誉感。	1. 能够用听唱与视唱相结合的方法学唱歌曲。 2. 能以较准确的节奏与音高完整地演唱歌曲，歌声整齐统一。 3. 学会轮唱及简单的两声部合唱，基本做到和谐统一。 4. 能在音乐伴奏下，完整地背唱部分教材歌曲。 5. 能够合作演奏简单的二声部节奏乐。 6. 从三年级起学会一件有固定音乐的课堂常用乐器的基本演奏方法。 7. 通过体验与模仿，学会几种常用民族舞与现代舞的舞步，初步体验音乐与舞蹈的联系。
鉴赏	有欣赏音乐的兴趣，能专心聆听，积极思考，勇于表达。较关注音乐信息动态。	1. 能够用各种方式体验并描绘音乐旋律运动的方向。 2. 能够听辨乐曲主题的重复与变化，并根据音乐形象的变化区分段落。 3. 能够听赏男、女、童声声乐作品，了解其音色分类特点、声乐演唱形式。 4. 能够听赏由中、外常见管、弦乐器演奏的音乐作品，了解乐器的形状及其音色特点。 5. 结合听赏曲，了解中外音乐家简单生平及代表作，了解作品的文化背景。 6. 能够背记听赏曲的主题旋律或旋律片段。 7. 能够欣赏舞蹈、影视中的音乐，体验其情绪。
创造	能有意识地按目标进行创作，并有不断变化创新的积极性。对自己的创造成果有成就感，也能与他人协作。	1. 能用唱、奏探索乐音的重叠效果。 2. 学会即兴创造线条、图形、色彩等记录简单的旋律，表达对音乐内容的理解。 3. 能够尝试把音乐与诗歌、故事、舞蹈等结合，探索创造性的表演。 4. 能够用口头创作的形式，进行即兴的旋律"问答"。 5. 能够运用重复、模进等手法进行旋律填空。 6. 学会创作简易的固定节奏型为旋律作伴奏。 7. 能根据歌曲风格编、演歌表演及律动。

项目再构

任务四　设计时实践性活动

活动一　我的实践

1. 个别活动

主持人布置本次设计活动任务：根据教材内容设计一个实践性活动。随后发放教材复印件和白纸。

理 发 师

1=C 2/4
中速稍快

澳大利亚民歌
华 音 译配

```
5  5   5  5 | 6  6   6  6 | 5   3  | 5   3  | 3  3   3  3 |
理 发 店 的  老 爷 爷 呀  咔 嚓   咔 嚓，  手 里 拿 着
下 面 一 位  请 您 过 来  咔 嚓   咔 嚓，  镜 子 里 面

4  4   4  4 | 3  1  | 3  1  | i  —  | 6  7  i  6 |
一 把 剪 刀  咔 嚓   咔 嚓。                              哎!      就 快 成 功
看 一 看 哪  咔 嚓   咔 嚓。

5  —  | 5  6  5  4 | 3  1  | 1  1  | 1  —  | 1  0  ‖
啦，       快 快 喷 雾  沙 沙   沙 沙  沙。
```

2. 小组活动

学员四人一组,分析教材内容,确定教学目标以及实践性活动的内容和形式。各组一起设计合理的实践性活动的片段教案,写出详细的操作步骤和要点。组内分配在实践性活动中各自所承担的任务,做好呈现实践性活动的准备。

活动二 我的感悟

全员活动

(1) 学员以小组为单位,进行实践性活动的展示。展示时,安排一人扮作教师,一人为旁白,介绍活动中设计的方法和相关理由,其余扮作学生。

(2) 让全体学员从各组展示的实践性活动中选择一个,就以下问题发表自己的看法:

① 什么是有效的、有意义的实践性活动?

② 请说出实践性活动在课堂教学中的不同功能,并结合自己或所看到的课堂教学举例说明实践活动的教学策略。

活动三 音乐实践活动的教学策略

1. 全员活动

学员上交在活动二中写下的对于实践性活动的想法,在主持人的安排下贴在相应的黑板上。主持人组织学员相互阅读和学习别人提的想法。

2. 小组活动

各小组讨论其他学员对于本组设计的实践性活动的建议,并修改实践性活动的设计方

案。各小组归纳设计实践性活动中的教学策略。

活动四 任务小结

1. 低年级

（1）音乐活动中歌曲学唱有效策略。

创设歌曲学习情境（激发兴趣、引起注意）——感受音乐（聆听歌曲、审美期待）——体验音乐（师生讲解歌词、审美愉悦）——表现音乐（打击乐合奏、歌唱、舞蹈、绘画、音响、配乐朗诵、情节表演等审美体验）。

（2）活动中体验歌曲情感有效策略。

演唱歌曲——挖掘情感（师生交流相关文化）——创设情境（学生入情入境）——再唱歌曲（阐释音乐内涵，深层体验）——完美表现（富有表情，有感情地表现音乐）。

这种教学方法是继歌曲基本会唱后的活动，我们发现营造感悟音乐内涵的情境，抓住音乐作品中富有灵气的"眼"，创设一定的儿童喜闻乐见的情境，可以进一步促进学生与音乐的沟通，领悟歌曲表达的感情，促使学生更好地感受与表现出来。如《小乌鸦爱妈妈》一课，创设情景：找同学扮演生病的乌鸦妈妈，扮演懂事的小乌鸦，"小乌鸦"们叼来虫子，一口一口喂妈妈。学生们动情地唱着、表演着，这种教学活动开启了学生潜在的善良品质，让学生在音乐的感动中，情感世界变得更加丰富多彩，教学效果显著。

（3）活动中音乐欣赏教学有效策略。

创设情境（故事、儿歌、谜语、多媒体、音乐背景）导入——聆听音乐（教师抓住音乐形象突出的地方引导聆听）——再听、交流感想、分享快乐体验——合作探究、用各种方式阐释音乐（相关文化介绍，合作表现音乐）。

教材音乐欣赏低年级主要选择音乐形象突出，音乐旋律有特点，易于学生理解和记忆的作品。教师可选择情境导入的方法，激发学生聆听的欲望。在聆听后，让学生参与的活动很多。如《在欢乐的节日里》一课中，A段主题用打击乐合奏作为伴奏；B段舞蹈表演。这样学生会在参与中记住音乐的曲式结构，聆听时会注意到段落的不同情绪、节奏、速度及音乐表达的意境等。

（4）音乐活动中的游戏有效教学策略。

一般是将音乐教材中富有情境和情节的内容以游戏形式来完成。这对于低年级的学生，是最快乐的音乐实践活动。教师与学生根据内容创造各种游戏内容，创造音乐活动过程，在游戏的情节表演中完成教学内容。游戏的方式非常贴近儿童生活，受到学生喜爱。

情景游戏：创设游戏情境（激发兴趣）——音乐活动导入（准备阶段）——实践活动（引导体验）——师生探究（评价与总结）。

2. 中高年级

（1）音乐情景剧常用有效策略。

歌曲完整演唱（激发情感）——交代剧情（创设情境）——分组编导、排练——准备道具、头饰、布景、背景音乐——小组表演汇报（师、生做观众）——师生点评。

学生从一年级开始形成的良好参与表演的习惯，也使得学生中产生很多小导演、小演员、小音响师，他们配合默契，这种参与表演音乐剧的主要目的是培养学生的音乐综合表现能力，参与群体活动的能力；特点是活动面大，给每一位学生都提供了表演机会。在学生用自然的、美好的歌声演唱歌曲后，加入表演。

（2）歌曲学习有效策略。

创设情境（激发学习欲望）——聆听作品（审美愉悦）、初步唱歌词——学唱歌曲（视唱曲谱、打击乐器合奏演奏；视唱部分旋律。小组汇报、全班共同完成）——再唱歌曲——介绍挖掘歌词内涵（师生查找相关文化资源、多媒体、影视资料等）——激发情感，关注内心体验。

（3）综合艺术课音乐实践活动的策略。

创设情景——音乐介绍——资源利用（挖掘内涵）——主体实践（多种艺术交流形式）——再体验音乐（情感升华）。如四年级音乐课《我们像快乐的小鸟》，是一首二声部合唱。学会曲谱视唱后，学生用口风琴演奏二个声部，很好地解决低音部的音准。然后，教师与学生共同创编几个声部以上的打击乐器合奏总谱。每一个学生在演奏，演唱、表演的过程中，体验音乐的节奏、旋律、情感的美好。歌声发自孩子们的内心。这种音乐实践活动课的设计，令学生忘我地投入到音乐体验中，为之陶醉，因之动情。

（4）音乐剧教学的有效策略。

从四年级升始，在学生学会歌曲、掌握音乐剧的情节后，教师将任务交给学生，由学生们分组独立完成。教师要做的是准备一些道具、音乐、布景，在各个小组汇报演出后点评，尤其注重学生的审美能力的提高与培养。

准备阶段（分配任务、了解剧情）——练习阶段（背台词，歌曲演唱熟练）——（组内合作、确定角色、自己排练、教师指导）——汇报演出（师生共同讲评）——体验成功喜悦。

如：《保尔的母鸡》，学会歌曲后，按场次与幕划分小组。学生自己排练，分配角色表演，学生逐渐体验到生活中的情境在舞台上经过艺术加工后所具有的感染力，印象深刻。

感想记录

任务五　学习感悟

活动一　这一单元你学到了什么

1. 个别活动

主持人让学员根据本单元的学习和体验，完成以下问卷：

判断题		同意	不同意
1	所有的音乐教学领域都应强调学生的艺术实践,积极引导学生参与演唱、演奏、聆听、综合性艺术表演和即兴编创等各项音乐活动。		
2	课堂教学中的实践性活动可分为两类:自主性音乐实践活动、合作性音乐实践活动。		
3	音乐实践活动背后都有其明确的出发点和依据,为实现教学目标而服务,应紧扣教学目标。		
4	在唱歌和演奏教学中,教师单纯地对音色、力度、音准等方面提出很多要求,学生在机械死板的状态下简单模仿,是高效的实践性活动。		
5	在创设音乐实践性活动时要遵循从简到繁,从易到难的规律,让学生能够通过音乐实践活动走进音乐、感悟音乐、鉴赏音乐,领悟作品的精神内涵。		
6	音乐实践活动不需要尊重学生的兴趣,完全按照教师的想法就可以了。		
对于上述你持不同观点的判断题,请说明你的观点和理由:			

2. 小组活动

分小组,根据判断题的内容陈述个人观点,逐一交流答卷的情况;记录有分歧的问题。

3. 全员活动

各组按问卷中问题的排列,逐一提出意见分歧的焦点。通过"头脑风暴"的形式展开讨论与交流,争取达成共识。

活动二　感悟实践

个别活动:学员客观分析自己的教学,围绕实践性活动,写下自己在培训前后对于这一主题的认识和再认识。

第四单元　探究性活动

一、单元目标

1. 明确在音乐课堂教学中设计开展探究性活动是学生进行音乐创作实践和发掘创造性思维能力的过程和手段。

2. 通过案例比较和理论学习,理解探究性活动在音乐教学中的作用和意义。

3. 通过音乐教学观察和同伴互动交流,明确有效实施探究性活动的基本方法。

4. 能根据不同的音乐教材内容,确定相配的探究性活动主题或内容,并能设计实施探究性活动方案。

5. 能结合自己的教学实践,观察他人在音乐课堂教学中实施探究性活动的有效做法,反思并改进自己在课堂教学中实施探索性活动的问题和不足,并通过实践提高自身设计与实施探索性活动的教学能力。

二、预期成果

1. 通过学习、交流、实践、反思,学员能掌握在音乐课堂教学中实施探究性活动的基本方法,找出自己在这一方面存在的问题和不足,制订相应的改进措施,提升自己的专业能力。

2. 能根据教材内容,独立确定探究性活动内容,设计有效的教学活动,并能在课堂教学实践中自觉正确地运用。

三、任务设置

学习模块	学习任务	时间安排	达成要求
经验分享	任务一　学习与思考	60分钟	1. 了解音乐课堂教学中探究性活动的目的和意义。 2. 知道什么是音乐探究性活动。
实例分析	任务二　分析与归纳	60分钟	通过观察若干音乐课堂教学片段,记录下执教教师所设计的探究性活动的内容、形式。
	任务三　交流与总结	60分钟	通过交流讨论,初步总结探究性活动的设计和实施的基本方法。
项目再构	任务四　设计与实施	30分钟	1. 能从所提供的教材中挖掘探索性活动,选择合适的方法,以片段教案的方式呈现。 2. 将所设计的探究性活动以小组的方式进行模拟教学,并集体评价。

学习模块	学习任务	时间安排	达成要求
感想记录	任务五　学习感悟	30分钟	1. 在教学实践中能主动、有机地运用探究性活动实施的方法。 2. 能在音乐教学实践中运用方法，反思自身的教学现状，促进自身的专业发展。

四、材料准备

阅读材料、教学片段、彩塑水笔、白纸。

经验分享

任务一　学习与思考

活动一　明确音乐课堂教学中探究性活动的目的

1. 全员活动

学员谈论自己对音乐课堂教学"探究性活动"的认识。主持人随后总结学员答案。

2. 活动小结

我国的基础教育课程特别强调学生学习方式的改善，将探究性活动作为学科教学的一项重要内容。尤其在音乐学科的《课程标准》中，将"过程与方法"作为教学目标提出来，以示加强在教学中对学生学习过程的关注。其中指出："培养学生对音乐的好奇心和探究愿望，重视自主学习的探究过程，使学生能够积极参与以即兴式自由发挥为主要特点的探究与创作活动。"其意义就是通过提供开放式和趣味性的音乐学习情景，激发学生对音乐的好奇心和探究愿望，引导学生进行以即兴式自由发挥为主要特点的探究与创造活动，重视发展学生创造性思维的探究过程。同时，注重学生在对音乐情感体验的个性化感受和认识过程中，运用以体现"探究式"学习理念的各种学习活动，激发学生的学习兴趣，发展学生的意象思维和想象力，在实践活动中培养和锻炼学生发现美、感受美、表现美和创造美的能力。

活动二　什么是探究性活动

1. 小组活动

以四位学员为一组，请学员结合刚才主持人的话，思考并讨论什么是探究性活动？

2. 全员活动

主持人出示表格，学员交流自己的思考结果。主持人把每个学员的想法记录在表格内，如有相同意见，则不重复记录。

3. 活动小结

所谓探究性活动就是从学科领域或现实社会生活中选择和确定研究主题,在音乐教学中,创设一种类似于学术研究的情境,通过学生自主、独立地发现问题、实验、操作、调查、搜集与处理信息、表达与交流等探索活动,获得知识、技能、情感与态度的发展,特别是探索精神和创新能力的发展的学习方式和学习过程。多用精炼的语言为探究学习做了生动的描述与形象的比喻:这个过程"不是传递所知道的而是探索不知道的知识的过程;而且通过探索,师生共同'清扫疆界',从而既转变疆界也转变自己。"

探究性活动在音乐教学中是个充满新意的课题,容易引起学生的兴趣。但并不是所有的音乐课都要采用探究的形式进行,有一点须注意:探究需要一定的条件,必须遵守一定的原则。探究所面对的必须是一个有价值的未知世界,所采用的必须是一种自主的教育方式,所要求的是必须遵守一定的原则,必须是一个独立的学习过程,所需要的必须是一种平等的师生关系,所期望的必然是一个互动的活动课堂,所追求的必然是一种深层的情感态度,所获得的必然是一个开放的教学结果,所培养的必然是一种主体的创新精神。

实例分析

任务二　分析与归纳

活动一　观摩两个课堂教学片段

1. 个别活动

主持人播放两个教学片段的录像。学员观看录像,思考两段教学录像中所涉及的教学内容和探究性活动的形式。

教案一

【教材内容】《进行曲的世界》

【教学目标】

1. 通过学习与聆听各类进行曲,最终能运用进行曲的知识分析所欣赏进行曲音乐的主要特点、它们所适用的演出场合及功能。

2. 运用自主、合作、探究的学习方式,多角度研究问题,通过搜集、分析、归纳、整理、综合信息提高学生的探究能力。

3. 通过自主、合作、探究式学习,加强学生之间的合作精神,增强集体荣誉感,通过聆听与演唱进行曲,增强热爱祖国、保卫祖国、热爱家乡的豪迈情怀。

【教学重难点】

1. 教学重点:能够与小伙伴进行合作,通过搜集、分析、归纳、整理、综合信息的方法探究进行曲的相关知识。

2. 教学难点:能运用进行曲的知识分析所欣赏进行曲音乐的主要特点。

【教学过程】

一、创设情景、引发思考

1. 播放进行曲的一些画面。

（1）这些都是什么音乐？与流行曲有什么不同？（节奏、节拍、旋律）

（2）中国的进行曲有哪些？外国著名的进行曲有哪几部？

（3）常听到的进行曲有哪些？分别在什么场合听到？

二、搜集资料、归纳整理

1. 以小组单位，确定小组名称和探究主题，利用图书馆、网络查找并搜集信息和资料。

（1）确定小组名称：一组、二组、三组。

（2）确定小组探究主题，查找搜集有关进行曲的信息和资料，如什么是进行曲、中国进行曲、外国著名的进行曲、运动员进行曲、婚礼进行曲、葬礼进行曲、军队进行曲等，及有关进行曲的画面、音乐、Flash。

2. 小组内讨论交流、归纳整理信息和资料。

（1）筛选信息或资料。

（2）归纳整理，分门别类。

（3）做好记录：进行曲的种类，进行曲的特点，中国的、外国的进行曲等。

3. 以小组为单位，制作演示文稿，准备在全班展示交流。

三、交流共享、升华情感

1. 以小组为单位，展示学习成果（演示文稿或网页），资源共享。

2. 自由发言，谈一谈学习体会。根据评价量表，学生对自己的作品和学习过程的表现作出评价。

教案二

【教材内容】《走进京剧》

【教学目标】

1. 让学生初步了解京剧，知道京剧的四大功夫及四大行当，并通过网络制作幻灯片。

2. 在主动参与实践的活动中获得知识，培养学生的观察及辨别能力。

3. 培养他们对京剧的兴趣和热爱祖国传统文化的情感。

【教学重难点】

1. 教学重点：认识京剧的四大功夫及行当，体验京剧的表演特点。

2. 教学难点：辨别四大行当并制作幻灯片，主动参与创造性活动。

【教学过程】

一、创设情境，激发兴趣。

教师表演《都有一颗红亮的心》。

随着文化的传播与交流,京剧艺术被越来越多的人所熟悉和喜爱,甚至一些老外特地到中国拜师学艺,把我国的京剧艺术带到他们的国家中去。那么,我们作为一个中国人对自己的国粹——京剧又了解多少呢?

二、主动参与,感知探究。

1. 京剧介绍。

(1) 学生分组上网查找有关京剧的资料。

(2) 分小组介绍。

(3) 教师小结。

京剧是我国的国粹,又称作"东方歌剧",已有200多年的历史了。在我国300多个地方戏剧种中,京剧是个大剧种,算是个老大哥。因此,我们有必要了解一下中国国粹——京剧。

2. 介绍京剧的四大功夫唱、念、做、打。

(1) 唱:个别学生演唱京剧片段。

(2) 念:① 请同学用普通话读一读《卖水》。

② 教师念《卖水》,有什么特点?

③ 学生学习念《卖水》。

(3) 做:① 欣赏《拾玉镯》,说一说在做什么?

② 学生模仿开门、梳头等动作。

③ 教师示范"拾玉镯"动作。

④ 学生学习"拾玉镯"动作。

(4) 打:① 欣赏《三岔口》。

② 配上打击乐器模仿亮相动作。

3. 京剧的四大行当。

上网查找什么是京剧的四大行当,怎样来区别、认识?

京剧根据人物的年龄、性别、个性等把人物分成了四大类,就是我们所说的四大行当:生、旦、净、丑。

三、小组合作,自主创新。

1. 看图片猜一猜。

2. 分小组上网查找京剧图片制做幻灯片。

3. 分组展示、评价。

4. 穿服装模仿京剧动作。

四、小结

今天,我们通过互联网、多媒体、音响等手段了解了京剧,可以说只是迈进了京剧的大门,我想通过这次的接触会给同学们留下深刻的印象。京剧艺术博大精深,我希望你们今后不断地去学习,去了解它,因为它是我们中国的国粹,有着无穷的艺术魅力。

2. 小组活动

学员按四至六人一组分组。主持人发给各组一份表格。请学员根据表格中的要求，以小组合作的形式讨论并指出课堂教学中教师所提出的探索性内容，以及呈现的方式。

	教材内容	探索性活动的内容	呈现的方式	选择的活动方式
片段1				
片段2				

3. 全员活动

主持人展示部分小组的答案，鼓励学员进行交流，发表看法。

活动二　任务小结

1. 确立探究的主题

探究主题是探究性学习成败的关键，好的选题可以激发学生的探究兴趣，激活学生的知识储备，激励学生不断进取，达到自主学习、自主教育的目的。如果确立的探究课题不适当，探究性学习将无法达到预期效果，有的甚至难以进行下去。因此，确立探究主题至关重要。

（1）课题内容必须是音乐教学领域中的核心内容；

（2）课题的寓意必须具有一定的挑战性；

（3）课题难易程度应该符合学生的年龄特征和实际水平；

（4）课题有利于激发学生学习音乐的兴趣；

（5）课题能够兼容学生已有的相关文化知识，通过迁移、综合、建构、创新等组织过程，达到一个新的层次。

2. 确定探究形式

（1）集体探究形式。

集体探究中教师做的就是选择课题、确定形式、组织活动。当教师巧妙地抛出主题时，主题迅速变成无数闪光的花絮飞入学生的心底，激起探究学习的热情，激活沉睡的脑细胞，使创造性思维跃出课本、跃入生活、跃入社会。在探究中，学生通过"自组织"过程，不仅在自己特有的层面上理解了主题内容，还在探究过程中，锻炼了学习能力，掌握了学习方法，增强了创新意识。如：以"什么是音乐"为课题，教师有效地组织了一次生动的班级讨论，经过倾听、发现、分析、思考、查询、陈述、辩论、梳理、自悟、形成等若干个操作环节，学生在一定层面上完成了"什么是音乐"的探究性活动。其实很多教师教了一辈子音乐课，学生也学了多年音乐课，但很少有人思考过"什么是音乐"。这是一个最基本、最普通，但又最难操作、最有实际意义的问题。老师采用一种最简单的形式，解决了一个最为复杂的教学问题，她采用的方式便是集体探究。

（2）小组探究形式。

在《音乐与生活中的"破铜烂铁"》一课中，以小组为单位学生进行探究学习。当七八个学生围在一起,利用临时发现的"自然音源"进行创造性活动时,他们聚精会神地思考、讨论、实验、操练,表面上交流的是语言,实际上碰撞的是心灵,交互的是头脑中闪光的思绪,获得的是自主学习的能力,体验的是探究学习的兴奋、共同合作的乐趣以及创造中的愉悦。孩子们在"破铜烂铁"上敲敲打打的同时,融进了同学之间合作的友情、学习音乐的感情、创造节奏的激情与探索学习的热情。

（3）个人探究形式。

个人探究是最基本的探究学习方式,没有个人的主动思考、积极探究,便没有集体探究的延续与发展,个人探究是小组和集体探究的基础。如:教师要求学生回家后利用废旧物品制作一个打击乐器——响板,学生们回家后,积极开动脑筋,利用自己的理解、条件和能力,每个人动手制作了一个材料不同、形状各异、音响独特的响板。有的把妈妈的旧粉盒加工成响板,有的拿核桃壳当原材料,有的用两个小瓶盖就解决了问题,有的用小木块或小竹板儿代替。上课时,每人带来一个自制的响板,相互交流制作经验与过程,相互评价响板的质量与音色,共同合作创编节奏并用自制的"乐器"为音乐配伴奏,收到很好的教学效果。可以发现个人探究与小组、集体探究可以灵活地相结合。

任务三 交流与总结

活动一 方法与步骤

1. 头脑风暴

学员回顾自己在教学中曾经使用过哪些方法、步骤来设计探究性活动。以"头脑风暴"的形式针对"探究性学习的方法、步骤"充分发表自己的意见,主持人将学员的观点填入图中。

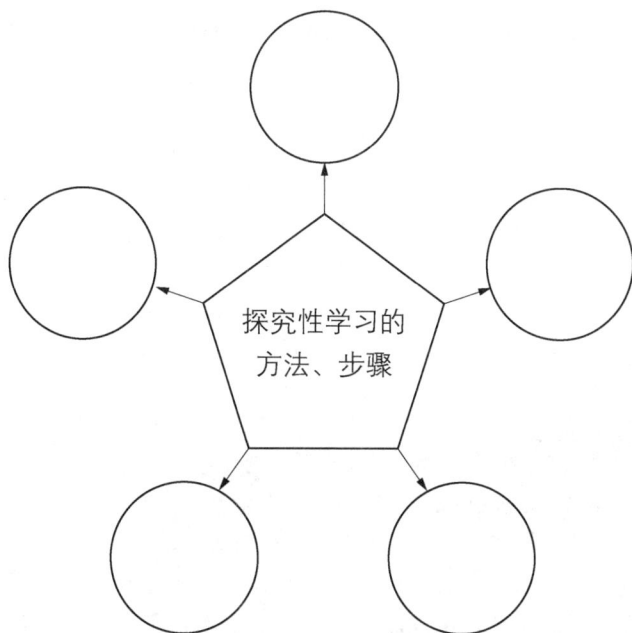

2. 全员活动

主持人出示学习材料。学员阅读学习材料,结合自己以往的教学,进行反思。

探究性学习的方法、步骤

1. 分配选题

在教师公布课题后,小组或个人要会根据自己的水平与兴趣,有针对性地进行选题。如某教师以"孔雀舞"教学内容设计的《傣家风情》一课,将学生分成若干组,有的搜集傣族民歌,有的学跳傣族舞蹈,有的研究傣族建筑,有的关注傣族民俗,就连傣族姑娘的服饰都引发了孩子们极大的兴趣,有一组同学竟然用挂历纸"制作"出傣族服饰。

2. 讨论方案

小组负责人组织全组同学讨论、策划探究方案,制订具体探究计划,涉及人员搭配、时间安排、探究渠道以及探究形式等。

3. 获取信息

学生从书籍、画报、地图、报纸、旅游手册、互联网等多方面获取相关信息,以个人或合作方式,通过查找、剪贴、访谈、学唱、模仿、排练等,将可搜集到的东西,尽可能收集到一起,并形成一定风格。

4. 梳理分析

将汇总来的资料信息进行梳理分析,判断其价值,选择有用的素材,按项目要求进行分析。梳理分析的过程便是学习的过程。

5. 形成结果

以个人或小组形式,将收获表现出来,如唱歌、跳舞、间接的音响资料,电脑课件、手抄报、小展板等。形成结果的过程就是提高认识的过程。

6. 表达交流

课堂上由教师或学生组织全体同学表达交流各自的探究发现所形成的结果,在交流过程中,形成信息交互、情感交互、思想交互、方法交互,达到资源共享、欢乐共享的目的。

3. 小组活动

学员按四至六人一组分组。根据阅读材料,学员在小组内交流对于设计探究性活动方法的认识。

项目再构

任务四 设计与实施

活动一 设计一个探究性活动

1. 小组活动

学员按四人一组分组。主持人提供两个教学主题及内容。各组任选其中一个音乐教学内容,设计一个探究性活动。小组组长或代表进行说课,阐述活动设计的想法、意图和活动步骤。

一、土家族风情

乃 哟 乃

土家族民歌

1=D 2/4

5 3	5	5 3	1	5 5	3	5 3	1

乃 哟 乃　　　乃 哟 嗬,　　　乃 乃 哟　　　乃 哟 嗬,

| 1 5 | 5 5 | 5 3 | 5 | 5 3 | 1 | 5 1 | 5 3 |

唱 起 歌 儿 乃 哟 乃　　　乃 哟 嗬,　　　跳 起 舞 来

| 1 1 3 | 5 3 1 | 1 1 5 3 | 1 1 3 | 5 3 1 |

真 快 乐 乃 哟 嗬,　　嘻 嘻 哈 哈 乃 哟 乃　　乃 哟 嗬。

二、回族少年

花儿与少年

歌舞《花儿与少年》选曲

朱仲禄 词
吕 冰 编曲

1=F 3/8

自由地　田野风

(6 7 | 6·7 6 5 | 3 6 | 2· | 1 2 | 3·2 1 7 |

6· | 6·) ‖: 6· 1 | 6· 1 | 2 1 2 | 3 3 5 |

1.(男独) 山　　里　　　高 不 过 凤 凰
2.(女独) 川　　里　　　美 不 过 大 草
3.(男女重) 山　　里　　　高 不 过 凤 凰

6· | 6· | 6· 2 6 5 | 3 5 | 6 3 5 | 2 1 2 |

山　　凤 凰　　山　　站 在　白 云
原　　大 草　　原　　铺 上　绿 绒
山　　川 儿　　里　　平 不 过 草

3· | 3· | 6 3 5 | 2 1 2 | 3 2 1 | 2 6 |

端　　花 儿 里 为 王 的 红 牡 丹
毯　　人 中 间 英 俊 的 是 少 年
原　　花 儿 里 俊 不 过 红 牡 丹

215

6̣	1	2	3· 5̲ 2̲ 1	2	3	6̣ 1̲ 2̲ 3	2	1	6̣·

红　牡　丹　它　　开　　在　　春　　天
少　年　是　人　　间　　的　　春　　天
人　中　间　美　　不　　过　　少　　年

6̣ 3̲	5	2	1̲ 2	3	2̲ 1	2	6̣	6̣· 1̲	2

花　儿　里　为　王　的　红　牡　　丹　　红　牡　丹
人　中　间　英　俊　的　是　少　　年　　少　年　是
花　儿　里　俊　不　过　红　牡　　丹　　人　中　间

3· 5̲ 2̲ 1	2̲ 3	6̣ 1̲ 2̲ 3	2	1	6̣·	6̣· ‖

它　　开　　在　　春　　天
人　　间　　的　　春　　天
美　　不　　过　　少　　年

活动二　实施一个探究性活动

1. 小组活动

小组合作演示,推选一人担任教师角色,其余组员担任学生角色,演示该小组所设计的探究性活动,时间约为六分钟。演示结束后,其他学员进行点评,对所设计的探究性活动加以完善。

2. 全员活动

各组推选一位学员实施小组设计的探究性活动。其他学员观摩并从以下角度进行评价:

(1) 活动中的问题设计是否具有开放性和层次性?

(2) 分组活动是否有层次性和可参与性?

(3) 探究学习中教师扮演的角色是否恰当?

3. 活动小结

(1) 提问是课堂交流的重要形式,是一种最直接的教学双边活动。问题设计的好与坏是探究性活动是否真正开展起来的关键。培养学生的学习能力,首先就是引导学生学会观察、学会提问。所以设计提问时要找准切入点,问题要提得准确、难易适宜,要有发散性。使学生能够积极主动、目的明确地投入到探索活动之中。

(2) 在探究性活动中,很重要的一点就是通过小组活动,给学生一个自由自主的空间:一个比较与选择的机会和一个展示自我的场所。这些正是培养学生创新意识和学习能力最好的操作平台。组织分组活动,首先在学生的座位安排上,要给学生创设一个有利于活动研讨的环境,其次是营造一种和谐、平等的氛围,最后研讨活动的形式要多样化,而探讨的内容应具有层次性,使每个学生在积极参与的情况下,各有所得,各取所需,人人获得发展的机会和权利。

(3) 在探究性活动中,教师从原来的"裁判"、"法官"转变成过程的设计者、课堂的组织者、学习的促进者、教学的导演者、探究的合作者、成功的分享者、成长的关注者。学习方式的变革带来教学方式的变革以及教学行为的变革,就连教师站在哪,说什么,怎么说都会与以往不同。例如:

过去教师站在讲台前,现在可能站在教室后边、学生中间;

过去教师坐在钢琴旁,今天可能坐在活动的小组旁、讨论的学生旁;

过去教师向学生提出思考问题,今天可能学生向教师提出质疑;

过去教师围着教参备课,今天可能要从多种渠道寻求答案;

过去教师一人面对所有学生,今天可能形成师与生、生与生之间的对话局面。

感想记录

任务五 学习感悟

活动一 谈谈学习本单元前后对探究性活动的不同认识

1. 个别活动

学员思考:通过这一单元的学习,我对如何开展探究性活动是否有进一步的理解? 如果有,是哪些呢? 请学员根据他们在学习本单元之前和之后对探究性活动设计的理解,完成下面的表格。

问题	学习前	学习后
1. 你是否知道探究性活动这一概念?		
2. 什么是音乐课堂教学中的探究性活动?		
3. 探究性活动的目的是什么?		
4. 你是否经常在教学中设计探究性活动?		
5. 你掌握的探究性活动有哪些?		
6. 你经常使用的探究性活动有哪些?		
7. 如何判断探究性活动是否有效?		
8. 你在听课时是否注意执教教师采用的探究性活动?		

2. 小组活动

按六人一组对全班进行分组。学员在小组内交流他们在本单元学到的或想到的内容。

活动二　如何有效进行探究性活动

1. 个别活动

回顾本单元的学习实践和自己设计探究性活动的过程以及实施过程中学生的反馈,对如何有效进行探究性活动的过程有一个明确的认识。

2. 全员活动

学员把自己关于如何有效进行探究性活动的方法讲述给全班听,并倾听同伴的意见。主持人和学员一起归纳探究性活动的有效方法。

3. 活动小结

(1) 激发学生的探究兴趣。

在教学中,教师尤其要把教材中的内容进行创造性地处理,采用学生喜闻乐见的、灵活的、开放的呈现方式,诱发学生的好奇心和求知欲,给学生以出乎意料的新颖感受。积极采取各种生动有趣的教学手段,让学生增强对形象的感受能力和想象能力,不断给学生以高尚的审美体验,激发学生学习探究音乐的兴趣。创设各种条件,密切联系学生的生活经验,以学生所熟悉的生活事物为载体,构建良好的教学情绪场,让学生在实践中感知、积累生动的表象,领悟音乐在实际生活中的独特价值,激发学生独立思考、主动参与、表现生活美和美化生活的探究精神与学习动机。音乐教育的特点正是以美感人,以情动人。在教学中以情施教,有利于运用情感手段来发掘教学中的美的因素,充分利用情感体验,寓美于情,以情育人,从而激活学生的主体意识,主动关注人类,关注自然,从中获得对自然、社会、人生的有益启示。

(2) 确定探究主题和方向。

音乐体验是通过人的实践性的音乐活动,使人和音乐产生生理、心理相互作用,而产生的内在的音乐感受。首先放手发动同学们去查找资料,教师给他们提供相应的资料,并指导他们通过网络、光盘以及音乐词典等寻找答案。这样,通过努力学生们找到了问题的答案,而且感悟到学习中的乐趣,增强了他们的自信心。

(3) 鼓励学生想象和创新。

"想象是创新的先导,是从模仿到创造的阶梯。"培养想象力就要学生通过音乐展开联想。随着音乐旋律的起伏,脑海里的情与景在不断地变幻,人的想象也不断地升华。此时教师应引导学生往广处想,往新处想,往趣处想。激发学生的思维,引发创造性想象。学生得出探究结果后并不意味着探究的结束,而是意味新的问题出现,新的探究开始,从而始终让学生带着问题去学习。

(4) 改进探究性学习的评价方式。

评价是探究性学习活动的最后一环,它决定着学生探究的方向和价值,是探究的结果。因而如何评价意义重大。评价的好坏关系到学生今后的学习兴趣。探究性学习的评价应重视过程的评价,轻总结性的评价;重视对探究过程中学生探究性学习行为积极性的评价,轻视在探究结束后进行的说教评价;重视学生对音乐显示出一种学习的自然与活力,轻视对音乐的理解遵照千百年所流传下来的说法,以不断鼓励学生以积极的心态参与探究活动的信心。其次,重视评价解决问题的方法,轻视解决问题的结果。在探究过程中学习的行为出现偏差,老师给予正确的指导,学生在探究过程中表现出来的行为也许是最直接的,所以不要随意否定。对学生在探究过程中所表现出来的创造性、合作性要进行积极评价,重视评价的多面性。

活动三　感悟实践

1. 个别活动

学员客观思考并分析自己的教学,围绕探究性活动,写下自己有关这个主题的优点和弱点。

(1) 列举三到四条你平时课堂教学中进行探究性活动的方法及效果。

(2) 列举三到四条你打算尝试的进行探究性活动的方法,为什么?

2. 个别活动

学员思考在实施探究性活动过程中哪些方面需要改进和提高,并在笔记本上写下自己的反思感受。

(1) 你在课堂教学中,对学生进行探究性学习方面,哪些地方做得不够好,还需要进一步改进,如何提高?

(2) 你认为探究性活动设计能力的提高对你的教学专业发展有什么作用?

推荐阅读

1. 张淑珍主编:《音乐新课程与学科素质培养》,中国纺织出版社 2002 年版。

2. 任长松:《探索式学习:18 条原则》,《教育理论与实践》2002 年第 1 期,第 47—50 页,第 2 期,第 56—59 页。

3. 郭声健主编:《艺术教育论》,上海教育出版社 1999 年版。

4. 教育部基础教育课程教材专家工作委员会编写:《义务教育音乐课程标准(2011 版)解读》,北京师范大学出版社 2012 年版。

第四章　基本教学方式

　　本章的学习内容与第三章的学习内容可谓相辅相成,都是第二章学习内容基本教学模块的补充和延伸。学习者或学习团队可以结合自身的教学薄弱点对本章中的单元内容进行有重点的学习,以使自己的教学方法和能力更为全面。

　　"情景、问题、体验、律动"是小学音乐课堂教学中常用的教学方式,将它们分成四个单元并列叠置于同一章内,并不是表明它们是界线分明,并分别以独立体的形式存在于课堂教学中。恰恰相反,它们在日常教学中注注被交替、叠加、并行、交织着使用。我们在学习中也可以发现它们的不同用法,并灵活地运用,以发挥出最大最优的使用效能。

第一单元　情景式教学

一、单元目标

1. 结合自己的教学,学员思考情景式音乐教学的目的与特征,学习情景式教学的理论和方法。

2. 参照给出的音乐教学设计案例并通过课例观察,感受并了解情景式教学的基本概念和基本方式。

3. 学员独立设计教学任务,经过讨论与分享,形成以情景式教学为主导的音乐教学设计,优化课堂教学过程。

4. 构建并积累以情景式教学途径为主的音乐教学设计和案例资源。

二、预设成果

1. 学员对情景式教学有进一步认识。形成基本情景式教学的教学系统设计思维。

2. 学员能根据给出的教学内容独立完成以情景式教学途径为主导的教学设计和教案撰写。

三、任务设置

学习模块	学习任务	时间安排	达成要求
经验分享	任务一　了解认识	45 分钟	结合自己的音乐教学行为,认识情景式教学的目的与特征。
实例分析	任务二　理念梳理	90 分钟	通过活动,理解情景式教学基本概念和与基本方式。
	任务三　思路引导	45 分钟	理解以情景式教学途径为主导的音乐教学设计思路。
项目再构	任务四　设计实施	120 分钟	1. 以情景式教学途径为主导,以现行教材为内容,设计一课时的完整教案。 2. 以共同学习的学员为学生,通过小型实践活动,掌握操作方式。
感想记录	任务五　学习感悟	45 分钟	1. 巩固情景式教学途径的理论与设计思路。 2. 结合音乐教学,加深对情景式教学的理解,并在实施中提高。

教材、笔、黑板、投影仪。

经验分享

任务一　了解认识

活动一　个人认识

1. 个别活动

学生根据自己对情景式学习的理解并结合自己的音乐教学行为独立回答下列的思考题:

(1) 什么是小学音乐课堂中的情景教学?

(2) 情景音乐教学有哪些特点?

(3) 哪些音乐教学内容适合运用情景教学的方式?

(4) 你曾经通过哪些途径来创设音乐情境?

2. 主持人请学员用 20 分钟的时间写下上述的四个思考题的答案。

活动二　交流与归纳

1. 小组活动

(1) 主持人将学员按四人一组分组,并发给每组一张记录表。各组由一人负责记录。

(2) 组内成员依次进行,每人用一分钟时间针对一个思考题,简单介绍个人的认识,记录者将不同的观点记录下来。

什么是小学音乐课堂中的情景式教学?		
序号	类似的认识	不同的认识
疑惑和问题		

(3) 组内经过四个轮回,交流个人想法后,对记录下来的各种认识进行讨论。记录者记录组内达成的共识。组内针对未达成共识的想法,提出问题,记录者记下问题。

2. 全员活动

(1) 每组推荐一位成员交流,介绍组内对某一思考题达成的共识。

（2）第一组代表交流完一个思考题后，主持人随机邀请其他小组的代表依次介绍，如果与第一组的介绍基本一致，则归入第一组；若不同，则记录在黑板上。

（3）按上述方式完成不同组的交流后，请各组逐一提出各自的问题，当场记录后通过投影机显示记录。学员通过与其他组的交流加深理解，通过他人的认识来解答组内的疑惑。

活动三　任务小结

《课程标准》指出："每一个学生都有权利以自己独特的方式学习音乐，享受音乐的乐趣，参与各种音乐活动，以自己的方式表达情智。在音乐教学中，应把全体学生的普遍参与和发展不同个性有机结合起来，创造生动活泼、灵活多样的教学形式，为学生发展音乐才能提供空间。"那就要求音乐教师要在实践中让学生参与音乐活动，根据学生的年龄、心理特点，设置学生参与的情境。

小学音乐的情景式教学就是指对一定的教学内容进行形象性描述或对环境的设置、模拟以及创设出与之相匹配的、能够激起学生学习兴趣的场景。这种场景能把学生带入与教材内容相应的氛围中，激发学生的情感与思维，使学生产生身临其境的真实体验，从而营造以境动情、情景交融、美在其中的教学氛围。

活动四　自学与思考

1. 全员活动

（1）主持人向大家推荐学习文章：《小学音乐新课程教学法》第七章第一节《创设情境》（P151—153，主编：金亚文）

（2）主持人出示需要学员完成的思考题：

① 情景式教学倡导怎样的教学方式？

② 请结合自己的教学实践，梳理对"情景式教学"的基本方式的认识，并完成下列表格。

基本方式	你的理解（举例说明）
1. 情节性情境	
2. 模仿性情境	
3. 演示性情境	
4. 音画性情境	
5. 描绘性情境	
6. 渲染性情境	

③ 学员阅读文章，结合自己的教学完成思考题，整理自己对情景式学习的认识。

2. 活动小结

（1）情节性情境：即所创设的情节构成教学过程的主体活动。如：以唱歌为主的综合课，从歌曲介绍→歌唱训练→歌唱表演等，把整个教学内容设计为一个整体情节，教学过程随着情节的发展而推进。学生随着情节的发展从进入角色到扮演角色,在过程中完成各个环节的学习,达到教学目标的要求。

(2)模仿性情境:运用模仿生物形态及其声音创设情境,达到入景动情,寓教于乐的目的。如:在教重音记号时,可让学生模仿大象走路"咚、咚、咚"的脚步声,体验重音的分量感;又如,在教学前八分休止"O X"时,可让学生模仿青蛙蹲跳的动作,从中体验前八分休止的节奏感。

(3)演示性情境:可利用表现情境效果的教具、玩具、设备、器材等道具,创设演示情境。比如利用头饰面具扮演角色,就能很好地表达音乐内容和情景,进行角色表演和身临其境的体验。

① 音画性情境。利用幻灯、录像、电视等创设情境,音乐教师可以提供音画性情境,展示情节、显示过程,让学生进入学习意境,跨越时空,排除障碍,解决学习的重点和难点。

② 描绘性情境。通过音乐教师生动形象的语言,描述作品和设计音乐教学内容情境。例如:当我们在学习某种音乐知识时,常常用特点相近的自然现象来说明学习中的某个问题,不但可加快学生理解音乐知识的过程,有时还能对学生进行思想品德教育和美育。

③ 渲染性情境。结合特定的教学内容,如:趣味创作节奏游戏,即兴歌舞表演等,配以简单的打击乐打节奏或拍手、跺脚、拍肩等,以增强创设情境的趣味和愉悦感。

实 例 分 析

任务二 理念梳理

活动一 交流与设计

小组活动

(1)学员分成四人一组,轮流谈谈自己对任务一活动四第一个思考题的想法。

(2)在组内以学员自己准备的例子为案例,说说各自对第二个思考题的认识。

学员针对第二个思考题列出的六项情境式教学基本方式进一步交流与讨论,推选出一个组内一致认为能够很有代表性地展示基本方式中的其中一个方式的案例。

(3)全员集中,由每个小组派出一名代表交流。

活动二 交流与反思

1. 个别活动

主持人下发案例。学员先阅读案例,然后自行填写分析表。

任务	目的	内容	教学形式	效果
案例一				
案例二				

案例一

【教学内容】

1. 欣赏钢琴曲《秋日私语》。

2. 初步学唱歌曲《小叶子》。

【教学目标】

1. 聆听乐曲《秋日私语》，感受乐曲中描述的秋天美丽的景色；学唱歌曲《小叶子》，初步感受歌曲优美抒情的意境。

2. 在反复聆听、哼唱旋律、有感情朗读歌词的过程中初步学唱歌曲《小叶子》。

3. 初步学唱歌曲《小叶子》，知晓渐弱渐慢等音乐要素在歌曲中的作用。

【教学重难点】

1. 教学重点：学生能用优美的歌声和连贯的声音来演唱歌曲。

2. 教学难点：感受4/4拍韵律，分清两段易混淆的歌词。

【教学过程】

一、听音乐进入教室，师生问好。

1. 聆听与体验——钢琴曲《秋日私语》（片段）。

（1）初听（片段）。

提问：乐曲的主奏乐器（钢琴）

（2）复听。

提问：①还有哪些乐器？ ②乐曲是怎样一种情绪？

（乐器图片、钢琴协奏曲现场图片）（优美、抒情）

（3）游戏："猜一猜"。

看着四季图片，猜音乐描述的季节。

（4）揭题：《秋日私语》，演奏者：理查德·克莱德曼。

《秋日私语》是理查德·克莱德曼的经典作品，该曲描述的是秋天里的童话，秋天里的温馨烂漫。

（5）完整欣赏演奏视频。

说明：

1. 学习要点：本环节的重点意在使学生在聆听的过程中，初步感受乐曲情绪、主奏乐器等音乐要素，感受秋天的优美浪漫的气氛。

2. 设计意图：本环节的重点，意在通过聆听与感受初步感知乐曲情绪；通过提问回答及师生交流得知乐曲的主奏乐器、曲作者、弹奏者；通过动作的表演，意在帮助学生理解歌曲情绪，培养亲自大自然的情怀。

二、聆听与感受——歌曲《小叶子》

衔接语：秋天真美啊，秋天里，落叶缤纷，为大地妈妈铺上了一层厚厚的衣服。我们一起听听接下来这首歌曲，它又是一首怎样的音乐呢？

1. 初听：歌曲的情绪。（和刚才《秋日私语》差不多，优美抒情的，都描述了秋天的景象）

2. 揭示歌曲名字：《小叶子》，作曲者：马成。马成看到了秋天小叶子美丽的样子，非常的喜欢，就写了这首歌曲。

3. 复听：老师范唱。（秋天小叶子究竟发生哪些变化，让臧老师来告诉你们）

提问：小叶子发生了哪些变化？小叶子为什么会发生这些变化？

说明：

1. 学习要点：本环节进一步加深对歌曲整体旋律的记忆、感受理解歌曲，为歌曲的学习做好铺垫。

2. 设计意图：本环节旨在通过聆听理解歌词，感受歌词"拟人"的写作手法；在教师介绍自然现象，伴奏音乐作为"背景音乐"的过程中，进一步记忆歌曲的旋律，在交流的过程中感受音乐形象。在朗读歌词的过程中，感受歌词生动的情感表达。

三、新授歌曲

1. 学习歌词。

(1) 找一个学生读第一段歌词，提示"了"的读音。

提示："树枝上，站得高"要有得意的感觉，"摇啊摇，往下飘"要有开心的感觉。讲述树叶做肥料的道理。

(2) 老师带领学生双手叉腰一起读完歌词。（男生"摇啊摇"做动作，女生"往下飘"做动作）

(3) 请同学起立一起读歌词。老师和学生分别做自己的动作。

要求：按节奏读清楚歌词，并且轻声、带有感情地朗读。

2. 学习旋律。

(1) 老师跟随多媒体上的旋律线用"lu"哼唱，学生用手指着动态的叶子，熟悉和感知旋律走向。（教师钢琴单音弹奏）

(2) 学生一起用"lu"哼唱。（小叶子每走完一段路，要吸一口气）

(3) 跟随旋律线用"lu"哼唱。（学生自己完成，不用手，用眼睛看着，钢琴单音弹奏）

要求：声音连贯，注意音准，并注意前半句和后半句有区别的旋律走向。

3. 学习歌曲。

(1) 钢琴伴奏，加上前奏。（前奏时学生就可以学着小叶子的样子摇一摇，男生"摇

啊摇"加上动作,女生"往下飘"加上动作)

发现问题并纠正,如气息、音量等。单独演唱最后一句,体现渐弱渐慢的音乐要素。

(2)背唱完整的歌曲,做每个人自己的动作。(多媒体音乐伴奏)

4. 歌表演。

第一段原地做动作,间奏小碎步飘出座位,第二段站定带动作演唱,结束做出有高有低的造型。

说明:

1. 学习要点:本环节旨在要求学生把握节奏、力度和情绪演唱歌曲。

2. 设计意图:通过师生问答,教师引导等学习方式,引导学生理解音乐要素,升华演唱时的感情,感受秋天绚丽的美景。

今天我们聆听了优美的乐曲《秋日私语》,感受了秋天美丽的景色,演唱了《小叶子》这首好听的歌曲,小叶子已经成为了我们的好朋友,让我们一起来爱护他们!请你们听着音乐声,学着小叶子翩翩飞舞的样子,飞舞出音乐教室吧!

案例二

【教学内容】

1. 复习歌曲《欢乐的小雪花》。

2. 欣赏歌曲《铃儿响叮当》。

【教学目标】

1. 复习歌曲《欢乐的小雪花》、聆听歌曲《铃儿响叮当》,体会浓浓的圣诞节日气氛、对美好生活的热爱之情。

2. 能准确地体会歌曲《铃儿响叮当》愉快的情绪以及浓浓的节日气氛,通过哼唱熟悉主旋律,用打击乐器敲击节奏感受歌曲情绪,用肢体语言表现歌曲的情境。

3. 在听、动结合的学习过程中,采取听赏、演唱、打击乐器敲击节奏等多元方法结合,记忆歌曲旋律,初步体验歌曲情绪,了解音乐形象,体会歌曲的情绪特点。

【教学重难点】

1. 教学重点:聆听歌曲《铃儿响叮当》,感受乐曲所表现的圣诞节日的美好的欢乐气氛,用肢体动作来表现歌曲。

2. 教学难点:准确掌握《铃儿响叮当》节奏。

【教学过程】

一、组织教学——情境导入

导入语:北风北风呼呼叫,雪花雪花轻轻飘。让我们伴随着优美的旋律一起来翩翩起舞!

要求:学生律动进教室,伴奏音乐,师生共舞。

说明:

　　听音乐《欢乐的小雪花》律动进教室,引导、培养学生认真聆听音乐的习惯,在潜移默化中加深了学生对于旋律的印象。为复习演唱《欢乐的小雪花》作铺垫。

二、复习和巩固《欢乐的小雪花》

衔接语:同学们的舞姿都很优美。(师生问好)上节课,我们认识了俏皮可爱的小雪花,学唱了歌曲《欢乐的小雪花》,谁记得它的情绪和节拍? 好,现在就跟着老师的琴声来复习一遍。

1. 完整演唱歌曲《欢乐的小雪花》。(师钢琴伴奏)

2. 难点练唱:讲解歌曲。

情景预设:

情景一:第一乐句中旋律起伏较大,学生演唱时音高容易出现偏差

提示语:风儿是怎样把窗吹开的? 雪花是轻巧地还是笨重地飞在空中?

(1)教师范唱指导:第一乐句"风儿把窗开,雪花飞进来",老师可以边唱边做动作,前半句作强处理,后半句作弱处理。

(2)学生模唱。

情景二:第二乐句中的后半句出现了四分休止符,学生演唱时容易造成拖拍。

提示语:老师怕小雪花会融化,所以十分小心翼翼地捧着它。

教师演唱两种版本,让学生比较交流

(1)学生模唱(分段唱)。

(2)再次完整演唱歌曲《欢乐的小雪花》。(播放音频)

说明:

　　这一环节,是对上节课学习内容的复习,加深对歌曲内容的理解、情绪的体会,帮助学生克服在演唱中所遇到的难点,让学生能够用柔美的、动听的声音演唱《欢乐的小雪花》。并带领学生进入情境,为下一环节欣赏《铃儿响叮当》做铺垫。

三、聆听欣赏《铃儿响叮当》

1. 比较与介绍。

导入语：雪花飘飘，圣诞来到。现在让我们一起静静聆听美好的圣诞歌曲《铃儿响叮当》。（播放音频）

（1）提问：它的名字叫什么？听听这首歌曲的情绪是怎样的。（欢快）几拍子的？（2/4）

（2）听辨：上节课我们所学习的歌曲《欢乐的小雪花》的情绪是优美的（播放ppt）

要求：请同学们开动小脑筋，想想这两首歌曲可以分别用什么颜色来代表？为什么？（有对比的颜色均可）

多媒体出示：

歌曲名称	情绪	色彩
《铃儿响叮当》	活泼	
《欢乐的小雪花》	优美	

衔接语：同学们都根据自己的见解给出了答案。老师很高兴大家都认真思考了老师所提出的这个问题。说明你们都是善于动脑筋的好孩子。关于《铃儿响叮当》这首歌的来历还有一个小故事呢，想听吗？

（3）作者简介：这首歌曲最早是西方人们过圣诞节时经常听到的。它是一位叫皮尔彭特的美国人创作的。（多媒体播放）在一个圣诞节前的平安夜，皮尔彭特先生正坐在家中看书，这时窗外传来一阵阵欢快的铃声和悦耳的欢笑声。他推开窗，看见邻居家的孩子们在雪地上愉快地玩耍，眼前的情景激发了皮尔彭特先生创作的灵感，他很快就创作出这首歌曲并把它作为礼物送给邻居孩子，这首歌一经传唱马上就受到大家的喜爱，所以每当圣诞节来临的时候我们总会听到这首歌曲。后来这首歌传唱到了中国，今天我们就一起来欣赏歌曲《铃儿响叮当》。

说明：
　　与歌曲《欢乐的小雪花》作情绪对比，初步了解乐曲《铃儿响叮当》的欢快情绪。介绍乐曲作者及乐曲背景，使学生对于乐曲有更深的了解。

2. 分段欣赏与哼唱主题。

第一部分

衔接语：听，圣诞钟声已经响起！让我们闭上眼睛，共同去感受圣诞的美好。

（音乐响起）

衔接语：(音乐结束)请同学们睁开眼睛,原来圣诞老爷爷给我们大家都带来了礼物。(ppt出示礼物盒,点击打开)

过渡语：看看礼物是什么?(ppt出示"雪橇"图片)

阐释语：圣诞老爷爷给我们带来了他的小雪橇。说说雪橇是做什么的?(雪橇是雪地上的一种运动器材,马儿、小狗、驯鹿拉着它在雪地上滑行)

律动表演

提问：听听歌曲的第一部分,小朋友乘着雪橇在做什么?(听到了冲破风雪)原来小朋友们乘着雪橇要冲破风雪,马儿在雪地上欢快地奔跑。怎样用动作来表现向前冲,冲破风雪的样子呢?我们一起来做。

衔接语：小朋友乘着小雪橇在雪地上飞快地奔跑,玩得真开心啊。我们也用动作表演的形式一起来感受乘雪橇的乐趣吧。乘雪橇是什么样子的呀?你们可以一个人或者两人一组表演乘雪橇的动作。(师生一起做)让我们拉紧缰绳,冲破风和雪吧!(音乐和动作合拍)

说明：

通过律动表演,进一步感受歌曲富有的律动感和活泼欢快的情绪,加强学生对音乐的理解与表现。

第二部分

衔接语：乘雪橇的感觉太棒啦。这段歌曲不仅活泼欢快还富有很强的动感。马儿马儿快快跑,铃儿铃儿铛铛响。圣诞老人还给我们送来了小铃铛。(敲击小铃铛,播放音乐第二段)

(1)提问：这段音乐表现了什么样的场景?叮叮当当的声音是从哪传来的?(播放ppt,出示拉动雪橇的马儿在雪地上飞快奔跑的图片。叮叮当当的声音来自于马儿头颈上戴的铃铛。)

(2)听辨：小铃铛的声音是怎样的?和小鼓比较起来有何区别?(分别摇晃小铃铛、打击小鼓,感受不同音色)(小铃铛的音色是清脆悦耳的、小鼓的音色是笨重的)

在歌曲《铃儿响叮当》中,正是小铃铛这清脆悦耳的声音才给我们带来了欢快的圣诞气息。要求：让我们怀着愉快的心情,来唱一唱拍一拍。

3 3 3	3 3 3	3 5 1·2	3-
叮 叮 当	叮 叮 当	铃儿 响 叮 当	

第一遍：老师示范边拍边唱谱

第二遍：学生模仿填词唱,师弹琴

情景预设：学生对于附点节奏掌握仍有欠缺。通过图片圣诞帽的大小表示音的长短，形象生动地给学生提示，帮助学生掌握正确的节奏。

衔接语：马儿飞快地在雪地上奔跑，你追我赶。我忍不住要给他们喊加油，听一听，学会了让我们一起来做啦啦队。

方法：每一乐句后面用衬词"嘿"表示。

① 老师表演。

② 师生共同表演。

（3）节奏练习：老师邀请同学们来扮演可爱的马儿，听听哪匹马儿跑起来最动听。（老师先做示范）播放音乐。

ppt 显示节奏：xx xx ｜ xx xx ｜

（师敲击串铃，生拍腿或凳子）

说明：
　　歌唱主题旋律、拍击旋律节奏，使学生加深对乐曲的熟悉程度，并为下一环节做铺垫。

（4）圣诞 party：播放动画版本的歌曲。

衔接语：现在我们就来举行一个圣诞 party！我们班分成三个小组：第一组表演第一部分：冲破风雪；第二、三组分别表演第二部分串铃，部分拍凳子和演唱加入"嘿"，师自由加入。

四、拓展与欣赏——《圣诞传说》

导入语：在美国，圣诞节是一个十分重要的节日，就如同中国的春节一样。让我们通过电影《圣诞传说》，一起去感受下那美好的节日气氛！

说明：
　　观看电影，形象生动的画面透露着浓浓的节日氛围，激发了学生的兴趣，调动了学生的积极性，营造了一个美好欢乐的节日气氛，使学生身临其境。

结束语：这节课我们不仅学会了如何将歌曲《欢乐的小雪花》唱得更加优美，而且也感受到了圣诞节的美好和欢乐的气氛。这节课就上到这，请同学们乘着小雪橇走出教室吧！

2. 小组活动

学员在组内依次交流自己的看法。在完成表格后再说说自己对这两节课情景式教学实施的看法与观点。

3. 全员活动

各组派代表交流对两节课情景式教学实施的看法与观点,并总结科学实施情景教学的方法和策略。

活动三 任务小结

所谓"情景式教学",就是音乐教师根据教学内容设置一定的场景,这种场景实际上就是在设立一种氛围,使得学生在这种氛围下可以产生学习兴趣;这样,置师生于特定情景中进行情景交融的活动,将学生带入与歌曲内容相应的氛围内;它既为学生提供了具体的、可联想的音乐环境,又充分调动学生的主观学习兴趣,以及对音乐的探究欲望。常见的情景教学有如下方法:

1. 以"语言"导入情境

创设情景的一般方法是需要选择"美"的突破口,而语言本身对人类来讲便是美的化身。语言可以承载着人类独特的情感,语言可以激发学生的情感,引领他们去感受音乐,获得真切的美感体验;同时美的语言在审美活动中,更能烘托出美的基质。它能够在音乐欣赏教学中生动地再现欣赏的内容、描写的情景,或是使学生联想起生活的经验,从而利用学生的联想,自然而然地把他们带入向往的境界。因此也就要求教师自身在教学前能够深刻地理解并准确地把握音乐作品的思想感情。这样一来,教师既是音乐作品的欣赏者,也是音乐艺术的传播者。

比如欣赏时下很流行的无伴奏合唱《牧歌》时,柔美、悠扬的声音舒缓悠长,学生多会仔细聆听捕捉着每一个"美"的音符,寻觅着音乐中的快乐信息。若此时教师能配合着用诗一般的语言,描述着草原的美景,给学生创设一个优美的草原放牧的教学情境,那悠扬的乐曲与心旷神怡的语丝交织在一起,随着学生们的情思和遐想,自然而然地将学生带入可以听到在天地合一的苍穹里天籁般的声音、看到微风吹过的草原那"绿缎"上的美景;学生就会沉浸在这音乐里,陶醉在这美文中……只有教师提前深刻理解作品,在课堂上释放情感的智慧,才能以情带情,使学生们的情感自然地被激发出来;这样,不仅学生乐于学习,也提高了课堂学习的实效性。

2. 以"图画"再现情境

"图画"是展开形象思维的主要手段之一,利用"图画"来再现音乐教材的情境,可以把歌曲内容形象化,这样的形式非常符合儿童对形象易于接受、理解的特点;但其间要注意在用"图画"再现情境时,需要教师加以必要的启发和描述,以引导学生的认知方向,充分理解感受到"图像"的形象,进入所需的情境。如教学《大鹿》一课时就可利用多媒体,事先准备好一幅图像,图中背景为森林,其中有被猎人追赶的小兔的图样,最好还有童话中的面包房,房中站着大鹿向外张望的场景。这样,让学生们通过画面,体会兔子当时被猎人追得害怕着急的心情,以便学生体会当时的情景,很好地表现出歌曲处理中的所需的情绪。

事实上在歌曲教学中,由于学生年纪和个体差别,有的艺术形象是学生所没有接触过或无法体验的,这时候就只能通过"图画"再现情景,使学生能较正确地表现出所唱歌曲的艺术形象。如:在教授《草原就是我的家》一课时,就可利用多媒体搜集有关于草原的有代表性的图片,尤其是草原的生活场景和乡土人情的图片,投射到教室的大屏幕上,让学生体会和理解轰轰烈烈的草原情景。随着音乐渐入,教师可"挥起马鞭,手舞足蹈";学生则自然地个个情绪高涨,任思绪随着"马鞭"在内蒙古大草原上"奔驰"。这样一来,学生们深刻感受到了歌曲的思想内容,牢牢把握住了歌曲的艺术形象,也把自己充分融入到了歌曲意境中。

3. 以"音源"创设情境

音源是现代音乐中比较流行一个元素,运用在课堂教学中,就是要选用的生活中的自然音响素材以提高学生的学习兴趣、培养创新意识。教学课堂常用的有:自制打击乐器发出的声音、人体乐器发出的声音、塑料瓶模拟的水声与蛙鸣声、揉搓报纸模拟的风雨声、敲击盆桶模拟的雷电声、口技模拟的鸟叫声等等。

如在教授《雷鸣电闪波尔卡》时,可以让学生用废弃的玻璃瓶等材料表现出大自然中的疾风、雷雨和闪电;在欣赏《森林的歌声》时,可以由学生自己来准备一些简单的小乐器模仿森林中的各种声音;还可以引导学生们带来矿泉水瓶、易拉罐、饼干筒、报纸、树叶,以及在可乐瓶里面装豆、米、沙或石子等来模拟各种自然界的声音,如用报纸模仿风声,用树叶吹出动物的叫声等等,这样,学生在课堂上显示出很浓的兴趣,在过程中允许每个学生围绕活动目标,用自己独特的方式去发现、去创造、表现出自己的所要表达的情境。

4. 以"表演"体会情景

音乐是舞蹈的灵魂;然而要想充分表现歌曲的内容,也与表演是密不可分的,需要通过有声有色的表演才能收到良好的效果。

在课堂中,以角色扮演来体会情境,最常见的是童话、故事中角色的扮演;让学生自己扮演角色,通过"表演"进入角色,这样歌曲中的角色不再只是在音乐书上,而变成了同学们自己。通过"表演"使孩子们对教材中的角色产生亲切感,加深了内心体验;同时运用"表演"学生们不仅直接感受到歌曲所描绘的形象也充分体会到乐曲中应有的情感色彩,还可以直观地听到、看到这些富有戏剧性的情景。如在《三只小猪》的教学中,可以让同学们扮演三只小猪,拉手成三间小屋,通过头戴头饰扮演大灰狼和花草树木等,教室里的气氛会马上活跃起来,歌曲中的角色也一下子活灵活现地呈现在同学们的面前,孩子们自己成了热情的小演员后会完全进入教材描写的情境之中。又如:教授歌曲《小象》时,让学生分角色来扮演象妈妈和小象,通过舞蹈的形式使学生感受深厚的母子之情。总之,通过"表演"来体会情景是通过各种"表演"加深学生对歌曲内涵的理解,同时培养了学生们的表演能力、塑造他们的个性,也寓教于乐,使孩子们受到深刻的思想教育。

5. 以"课件"进入情境

随着多媒体技术的突飞猛进,运用多种交互性及大屏幕投影以营造声画并茂的情境的技术的应用,大大提高了实际教学的效率。如在教授《龟兔赛跑》时,根据本课的教学目标,可设置两个场景:一个场景是安静、祥和的大森林;通过多媒体演示,小朋友被美丽的森林早晨深深吸引了,再配合着黑管和木琴所塑造的人物形象观看憨厚的乌龟大哥和骄傲的小兔。第二个场景是小动物们接受了知错就改的小兔子,大家欢乐地跳起了舞蹈;而课件同样运用多媒体技术以丰满的音响效果表现出集体的形象,欢快的旋律又表现了高兴的心情。这样通过课件吸引学生的注意力,生动直观地把教学目标融入其中,达到了事半功倍的效果。

6. 用"范唱"激发情景

实践证明,教师有感情的范唱要比听录音范唱更能直接激发学生的学习兴趣。学生通过聆听、欣赏教师的范唱就会自然而然地被歌曲所蕴含的美打动。教师认真的示范,用音乐美和情感美来熏陶感染学生,使学生直接通过老师的范唱感受到音乐"美"的所在,并从中领会到只有富于表情的、用心动情的演唱才能产生真正的美感。如:教授《我们把祖国爱在心窝》时,先让学生带着问题去听,学生听得全神贯注、津津有味;再用流畅的伴奏、声情并茂的歌唱与同学们互动交流;接着在让同学们举手说出自己听到的、想到的,由于学生们也都认真听过范唱,都会争先恐后的举手参与;最后再通过进一步启发引导,反复听录音范唱,让学生闭上眼睛去感受歌曲、展开想象,并把自己联想到的画面说给大家听。这样的"范唱"形式的引入,有效地激发了学生对歌曲学习的兴趣,也使他们感受到音乐中的"美",并更加主动地参与到音乐学习中。

小学生的思维由于受年龄和阅历所限,多以形象思维为主,所以教师在音乐教学中,要设法挖掘音乐教材中可表现的因素和素材,精心设计,创设最佳音乐情境,使学生可以在轻松愉快的气氛中学到音乐知识和技能,欣赏到其中的"美",同时达成音乐课堂实效。

任务三　思路引导

活动一　小学音乐课堂教学情景式教学的设计思路

1. 个别活动

学员回顾自己的课堂教学,并用思维导图的形式在纸上写出自己所使用过的情景式教学的设计思路。

2. 头脑风暴

以"头脑风暴"的方式进行讨论,将学员谈到的情景式教学的设计思路填入下图。

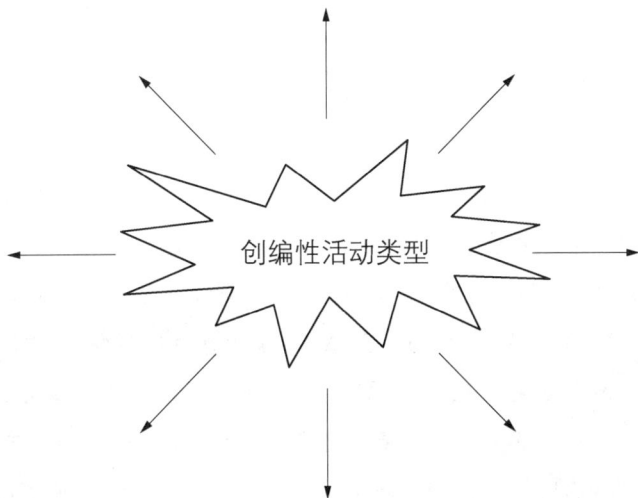

创编性活动类型

3. 小组活动

随机将学员分成若干小组。主持人要求每个小组结合课堂教学实例，思考列出的情景式教学的设计思路若干。讨论时间为15分钟。

活动二　任务小结

《课程标准》中明确提出：音乐教学要突出的特点是以教育促进学生的全面发展。在实行素质教育的今天，音乐教育不仅要求增长学生的音乐知识和提高音乐技能，而且要求在音乐课中发挥它的特殊功能，培养学生欣赏音乐的能力，激发学生热爱生活、热爱人类、创造美、创造世界的思想情感。

1. 创设语言情境、带入音乐世界

语言特色是课堂艺术的关键；而语言对于音乐课来讲，也是音乐课情境教学的重要手段之一。在常规音乐教学中要多创造一些"歌唱语言"为音乐情境教学增添氛围。课堂中可以考虑用歌唱的形式跟孩子交流如"同学们好！"；同学们也可以用歌唱的形式介绍自己，让师生充分参与音乐当中，使得音乐课的氛围更加浓郁；实际上"琴语"也是教师创设音乐课堂情境教学的有利因素。如在音乐课堂用琴弹奏出的音乐用以表示"请安静"、"请起立"、"小组讨论开始"等口令，这样既增添音乐课堂氛围，也避免音乐教师过度用嗓的不良方式，同时还可起到训练孩子的听觉、鉴赏能力的作用，为音乐课堂增"音"不少。

2. 创设生活情境，激发学习兴趣

为了发掘学生学习潜能，教师有目的创设教学环境，以调动学生"情商"来提升教学效果。这是因为情境是教师立足学生的心理机能。良好的教学情境既可激发个体的情感、点燃思考的火花，又可使学生的学习状态变得更加积极；让学生在音乐课中获取知识的同时也能够获得积极的情感体验。

俗话说"兴趣是最好的老师"。通过创设情境培养学生的兴趣，可以达到意想不到的教学效果。因此教师要注意在课前导入情境创设以达到事半功倍的效果。如在五年级的《常回家看看》课程中，首先引导孩子联想回家探望亲人时的情景，通过学生熟悉的生活情景，使学生仿佛置身于现实的生活情境之中以激发学生对该乐曲的兴趣。《课程标准》还指出："要拓宽音乐领域，突出'开放性'。"所以在具体教学中，教师也要注意要解放孩子的头脑、双手、时间、空间，使他们得到充分自由的生活，从自由的生活中得到真正的教育，得到情感的启发。

3. 创设角色情境，培养创新意识

在小学音乐课堂中，要积极借助"游戏"或者角色扮演等方式来使得学生们投入情感，产生兴趣，通过动作和表情表达出歌曲的内在感情，体会到歌曲的情境；因为低年级的学生活泼好动，表现欲较强，他们既喜欢表演，也喜欢看表演。所以在小学音乐课中创设"角色"情境，是培养学生情感、增强审美意识、完善人格的行之有效的教学方法之一。学生们通过有趣的情境，感受歌曲意境，这势必也需要教师认真地引导学生积极、主动的表现音乐；教师的

这种引导,实质上是对音乐内容的二度创作。而这种二度创作的层次,与音乐教师的敬业精神、艺术修养及音乐艺术素质紧密相关;反过来也会促进教师自身的不断提升。在一年级上《大鹿》的课堂上,先以"游戏"为主,组织同学分组玩"捉迷藏"或开展音乐游戏;当学生表现出浓厚兴趣时,再进行歌曲教学;学生可以一边唱着歌曲,一边做着"大鹿和小兔友好团结"的动作,以学生在游戏中感受到的歌曲情境来演唱歌曲,这是情感演唱。其实在中低年级的音乐课中,很多时候都要设计一些适合的音乐游戏或竞赛等来激发学生学习音乐的兴趣,这样效果会增添不少。每次情景课堂中,学生们的情绪潜然而发使他们可以在愉快的气氛中用情地演唱和学习。

4. 多媒体展示情境,激活创新思维

"多媒体"教学可集众多教学手段的优点于一身,是提高音乐教学质量的一把"金钥匙"。在课堂实践中,教师积极开发音乐课程资源,把现代化教学工具与教材内容相结合,运用多媒体教学工具再现教材情境,使得每一个学生真正动起来,在学习中动手、动脑、动口,创造出成功的机会;也通过成功的学习树立起个体的自信心和养成自主学习的好习惯,从中培养学生的思维。如在教学《春天的歌》时,课前积极准备各种多媒体的声、光、视频等资源,处处体现出"春天"这一主题,在课堂上引导学生把春天"演"出来,把春天"说"出来,把春天"做"出来,把春天"唱"出来;充分借助现代教具调动学生视、听、想、唱等多种感觉的协调参与,让学生在愉快的教学环境中自主地参与学习,在学习中陶冶情操、培养思维能力,进一步塑造学生的创造能力。

5. 创设问题情境,挖掘创造潜能

在教学课堂实践中,教师往往会发现学生总是"无问题可问",而只是习惯于盲目地、被动地接受老师指挥。这主要是学生还未掌握如何去发现问题、提出问题;这种被动学习、单一的传授的学习效果有时候未必是最好的;因此,教学过程中常用的"课堂提问"是一种相互交流的学习方式,是传授知识的必要手段,也是训练学生思维的有效途径。教师要"授之以渔",教给学生科学的思维方式,让他们会问、能问。如教学《歌唱二小放牛郎》时,教师可以先给学生讲这段革命时期的小故事,引起学生兴趣,然后试着提问:"你从故事中了解到了什么?"、"你觉得故事中的主人公是一个怎样的人?"、"他有哪些优秀品质值得你学习?"等等,进而完整播放歌曲,以提问的方式引导孩子:"歌曲的情绪如何?"、"你发现了每段歌词之间有什么变化?"、"你能模拟一下当时的情景吗?"……这样学生就不知不觉地投入情境之中,从歌曲情绪的变化体验故事情节的发展,从而更好地理解作品内涵。于是,借助"问答"互动来理解作品情景的学习方式中,学生们有了理解、演唱和表现的欲望;也使得他们的学习积极主动性及创新思维得以启发。

可见,创设问题情境,认真琢磨提问的艺术,从激发兴趣、发展思维、培养能力为着力点,一定会起到意想不到的良好教学效果。在音乐课堂教学中,应通过多种方式的"情境创设"来不断创新教育教学模式、拓展新知;并根据各个阶段的教学要求,运用各种教学方法和手段,增加互动交流、增强学生的自信心,鼓励学生在"欣赏中发现、在发现中探究、在探究中创新",为学生构建出一个"自主学习且不断探究新知"的平台,为开启学生的"创造性思维"、"培养创新实践能力"架桥铺路。

任务四　设计实施

活动一　情景教学设计

1. 个别活动

主持人布置本次设计活动任务：自选教材内容，设计一个情景性活动。

2. 小组活动

学员四人一组，选择教材内容，确定教学目标以及情景式活动的方法和步骤。各组一起设计合理的情景式活动的教案，写出详细的操作步骤和要点。

活动二　实践与反思

1. 小组活动

组内成员分工。各自完成自己所承担的任务，如：上课音乐教师准备教案，一人准备情景创设的素材，然后在组内试讲。

2. 全员活动

组内一位学员课前说课，上模拟课，其他所有学员做学生。其他组的学员发表评论。

3. 小组活动

组内成员一起反思：创设的情景是否与音乐教学内容、教学目标匹配？

活动三　任务小结

1. 创设情境要与教学目标紧密结合

例如：欣赏教学《金蛇狂舞》，让学生仔细聆听，体会民乐合奏的音乐特点及其节奏特点，让学生用口念的形式掌握"得得　得得　得得　得、仓仓　七仓　乙七仓、得得　得得　得得　得、仓仓 七仓　乙七仓"节奏型，并用节奏接龙的游戏为音乐伴奏，从而将学生"玩"的心理状态向有意学习和技能训练转化。

2. 创设情境要与教学内容紧密配合

教师要善于根据教学内容，控制情境导入的时机，逐步展开和延伸情境。如：歌曲《小雨沙沙》，利用投影创设情境，画面上"种子先埋在土里，然后种子发芽，慢慢出土"，教师切换画面，借助情景教学，对教材进行再创造，使儿童的认识过程与教学活动巧妙地结合起来，把有声的音乐与丰富的内在情感活动有机结合起来，培养学生对音乐的感悟能力和理解能力。

3. 创设情境要与多感官活动相融合

情境教学是将视、听、唱、动等多感官活动融汇在一起，于情于理之中得出正确体验与判断的方式。例如歌曲《唱歌的白云》，导入新课前，学生看"壮族少年在河边放牧"的画面（视觉),听录音范唱(听觉),思考下列问题:这首歌曲展现怎样的画面?歌中指的"唱歌的白云"是什么?表达了怎样的情绪?之后,不少学生踊跃举手回答上述问题,课堂气氛十分活跃,学生在积极参与教学过程中主动获取了知识。

4. 创设情境要与儿童的认知水平相符合

儿童的"最近发展期"是我们创设情境和利用情景实施教学的基本依据,所有情境的创设不能超越学生的心理范围,应该遵循"跳起来摘桃子"的原则,让学生具有体验和经历的难度值,不能跨越学生的认知水平,以致学生无所适从。

如果说:"情境是只船",教师不止是让学生坐在"船"上,而是引导他们动脑筋、动手学习划"船",并与老师"同舟共济",向着预定的目标前进,到达希望的彼岸,这才是情境教学的追求所在。

感 想 记 录

任务五 学习感悟

活动一 问卷调查

1. 个别活动

(1) 主持人下发判断题:

	判断题	同意	不同意
1	设置热闹的情境活跃课堂气氛,使学生热情高涨是情境创设的目的所在。		
2	情景式教学仅仅是用设置虚情假意来哄骗学生就可以了。		
3	教师要善于根据教学内容,控制情境导入的时机,逐步展开情境。		
4	在唱歌教学中,教师认真的示范,用音乐美和情感美熏陶感染学生,学生在老师的歌唱和伴奏中直接感受到音乐美的所在,这也是情景式教学的方法之一。		
5	情景式教学可以将视、听、唱、动等多感官活动融合在一起。		
6	教师利用与教学内容匹配的图画、加以指点、启发、描述,以主导学生的认识的方向性,充分感受形象,进入情境。		
7	运用模仿生物形态及其声音创设情境,达到入景动情,寓教于乐的目的,是模仿性情境。		
8	教师在音乐教学中实施情境教学时,教学情境设计可以灵活选择和变化。		

(2) 对于上述持不同意观点的判断题,请学员说明观点和理由:

第( )题:

2. 小组活动

分小组,根据判断题的内容陈述个人观点,逐一交流答卷的情况并记录有分歧的问题。

3. 全员活动

各组按问卷中问题的排列,逐一提出意分歧的焦点,通过"头脑风暴"的形式开展讨论与交流,争取达成共识。

活动二　交流感想

1. 个别活动

（1）主持人下发反思记录表。请学员选择一项在情景式活动章节中感触较深的活动,按下表中的要求完成表的填写。

反思记录表

记录人：

活动名称：	
活动描述或过程：	
自我状况简述：	（教学思路或教学行为）
感受或评价：	

（2）学员反思"情景式教学"部分的学习过程,选择一项感触深的活动,按表中的要求,结合个人的认识和教学情况完成表格。

2. 全员活动

学员根据自己填表的内容,交流各组的体会。在完成反思记录表、与同伴交流的过程中提高认识,促进教学行为的调整。

活动三　任务小结

1. 合理灵活运用音乐情境

音乐情境教学的策略主要包括问题情境、语言情境、多媒体情境、故事情境、表演情境等,由于具体教学过程是复杂的,每个班级学生的音乐水平和个性特点又各不相同,所以教师在音乐教学中实施情境教学时,教学情境设计需要灵活选择和变化。另外,多个情境不是单独分离的个体,它们是不可分割,相互依存的关系。一堂音乐课中可根据教学内容综合、合理选用多个情境类型。

针对音乐课堂出现的一些虚假情境、偏情境、闹情境等无效情境的问题,首先音乐教师要了解一定的教育学、心理学原理,能够掌握不同年龄小学生的认知规律和心理发展水平特点,合理安排情境类型。

2. 选用情境辅助教材提高音乐课堂效率

从情境教学的实施来看,笔者认为音乐教材的选用十分关键。首先音乐教材内容是支撑情境教学设计的重要环节。由于小学生的认知特点仍是以具体形象思维为主要形式。思维很大程度上仍然是直接与感性经验相联系。学生所掌握的概念大部分是具体的,可以直接感知的。

总之,创设课堂教学情境是促进学生有意义学习的先决条件,更是我们提倡的有效教学的加油站。让孩子们在美的氛围中接受音乐的陶冶,把培养学生对音乐的感受、理解和想象与情感体验联系起来,把音乐的表现形式与音乐的内容结合起来,让学生的审美素质、道德、文化素质得到全面、和谐的发展。

第二单元　问题式教学

一、单元目标

1. 通过讨论与分析,了解问题式教学的定义与意义。

2. 通过观察、讨论与分析,体验提问在音乐课堂教学中的使用与教学效果,了解问题式教学的四大关键:注意选择学生感兴趣的视角,把握问题的难度、注意提问的方式与时机以及注意问题情境的创设。

3. 通过案例学习与分析,感悟如何在一节音乐课中围绕主题,以问题贯彻、层层深入的方法组织教学,如何创设开放性问题情境并引导学生用音乐来表现。

4. 构建问题式教学的教学设计,优化课堂教学。

二、预设成果

1. 学员能了解并体验有效的问题式教学的教学方法。

2. 学员能普遍形成问题式教学的整体设计思路。

3. 学员能以提问式教学的方式完成一个课时的教学设计和教案撰写。

三、任务设置

学习模块	学习任务		时间安排	达成要求
经验分享	任务一	感受了解	45分钟	了解问题式教学的定义与意义。
实例分析	任务二	思路引导	90分钟	(研究创设问题情境的四大关键) 1. 讨论怎样选择学生感兴趣的角度; 2. 讨论怎样把握问题的难度; 3. 知晓不同方式与时机的提问的不同教学效果; 4. 了解如何进行关键性问题情境的再创设。
	任务三	案例学习	45分钟	1. 感悟如何在一节课中围绕主题,以问题贯彻、层层深入的方法组织教学。 2. 感悟如何创设问题情境引导学生音乐表现。
项目再构	任务四	设计实施	45分钟	能够采用问题式教学的方式完成一个课时的音乐教学设计和教案撰写。
感想记录	任务五	学习总结	45分钟	1. 巩固对问题式教学的方式,完成一课时的教学设计和教案撰写。 2. 体会创设问题情境引导学生音乐表现的优势。

教材、笔、黑板、白纸。

经验分享

任务一　感知了解

活动一　了解问题式教学

1. 全员活动

（1）主持人提问：在小学音乐教学活动中，提问是教师在教学过程中常用的方法，教学的每一步深入都离不开问题设计。你是如何进行提问的，什么是问题式教学？

（2）学员相互讨论，交流各自的见解。

2. 活动小结

《课程标准》指出：义务教育阶段的音乐课，应当面向全体学生，使每一个学生的音乐潜能得到开发并从中受益。音乐课的全部教学活动以学生为主体，师生互动，将学生对音乐的感受和音乐活动的参与放在重要的位置。音乐教学模式也应从"灌输——接受"转向研究性学习，学习方式从"被动接受学习"向"自主合作探究"方式转变，充分体现学生主体作用，变传统讲授式的"要我学"为学生积极主动参与式的"我要学"的研究性学习。

问题式教学的定义：问题式教学是指音乐课堂教学中，教师在组织教学过程中根据教学需要，向学生提问或由学生向老师提出在学习过程中的疑问或无法解决的难题的一种教学方法。以提出问题、分析问题、解决问题为线索，并把这一线索始终贯穿在整个音乐教学过程中。

活动二　讨论提问式教学的意义

1. 小组活动

按四人一组对学员进行分组。每个学员在组内交流提问式教学的意义和作用。组长将同伴的意见记录下来。

2. 全员活动

各小组选派一名代表在全班汇报小组讨论的情况。由主持人把交流的内容归纳整理。

3. 活动小结

"问题式"教学模式，倡导通过教师的启迪引领，使学生可以"自主学习，自主探究，自我发现，自我解决"，最后师生共同合作完成音乐教学任务的教学模式；它是一种以问题为载体，以导学为手段，使得学生"学会学习，学会合作"；同时要求教师进一步转变教学观念和教学方式，进而可以转变学生的学习方式，优化课堂结构、教学效果。其作用是：

（1）有利于树立"以学生为本"的新理念。

从学生角度来看，"问题式"教学其实是要求学生自己思考，通过师生的互动和学生间的讨论、探索，使学生充分参与到课堂教学中，打破教师"一言堂"的教学模式；从而真正确立学生在音乐课堂上的主体地位，提供学生自主学习的机会和条件，还学生的主观能动性于课堂上，唤起学生"自学、求知"的意识。它在实际应用中可以很好地把"以学生为本"的理念具体化，可操作性强，真正有利于在音乐教学上树立起"以学生为本"的理念。

（2）有利于促进师生角色的转换。

从教师角度来看，"问题式"教学把音乐教学重心从"教材的教法"上转变到"学生的学法"上，从教师在教学中角色的转换引起学生音乐学习方法的转变。"问题式"教学中教师的主导作用不再是简单的"灌输"，而是更多地体现在编导、引导和指导上；它要求教师具有创新精神，提出的问题要从《课程标准》出发，但又不拘泥于教材本身；以帮助学生突破常规思维局限、挖掘学生潜能，激发学生自我学习的能力。教师提出问题的过程就是一个探究性的活动，需要从帮助学生"学会学习"出发，依照"由易到难、由表面到本质、从一般到特殊"的事物认识规律，有层次地安排音乐学习内容，达到预期效果。

（3）有利于提高课堂教学的效率。

"问题"给学生一个路标，要求学生可以借助"问题"自主学习；所以在课前需要学生运用已学音乐知识带着问题实践或感受，以初步了解和掌握知识点，这样在课堂上才会有良好的"问答"互动的效果；这样一来教师在课堂上就不必对"问题"或者知识内容上多费时间，而是集中精力于培养学生"自学能力"，使得学生的学习效率提高，与传统教学相比同样的教学量反而更节省了时间，同时又能有更好的教学效果。另外，学生也学会了一套适合自己的学习方法，可以大大简化学习内容，优化知识和能力结构，提高学习效率。

（4）有利于学生自学能力的培养。

"问题式"教学成功的关键在于教会学生如何自学，教师不仅让学生学到知识，还可以培养学生自学能力。学生在"问题式"教学的指导下，通过自我学习与探究，充分调动自身的潜力来解决和回答学习中的问题。因此"问题式"教学在教学过程中重在"导学"，即要求学生在教师的指导下自主学习，这对于学生掌握音乐学习方法、提高学习水平，促使学生养成良好的学习习惯、培养自主学习能力是非常重要的。

实例分析

任务二　思路引导

活动一　选择问题切入点

1. **个别活动**

学员仿照下表中的例子，列出自己在课堂上的关键性问题。

	活动组织形式	内容列举	自我评价
例	歌曲导入	教师：这首歌曲的情绪是怎样的？ 学生：欢快活泼	学生兴趣不大，处于比较被动的状态。
1			
2			
3			

2. 小组活动

学员四人一组根据自己填的内容，进行交流。讨论那些不能引起学生兴趣，也无法调动学生学习主动性的问题活动的原因。

3. 活动小结

提问是教师在音乐教学过程中常用的方法，教学的每一步深入都离不开问题设计。问题的有效设置非常重要：好的问题应由浅入深，由表及里，找到合适的切入点入手，"一针见血"地找到关键点；"找点"后随即"注射"（即研究、解决问题），最后"扩散"（即拓展课题、展开联想）。教师在"设立问题"时，首先要根据教学要求确立教学目标及重难点，然后为解决重点、难点来寻找素材、节选作品；其次，要找到适合的切入点来引导学生运用音乐要素（如、节奏、速度、力度、情绪等）来感受作品、分析作品、思考作品；最后再分步骤设立问题，逐层解决重、难点，依照"由浅入深、由表及里"的方式确立问题的引导方向和着力点。

有效的提问是引发学生心理活动、培养学生思维能力、促进学生学习水平提高和学习技巧发展的有效途径，也是教学成功的基础。反之，低效、无效、负效的提问，只能造成课堂教学的低效率。因此提问技巧就显得尤为重要。那么，怎样的提问才能最大限度地提高课堂教学效益，激发学生的音乐潜能，培养学生的创新意识，促进学生的全面发展呢？

（1）提问要能激发学生的学习兴趣。

学生是课堂教学的主体，在课堂上充分解放学生的大脑，从而激发他们对音乐的学习积极性，陶冶情操，让他们得到美的愉悦享受，使课堂焕发出生机与活力。课堂上教师启发、引导，多让学生尝试，多鼓励学生发表自己的见解和看法，表扬其上课积极思考的精神，充分调动学生的参与积极性，让学生真正成为课堂的主人，而不只是一台"收录机"。比如：在学习《春雨》这首作品时，教师请学生闭眼听这段描绘雨声的音乐，淅淅沥沥的雨声一下子把学生融入大自然，脑海中渐渐会浮现出熟悉的雨中情境……这时教师问道："你愿意告诉我你在雨中的心情，并让我们知道你在雨中的故事吗？"学生会充满兴趣地讲述雨中曾发生过的一件件趣事。接着，教师运用电脑多媒体展示一组极富诗意和生动气息的画面——雨中即景。教师提问："你能给这段描绘雨声的音乐起个名字吗？"学生对乐曲的感受不同，所取的名字也不同。其结果有《春雨沙沙》、《啊春雨》、《雨中情》等等。在老师的指导下，学生在和谐友好的课堂氛围中增强了学习的勇气和活力，思维得到了较好的开发，对音乐学习的兴趣也提高了,培养了他们表现美、鉴赏美、创造美的能力。

(2)提问要能激发学生的思维。

提问既要讲究科学性,又要讲究艺术性。好的提问,能激发学生探究问题的兴趣,激活学生的思维,引领学生在音乐的海洋里遨游;好的提问,需要老师读懂教材,吃透教材,精心研究新课标,研究学生学习水平和学习状况,精心优化教学目标,把问题设在重点处、关键处和疑难处,把学生学习的时候由接受信息的过程转化成独立思考、解释疑难的过程。在此过程中锻炼了学生的思维能力,培养了主动思考问题的习惯,充分发挥学生学习的主动性、积极性。如:我在《送别》一课的教学中设计的有层次提问:(1)这首乐曲是什么拍号? 有什么特点? 有几个乐段? 情绪如何?(2)你经历过送别吗? 请谈谈当时的情景。(3)你能说出有关送别的歌曲吗? 你能唱一两句吗?(4)说说不同人送别的歌曲及情感?《阳关三叠》——古人忧伤;《共青团员之歌》——战争壮别;《驼铃》——现代人勉励。(5)不同时代不同人物送别的心情不同,但都有一个共同的地方,是什么? ——依依不舍。这样的提问设计层层有序,渐次深入,启发学生体验不同情感,使音乐内容更加丰富,学生听讲的兴趣历久不衰。这样就能充分调动学生思维的每一根神经,就能极大地提高课堂教学效率和质量。

(3)提问要能调动学生的注意力。

推动课堂层层递进。学生的注意力是有限的,欣赏再美的音乐,时间长了也会产生审美疲劳,因此提问能触动学生思维的神经,使一堂课紧紧处于兴奋状态,吸引学生的注意力。苏霍姆林斯基说过:"教给学生能借助已有的知识去获取知识,这是最高的教育技巧之所在。"这里强调了教师在课堂教学中的引导作用。教学始终要以"问题"的方式对学生进行引导、点拨和启发,问题解决了,教学目标就基本达到了。学习过程中产生的问题,既是学习的障碍,又是学习的动力,这样可以激发学生的求知欲,吸引学生的注意力,激活学生的理解力、想象力和创造力,使学生在问题的碰撞中产生出智慧的火花。有时候学生对问题的关注胜于被动地接受知识信息,当老师讲课中途停下来突出与内容相关的问题让学生思考时,一些学生很乐意去思考并解答问题,注意力不集中的学生此时听到老师的问题也得"硬着头皮"去思考,对那些学生也是一种变相的监督,从而推动课堂得以深入进行。

教师应该重视问题的设计与作用,提高提问的技巧策略与艺术。问题是起点,问题是主线,问题是线索,问题是过程与方法,以"问题"来组织教学,培养学生发现问题解决问题的能力、音乐审美能力和创新意识,使新课标的基本理念得以实现,让课堂焕发出新的亮点。

活动二　把握问题的难易度

1. 全员活动

主持人出示以下资料,请学员学习。

如果说选择合适的话题是解决学生是否愿意参与问题,那么把握问题的难易度是解决学生能否参与问题。

过于简单的提问,不能很好地调动学生的学习积极性和创造性;过难过深的提问,又会使学生心灰意冷,不利于激发热情。选择合适的难度的问题,引导学生勇于去发现、积极去解决。超出课标规定的范围或过于复杂的难题,很容易造成学生的畏难情绪,不利于教学活动的顺利进行。提问要面向全体,考虑学生年龄特征和认知水平的差异,避免问题过大、过虚,学生把握不住,无法着手。

提问要有梯度。《课程标准》指出:"要面向全体学生,同时又要注重个性发展。"在课堂提问中,问题的设计要和教学内容、教学目标紧密相联,同时又要注重学生的个体差异。从认知角度看,对不同层次的学生需要提出不同的问题,因此教师设置的问题要讲究系统性,在前后顺序上要讲究坡度或者梯度,这样才能由浅入深,循序渐进。这样的课才能体现新课程理念,才是我们追求的教学境界。学生认知结构的形成也有其必然的逻辑,即由已知到未知,由少到多,由浅入深,由简至繁,由认识的低层次向认识的高层次过渡和发展。因此,课堂问题的设计要按照课程的逻辑顺序,要考虑学生的认知程序,循序而问,由易到难,由表及里,层层深入,把学生思维一步一个台阶地引向认知的新高度,最终才能达到"跳起来摘到桃子"的理想境界,也为下一个教学环节做了铺垫。

2. 小组活动

学员以教唱《中华人民共和国国歌》作为教学内容,创设不同难易层次的问题情境。四人一组交流各自创设的问题情境。学员讨论,选出难易层次明显的一组问题。

3. 全员活动

各组代表汇报小组的讨论结果,主持人板书记录问题。全员讨论,按照由易到难的顺序编号,主持人随后汇总意见。

活动三 注意提问的方式与时机

1. 小组活动

(1) 主持人出示一首描绘春天的歌曲:同样是让学生描绘春天歌曲的感受。你可以怎么提问? 下面两种提问方式,你更喜欢哪一种? 为什么?

① 这首歌曲中你听到什么?

② 你眼前仿佛描绘了怎样的春天画面?

(2) 学员四人一组交流不同提问方式可能产生的不同教学效果。

2. 全员活动

各组代表汇报小组的讨论结果。主持人汇总大家的意见。

3. 活动小结

提问设疑是教学中最常用最广泛的方法之一,是教师教学艺术的重要组成部分,是智慧和创造的象征。提问起到激发、提醒、设悬、调节的作用。提问的方法有:

（1）直问和曲问。

提问方式其实也是很有学问的。"直问"即开门见山、单刀直入；而"曲问"则是曲径通幽，发人深省；在课堂实践中，二者经常需结合使用。

如："请问乐曲是几拍的？节奏有何特点？听出几个乐段？"等，这类"直问"问题虽浅易，学生稍作思考即可答复；但它在课堂上组织教学中却是少不了的，因为它能稳定学生的情绪、集中注意力，并能快速唤起已有经验、知识，是顺利进行教学的有利保障。

而有层次的"曲问"开始答案都很简单，释疑后又引起更深的疑问。"曲问"设计层层叠进，逐次深入，启发学生体验和把握不同情感，使音乐表现更加丰富，会提升学生听讲的积极性和主动学习的兴趣。

（2）宽问与窄问。

问题还可分为："宽问"和"窄问"。"宽问"即概括地问，常用于开讲之时，不要求学生立即作答，而启发学生思考，是逐渐体会而寻找答案的探究式的提问方式。如："你是怎么理解音乐作品的风格的？一般通过什么来体现民族风格？"等这类问题可以展开学生联想，对学生富有吸引力且能引发学生的求知欲和高涨的热情，使学生们用像"探寻谜底"似的方式来学习新知，获得良好的课堂效果。

而"窄问"即具体发问。如："仔细听作品中这个主题重复了几次？你能否单独哼唱？你最喜欢作品哪一部分原因是？"等这类问题不一定有统一答案，却能体现学生个性，激发学生联想和表现欲望。

（3）明问和暗问。

提问还可分为"明问"和"暗问"。"明问"即明显、直接的发问。如提问"同学们，你们知道中国戏曲中的四大名旦吗？"等。而"暗问"则是需要学生产生强烈悬疑。如："音乐家用什么来表现世界？"这类问题有明显的启发作用，可激发学生的深层次思考，通过所学知识进行多角度的分析问题，从而提高学生综合能力。

（4）单问和复问。

"单问"指问题集中一个题目，比较容易理解和准备。"复问"是由窄到宽地层层逼进的提问。如："你知道的乐器有哪些？"、"分别有什么特质"、"那么什么是乐器？"等这类问题难度较大，带有连续的探究性质，需要在思考过程中逐步领悟和回答，从而使学生的思维得到锻炼。

此外还可分为"正问"与"反问"，"选择提问"与"比较提问"等，在实际授课过程中，应该各种方法结合运用，充分训练学生的注意力、记忆力、创造力等基本能力。在音乐课教学中，提问的设计是否恰当，直接关系到教学质量，和能否有效激活学生思维、激发学习热情。

4. 小组活动

（1）主持人出示思考题：四年级学到几首描绘"丰收"的歌曲，大家对歌曲中表达丰收的喜悦话题很感兴趣？相同的问题情境："歌曲中哪些音乐要素在表现丰收的喜悦？"在不同时机创设，教学效果有什么不同？

（2）学员四人一组讨论不同时机的提问可能产生的不同教学效果。

5. 全员活动

各组代表汇报小组的讨论结果，主持人汇总大家的意见。

6. 活动小结

提问时机的把握非常重要。提问语在音乐教学过程中随时可用，但不能随便用，更勿滥用。一节成功的音乐课，课中的提问语运用应当恰到好处。提问的时机要精心选择，过早会启而不发，过迟则成马后炮。当教学进行到关键处、矛盾处、当学生有所发现时，及时提出效果会更好。

活动四　问题情境的创设

1. 小组活动

学员根据教学经验，四人一组讨论：在什么情况下进行问题情境的创设？问题情境的创设有什么作用？

2. 全员活动

（1）各组代表汇报小组的讨论。

（2）主持人汇总大家的意见。

（3）主持人利用幻灯片讲解，讲授过程中与学员交流、互动。

3. 活动小结

提问情境的创设是在学生、教师、教学环境的基础上加以形成的。也就是说只有根据具体的学生情况和教师自身的特点和相应的音乐教学环境，才能设计出与教学对象、教学内容相吻合的提问情境，才能设计出与教学对象、教学内容相吻合的提问情境，才能使音乐教学过程中的提问具有一定的艺术性，才能提高音乐教学的教学效益。

（1）创设形象性情境进行提问。

教师的提问不仅仅在于考学生，而是在提问中激活学生的思维，在对话中找到师生心灵共振点。这样的教学活动，能将学生的思维和感官充分调动起来。因为形象是情感的载体，教师善于运用具体生动的音乐形象来充分发挥学生大脑的整体功能，诱发形象思维。教师利用讲故事、现代媒体和舞蹈等方式能创造一种宽松、讨论式的课堂提问氛围，调动学生脑海中贮存的感知表象。学生通过形象思维的加工处理，正确理解音乐、感知音乐内容。这是值得教师尝试的一种提问方式。

（2）设计问题性情境提问。

问题是创造之源，疑问是创造之母。问题是架起新旧知识联系的桥梁，也是引导学生认知、理解、深化的阶梯，有利于知识的生成和能力的提高。教师的提问为了引导学生实现某一音乐教学目标，教师有目的、有计划、有层次地精心设计问题并进一步激疑、导疑、释疑，诱导学生分析、思考、探求问题的解答，这便构成了问题情境。要让学生无疑而生疑、有疑而思疑、思疑而解疑、解疑而心喜，而这一关键在于设置的问题必须鲜明生动、重点突出、富有启发性。像这类问题性情境的设计方法比较多,如:诱发学生兴趣后设问,引起学生悬念后提问,从已有问题中提出问题等等,其共性是通过一系列问题情境的设置,让学生通过感知、思索寻求问题的答案。

诱发兴趣后设问。其理论根据是:学生的思维有可导性,教学应从诱发兴趣和激发求知欲开始,在音乐教学中应注意从学生所熟悉的事物中创设一种与音乐情境相和谐的环境、气氛。只有这样,才能使学生很快地进入音乐,把自己的理解、感觉用多种形式表达出来,从新旧交替事物的联系中找到"激发点",提出能激发学生兴趣的问题。

(3)设计竞争情境进行提问。

随着学生年龄的增长,学生自我意识逐渐增强,开始在乎周围人的评价,回答问题也存在顾虑。这是学生自尊心加强的表现。心理学研究表明,当头脑处于竞争状态时的效率要比无竞争时高得多。因此,音乐课堂教学中可以适当组织学生开展一些讨论、抢答、辩论等,从而使竞争情境得以形成。

设计竞争情境时,应采用各种方法,如集体讨论法、自由辩论法等。因为相同的音乐作品,在不同的环境中,对不同生活经历、不同文化层次、不同心境的教学对象来说,都会有不一样的感受。只有通过多种方法的组合运用,才能使学生在充分的讨论和自由的辩论中逐渐完善自己,最后经过老师和同学们的归纳总结,对某一音乐作品或音乐基础知识有一个较为全面的、深刻的认识。

任务三　案例学习

活动一　观看课例

1. 个别活动

主持人呈现课堂实录,学员观察,了解这堂课中问题式教学整体设计思路。

【教学内容】学唱歌曲《我是少年阿凡提》

【过程实录】

一、聆听与感受

1. 初听歌曲。

师:今天老师带来一首歌曲,请你听一听歌曲的情绪是怎样的?根据你的学习经验去判断,它是什么地方的歌曲?

生:欢快活泼、新疆维吾尔族。

师:你的耳朵真灵,这正是一首带有维吾尔族民歌风格的儿童歌曲,我们以前学过带着这样热情欢快的情绪的维吾尔族歌曲还有哪些?

生:《娃哈哈》、《马车夫之歌》。

师：这些歌曲都能表现维吾尔族人民的热情好客，能歌善舞，那今天我们听到的这首歌曲也是这样。

2. 复听歌曲。

师：让我们再来听一听，歌曲唱的是谁？他是个怎样的少年？

生：阿凡提，他是快乐的少年。

（出示课题）

师：这首由孙涛、福林创作填词的歌曲名字就叫《我是少年阿凡提》，你们听出歌曲中阿凡提是个怎样的少年？

生：勇敢正直。

3. 聆听教师范唱。

总结：正如同学们所说，这首歌曲中的阿凡提就是个见义勇为、乐观幽默的少年，我也来为大家演一演这位少年阿凡提，请你们听听，歌曲讲了个什么故事？他的心情发生了几次变化？

（教师范唱）

4. 出示歌词分段感受。

（1）感受第一段情绪。

师：阿凡提一边在骑毛驴一边在干什么？

生：他一边还在唱歌。

师：请你们听我唱一唱，跟我一起来演一演，感受一下这是个怎样的阿凡提。

（学生模仿）

师：这时阿凡提心情怎么样？

生：快乐。

师：你从哪里听出来的？你从哪里看出来的？

生：表情、动作。

师：让我们也来感受一下阿凡提快乐的样子，请你们站起来轻声模仿老师唱一唱，加上你们的动作和表情，和我一起来演一演这个快乐的阿凡提。

（学生跟伴奏做动作）

师：你们做的真好，我从你们的眉毛、肩膀，甩鞭子的动作里就知道你们体会到了阿凡提快乐的心情。

（出示快乐字幕，字体变色）

（2）感受第二段情绪。

师：当阿凡提神气高兴的的时候遇到了什么事？老师是怎么来表演的呢？也要用你的眼睛和耳朵边看边听哦！

生：他遇到不讲文明的人。

师：说得很好,体会一下此时的心情是怎样的? 老师做了一个什么动作来表现?
(教师做叉腰跺脚的动作)

生：很生气,叉腰跺脚来表达生气。

师：请你们也来学一学他勇敢的样子,力度动作做出来。

(学生用动作表现)

师：你们学的真像,让我们用朗读的方式,加上语气结合动作体会阿凡提的这种心情。

师：你们的表演让所有人感受到阿凡提生气了。

(出示字幕,颜色变化)

(3) 感受第三段情绪。

师：你们觉得这么勇敢的阿凡提有没有战胜做不文明行为的人呢? 歌曲会告诉你答案!

(老师表演)

师：这时他的心情怎么样啊? 歌曲是怎么表现出来的?

生：他特别得意,弹起了心爱的热瓦普。

师：请跟我一起边弹边唱,让我们也来模仿一下他弹着热瓦普,骄傲自豪的样子。愿意唱的小朋友跟我一起来哼唱一下。

(出示字幕,颜色变化)

5. 完整表演。

师：真不错,我们通过和老师的共同演绎,了解了少年阿凡提完整的事情经过,感受到阿凡提三次情绪的变化,你们能不能跟我一起来演一演呢?

要求：第一段看着阿凡提,跟我一起做动作,能唱能用"lu"哼唱。

第二段边念边做动作。

第三段边弹边唱。

(学生完整表演)

师：你们的表演让我看到了一个个快乐勇敢的阿凡提。

二、实践与表现

1. 学习歌曲。

(1) 跟录音自学:

师：你们觉得这首歌曲有趣么? 歌曲中每一句旋律每一个符号,都很有趣。老师为你们每一位同学准备了歌谱,今天我们就用自学的方式学唱这首歌曲。请大家耳朵仔细聆听范唱,看着歌谱和小伙伴聚拢在一起用你喜欢的方式,把音准节奏唱准确,用歌声把三种情绪表现出来。

要求：吐字清晰,把音准节奏唱准确,用歌声把三种情绪表现出来。

(学生自学,录音播放三到四遍)

（2）反馈自学成果第一遍：

师：自学结束，相信同学们已经会唱这首歌曲了吧，能不能跟着钢琴伴奏用中等速度唱一唱？注意词曲正确。眉毛抬起来，表现一个自信的阿凡提。

（学生反馈）

师：你们的歌声很整齐，老师也看到有的同学脸上表现出来的心情变化，你们有没有听出来刚才有人唱错了？

（学生交流自己的感受）

师：老师把这一句再唱一唱，你们想一想刚才什么地方唱错了？

（男女生分别学唱难点句）

（3）用原速有表情地唱。

师：这一遍老师听出你们的词曲唱正确了，那表现阿凡提的情绪变化用这样的速度行不行啊？

生：不行，应该再加快一些。

师：让我们把速度加快，回到歌曲原来的速度试一试，在这样的速度中，我们把阿凡提三种情绪变化表达出来，你也可以加上动作一起来表现。

（教师钢琴伴奏，教师带领一起唱）

要求：中等偏快的速度，把三种心情唱出来。

（4）感受第一部分音乐符号。

师：掌声送给自己，你们的歌声充满了表现力。音乐家在创作这首歌曲的时候为了表现一个快乐、生气的、自豪的阿凡提，他用了不同的音乐符号在塑造这样的形象，那么请男同学站起来，你们就是那快乐的阿凡提，请你们唱一唱演一演。

请女同学想一想：第一部分中的什么音乐符号在表达快乐的阿凡提，他们的声音和动作有没有把快乐的阿凡提表现出来。

（老师跟男生一起唱一起演）

师：你们女同学觉得他们的歌声和动作有没有表现出来这种快乐？

女生：还不够，再轻快跳跃些。

师：没关系，我们掌声鼓励一下，男生和我一起加上动作表情，眉毛也可以动一动，我们再为女同学表演一遍。

（男生再次表演唱）

师：这次好了么？掌声表扬，女同学告诉我第一段快乐的阿凡提是什么音乐符号在表现。

生：下滑音、升记号。

师：是啊，如果没有这两种符号，阿凡提快乐的心情就逊色了，请女同学也来唱一唱，表达好这两个音乐符号。

（女生站起来表演唱）

师：看到男孩子已经坐不住了，让我们全班一起来唱一唱，分享阿凡提的快乐。

全班共同演唱歌曲第一段。

（5）感受歌曲第二部分音乐符号。

老师接唱第二段：

师：刚才老师唱的那一段，你们已经感受到了阿凡提的生气，那你们找一找，在阿凡提最生气的那一句，什么符号在突出这种生气甚至是气愤的的心情？

生：重音记号和休止符。

师：你们真有音乐的想象力和感受力，找到了重音记号，还有一个在切分音上的休止符。

生：那么我们能不能来唱一唱，加上动作，把这两种符号唱好，表现好呢？

（一组唱完另一组唱）

师：你们真是小音乐家，能够读懂作曲家添加的符号在乐谱上所表达的情感。

声音指导：重音记号声音有爆发力，小腹有弹性，口腔打开，用气息支撑这个声音，表现休止符，用跺脚来，歌声有力度。

师：这一段阿凡提的心情从疑惑到发现到生气，前面还有两个休止符在烘托阿凡提生气的过程，用怎样的语气表达出来？

生：力度逐渐增强。

师：我们和老师用逐渐增强的语气，把心情表达出来。

师：音乐家同样用休止符给我们的表演留下空间，让我们加上语气词，表现阿凡提心理的变化。

（6）感受第三部分音乐节奏。

师：让我们跟着老师中等偏快的钢琴伴奏，把歌曲完整地唱一唱。注意第一第二段，用什么样的音色唱出阿凡提的轻松和快乐。在第二段加上动作加上语气，唱出这两种符号所表达阿凡提的愤怒。同时思考一下，最后一部分阿凡提的得意和自豪，音乐家用什么节奏衬词表现的呢？

电子琴录音老师带领做动作，学生完整唱。

要求：把第一第二部分表现阿凡提心情的音乐符号唱出来。

思考：第三部分哪些衬词在表现阿凡提战胜坏人后的自豪和得意。

师：你们的表演把阿凡提表现得栩栩如生。那么聪明的小阿凡提们有没有找到我问题的答案呢？

生：这密集的十六分音符节奏和衬词，就好像是阿凡提在弹的热瓦普，是有弹性的。

师：这句衬词的节奏你觉得和前面比是宽松的还是紧密的？

生：仿佛是受到表扬以后的得意，是舒展的。

师：这两种节奏都表现了阿凡提自豪得意的心情。让我们跟着音乐唱起来，用什么样的动作和歌声把阿凡提的自豪和得意表现出来。

三组连唱。

教师指导：密集的节奏要用跳跃、有弹性的声音唱，宽松的节奏我们要有气息地支撑，连贯唱。

师：在座所有小阿凡提站起来唱，让我们弹起热瓦普，从歌声、动作、眼神中表现出阿凡提的自豪和得意。

学生跟录音边唱边演第三段。

师：谢谢你们将阿凡提的自豪与得意和我们在座所有的人来分享。

2. 完整演唱歌曲。

师：我们通过这首歌曲了解了阿凡提的故事，也感受到了不同的音乐符号（在表现阿凡提三种不同心情时的作用）能刻画出不同的人物形象，请同学和老师边唱边演，把歌曲完整地表演一下。

学生完整表演唱。

三、小结

师：今天我们通过自主学习和相互交流，知道了音乐符号对表现音乐形象的重要作用，我相信同学们从这首歌中深深爱上了这位热爱自然、正直乐观的好少年。

活动二　案例分析

1. 小组活动

学员四人一组讨论：任课老师是如何在一节课中围绕主题，以问题贯彻，层层深入的方法组织教学的。任课教师是如何创设问题情境引导学生表现音乐的。

2. 全员活动

各组代表汇报小组的讨论结果。主持人汇总大家的意见。

活动三　任务小结

本节课以学唱歌曲《我是少年阿凡提》作为教学内容，在学唱的同时感受新疆维吾尔族歌曲特点，体会阿凡提善良正直、勇敢风趣的人物形象。要求学生能在老师指导和同伴反馈交流中，跟随钢琴或录音伴奏，用统一的速度、合适的音色与音量，词曲正确地演唱歌曲《我是少年阿凡提》。并在歌唱时能抓住歌中下滑音与升记号、带有休止的切分节奏，以及连续十六分节奏型与四分附点节奏型的对比等特点，结合简单的肢体动作，初步表现出少年阿凡提快乐、正义和得意、自豪的形象、语气和情感。

在学习过程中，注重以问题情境为抓手激发学生的学习兴趣。师生互动，用即兴跟唱、歌词朗读或肢体体验等方式体验歌曲三部分所表现的阿凡提不同形象和情绪特点。在关键问题的引导下自主学唱歌曲，教师在深入小组指导的过程中，启发学生通过正确表达下滑音、升记号和带有附点的切分节奏,唱出前两部分的不同情绪。歌曲处理部分,教师又通过由浅入深的提问,引发学生思考,促进学生对音乐要素与符号表现作用的理解与描述,并进行及时的反馈与评价。学生在问题情境中,通过自主的体验、思考与探索,初步表现出少年阿凡提快乐、正义和得意、自豪的形象、语气和情感,歌曲充满了维吾尔族民歌的风味,学生也在合作表演中,把歌曲的人物形象演绎得栩栩如生。

项目再构

任务四 设计实施

活动一 教学设计和案例撰写

个别活动:学员在执教教材中自选内容,以提问式教学的方式,完成一个课时的教学设计并撰写教案。

活动二 交流教学设计

1. 小组活动

把学员分成三个小组,每位学员在小组内依次介绍自己的教案,其他学员提建议。小组内推荐一份最有代表性的和最具有特色的教案。

2. 全员活动

各组代表依次介绍自己的教案。通过交流,学员借鉴不同的教学设计,提升个人的教学设计。

活动三 修改教案

个别活动:学员思考从哪些地方可以借鉴其他学员的思路,并融入自己的教学设计中,然后各自修改教案。

活动四 任务小结

通过提出问题、解决问题来引导学生学习音乐,是符合现代教育理念的有效方法,已经成为大家的共识。但要进一步深入研究,更好的发挥问题式教学的作用,提高教学效果,需注意以下几个问题:

1. 提问要指向明确

教师要把问题交代清楚,必要时将一些问题口语化,让学生弄明白老师在问什么,不能太宽泛,使学生无从下手。有的学生回答得不理想是因为教师提的问题不够清楚。如歌曲《我是草原小骑手》教学中,教师在处理环节提出了这样的问题:应该怎样演唱才能体现歌曲活泼、充满自豪感的情绪? 这个问题太宽泛,不易回答。如果改成"用怎样的力度和声音演唱才能表现歌曲活泼,充满自豪感的情绪"就明确多了。

2. 提问要学会倾听

有些喜欢打断学生回答的教师,表面上看似乎时时在关注学生,提问学生,但其实教师并没有"领会"学生,没有领会学生是因为没有很好的倾听。教师往往没有注意到:学生为什么会这样回答?是否可以从学生的思维、回答出发,引导学生得到正确答案呢?因此,音乐教师应该学会倾听,让学生的回答成为教师进一步追问、引导的起点和阶梯,并转化学生的观点,引发更复杂的回答。这样既能激励学生积极参与,又可以自然而然地将学生的回答转化成教学资源。要使学生成为重要的课程资源,而不是简单的知识接受者。

3. 提问要注意有效评价

有效提问总是和有效评价紧密联系的。真正有效的评价应该是真实而真诚的,针对性强,表达方式多样的。教师应该尽力澄清、处理、拓展、修改、提升、评价学生的回答。对学生的回答应及时评价,正确的要鼓励,即使有错误也不能轻视,要指出不足引导学生进一步思考。有的教师对学生的回答,表扬过滥,明明回答的有问题,老师也夸奖说很好。表面上好像是尊重、鼓励了学生的表现,其实是对学生不负责任的表现。有的老师过渡追求固定答案或唯一答案。教师在教学设计时一般对问题的答案都有预设,有些教师看到学生回答的同预设答案不相符就千方百计地引导,直到最后符合自己的答案才满意。这是一种不良的倾向,应允许学生有自己的思维,不能用唯一的答案束缚学生的思维。

感想记录

任务五 学习总结

活动一 学习收获

1. 个别活动

学员反思本单元的学习,完成下列题目:

(1)问题式教学的意义;

(2)问题式教学的特征是什么?

(3)创设问题式情境教学的四大关键;

(4)问题式教学中要注意的有哪些;

(5)在本单元学习中,我学到了什么?

2. 小组活动

把学员分成三个小组,每位学员在小组内依次介绍自己的学习收获。组内交流,选出一位代表。

3. 全员活动

各组代表交流。

活动二　交流感想

1. 个别活动

（1）主持人下发反思记录表。请学员选择一项感触颇深的活动，按下表中的要求完成表的填写。

反思记录表

记录人：

活动名称：	
活动描述或过程：	
自我状况简述：	（教学思路或教学行为）
感受或评价：	

（2）学员反思"问题式教学"部分的学习过程，选择一项感触深的活动，按表中的要求，结合个人的认识和教学情况完成表格。

2. 全员活动

学员根据自己填表的内容，交流各组的体会。在完成反思记录表、与同伴交流的过程中提高认识，促进教学行为的调整。

活动三　任务小结

"提问式"教学模式，其实是双向的，在教学实践中不仅是教师向学生提问，同时学生也可在在学习过程中向教师提出自己有疑惑的问题。孔子的名言："学而不思则罔。"这个"思"由何来呢？"思"是由"疑"引起，有"疑"才有"思"。学生是独立的个体，本身具有各自不同的生活经历和独特的兴趣爱好、性格等个性特征，因此教师对学生的影响是通过学生自身的过滤和取舍来发生效果的。

所以教学实践中，要让学生自己发现自身的价值，充分应用有开放性和探索性的问题，让学生通过自身的过滤与思考来产生疑问，达到"自我学习、自主求知"的效果。那么在教学实践中教师应采取哪些措施来促使学生提问呢？

1. 建立奖励机制，鼓励学生提问

一般低年级学生在人格形成过程中，所以有尤其喜欢被别人肯定、表扬的特点；而且如果努力后获得了成功和赞赏，就会不遗余力地继续努力。因此在教学中如学生在提问后，一定要及时给予肯定，让学生获得成就感。如在课堂上有学生提问时，教师将名字和提出的问题记在本子上，并给予记分奖励。提问的次数多且针对性强，或有一定深度或难度的，就要给予更高分数的奖励。学生感觉自己提出的问题被关注和认可时就会有一种自豪感和荣誉感，这样久而久之，"奖励机制"会深入人心，良好的学习风气也就此形成。

2. 研究学生心理，启发学生提问

教师应该注重培养学生的好奇心和新鲜感，因为"喜新和好奇"是儿童突出的心理共性，好奇时学生往往接受能力和记忆能力都更最强，思维能力和反应能力也是更活跃。教师需及时觉察学生这种愿望和要求，有针对性地采取多种积极、合理的方法，满足学生这些心理需求。这样既能帮助学生生理和心理健康发展，也使他们能够在学习中获得更好的成绩。

因此，教师在课堂上需要改变以往"单向提问"的提问方法，而应该安排一定的课堂时间，引导、帮助学生学会"提问"。

3. 结合学生实际，采用不同方法

在课堂上，教师回答学生提问时，要注意根据学生的年龄段采取不同的解答方式；答案本身既要有根据年龄有一定的理论要求，又要贴近该年龄段学生的生活和学习经历，以真正地激发学生的兴趣。从这个角度讲，"教学活动"就是教师与学生之间、学生与学生之间的交流活动，那么教育活动的主体是学生，而主导方是教师；因此如课堂上没有教师引导时，学生只能在自发状态下来求得学习和教育发展是十分有限的，更无法提升学生在知识、能力、素质等方面的教学要求。如在低年级音乐教学中，学生们对新知识是陌生的，但是他们好奇心强，所以都喜欢"刨根问底"式地问问题，但往往问题都简单、幼稚，这就是这个年龄段孩子的特点，教师作为主导方就需要"不厌其烦"地解答，由浅入深设计答案、逐步回答，也需要多加鼓励以提升学生的积极性。

总之，在新知识、新课程的背景下，教师需多重视问题的设计与作用，提高提问、回答的技巧与艺术；无论问题是教师提出的还是学生提出的，都要依据课程本身以问题为起点、为主线和线索；以问题为教学的过程与方法，通过"问题"来组织教学，引导和培养学生发现问题解决问题的能力。

第三单元 体验式教学

一、单元目标

1. 通过回顾以往音乐教学中的经验，反思在体验教学中推动学生音乐能力的作用。

2. 通过分析小学音乐教材上的已有内容，确定对这些内容实施体验式教学的目标和要求。

3. 通过体验式教学活动的设计，明确体验式教学推进音乐教学的作用。

4. 能结合音乐教学内容，设计体验式教学活动并呈现组织过程，提高设计体验式教学活动的有效性。

二、预设成果

1. 学员能了解并掌握体验式教学的音乐教学方法。

2. 学员能根据所提供的案例，初步总结归纳体验式教学实施的方法与策略。

3. 学员能根据音乐教学内容，以体验式教学方式完成一个课时的教案撰写。

三、任务设置

学习模块	学习任务	时间安排	达成要求
经验分享	任务一 体验式教学的概念与意义	60分钟	了解体验式教学的概念和意义。
实例分析	任务二 体验式教学的具体内容和教学策略	60分钟	1. 明确体验式教学活动设计的具体内容。 2. 了解体验式教学的教学策略。
项目再构	任务三 设计体验式教学活动	90分钟	1. 能通过教材中的教学内容、把握教学目标，设计体验式教学活动。 2. 能通过同伴间的讨论交流，总结课堂教学中体验式活动设计的几点建议。
感想记录	任务四 回顾与反思	60分钟	1. 通过反思回顾，能将体验式教学方式用到实际教学活动中。 2. 通过反思自身的教学现状，并结合本单元所学理论，总结出设计体验式教学的方法和策略，从而促进自身的专业发展。

四、教材准备

教材、笔、白纸、《课程标准》。

任务一　体验式教学的概念与意义

活动一　了解"体验式教学"的意义

1. 个别活动

主持人出示学习材料,请学员思考体验式教学的意义。

《课程标准》中对音乐的课程性质包括了音乐人文、音乐审美、音乐实践。其中的音乐审美指的是对音乐艺术美感的体验、感悟、沟通、交流等。《课程标准》还指出:音乐教学要以音乐审美为核心、以兴趣爱好为动力、面向全体学生、注重个性发展、重视音乐实践、鼓励音乐创造、注重个性发展、重视音乐实践、鼓励音乐创造,提倡学科综合、弘扬民族音乐、理解多元文化、完善评价机制。"《课程标准》中提出的这十条基本理念强调对学生审美能力和情感态度价值观的培养,强调把学生看成一个发展的、有独立个性的、活生生的个体,即教学中要以人为本。其突破点就是学习方法的改变,"在教学中根据学生身心发展规律,以丰富多彩的教学内容和生动活泼的教学形式,激发学生对音乐的兴趣,不断提高音乐素养,丰富精神生活"。而体验式教学则是其中比较有效的音乐教学方法。

2. 小组活动

学员四人一组进行交流:讨论自己对音乐课堂教学中"体验式教学"的目的的认识。

3. 活动小结

小学音乐体验式教学主要是为了给学生提供一个比较愉悦的音乐审美和体验过程,让学生在感受和体验音乐的同时,认知和学习音乐,调动学生学习音乐的兴趣,促进学生良好情感的形成,同时培养学生的审美情操。体验式教学旨在让学生在欣赏音乐的过程中加深对音乐本身的感性认识,并达到音乐的教育性的效果;注重学生的课堂参与,强调学生在体验音乐的过程中获得情感的升华及理论知识和实践技能的训练和提升。

活动二　体验式教学的概念

1. 个别活动

学员回顾自己的课堂教学,并将对"体验式教学"的认识写在白纸上。

2. 小组活动

四人一组,学员互相交流刚刚写下的答案,并将别的学员提到、但自己没有想到的写下来。通过交流,学员们互相学习,总结体验式教学的概念。

3. 活动小结

体验式教学是指在教学过程中,根据学生的认知特点,通过创设情境呈现、还原教学内容,使学生在实践中理解知识、领会要点的教学方式。音乐"体验式教学"以激发儿童学习音乐艺术的兴趣与培养情感为主要目的,其核心是培养学生的审美体验与情趣。

任务二　体验式教学的具体内容和教学策略

活动一　体验式教学的具体内容

1. 全员活动

主持人出示三个教学内容,请学员自由选择内容,讨论该教学内容适合进行怎样的体验式活动。

我的家在日喀则

1=D 2/4

活泼地

藏族民歌

我的家在哪里? 就在日喀则呀,

阿索阿索马里拉 就在日喀则呀。

勤快人和懒惰人

1=C 2/4

诙谐地

美国童谣

汪爱丽译配

有些勤快人呀 正在厨房劳动,
有个懒惰人呀 正在厨房睡觉,

有的炒菜,有的煮饭,有的在蒸馒头,
他不炒菜,他不煮饭,他也不蒸馒头,

有的炒菜,有的煮饭,有的在蒸馒头。
他不炒菜,他不煮饭,他也不蒸馒头。

老爷爷赶鹅

二部轮唱

1＝C 2/4
小快板

〔罗〕索 里 库词
〔罗〕约涅斯库曲
王毓麟译配

mf

```
1 1 1 2 ‖: 3 —  | 3 3 3 4 | 5 —  | 5 i̅ 5 4 |
1.有个老爷 爷，   进城赶群 鹅，   听到有人
2.(爷爷回答) 说，   我的老大 哥，   给我跳个

0 0 ‖: 1 1 1 2 | 3 —  | 3 3 3 4 | 5 —  |
        1.有个老爷 爷，   进城赶群 鹅，
        2.爷爷回答 说，   我的老大 哥，
```

```
3 —  | 3 3 3 2 | 1 —  | 1 1 1 2 :‖: 3 2 3 2 1 |
喊，   要买一对 鹅。         2.爷爷回答
舞，   送你一对 鹅。            嘎嘎老爷爷

5 i̅ 5 4 | 3 —  | 3 3 3 2 | 1 —  :‖: 1 —  |
听到有人 喊，   要买一对 鹅。
给我跳个 舞，   送你一对 鹅。      鹅。
```

快

```
:0 5 5 i̅ | 3 2 3 2 1 | 0 5 5 i̅ | 3 2 3 2 1 :‖ 0  0 ‖
嘎嘎嘎  嘎嘎 赶群鹅，嘎嘎嘎  嘎嘎 老爷爷，

:3 2 3 2 1 | 0 5 5 i̅ | 3 2 3 2 1 | 0 5 5 i̅ :‖ 0 5 5 i̅ ‖
嘎嘎 老爷爷，嘎嘎嘎  嘎嘎 赶群鹅，嘎嘎嘎。   嘎嘎嘎。
```

2. 小组活动

选择相同教学内容的为一组，如人数过多可拆成两到三组，每组请一位代表交流讨论结果，介绍本组选用的是什么形式的体验教学，以及教学基本步骤。

3. 活动小结

现代社会认为人类最重要的学习方法之一，就是通过体验和实践来完成。在小学音乐教育中"体验式教学"在《课程标准》中的要求是："明确提出教学目标和学习目标，重视每一

263

个学生的参与，课题中"体验"引导每一位学生参与的方法，允许学生在感受、参与表现音乐时有不同的方法与表现形式"。这就对教师的教学方法提出了更高的要求；那么如何成功安排通过"体验式"活动来完成音乐教学任务呢？这就要求教师们根据学生具体的年龄段、课程进度与要求以及学生音乐素养等来灵活安排。但是基本的体验教学方法有以下几种：

（1）"情景化"体验教学。

教育学家赞科夫曾说过："教学法一旦触及学生的情绪和意志领域，触及学生的精神需要，便能发挥其高度有效的作用。""情景化"的教学正是通过创设一定的"情景"，自然而然地把儿童带入到某种情境环境中，从而"触及儿童的情绪和意志领域"，触及到儿童长期被忽视的精神需要，从而成为行之有效的教学方法；因此音乐教师也要把情境教育法引进音乐课堂教学中去。如，在歌曲《蜗牛与黄鹂鸟》的教学课堂上，通过创设与歌曲内容相关情景，如葡萄园、蜗牛壳、黄鹂鸟等角色，帮助学生运用用声音、表情和动作把该曲目中的内涵，"蜗牛"与"黄鹂鸟"的"不畏艰难"、"执着追求"和"顽强顽强"的精神表现出来。同时也可根据需要，对其情节发展做进一步编创或拓展，使音乐作品更适合该年龄群体、更适合孩子们的希望，以使作品的人文性得到更好的体现。

（2）"参与性"体验教学。

"情感"是音乐审美过程中最活跃的心理因素。教学实际中，只有让学生参与到音乐活动之中、亲身主动地去体验、领悟、探寻，通过教师的一些特别的课堂创设与音乐融为一体时，才能让学生全身心、全方位地参与音乐学习与体验，才能让学生更好地理解和掌握音乐基础知识和基本技能技巧，才能真正地实现对音乐作品的二度欣赏与创造。所以说，只有让学生们积极参与体验，从感入手、以情动人，以美感人，才能让孩子们自然而然地体会到乐曲中的情感。

而参与体验中，最重要的一种就是"即兴创作"。它是学生自由直觉思维的反映；要求学生直接参与音乐构思和表演。在课堂实践中要以"即兴创作"为抓手，通过学生的"想象和联想"，在教师引导的宽松和谐的课堂气氛中，让学生自由地参与，这样的形式既能激发学生们对音乐的学习兴趣；又能开拓学生的创造性思维；同时发展学生个性；培养他们的创新精神和实践能力。

（3）"沉浸式"体验教学。

在音乐教学中，还有一类课程是旨在提高学生们的鉴赏水平。这类课程其实在教学实践中，也是有一定难度的。太深学生难理解，太浅学生会失去兴趣；所以在欣赏音乐作品过程中，教师要善于利用语言魅力的引导，诱导学生参与音乐作品情绪思维体验；并通过长期、多次反复的教学实践来帮助学生形成在欣赏音乐作品时的思维习惯，终身受用。如在欣赏《鸭子拌嘴》时，学生在欣赏的同时，边听教师们提前准备好的、富含情感的作品情节介绍，边在教师进一步的启发与指导下参与体验和欣赏音乐的过程。因为小学生尽管年龄小，但想象力却很丰富；如果没有学生主体参与和体验，就很难保证"沉浸式"音乐教学的效果。教师用音乐诱导打开学生想象之门，培养其发散性思维；同时教师牢牢把握住音乐艺术的本质特征给孩子们带来审美的愉悦性,给他们以愉悦、美感的享受;这是保证音乐教学成功的重要的前提条件之一。

（4）"创编性"体验教学。

我们一直强调,对于儿童的教学要根据儿童发展的特点分阶段,因材施教。如对于小学的低年级阶段的学生,可多采用"体验式游戏"模式,此种模式也可延伸到中年级使用。而其教学评估,可采用诸如"音乐苑"、"小小音乐会"等过程性、情境式的评价方法;对学生的表现能力、审美情趣等进行观察测评,并将评定结果分为"表现力优良"、"创造性发展"、"合作性培养"、"情感投入优良"等多个角度、增加鼓励的多样性;在最后在发展性评语中多用诸如"如果……就……"、"建议你……会更好"等激励性语言。

对于小学中高阶段,学生年龄和教学内容都有所增加,因此教学模式也应该由低年级的"体验式游戏"模式,过渡到"体验式活动"模式。"体验式活动"依据顺序分别为"导入"、"活动"、"创作"、"表演"、"评议"这五个主要环节。"导入"包含复习和基本训练,如课堂上的节奏游戏、视听、识谱猜谜等;"活动"即新授音乐作品,包括情境融入、作品与学生的互动、师生互动等内容,而且随着年级递增更多地关注"学生的主体性",尤其要通过学生的"分组学习",培养学生的自学能力,"参与"、"感受"、"体验"和"表现"音乐的能力。而"创作"是在新授基础上,引导学生想象,激发他们的思维与创造,最大程度地延伸进行一度及二度创作。最后"表演"、"评议"则是指师生、学生之间交流、互评,共享愉悦,并激发学生的审美与情感。这五个环节之间也不是独立存在,而是相辅相成的,如"创作"要贯穿于"导入"、"活动"的诸多环节。

活动二　学习体验式教学的活动形式

1. 个别活动

主持人呈现教学实录,学员仔细观察本堂课中运用到哪些体验式教学形式?

课堂实录:

【教学内容】学唱京歌《唱京戏》

【过程实录】

一、聆听与感受

1. 初听京剧《苏三起解》。

师:同学们,今天的音乐课老师带给你们一段表演,请你们看一看我表演的是什么?

生:你表演的是京剧。

师:看来你平时就对京剧很感兴趣,你们还对京剧有什么了解么?

生:京剧是我国的国粹。

2. 教师介绍京歌。（播放PPT,配歌曲伴奏）

师:看来我们班有很多小戏迷,老师带着大家一起来了解:刚才老师表演的是京剧著名唱段《苏三起解》。京剧是我国的国粹,它形成于北京,迄今已有200多年的历史,我们的国粹还被世界教科文组织列为世界非物质文化遗产,我们今天就从一首由《苏三起解》改编的小小的京歌中对京剧略知一二,你们想不想听听这首京歌?

生:想!

3. 听录音范唱。

教师提问:(1)演唱者是带着怎样的心情演唱京歌?(2)歌曲中唱了些什么?

学生回答:欢快、愉悦。

4. 揭示歌名。

师:这首京歌用欢快愉悦的情绪让我们感受到对京剧的喜爱,而且歌词还给我们介绍了京剧,今天就让我们来学唱这首京歌,名字就叫《唱京戏》。能不能学着京剧演员的高位置发声,我们带着京腔京调来念一念?

(学生带京调念歌名)

师:你们的模仿能力真强,从现在开始啊,我们说话都要用高位置来发声。

5. 听教师范唱。

师:其实老师也很喜爱京剧,请你们听一听这首京歌的歌词中到底介绍了京剧什么呢?

生:我听到歌曲中唱到了唱、念、做、打。

生:我还听到了歌曲唱到锣鼓响起京剧就开演了。

6. 熟悉歌词,基本熟悉动作要领。

师:你们听得很仔细,作为中国人我们对国粹应该有所了解,而这首歌曲的歌词就概括了京剧的很多特点,让我们利用简短的时间一起来走近京剧。

(1)介绍京剧的行当:

师:在京剧表演的故事情节中会出现不同的人物角色,其中有男性角色、女性角色、大花脸、和喜剧角色,称为生、旦、净、丑四种京剧行当。

出示歌词:生旦净丑角色全

师:让我们一起边念边做,每一句最后有一个亮相的动作,表现中国人的气节。

学生和老师一起边念边做

(2)介绍四种表演形式:唱、念、做、打:

师:在这些行当中要通过唱、念、做、打等丰富表演形式来叙演故事,刻画人物。京剧演员从小就要从这四方面进行几十年如一日的训练,才能达到在台上炉火纯青的功力。

出示歌词:唱念坐打不简单

学生和老师一起边念边做

(3)介绍京剧脸谱:

师:京剧表演中,用五颜六色的油彩笔勾勒出夸张的色彩和造型,表现出人物的不同性格和品质。你们瞧这几张京剧脸谱就是出自他们的巧手。红色的是忠勇的关羽，黑色的是正直的张飞，白色的是奸诈的曹操，金色的是神仙鬼怪牛魔王。真是太神气了！

出示歌词：五色的油彩脸上画

（学生和老师一起边念边做）

（4）介绍京剧的伴奏乐器：

师：京剧演出中的伴奏师，除了演奏民族管弦乐器之外，还有一些伴奏师担当着渲染气势，烘托表演的重要任务，他们负责打击乐伴奏，打击乐由单皮鼓、大小锣和铙钹组成。锣鼓声一出现就告诉观众好戏就要开演啦！

出示歌词：锣鼓一响就开演

（学生和老师一起边念边做）

7. 完整朗读并表现歌词。

师：让我们完整地把歌词边念边演，站起来学一学京剧演员的站姿，左脚在前右脚在后，丁字步站好，两腿夹紧，小腹微收，注意站姿挺拔，别忘记京剧的发声方法，用小嗓子假音来念哦！

（学生体验站姿完整表现歌词）

8. 观看视频。

师：你们做得很投入，老师要奖励你们看一段视频，让我们一起来了解《京剧演员是如何艰苦训练的》。

（学生观看视频，感受京剧演员的不易）

师：看了这段视频你有怎么样的感受？

生：这些京剧演员太值得我们学习了！

二、学唱歌曲

1. 学习歌词。

师：每次看完视频的内容，我都被京剧演员的付出所感动，更为我们的国粹感到骄傲，老师也按耐不住想来表达我对京剧幕前幕后工作人员的敬意。

（1）教师带节奏打板念歌词。

师：你们发现我念的时候还加入了什么？

生：打快板。

师：是啊，在京剧中称为"打板"，可以帮助我们控制节奏，老师没有那么多板，我们的小手就是"板"，来，请大家将自己的左手放平，右手敲手根，来让我们一起体验一下。

（学生模仿打板体验节奏）

（2）学生默读。

师：加上打板以后，节奏和你们刚才念的有什么不同？

生：有些地方带有停顿。

师：这些休止使很多字都是在后半拍起唱,在京剧中称为过板开唱,这正是西皮流水的节奏特点。

（出示：过板开唱）

（3）学生慢速朗读歌词。

师：既然是过板开唱,说明这些字都是过了板才念出来的,让我们放慢速度,跟着老师的板子念一念。看哪些聪明的孩子先念准确节奏。

（4）解决节奏难点。

师：歌曲四句歌词中,你们发现刚才哪一句节奏有点跟不上?

生："锣鼓一响就开演"。

师：演员们刚化完妆,一听到锣鼓声就马上上台,顾不得休息。所以第三第四句中间没有停顿,让我们来试一试。

（师生对读）

（5）完整跟伴奏朗读。

师：让我们完整地跟着伴奏恢复原速来念一念。

2. 学习歌曲旋律。

师：刚才我们已经体验了京剧中的"念",现在我们就要唱一唱歌曲的旋律了！让我们来体验一下京剧小演员,用京剧特有的发音"yi"来哼唱旋律,用小嗓子的假声来唱。

（1）学生用"yi"哼唱旋律。

（2）唱出京剧的韵味。

师：你们发现歌曲中的什么音乐符号能帮助我们唱出京剧的韵味? 这个音乐符号叫做装饰音,唱的时候声音轻轻地很快划过去,像绕个弯。

（学生体验）

（3）解决气口。

师：唱京剧时的呼吸也很特别,除了正常的换气,要学会在乐句若断若续中偷气,不被观众察觉,你们猜猜在哪儿?

生：歌曲休止的地方。

师：真会动脑筋,可以在这几个休止符的地方根据自己的需要快速换气。让我们来试试。

（4）完整哼唱旋律。

师：这首歌曲如果不打板,你们能唱好过板开唱的旋律么?

学生边打板,边用高位置哼唱旋律。

3. 完整学唱歌曲。

师：今天我们用小组自学的方式学唱歌曲,耳朵听录音,跟伴奏轻声跟唱歌曲,用高位置的声音把词曲唱正确,在组长有节奏打板的带领下,把歌曲学会。

（1）小组自学。（教师分组倾听，分组指导）

要求：①词曲正确；②打板准确；③高位置演唱。

师：这首歌曲你们会唱了么？哪一组愿意先来给大家展示一下，请你们先做小演员，再做小评委，分组唱，再来评一评这三个学习要求是不是做到了？

（小组反馈，教师钢琴伴奏）

（2）解决难点句。

师：我们没拿到星星最多的是词曲不够正确的句子，你们觉得哪几句容易唱错？这一句谁能来教一教？

（学生做小老师，教唱难点句）

（3）师生对唱。

师：我也忍不住想来加入你们，让我们进行合作演唱，看一看这最难的第三、四句紧凑的节奏能不能接上。

4. 表演唱。

（1）配上身段进行表演。

师：京剧是包括唱念做打综合性的表演艺术，不配上身段总觉得缺了点啥，接下来就来练一练这身段的做功。请跟着老师慢速回忆一下动作，注意站姿挺拔。

学生听着范唱回忆动作。

（2）动作指导。

（3）跟音乐轻声边唱边演。

（4）学生领舞，共同表演。

师：请每组推荐两位同学表演，两位同学打板。第一遍请这些同学表演我们来唱，第二遍大家一起来边唱边演，看一看我们的合作是不是能做到词曲正确、打板有节奏、自信地进行表演。

三、拓展活动：自主选择表演《唱京戏》

师：我们今天体会到了学京剧的乐趣，还学会了不同的表演形式。虽然我们学不了武打，但我们可以学圆场步来代替，锣鼓一响，京剧演员有些就是跑着圆场步出场的，让我们也来学一学。

1. 分组练习。

师：现在我们就用自主选择的方式来表演《唱京戏》，请根据要求，念的同学在中间，演唱的在左边，表演的在右边，跑圆场步同学按路线走出队形，听清楚了么？练习开始！

活动要求：表演投入、自信大方、带京剧韵味。

学生自选分组练习

2. 合作表演。

师：现在我们每个人都是小京剧演员，让我们来表演属于我们的《唱京戏》。

（学生完整表演）

六、总结

总结语：同学们今天你们体验了京剧小演员，感觉怎么样？从你们的眼神中、演唱中和表演中，我看出了你们对京剧的热爱，对我们国粹的自豪。今天我们演京剧唱京歌的活动到此结束，同学们下课。

活动三　案例分析

1. 小组活动

学员四人一组讨论：任课教师在这堂课中，运用了哪些体验式教学形式，来让学生通过亲身的体验和感受来达成教学目标的。

2. 全员活动

各组代表汇报小组的讨论结果。主持人汇总大家的意见。

活动四　体验式教学的开展策略

1. 头脑风暴

学员以"头脑风暴"的形式对"体验式教学的开展策略"充分发表自己的意见，主持人将学员的观点填入图中。

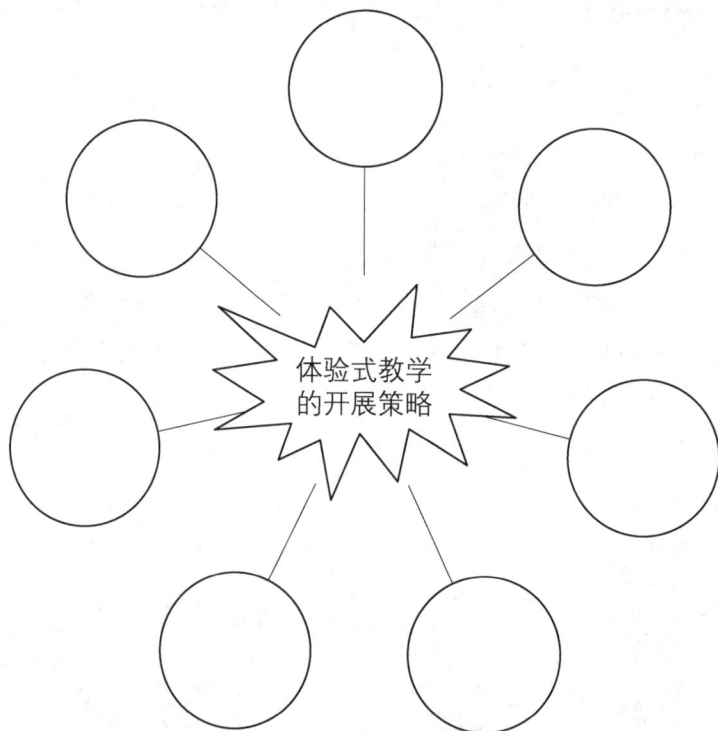

体验式教学
的开展策略

（2）根据讨论结果，学员把自己对于体验式教学开展策略的认识填入下表。

体验式教学的开展策略
1.
2.
3.
……

2. 小组活动

学员在组内交流自己填写的表格，归纳本组对设计体验式教学的开展策略。然后在组内交流自己对不成功案例的看法，并提出自己的调整建议。

3. 活动小结

音乐教学"关键在于体验"。要提高音乐课堂教学的效率，高质量地培养学生的音乐素养与活动能力，就要让音乐课教学的体验过程"活"起来，使整个音乐课堂充满活力。而教法、学生、教师是音乐课堂教学的三大要素，这就决定了只有拥有了"活"的教法，"活"的学生和"活"的教师，音乐课堂才能真正"活"起来。

（1）创设情境，体验引导。

良好教学效果离不开有效音乐情境的创设，而教师的体验引导则是课堂教学顺利进行的保证。小学生对活泼开朗、热情大方、能歌善舞的音乐老师特别青睐，一个赞许的眼神、真诚的肯定就能让学生久久陶醉。作为音乐教师，要想让学生在课堂上始终保持饱满的热情和强烈的求知欲，除了有体验的心境，还必须丢弃单一乏味的教学方法，精心创设最佳的音乐情境。用形象生动的语言把景物、事件具体地描绘出来，通过学生的想象和联想，产生身临其境的感觉而获得生动鲜明的形象感受，以加深学生对音乐作品的理解，从而取得良好的教学效果。比如，在《乘雪橇》的教学中，可以把课堂变成一个冬天的操场，把知识点设计成雪人身体的每一个部分，知识学会了才能进一步堆雪人。歌曲的节奏练习、歌词教学、演唱力度的指导以及律动都是在老师和学生一起堆雪人这个游戏中完成的。学生学得高兴轻松，知识掌握得既快又牢固。

（2）音画结合，体验感悟。

随着现代信息技术的发展，多媒体以其视听结合、声像一体、形象性强、信息量大、资源宽广等优势与小学音乐课堂完美融合，使课堂教学内容有了全新的感觉，为学生的思维搭设了阶梯，帮助学生更好地理解音乐、感受音乐。比如，在欣赏《彼得和狼》时，由于学生知道的乐器有限，在教学前教师首先选择用多媒体播放根据音乐所描写的故事，让学生们伴随故事感受彼得的勇敢，随着故事的层层递进，让学生再通过不同乐器音色的链接体会不同的乐器音色，对照故事让学生自己选择合适的乐器，选好乐器以后再让学生听原来的音乐，这样学生学得认真,也收获了很好的教学效果。通过多媒体情境的创设,让学生接触和深入地体验音乐活动,学生不仅得到了身心方面的协调成长,也陶冶了情操,发展了音乐能力。

（3）发挥想象,体验创新。

音乐对于培养学生的想象力具有独特的作用,没有想象就没有创造。小学音乐教学的主要目标就是培养学生的想象力和创造力,这需要教师引导学生自主地体验音乐和感受音乐,改变传统的教学方法,鼓励学生的自我认知与发现。小学阶段学生活泼好动,教师可根据学生的特点和心理将歌曲的内容编成美丽的动作,让学、唱、记同步进行,鼓励学生自编自演,让学生通过聆听音乐,用动作来表现歌曲中的音乐形象,最大限度发挥学生的想象力和创造力。如在学习《金孔雀轻轻跳》时,教师先通过视频让学生欣赏傣族"孔雀舞",充分感知傣族舞蹈特点,再随伴奏音乐一起配乐舞蹈,通过音乐律动使学生充分地自由联想,这样更有助于培养学生的创造意识,提高学生学习的兴趣和理解音乐的能力。在这种欢乐和谐的氛围中充分展示学生的表演创新能力。

（4）激发兴趣,体验互动。

"兴趣是最好的老师。"《课程标准》指出:"从学生熟悉的生活与童话世界出发,选择学生身边的、感兴趣的事物,以激发学生学习的兴趣与动机。"小学生注意时间短,持久性差,往往影响到学习的效果,因此,教师应想方设法地设计有趣味性的课堂,让学生感兴趣,使其成为一个热情和主动的学习者。例如,教授三年级的音符和休止符知识比较枯燥,在时值比例的讲授时,恰好与数字的意义相结合,教师形象地在黑板上画一个大西瓜,同学都睁着大眼看。我问:"大西瓜与咱们将要学的音符时值有什么联系？如何划分？"小组互相讨论,交流意见和看法。即把大西瓜分成四等份,以一等份四分音符"5"（一拍）看成单位"1"。二分音符"5-"（二拍）,全音符"5—"（四拍）,然后把西瓜分给每个小组,看如果再切分结果将如何？这样有趣味的课堂教学加深了学生对音符时值的理解,学生既能记牢知识点又开发了智力。

体验式教学是在音乐课上的一系列教与学活动中,通过给学生创设丰富的课堂情境,让学生亲自参与,教会学生怎样去体验地学习,使他们上课的时候精神饱满,注意力集中,思维积极,并在体验的学习中获得知识、发展智力、锻炼能力。活跃的课堂气氛、体验的教学过程,是每位音乐教师所向往和追求的,让我们共同努力、共同探索吧！

项目再构

任务三　设计体验式教学活动

活动一　我的实践

1. 个别活动

主持人布置本次设计活动任务:根据教材内容设计一个体验式教学活动。随后发放教材复印件和白纸。

铃儿响叮当

1=F 3/4

稍快

[美]彼尔彭特 曲

安中嘉寿子 编

叮叮当，叮叮当，铃儿响叮当，　我们滑雪

多快乐，我们坐在雪橇上。嗨! 坐在雪橇上。冲

破大风雪，我们坐在雪橇上，快奔驰过田

野，我们欢笑又歌唱。年轻的伙伴们，

精神多爽朗。鞭儿抽得啪啪响啊，马儿快快跑。

叮叮当，叮叮当，铃儿响叮当，　坐上雪橇

多快乐，我们飞奔向前方。嗨! 飞奔向前

方。

2. 小组活动

学员八人一组,分析教材内容,确定教学目标以及体验式教学活动的内容和形式。各组一起设计合理的体验式教学活动的片段教案,写出详细的操作步骤和要点。组内分配在体验式教学活动中各自所承担的任务,做好呈现体验式教学活动的准备。

活动二　我的感悟

全员活动

(1) 学员以小组为单位,进行体验式教学活动的展示。展示时,安排一人扮作教师,一人

为旁白,介绍活动中设计的方法和相关理由,其余扮作学生。

(2) 让全体学员从各组展示的体验式教学活动中选择一个,就以下问题发表自己的看法:

① 什么是有效的、有意义的体验式教学活动?

② 请说出实践性活动在课堂教学中的不同功能,并结合自己或所看到的课堂教学举例谈谈对体验式教学的建议。

活动三 我的建议

1. 全员活动

学员上交在活动二中写下的对于体验式教学的建议,在主持人的安排下贴在相应的黑板上。主持人组织学员相互阅读和学习别人的想法。

2. 小组活动

各小组讨论其他学员对于本组设计的体验式教学的建议,并修改实践性活动的设计方案。各小组归纳设计体验式教学的几点建议。

3. 活动小结

对小学音乐体验式教学的几点建议

1. 因材施教,鼓励创新

小学音乐教育要以学生为主体,从学生的兴趣、能力和需求出发,遵循学生的生理、心理及审美认知规律,努力调动学生的生活经验,让学生在熟悉又愉快的氛围中感受、学习、表现甚至创造。小学生由于年龄特点,好动且喜欢模仿,爱在活动中表现自己,并希望得到老师的表扬,思维方式以形象思维为主。因此,我们的教学方法要结合小学生的这些特点,才能灵活起来,才能真正调动起学生的学习兴趣。每个学生都是独立的个体,都有独特的潜质,教师要在教学中,本着以人为本的思想,关注差异,因材施教鼓励创新,让学生在积极的课堂氛围中获得审美自由。在一个充满欢乐、肯定、自由的音乐王国里,相信孩子们的审美能力、情感态度价值观都会迅速建立起来。

2. 分组表现,各显其能

在音乐教学中,要逐步做到面向每一位学生,但是要完全做到确不是一件容易的事情,其中包含的原因较多,如学生个人音乐实践、理解能力,学生的思维,学生个人素质等方面的不同,就会给教师的教学实践带来一定的难度。通过实践,教师把班里的全部学生,分成若干小组,各组学生在性别、兴趣、音乐能力等方面合理搭配,使组内成员差异性和互补性得到改善,小组之间进行公平的竞争。

3. 充分想象,自由表达

在音乐欣赏的过程中,教师应运用多种多样灵活的教学手段、方法使学生获得情感的体验,教师可以在教学中选择一些脍炙人口的名曲,如巴赫、贝多芬、莫扎特等的作品,引导学生直接接受音乐的感染。在教学中运用反复欣赏的方法,学生会听出不同的乐器、作品的段落、作品的风格等,可以充分调动起学生学习音乐的积极性和学习音乐的兴趣。再就是可以通过音乐的要素来让学生进行情感的体验,使学生亲自感受到音乐带来的一些情感变化。学生听了这些音乐后,就可以根据不同的情绪体验,想象出不同的画面。让学生用自主的方式来表达、展现心中最原始的情绪体验,学生表达的形式是多种多样的,让学生产生情感共鸣,并有了积极探索音乐内涵的动力。

4. 自由创作,激发热情

音乐创作教学内容在中小学的音乐活动中占有一定的比例,是课堂教学中难度较大的内容之一。如果教师在课堂活动前有一个比较合理的方案设计,就能激发学生的创作热情。比如在节奏创编的教学中,引导学生用自己独特的动作表现节奏,在全体学生进行充分的展示练习后表现形式也各不相同。

音乐是美的艺术。每一位音乐教师都有责任和义务带领学生走进音乐殿堂,去感受美、体验美、理解美、表现美与创造美,塑造美的心灵,培养美的人格,引导学生热爱音乐、热爱生活。

感 想 记 录

任务四　回顾与反思

活动一　回顾活动

个别活动

学员回顾体验式教学在音乐课堂中的运用,完成问卷调查表。

问卷调查

1. 什么是体验式教学?

2. 体验式教学的基本内容是什么?

3. 你学到哪些体验式教学的策略?

4. 你认为教师在体验式教学中最应关注或注意的是什么?

活动二　感悟与反思

1. 个别活动

学员整理本单元的学习笔记，并记录心得。

2. 全员活动

学员交流本单元学到和想到的，通过交流互动和课堂实践，反思自己的教学。鼓励学员以教学日记或博客的形式进行交流，或通过课堂教学的对比进行交流。

第四单元　律动式教学

一、单元目标

1. 在讨论、交流中了解小学音乐课堂教学中律动式教学的定义,明确在音乐教学式教学的主要作用。

2. 通过列举与讨论,认识律动式教学在小学音乐教学不同环节的运用。

3. 通过对律动式教学案例的分析与讨论,学习小学音乐课堂教学中使用律动式教学的方法。

4. 尝试在个人教学中运用律动式教学的方式优化课堂教学。

二、预设成果

1. 学员能根据所提供的案例,了解并体验有效的律动式教学的有效方法。

2. 学员能掌握设计律动式教学的方法和技巧,根据所提供的教材进行律动式教学的设计。

三、任务设置

学习模块	学习任务	时间安排	达成要求
经验分享	任务一　感知了解	30 分钟	了解律动式教学的概念及作用。
实例分析	任务二　演示分析	150 分钟	1. 认识律动式教学在小学音乐教学不同环节的运用。 2. 学习并掌握一些律动式教学方法和技巧。
项目再构	任务三　教学整合	150 分钟	1. 运用律动式教学的技巧和活动设计,组织教学并演示。 2. 了解律动创编的基本方法。
感想记录	任务四　学习感悟	45 分钟	1. 巩固对于小学音乐课堂教学中律动式教学呈现形式和技巧的认识。 2. 通过反思回顾,能将律动式教学方法运用到实际教学活动中。

四、教材准备

执教教材、笔、白纸、《课程标准》。

任务一　感知了解

活动一　认识律动式教学

1. 全员活动

（1）主持人的话：

《课程标准》指出：通过提供学生感受音乐、表现音乐、创造音乐的机会,提高学生音乐鉴赏能力和表现能力,使学生获得音乐审美的体验和享受成功的快乐。小学音乐教学仅仅采用灌输式的教学方法,往往很难达到理想的教学效果,必须运用一些符合小学生心理特征的、灵活、充满趣味性的教学方法。律动式教学方法不仅能够快速调动起课堂气氛,也能提高小学生的学习兴趣,符合小学生爱动、爱玩的个性。什么是律动式教学?

（2）学员相互讨论。

（3）随后主持人和学员一起对大家的讨论结果进行分析与归纳。

2. 活动小结

律动式教学是指把音乐学习与身体动作结合起来,用身体的富有韵律的动作去表现音乐、探索音乐。律动能够引领学生充分和准确地感受音乐作品的节奏特点、旋律特点、情感内涵等。

活动二　了解律动式教学的作用

1. 全员活动

（1）主持人提问：律动式教学有何意义? 对音乐教学起到什么作用?

（2）学员思考并写下自己的认识。随后学员畅谈各自观点。

2. 活动小结

律动式教学在音乐课堂中作用在于：

（1）培养学生的健全人格。小学生由于处于低龄阶段,大多都充满了"好奇心",而且活泼好动。"律动教学模式"其实非常适合运用在音乐课堂教学上,因为"律动教学"主张释放学生天性、用韵律来引导学生在课堂上与音乐"共舞"。如果要成功在课堂上运用"律动教学",就需要注重在过程中开展教师与学生之间、学生与学生之间的"互动",并在互动中培养学生的协作能力;这样学生们会更加开放地去表达自己,非常有利于低年级小学生形成健全的人格。

（2）提高学生对音乐的感受能力。相对于传统教学模式,"律动教学"打破了学生在课堂上处于单一被动接受、很少互动的模式,它鼓励学生"离开座位",随着音乐旋律而进行有规律的律动学习;在学习中注重节拍与乐感。有研究表明：当人类的大脑与身体协同工作时思维会更加活跃、行动也会随之更加敏捷。所以当学生通过"律动"学习在课堂上来诠释音乐的时候,大脑能更为深刻地理解音乐,也会增加对音乐旋律的记忆,以达到更好的学习效果。"律动教学"可以让学生在美妙的音乐旋律中"动"起来,让身体随着音乐律动,学生全身心地参与到音乐实践活动当中;并通过学生亲身参与,获得比传统教学或者仅仅"聆听授课"方式更为直观的感受、记忆,以及对音乐的理解。

(3) 激发学生对音乐的兴趣。生动有趣的律动教学可以达到"学生参与"、"师生互动"的效果。它帮助学生自由徜徉于音乐的世界,从而激发学生的学习热情、感受音乐的美妙旋律。而对于这个年龄段的学生来讲,"兴趣"恰恰就是开启学生注意力和记忆力阀门最有效的办法,而律动的舞蹈又能够多层次地刺激儿童的感官、多维度地拓展儿童的审美视野。所以在低年级小学生的课堂上,为了激发学生学习音乐的兴趣、提高学生参与音乐实践活动的积极性和儿童的音乐素养,需要让学生们在课堂上自由地、心情舒畅地体验音乐,通过"律动教学"达到"寓教于乐"的教学效果。

(4) 培养学生的创造力和想象力。"律动教学"区别于传统教学方式最大的特点,就是非常重视学生对音乐的主观体会与表达。在课堂"律动教学"实践中,要激发学生的音乐潜力,培养他们的创造力与想象力,让学生能够随着音乐的"韵律"任由自己的思想驰骋、天马行空般的想象,随着律动的韵律用肢体语言来表现音乐。

(5) 锻炼学生的肢体协调能力。"律动式教学"由于要求学生随着音乐"舞动"身体,就势必会运用到一些舞蹈元素、基本舞步甚至是简单的舞蹈队形等。借助"律动式教学"方式可以训练学生的节奏感、空间感和身体协调性,更有效地培养学生的音乐形体美感。

世界著名的德国作曲家奥尔夫曾指出:原始的人类音乐绝不仅仅是单独的音乐,它总是动作、舞蹈、语言紧密结合在一起的。律动正是通过生动形象、直观的表达,不断激发学生的学习兴趣和求知欲,这也正是音乐教育区别其它学科的关键之处。

实例分析

任务二 演示分析

活动一 回顾与归纳

1. 小组活动

四人为一小组讨论:在以往的课堂教学中,律动式教学出现在哪些环节中,如何在这些环节中有效运用律动式教学? 完成下面的思维导图。

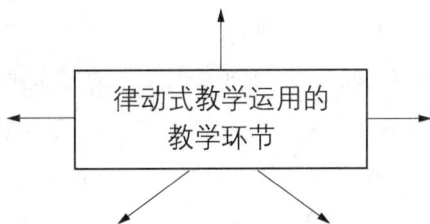

```
        ↑
    ┌─────────────┐
  ← │ 律动式教学运用的 │ →
    │   教学环节    │
    └─────────────┘
      ↙         ↘
```

2. 全员活动

主持人请学员交流各自的思考结果。

3. 活动小结

在音乐课中,要合理的运用律动,使学生全身心地投入到美好意境中,将抽象的听觉艺术与视觉、运动觉有机的联系在一起,使音乐真正渗透到孩子们的心里。因此,在音乐教学的实践过程中,跳出律动只作为音乐课堂的某一环节的局限,巧妙地把律动融入音乐课堂的每一环节:

(1)有效律动——进行课前准备。运用简单的律动,可以迅速地拉近师生关系,巧妙地将学生的注意力吸引到课堂教学中来,还可以起到承前启后,回顾旧知的作用。经常在课前组织简单易操作的律动,让学生对音乐作出整齐的反应,帮助学生做好上音乐课的准备。如在教《玩具进行曲》一课时,学生听着歌曲音乐随着教师边踏步边做吹喇叭的姿势、有节奏地走进音乐教室,看似简单易学的律动动作,但学生在无形中感受到进行曲的行走特点和二四拍的强弱规律,并初步了解了歌曲的旋律。

(2)有效律动——进行节奏练习。节奏能使音乐更加有序、更加持续地进行。在音乐教学的初级阶段没有比律动更能直接、有利地发展音乐节奏感的其他途径了。因此,在教学过程中,律动与节奏教学互为影响,交相辉映。如在欣赏《彩云追月》的教学活动中,乐曲出现大量切分节奏。教师在课前发给每位学生一条彩色纱巾,学生都很好奇地用自己的方式甩动,教师找准时机让学生看看她是如何表现彩云的。教师只是将团在手心的纱巾抛向空中,再接住,这样一个简单的动作演示是切分节奏的要领。切分节奏的节奏特点是前后音时值短,中间音时值相对长些。这个抛纱巾的动作就让学生更直接地掌握了切分节奏。准备抛的动作表现第一个音,抛在空中纱巾停留在半空中缓缓落下的时间长是中间一个音,最后接住纱巾表现的是最后一个音。有趣的律动创意让我们感到很惊奇,让我们感到了在他们的思想中有了更新的东西在悄悄的萌发……

(3)有效律动——进行氛围营造。孩子天性好动,"动"也正是学生表达自己对音乐感受和理解的最直接、最喜爱的方式。课上应充分利用学生好动的特点,通过律动激发他们对音乐课的兴趣、加深他们对音乐的理解和体验,享受成功的喜悦。如在欣赏《鳟鱼》时,第一乐章表现鱼儿戏水,教师用手的动作来表现鱼摆尾,手腕随音乐一上一下起伏摆动,形象生动地表现了尾鳍在水中舒展和在阳光下溅起水花的姿态。当音乐节奏变得紧凑,旋律变得紧张,老师带领学生一边做鱼的动作,一边模仿鱼儿遇到紧急情况四处逃生。整个教室一下子变成广阔大海,学生就仿佛身处海洋中自由自在的鳟鱼。学生们在和谐、开发、活跃、高效的课堂教学中不知不觉加深了对乐曲的理解感知。

(4)有效律动——进行辅助巩固。低年级学生在学唱歌曲时,如果机械性地强记歌词,枯燥背诵歌曲,就算记住了,过几天也会忘得一干二净。教师在歌曲教学时根据歌词大意来编排简单的动作,学生理解歌词背唱歌曲的速度也会明显加快。例如:在《顽皮的杜鹃》一课中,歌词节奏虽然简单,但小杜鹃在两处不同的"咕咕"叫声可以根据手势的动作让学生来区分。音高从高到低的"咕咕"可以双手从高到低做呼喊状来表现。学生们在这两个动作中更深刻感受了音的高低变化。从而解决了歌曲的难点,而且解决了音准问题。

（5）有效律动——进行拓展创新。在小学音乐创作中配以音乐律动能激发学生的创作热情。如《阿西里西》这课为了让学生更多的了解彝族,教师将学生带到了彝族,一起感受了彝族最隆重的节日——火把节,当夜幕降临,人们点起火把,围着熊熊燃烧的火堆,在歌舞中跳出热情、跳出团结、跳出幸福的生活。学生将创作和律动相结合,有的学生在每一句歌词的末尾加上一个或者两个衬词"嗨",来表现彝族载歌载舞的欢乐场面,有的敲击凳子,仿佛就是一个小鼓手。各种形式的带声响的律动使课堂气氛热烈而生动,点燃学生创作的智慧火花。

活动二 分析案例

1. 小组活动

学员按执教年段分成两组。主持人把事先准备的两份教案,发给每小组一份。小组成员独立阅读并划出教案中所涉及的律动式教学活动,并思考律动式教学运用在怎样的教学环节中。

低年段案例:

【教学内容】欣赏《我是人民小骑兵》

【教学目标】

1. 欣赏蒙古族乐曲《我是人民小骑兵》,感受、体验乐曲五个部分表现不同的场景,初步了解音乐力度的变化,感知乐曲的音乐形象,了解民族乐器,激发学生对民族音乐的喜爱,使学生养成不怕困难、团结友爱的思想品格。

2. 初步学会蒙古族甩肩、抬压腕等基本舞蹈动作,并学唱《我是人民小骑兵》两个主题的主旋律。

3. 在听听、跳跳、唱唱等多种音乐实践活动中,感知表现蒙古族乐曲《我是人民小骑兵》不同主题表现的音乐形象。

【教学重难点】

1. 教学重点:分辨乐曲引子、主题 A、主题 B、主题 C、尾声五个部分展现小骑兵所处的不同情境并感知木琴的音色。

2. 教学难点:学生能听辨出音乐中渐强渐弱的力度变化,并能用肢体进行音效模仿。

【教学过程】

一、听音乐律动进教室

1. 听《幸福拍手歌》进教室。

---

2. 练声儿歌。

二、听赏乐曲

1. 创设情境。

师:小朋友们,今天老师带大家来到了广阔的内蒙古大草原上。看,蒙古族的小骑兵在欢迎我们呢。请你们先看看黑板上的两幅图,哪一幅画的是小骑兵越来越近呢?为什么呢?哪一幅图是表现小骑兵越来越远呢?为什么?

2. 模仿渐强渐弱的音响效果。

师:请小朋友动动脑筋,我们能不能用身边能发出声音的东西,包括我们的脚,凳子等物品或者小乐器来模仿小骑兵越来越近的声音。小组开始讨论。现在能不能按照你们的想法再试一试模仿小骑兵越来越远的声音呢?

3. 学习蒙古族舞蹈动作。

(1) 骑马动作。

(2) 骑马扬鞭动作。

(3) 甩肩动作。

4. 初步听赏乐曲并随音乐进行舞蹈表演。

师:现在请你们根据自己对音乐的感觉,选择蒙古族舞蹈动作进行表演。

5. 对比听赏A和B两个主题。

(1) 教师边跳边哼唱A、B主题并提出问题。

师:请你们根据罗老师表演的两段旋律,选择合适的情绪填空。

(2) 学唱A主题旋律。

(3) 听赏A主题片段,回答问题并揭示音乐描绘的场景。

师:小朋友们,请你们边听边思考刚刚我们哼唱的旋律重复了几遍?为什么要重复出现呢?

（4）学唱 B 主题旋律并揭示音乐描绘的场景。

（5）完整表演 A、B 主题。

（6）听赏 C 主题片段，看图选择 C 主题描绘情境。

① 介绍图片。

② 提出问题。

师：请小朋友边听边思考这段音乐表现了三幅图中哪幅图所描绘的场景。

③ 回答问题并说明理由。

（7）总结乐曲描绘的情景。

三、表演乐曲并介绍主奏乐器——木琴

1. 完整表演乐曲《我是人民小骑兵》。

2. 请学生谈谈小骑兵身上有什么样的可贵品质。

3. 简要介绍主奏乐曲——木琴。

四、教师小结

中高年段案例：

【教学内容】欣赏《花的圆舞曲》

【教学目标】

　　1. 在欣赏乐曲《花的圆舞曲》过程中，感受乐曲优美抒情的情绪，以及糖果仙子与众仙女翩翩起舞时动人的情景，勾起对童年生活的无限依恋。

　　2. 在听、舞、唱、演的过程中，通过师生互动、生生互动等活动，感受乐曲欢快热烈的情绪，了解圆舞曲旋律流畅、强弱分明的风格特点。

　　3. 能用简单的舞步表现圆舞曲荡漾的节拍韵律，初步认识圆号、竖琴。

【教学重难点】

1. 教学重点：通过聆听想象、律动体验，感受《花的圆舞曲》欢快热烈的情绪、优美荡漾的节拍韵律，表现糖果仙子与众仙女翩翩起舞时动人的情景。

2. 教学难点：通过感受与想象，用合适的舞步表现不同风格的音乐。

【教学过程】

一、复习歌曲《童年多美好》

1. 复习歌曲第一段。

2. 教师指导。

（1）情绪指导。

（2）演唱气息指导。

3. 完整表演唱。

说明：

    1. 学习要点：运用跳跃、连贯两种不同的气息有表情地演唱歌曲。

    2. 教学意图：通过演唱情绪的指导，激发学生对童年的依恋之情。配合踏点步舞蹈表演，为后面的华尔兹舞步学习作铺垫。

二、欣赏乐曲《花的圆舞曲》

1. 静听全曲。

（1）完整初听。

感受乐曲情绪，想象乐曲描绘的情景。

关键设问：乐曲的情绪是怎样的？请你想象一下它描绘了什么情景？

（2）师生讨论，揭示课题。

① 揭示课题，简单介绍柴可夫斯基。

② 简单介绍《胡桃夹子》故事。

2. 视听结合，感受圆舞曲节拍韵律。

（1）再听乐曲第一乐段，感受乐曲的速度、节拍。

① 静听乐曲第一乐段：

关键设问：感受一下乐曲是几拍子的？

② 用基本节拍图示为乐曲片段伴奏。

（2）师生讨论，再听乐曲，打强拍。

关键设问：请你用自己喜欢的方式跟着音乐打强拍。

说明：

    1. 学习要点：在为乐曲伴奏的过程中，感受乐曲的节拍特点。

2. 教学意图：学生在探究的过程中感受乐曲的速度。

（3）欣赏华尔兹舞蹈视频，了解圆舞曲风格特点。

① 教师简单介绍：圆舞曲是一种快速的三拍子舞蹈音乐，常用来跳华尔兹舞蹈。

② 欣赏舞蹈视频：欣赏华尔兹，了解圆舞曲的风格特点。

关键设问：感受下华尔兹舞蹈有什么特点？

③ 教师简单介绍圆舞曲特点：滑步、旋转。

说明：

1. 学习要点：视听结合，感受圆舞曲的舞步特点。

2. 教学意图：通过华尔兹舞蹈视频的观看，让学生了解舞蹈旋转、摆荡的动作，更好感受圆舞曲音乐荡漾的节拍韵律。

（4）学跳摆荡舞步，进一步体验圆舞曲荡漾的韵律特点。

① 教师舞蹈表演。

② 学习基本舞步。

③ 与同伴合作，跟着音乐表演摆荡舞步。

关键设问：请你找身边的同学三个人或四个人一组，选择你们喜欢的摆荡舞步，跟着音乐跳一跳。

说明：

1. 学习要点：学习摆荡的身体律动，能正确把握音乐的节拍韵律。

2. 教学意图：在师生互动、生生互动的过程中，学习圆舞曲基本舞步。学生可以根据自己的程度选择合适的舞步，把握音乐的节拍韵律即可。

（5）哼唱主题旋律，感受乐曲旋律特点。

① 用"lu"哼唱主题旋律。

② 师生讨论。

关键设问：你觉得怎样才能把旋律唱得更有圆舞曲的风格特点？

③ 再唱主旋律。

说明：

1. 学习要点：熟记主题旋律，并能唱出荡漾的节拍韵律。

2. 教学意图：在哼唱熟记主题旋律的基础上，把前面身体律动感受到的乐曲的节拍韵律运用到演唱中。

（6）听赏圆号、竖琴主题乐段，想象音乐情景。

① 欣赏圆号主题乐段。

A. 完整欣赏圆号主题乐段。

关键设问：请你想象一下圆号的音色描写的是乐曲中哪个音乐形象？

② 欣赏竖琴音乐片段。

A. 静听联想。

B. 简单介绍竖琴。

关键设问：请你听听这个音乐的引子部分，想象它描写的是什么情景？

③ 欣赏管弦乐演奏视频。

说明：

    1. 学习要点：通过聆听音色特点，想象音乐片段表现的场景。

    2. 教学意图：在前面几个环节感受过乐曲的节拍韵律，哼唱过主题旋律后，通过聆听乐器音色，结合简单乐器介绍、视频欣赏，进一步激发学生音乐想象。

（7）教师小结。

三、拓展听辨：《胡桃夹子进行曲》、《小步舞曲》（巴赫）、《溜冰圆舞曲》

1. 抢答游戏。

关键设问：听听下面三段音乐，是圆舞曲的打勾，不是圆舞曲的打叉。

2. 揭示曲名，师生讨论。

关键设问：请你用适合的舞步跟着音乐表演。

说明：

    1. 学习要点：在了解圆舞曲风格特点的基础上，即兴用舞步表现乐曲情境。

    2. 教学意图：通过对比欣赏，巩固学生对圆舞曲风格的了解。同时，这一环节也是对本课时教学目标达成度的反馈。

四、教师小结

2. 小组活动

每组组员根据阅读的案例，围绕下面三个问题进行分析：联系教学目标，是否设计了有效的律动式教学方法？课堂律动的呈现是否符合学生实际？联系教学内容，是否有适合律动式教学的方法和策略？

学员在组内交流讨论，得出结论。

3. 全员活动

（1）每组推选一位成员作为代表参加全员交流。

（2）各组代表简单介绍案例所采用的方法，并围绕以上三个问题进行分析。

（3）主持人请全体学员思考：案例中采用的这些律动式教学的方法和手段，有哪些值得借鉴并融入到自己的教学实践中？

（4）学员根据自己的思考，展开自由讨论和交流。

活动三　任务小结

1. 律动教学与唱歌教学的结合

在小学音乐课堂中，以律动教学激发学生对音乐的兴趣至关重要；低年级学生多"活泼好动"，"注意力不易长时间集中"，所以如果课堂上不能激发学生的兴趣，教学可能会"举步维艰"。俗话说："兴趣"是人们认识某种事物或进行某种活动的原动力；而对于音乐教学来讲，兴趣则是学生打开音乐圣殿的"金钥匙"，也是学生遨游音乐世界的翅膀。设想在唱歌课中设计合适的律动，让学生在自在的"律动"中学习歌曲，这样学生们一互动起来，思维也活跃了，兴趣也有了，课堂气氛自然会活跃起来，学习效果自然达成。例如在一年级《小红帽》的课堂上，教师可根据歌词的意思按照句子段落设计一些简单的动作，在学生聆听的过程中引导学生做动作，这样可以使学生对歌曲有了初步认识。选曲应尽量选旋律简单、节奏明快的、活泼、富有感情的曲目；在这样的课堂上不但学生们兴趣高涨，课堂气氛也十分活跃。除此之外，律动教学还能让学生对音乐文化有更为直接、深刻的理解和认识。再如在教学《草原就是我的家》时，通过简单的蒙古族舞蹈、学习挤奶等草原劳作的动作，模仿策马扬鞭的在草原上狂奔的动作，充分激发学生的兴趣，让他们在律动中体验民族文化，使这首歌在表演起来时"蒙古味"十足，从而圆满达到教学效果。

2. 律动教学与欣赏教学的结合

教学方式的多样性，给教师带来了更多的实践机会。一般说来，"律动教学"主要强调学生根据生活经验，从乐曲节奏入手，通过动作、舞蹈、游戏等激发兴趣、增加互动的方式来训练音乐节奏感；引导学生用自己的身体、动作去理解和表现音乐。在欣赏一首音乐作品时，教师可以引导学生用某一动作来着重表现音乐的某一部分，如节奏型、旋律线等，当然也可以用简单的舞蹈动作表现乐曲主题。如在《四小天鹅舞曲》教学中，教师就可在学生聆听乐曲过程中引导学生把自己想象成"小天鹅"，带领学生用简单律动的舞蹈来模仿"小天鹅"。学生对于欣赏作品的积极性和感受度都得到了提升。同时在让学生们动起来的这个过程中，也间接地培养了学生协调能力和节奏感，真的是"一举多得"。因此，"律动教学"能使学生自觉地积极投入到音乐中，最大程度激发学生的学习兴趣，也为学生"音乐修养"之路奠定了良好的基础。

3. 律动教学与节奏练习的结合

律动是通过有节奏的动作，而动作离不开四肢躯干的相互配合，因此律动可以锻炼学生行动的灵活性与协调性。在低年级音乐课中让学生适当的动一动,能好地活跃课堂气氛,能使枯燥的音符变成学生饶有兴趣的活动。如在《快乐的歌》的课堂上学习节奏时,教师可指令四分音符对应"跳",八分音符对应"走跳",这样随着节奏学生"律动"完成节奏练习,既使学生更准确地理解节奏,又提高了学生兴趣,同时在教师的引导和鼓励下,带领学生通过课前创编好的、符合歌曲节奏和意义的律动,通过学生身体表现出来。

教师课前的创编是非常重要的步骤。根据学生不同情况分两个阶段:第一阶段,是先进行无意义节奏律动的创编,简单地说就是引导学生根据音乐的节奏通过拍击身体各部位(如拍腿、跺脚等无意义动作)等动作或简单打击乐器把音乐的节奏表现出来,在整首乐曲中根据学生意愿自由创编、组合。第二阶段是进行"有意义"的节奏律动的创编,也就是在原来无意义动作的基础上,让学生通过自己对歌曲、音乐的理解,创编出跟音乐有关的"律动"动作来表达感情;这种活动难度高于前者,但是能使学生在音乐活动中获得积极的情绪体验,能使学生探索用动作表达对音乐的感受,对学生的艺术创造力的发展非常有益。

由于小学生生性好动、好玩、好奇,因此在音乐课堂中也总是很容易被"律动"调动起来,对"律动"充满浓厚的兴趣。这样的"律动"对于人的形象、性格的形成、思想品德的提高大有益处。

项目再构

任务三　教学整合

活动一　设计律动式教学活动

1. 小组活动

按年段分成两组,执教相同年段的教师形成一组,若一人执教不同年段,则可按照本人选择或人数均匀分组。主持人出示下面的教学材料。各组从材料中选择适合自己所教年段的教学内容,讨论并设计一份律动式教学活动方案,并推选一位学员进行模拟教学。

丰收的节日

1=C 2/4

小快板

新疆塔塔尔族民歌

阿　昌编合唱

| 1 1 2 | 1 6 5 3 | 5 5 5 6 1 2 | 1 1 2 | 1 6 5 3 | 5 5 5 6 1 2 |

丰收的节日　多欢畅,　劳动的果实　堆满仓,

| 3 3 5 | 3 2 1 6 | 1 1 1 2 3 5 | 3 3 5 | 3 2 1 6 | 1 1 1 |

唱起　歌来　跳起舞,　我们　尽情　来欢唱。

2. 全员活动

学员讨论,评析各组教学情况,分析优点与不足。学员交流在律动式教学中应该注意的问题。然后主持人总结。

3. 活动小结

结合教学实践经验,在使用"律动教学"时需注意以下问题:

(1) 简单易学,趣味性强。

由于"律动教学"对于低年级学生作用尤为突出,因此在律动课堂设计上教师应该依据教学音乐的特点,设计简单、易学的动作;做好课前准备和创编。如在欣赏课《加沃特舞曲》

时,可要求学生根据音乐节奏踏步走进教室,在坐好后引导学生当听到旋律中高低八度跳跃时用双手击掌,并随节奏双手抖腕逐步举过头顶以示"跳跃"。这样,课堂上学生轻松活跃,在富有节奏感的音乐中,通过"律动"来体验音乐,同时也可以培养低年级学生的注意力,的确是"一举两得"的好办法。

在《课程标准》中有充分阐述"兴趣是学习音乐的基本动力,是学生与音乐保持密切联系、感受音乐、用音乐美化和丰富人生的前提"的教学课程理念。因此,教师在关注教学目标的同时,一定要也关注学生的兴趣取向和适当的授课方式。比如低年级学生,大多对动物的模仿饶有兴趣;而中年级的学生则对节奏变化比较敏感,到了高年级更多的则是自主选择的意识。这样教师需充分考虑"如何给予更为宽松的选择"和"如何创造更好的教学环境"等问题。

俗话说:"兴趣是最好的老师",因此增加趣味以激发学生学习兴趣的方式,对于小学教学来说更是不容忽视的。

（2）音乐为本,突出特点。

在音乐教学实践中,教师始终要抓住"以音乐为本进行律动设计"这一基本原则,因为无论任何舞蹈、律动都是以音乐为基础,只是通过身体来表现音乐所要表达的元素。如在学习歌曲《草原就是我的家》时,常可使用几个具有代表性的蒙古族舞蹈动作:"挤奶"、"硬腕"、"拧肩",尽管动作非常简单,但是到学生们在反复熟悉歌曲旋律,并和着歌曲律动地反复着这些简单和具有代表性的舞蹈动作时,学习兴趣会大大增加,自觉而快速地熟悉歌曲旋律、理解歌曲内涵,同时体验到民族音乐的风格和特色。

为了达到这样的教学效果,就要求教师自身平时要多注重音乐知识的积累、把握音乐的基本内涵,能够更准确地抓住音乐的特点;尤其是在民族音乐教学方面,一定要能够把握民族音乐的特点,抓住"民族风",以便实施"律动教学"。

（3）强调互动,活跃气氛。

《课程标准》提倡在日常教学中,教师要改变以往"一言堂"的教学逻辑,要成为课堂的"引导者";同时学生不再是被动接受,而成为课堂的"主导者"。教学模式希望可以达到"学生互动","师生互动"的效果,建立和谐、平等、合作的课堂学习氛围。对于这样的要求在低年级教学中,"律动教学"则是展开教学互动的重要手段。如在欣赏课《在钟表店里》中,进行小组合作的律动设计,可以很好地体现"教学互动、合作学习"的治学理念。教师在课堂上"引导"学生通过动作表现歌曲内涵,并分组逐段呈现,让每个学生都融入乐曲,关注音乐、体会音乐、表现音乐;课堂教学互动气氛活跃,收效颇佳。

（4）体验为先,鼓励创造。

《课程标准》中要求:音乐教师应重视学生实践能力的培养。强调学生在"体验"、"探究"、"创造"等各项活动中发现和解决问题。尤其对于小学生来说,他们乐于表现、对音乐有兴趣,希望有形象、感性的音乐体验。就需要教师启发学生运用身体律动来体验音乐,同时对于他们的创造要给予及时的鼓励和积极的评价。

教师应在课堂创设上"抓住亮点","进行整合",设法满足该年龄学生的表现欲望和自信心。

尤其音乐课本身的实践性和操作性相对其他课程就要强，也是学生获得音乐审美体验、学习音乐知识和技能的基本途径，因此在课堂教学中，应尽可能地为学生提供"参与、互动"的音乐实践活动的机会。如在歌曲《我是少年阿凡提》的教学中，教师引导学生抓住骑着小毛驴得意洋洋的神韵表现；在《卖报歌》中通过简单的舞蹈动作让学生模仿卖报童的形象；而在《共产儿童团歌》中则让学生体验军人踏步的威武神气等等。这样，通过"律动教学"让学生感受音乐韵律、体会音乐内涵，不仅还课堂给学生，给了学生更多的表演空间，也帮助学生在演唱中可以准确地表达歌曲本质。

活动二　如何根据音乐特点创编律动

1. 头脑风暴

（1）学员回顾以往的教学，以"头脑风暴"的形式针对"如何根据音乐特点创编律动"充分发表自己的意见，主持人将学员的观点填入图中。

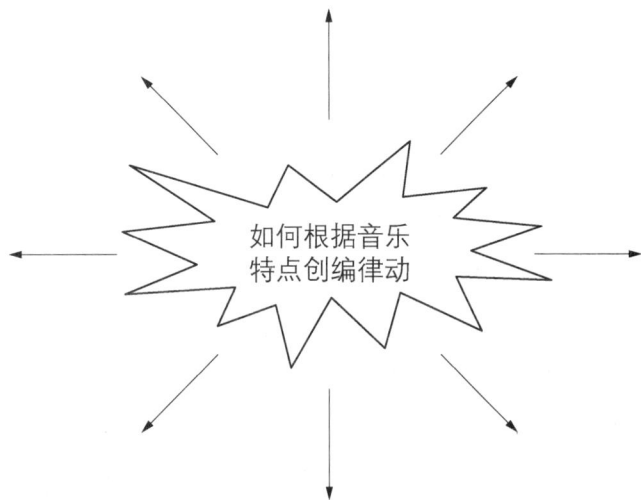

如何根据音乐特点创编律动

（2）活动小结：①根据节拍创编律动。如歌曲《小树快长高》、《剪羊毛》等都是二拍子的歌曲。三拍子的歌曲有《摇啊摇》、《小白船》等。四拍子的歌曲有《童年像一串糖葫芦》、《我们像快乐的小鸟》，可以根据歌曲的节拍，请小朋友做各种各样二拍子、三拍子和四拍子的律动。

② 根据歌词创编律动。如歌曲《大树妈妈》、《祖国，祖国，我们爱你》就可以根据里面的歌词来创编动作。"大树妈妈，个儿高，托着那摇篮唱歌谣，摇呀摇，摇呀摇，摇篮里的小鸟睡着了……"、"画小鸟飞在蓝天里，画小草长在春天里……"

③ 根据情景创编律动。如《大鹿》，这首歌曲是具有童话色彩的法国民歌。描述大鹿看见小兔遇险后，临危不惧、挺身相救的情景。可以创编情景律动。

④ 根据衬词创编律动。如根据歌曲《我是少年阿凡提》中的衬词"啦啦啦啦"可以作出弹拨冬不拉的动作。如根据歌曲《丰收的节日》中的衬词"来来来来"，可以用新疆舞中的踮步进行律动。

任务四　学习感悟

活动一　你最大的收获是什么

1. 个别活动

学员反思在这一单元的学习讨论中学到了什么,想到了什么,并写在卡片上。

2. 小组活动

随机将学员分成若干小组,每人用 30 秒到 1 分钟时间交流培训心得。

活动二　感悟实践

个别活动:学员客观分析自己的教学,围绕律动式教学活动,写下自己在培训前后对于这一主题的认识和再认识。然后完成以下检测卷。

单元检测卷

一、简答题:60%

1. 什么是律动式教学?请用自己的语言概述。

2. 在音乐教学中的哪些环节可以进行律动式教学?

3. 请列举出三种以上律动创编的方法。

二、论述题:40%

你对律动式教学的设计还有什么好的设想?请给本次培训活动提出几点建议。

活动三　任务小结

在进行律动教学时,老师应避免走进几种误区:

(1)喧宾夺主。律动教学是为更有效地实现教学目标的一种手段,是为音乐课堂教学服务的。有老师比较盲目地认为音乐课要有活跃的课堂气氛,繁杂地运用律动,而忽略了教学目标本身。一节课热闹下来,却并没有为实现教学目标起到任何作用,偏离了教学本身。

(2)认为律动就是舞蹈。律动是不同于舞蹈的。律动的概念和功能,本文开头已经阐述。律动的核心是对音乐本质的一种反映,我们在律动教学中经常采用和借鉴舞蹈的素材帮助完成律动设计,而不是单纯的舞蹈,二者的性质是不同的。

推荐阅读

1. 杨学英、刘宇、刘霞主编:《新课程教学方法全书》,吉林大学出版社 2012 年版。

2. 蔡觉民主编:《音乐课程教学理念与策略》,华南大学出版社 2003 年版。

3. 谢幼如:《新型教学模式的研究》,《电化教育研究》2002 年第 1 期,第 11—13 页。

4. 李波:《浅谈音乐教学中的情境创设》,《江苏教育》1995 年第 1 期,第 46 页。

5. 裴斐鋆:《律动教学在小学音乐课堂中的有效应用》,《中国音乐教育》2011 年第 6 期,第 14—18 页。

第五章　基本教研途径

　　教学研究是提高教师反思意识、总结教学经验、提升专业能力的有效方式。教师们往往会追问："如何开展有效的教学研究？""又如何使之与自己的日常教学紧密结合呢？"带着这些问题，请进入最后一章的学习。

　　教学流程是进一步梳理教学模块、路径、步骤，厘清教学思路的图示表达方式，通过它可以将逐步深入的教学轨迹浓缩、归纳并罗列。在基于课程标准的课堂观察、评价、反思的系列活动中，可以反观已经发生的教学行为的过程性变化，从中提取出可行有效的教学方法与策略，以提高教学品质。

　　本章的学习需要学习者始终带着"反问"、"追问"、"质疑"的刨根问底的精神来探究教学发生过程中的主要脉络和本质。并把这些思考和疑问带进自己的日常教学中，才能常思常新，不断改进优化教学行为。

第一单元　教学流程

一、单元目标

1. 明确"教学设计思路"是音乐课堂教学中教学活动的主要线索,通过教学设计思路、意图来表述教学活动的主线。

2. 通过观察与讨论,明确"教学设计思路"以及"教学流程图"的撰写方法。

3. 了解"教学设计思路"与"教学流程图"之间的关系。

4. 能根据教学内容进行音乐教学流程设计,厘清教学设计的思路,在实践中提高自身的教学设计能力。

二、预设成果

1. 学员能了解教学流程中的一些基本内容和要素,掌握音乐教学流程的设计特点。

2. 学员能清晰明了地表达教学思路的递进过程、以及循序渐进地设计教学流程,并在音乐课堂教学实践中自觉运用。

三、任务安排

学习模块	学习任务	时间安排	达成要求
经验分享	任务一　思考与讨论	45分钟	1. 明确"教学设计思路"是音乐课堂教学中教学活动的主要线索。 2. 了解"教学设计思路"与"教学流程图"之间的关系。
实例分析	任务二　分析与归纳	90分钟	通过观察与讨论,明确"教学设计思路"以及"教学流程图"的撰写方法。
项目再构	任务三　设计与实践	90分钟	能根据音乐教学内容进行教学流程设计,厘清教学设计的思路,设计条理清晰的教学流程。
感想记录	任务四　反思与改进	30分钟	1. 巩固对于音乐教学流程的理性思考。 2. 通过回顾和反思,激发教师在日常音乐教学中提高自己的教学流程设计能力。

四、材料准备

阅读材料、彩笔、白纸、黑板。

任务一 思考与讨论

活动一 了解"教学设计思路"的定义

1. 小组讨论

以四人为一组,思考"什么是教学设计思路?"并针对该问题进行讨论。

2. 全员活动

请每组派代表,交流自己所在小组的讨论结果。

3. 主持人的话

教学设计思路是音乐教学设计和音乐教学实施过程中的主要线索,是课堂教学中教学活动的主要线索;在音乐教学设计时表现为"教师的设计思路",而在音乐教学时表现为"学生的学习思路";在形式上主要表现为教学活动的"进程主线";在内部本质上实际主要体现了教师教学和学生学习的"思维发展主线"。

活动二 了解"教学设计思路"的内容

1. 头脑风暴

学员讨论:在日常教学中你在一节课的教学设计中需要考虑哪些方面? 在讨论的过程中主持人将学员谈到的观点罗列在黑板上。

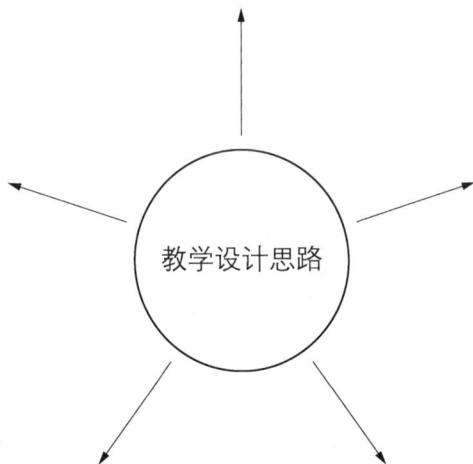

2. 活动小结

音乐教学的教学设计思路应在教材、学情分析的基础上,构设教学框架,并体现如何由浅入深地突破教学难点,完成教学重点内容及预设教学目标过程的具体思路和方法。

活动三　教学设计思路与教学流程图的关系

1. 个别活动

思考：回顾以往撰写音乐教案的经历，你的教学设计思路与教学流程图之间是否有一定的关联？

2. 活动小结

教学设计思路和教学流程图有内在的必然关联，都能反映音乐教学的主要线索。我们分别撰写时要注意两者之间的逻辑统一性。

实例分析

任务二　分析与归纳

活动一　比较不同教学设计思路的写法

1. 小组活动

以四人为一组，比较给出的两个案例中教学设计思路的撰写方法有什么不同。

案例一

【教学内容】

1. 游戏：有趣的米粒。

2. 学唱：《我是一粒米》。

3. 歌表演《一粒米的故事》。

【教材分析】

本课主要教学内容是学唱歌曲《我是一粒米》。歌曲《我是一粒米》中描绘了一粒米长成的不易和渴望得到小朋友爱惜的情感。歌词朗朗上口，歌词设定一粒米为第一人称"我"。故本课中，力求通过感受听辨、学习演唱和律动表演等音乐实践活动，在体验和想象中，来帮助学生体会音乐中旋律、歌词的意象，感知"要亲近大自然，爱护人类赖以生存的自然环境，热爱生命"的生命教育内涵。

【学情分析】

二年级学生已经习得了一定的歌唱方法和习惯。学生在一年级及二年级上半学期的歌曲学习中，已经掌握了反复跳跃记号、渐慢、一字多音、一音多字等歌唱识语的基本常识，对于富有童话意味的歌曲有较浓厚的喜爱感、认同感和学习积极性。

【教学目标】

1. 学唱歌曲《我是一粒米》，感受音乐欢快活泼的情绪，体验一粒米成长中的不易与渴望被人爱惜的心境；感知歌曲中的音乐形象，并产生热爱自然、珍惜生命的积极情感。

2. 能听辨歌曲三个乐段不同的结束句,并演唱出乐句所要表达的不同情绪。

3. 在歌曲学唱过程中,通过游戏听辨、拟人体验、表演律动等方式,学唱歌曲《我是一粒米》。

【教学重难点】

1. 教学重点:学唱歌曲《我是一粒米》,能体验歌曲中“我”——一粒米的情感、并能用歌声表现。

2. 教学难点:能唱好歌曲中三个乐段不同的结束句,识记力度记号、一音多字等识语常识,并能进行歌表演。

【教学设计思路】

生命教育既要求在教学中对学生进行科学知识的传授,又要引导学生贴近生活、体验生活,在生活实践中融知、情、意、行为一体,丰富人生经历,获得生命体验,拥有健康人生。对一门学科而言,过程表征该学科的实施过程与探究方法。结论表征该学科的探究结果。两者是互相作用、互相依存、互相转化的关系。就音乐学科而言,我们最终渴求获得的是相应的教学实施探究与学科的德育功能的良好效果的统一,是我们合理运用生成性的方法与过程使学生的理智和整个精神世界获得实质性的发展与提升的统一。

为更有效地达到以上所预设的育人目标,在本课中,首先通过游戏“有趣的米粒”激发学生的学习兴趣,创设“音乐形象拟人化”的教学情境,使学生在听听、玩玩、唱唱的过程中,对歌曲的三个乐段的结束句有初步的认知。并产生进一步探究的意愿;其次,在学唱歌曲《我是一粒米》中,契合单元主题——音乐童话,引导学生将自己设想成“米粒”,采用聆听感知、情感体验、演唱练习等教学策略,使学生内化感受“一粒米”的心境,并运用歌声加以表现;然后,通过教师范唱,生生、师生互评等方法学习歌曲,并进一步激发学生热爱自然、珍惜生命的情感;最后,在歌表演的创编过程中,使学生对歌词的记忆得到巩固和提高,对歌曲情感因素的表现力得到提升。

本课意图使学生在游戏、聆听、歌唱、表演、点评等活动中体验热爱自然与生命的情感,并在“激发学趣”——“拟人体验”——“情感表达”——“表演外显”的过程中,达到激发学生兴趣、感知音乐形象、生成积极情感的教学效果。

案例二

【教学内容】学唱京歌《唱京戏》

【内容分析】

《唱京戏》是一首带有典型的西皮流水腔的京歌,旋律活泼、欢快,由京剧唱段《苏三起解》改编而成,唱腔刚劲有力、节奏紧凑,虽然篇幅较短,只有四句唱词,却概括地唱出了京剧的表演、行当、脸谱艺术和乐器伴奏的特点，表现了欣赏京剧艺术时的愉快心情。由于本课的京歌是当代学生音乐学习中较少接触到的艺术作品，在教学过程中围绕"京剧"特点，通过对京剧知识的介绍与拓展以及一系列音乐实践活动，帮助学生更好地把握《唱京戏》的京调韵味，让学生从演唱方法、歌曲旋律、表演形式等方面感受和表现京歌，引发学生对祖国艺术瑰宝的热爱之情。

【学情分析】

经过三年多音乐课的学习，养成了较好的聆听、歌唱的习惯，在实践与表现能力方面也得到了一定积累，所以本课设计采用以生动活泼的歌唱表演为主、富于京剧韵味的综合形式，鼓励学生积极主动地参与到音乐活动中，表达对京剧的喜爱以及对国粹的自豪。

【教学目标】

1. 学唱歌曲《唱京戏》，感受歌曲欢快、愉悦的情绪，尝试用高位置带京调的发声位置，体验京歌刚劲有力的唱腔，乐于参与京歌学习以及与同伴合作表演。

2. 在对唱、自学、打板等课堂实践方式的师生互动中，帮助学生用高位置发声方法基本唱准歌曲中附点及休止等节奏，初步感知本首京歌西皮流水过板开唱的节奏特点以及京调韵味。

3. 通过观看视频，初步了解京剧的历史地位和艺术特点，体会京歌的独特魅力，弘扬民族自豪感。

【教学重难点】

1. 教学重点：运用高位置的发声方法能够初步正确演唱歌曲《唱京戏》。

2. 教学难点：

(1) 唱出歌曲中的京调韵味及唱准过板开唱的节奏；

(2) 参与"唱"、"念"、"做"、"打"的音乐活动。

【教学设计思路】

1. 把握教学重点，拓宽学生对音乐知识的了解，促进学生积极主动参与音乐活动。

京歌是学生较少接触的音乐作品，所以在课的开始教师通过京剧选段表演唱及简要的介绍，让学生对京剧的历史地位及艺术特点有了初步的了解。在初听京歌时利用有效关键设问，让学生初步感受本首京歌情绪及歌词内容，教师对京剧的介绍，与掌握基本动作要领相结合，为学生唱好本首京歌做好铺垫。学生在高位置朗读歌词、身段动作习练、以及视频观摩等活动中，了解京剧的博大精深以及其丰富的艺术表现形式，加深对国粹的了解和喜爱。

2. 亲身实践体验，突破教学难点，转变教学方式，培养学生自主学习能力。

本首京歌运用了京剧西皮流水的曲调与节奏，在教学活动中：通过让学生默读、对读、跟伴奏朗读的方式，结合准确的打板，掌握歌曲过板开唱的难点节奏，并尝试用京剧特有的练声发音"yi"来哼唱旋律找到较高的发声位置,结合装饰音的指导来帮助学生唱出京调韵味。在此基础上,组织学生进行小组自主学习,在组长准确打板的带领下,基本唱会歌曲。通过小组的反馈与评价,让学生发现演唱中的问题与不足,通过生生互助以及教师难点的预设,初步能用高位置的发声方法正确地演唱词曲。

3. 以合作表演为载体,激发学生用自己的方式表现音乐、抒发情感,提高学生的艺术表现力及民族自豪感。

在拓展活动环节,先请学生用带有京剧韵味的身段动作表演与演唱京歌相结合;用生生互动的方式将本节课的练习内容进行反馈。再组织学生自主选择"唱"、"念"、"做"、"打"中擅长的表现形式与同伴进行合作表演。在有序进行小组练习的基础上,通过开放式的学习与交流活动方式,将本节课对京剧的学习与体验融会贯通,用自己自信大方的表演,表达对京剧的喜爱以及对国粹的自豪。

2. 全员活动

每组派代表交流各组的讨论结果。主持人记录并归纳。

3. 活动小结

我们可以清楚地看到学唱歌曲《我是一粒米》和学唱歌曲《唱京戏》这两份教学设计思路的不同写法。前者在理念的指引下化解成了具体的、步步深入的方法。教学设计思路的第一自然段写了对生命教育的理解,以及就音乐学科而言的内在统一的认识。第二自然段,细化表述为了达到教学目标所采用的步骤、模块和方法,及学生因此而获得的能力或成效,第三自然段,清楚简要地呈现了教学主线。后者更多地传递给我们一种上课的理念。据此,请你想一想"教学设计思路"的具体写法。

活动二　任务小结

【教学设计思路】范例1

1. 体现音乐学习的主动性和有效的评价。

2. 体现基于教学实践的情感体验。

3. 体现基于教学内容的适度拓展。

【教学设计思路】范例2

1. 对教材的理解。

2. 对教学模式和教学策略的指导思想。

3. 体现"以学生发展为本"的理念及做法。

4. 期望体现的教学特点和达到的目标。

【教学设计思路】范例3

1. 把握教学重点,"情"、"技"结合,提升学生的音乐表现能力。

2. 转变学习方式,突破教学难点,培养学生自主学习和合作学习的能力。

3. 以创作表演为载体,激发学生用自己的方式抒发情感,提高学生的创新思维和艺术表现力。

不难发现,活动一的案例二就是参考了【教学设计思路】范例 3 的写法,这样的写法很清晰吧,请模仿试试吧!

活动三 设置教学流程图

1. 全员活动

观察以下实例,思考:如何能将教学步骤与方法通过教学流程图清晰明白地表达出来?

欣赏乐曲《天鹅》教学流程图

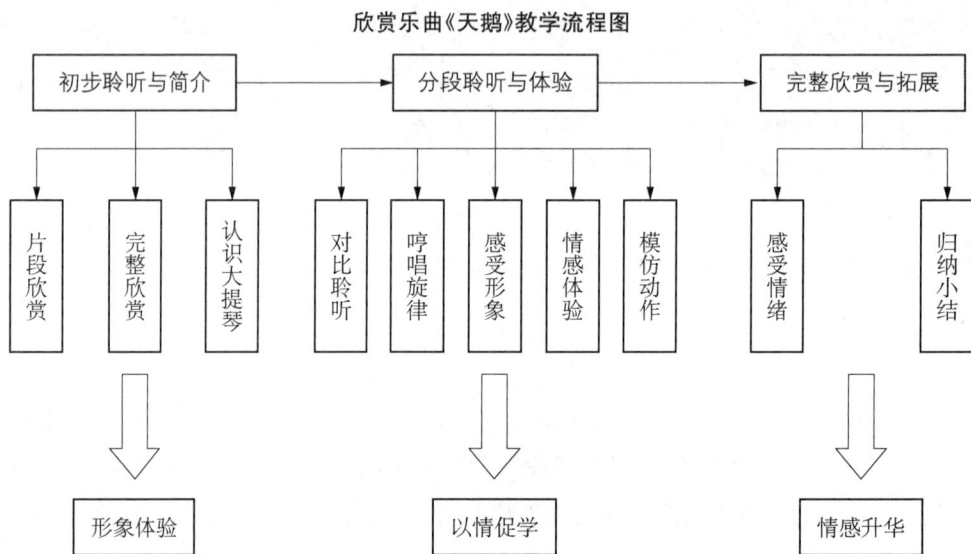

2. 对子活动

学员两人一组讨论交流:在较为基础实用的设置方法中,教学流程图通常分为几层? 每一层分别表述些什么内容?

3. 小组活动

学员四人一组讨论:在教学流程图中每一层分别表述些什么内容;教学流程图横向与纵向之间存在怎样的关系?

4. 全员活动

各小组交流,分享不同小组的讨论结果。主持人进行归纳与记录。

活动四 任务小结

教学流程图的表述方式有多种,也可以根据教学实际情况进行改变,这里我们讨论的是最为基本实用的方法。

1. 第一层:主要模块

一般我们在教学流程图的横向第一层要写明教学的主要模块,也就是大致上我们的教学最简要地来说分为几步来完成。横向间存在着一种递进关系，前面的模块将为后面的模块做铺垫。让我们拆分一个教学流程图来说明。

下面我们将用以歌曲《一把雨伞圆溜溜》为主要内容的教学设计中的教学流程图作为例子说明。

第一层：我们十分清晰简明地列出教学主要模块，横向间呈递进关系。

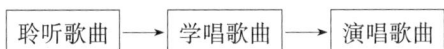

```
聆听歌曲 ——→ 学唱歌曲 ——→ 演唱歌曲
```

2. 第二层：具体策略

在横向的第二层，我们可以将每个教学模块中采用的具体教学方法罗列出来，表达出我们是怎样一步步完成这一模块的教学任务的，也就是我们平时说的教学步骤。

我们一起再来看看《一把雨伞圆溜溜》的教学流程图第二层表述是否能——对应第一层的教学模块主旨。

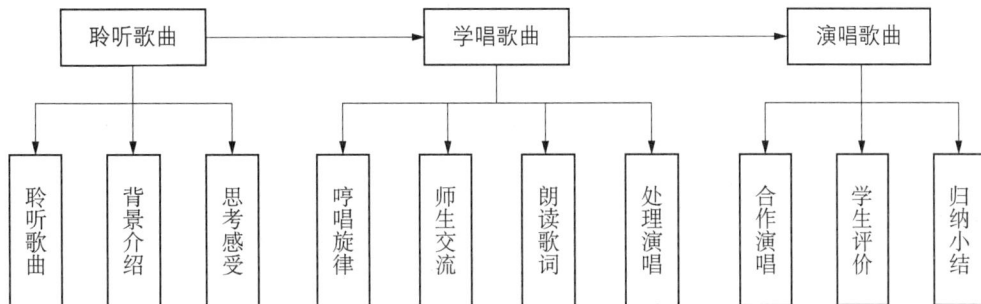

```
聆听歌曲 ————————→ 学唱歌曲 ————————→ 演唱歌曲
  │                    │                    │
┌─┼─┐          ┌──┬──┼──┬──┐       ┌──┬──┼──┐
聆  背  思      哼  师  朗  处       合  学  归
听  景  考      唱  生  读  理       作  生  纳
歌  介  感      旋  交  歌  演       演  评  小
曲  绍  受      律  流  词  唱       唱  价  结
```

3. 第三层：教学效能

经过前面的教学步骤，在横向的第三层，我们预期将达到的教学效果，也就是我们在教学中的育人主线。这样我们的教学流程图就清晰完整地呈现在眼前。请看《一把雨伞圆溜溜》完整的教学流程图，现在你明白教学流程图的各个层面的表达作用和写法了吧。

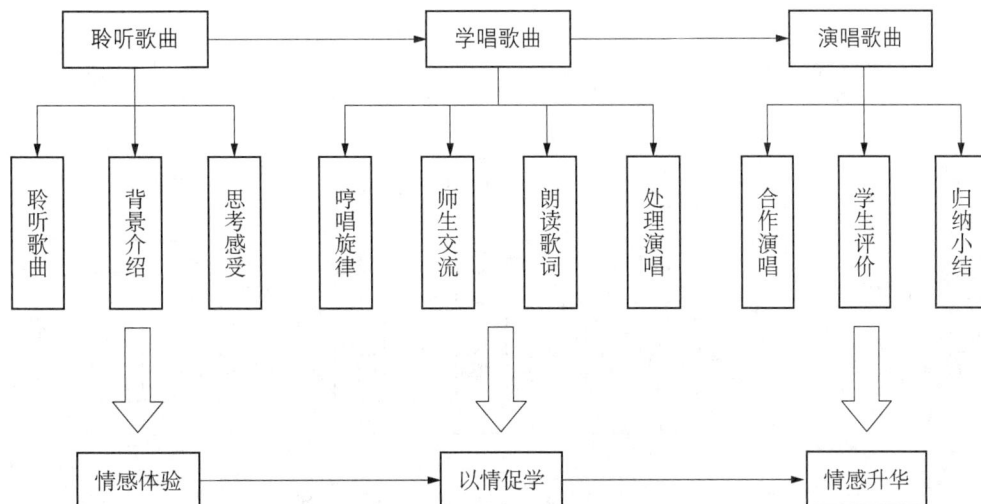

```
聆听歌曲 ————————→ 学唱歌曲 ————————→ 演唱歌曲
  │                    │                    │
┌─┼─┐          ┌──┬──┼──┬──┐       ┌──┬──┼──┐
聆  背  思      哼  师  朗  处       合  学  归
听  景  考      唱  生  读  理       作  生  纳
歌  介  感      旋  交  歌  演       演  评  小
曲  绍  受      律  流  词  唱       唱  价  结
    │                    │                    │
    ⇓                    ⇓                    ⇓
情感体验 ————————→ 以情促学 ————————→ 情感升华
```

4. 总体性：纵横关联

学习了最基本的教学流程图的构设方法，我们更进一步，再来思考教学流程图横向与纵向之间的关系。你会发现，它们都是立体的，紧密相连，构成了我们教学中的主线。如下教学流程图：

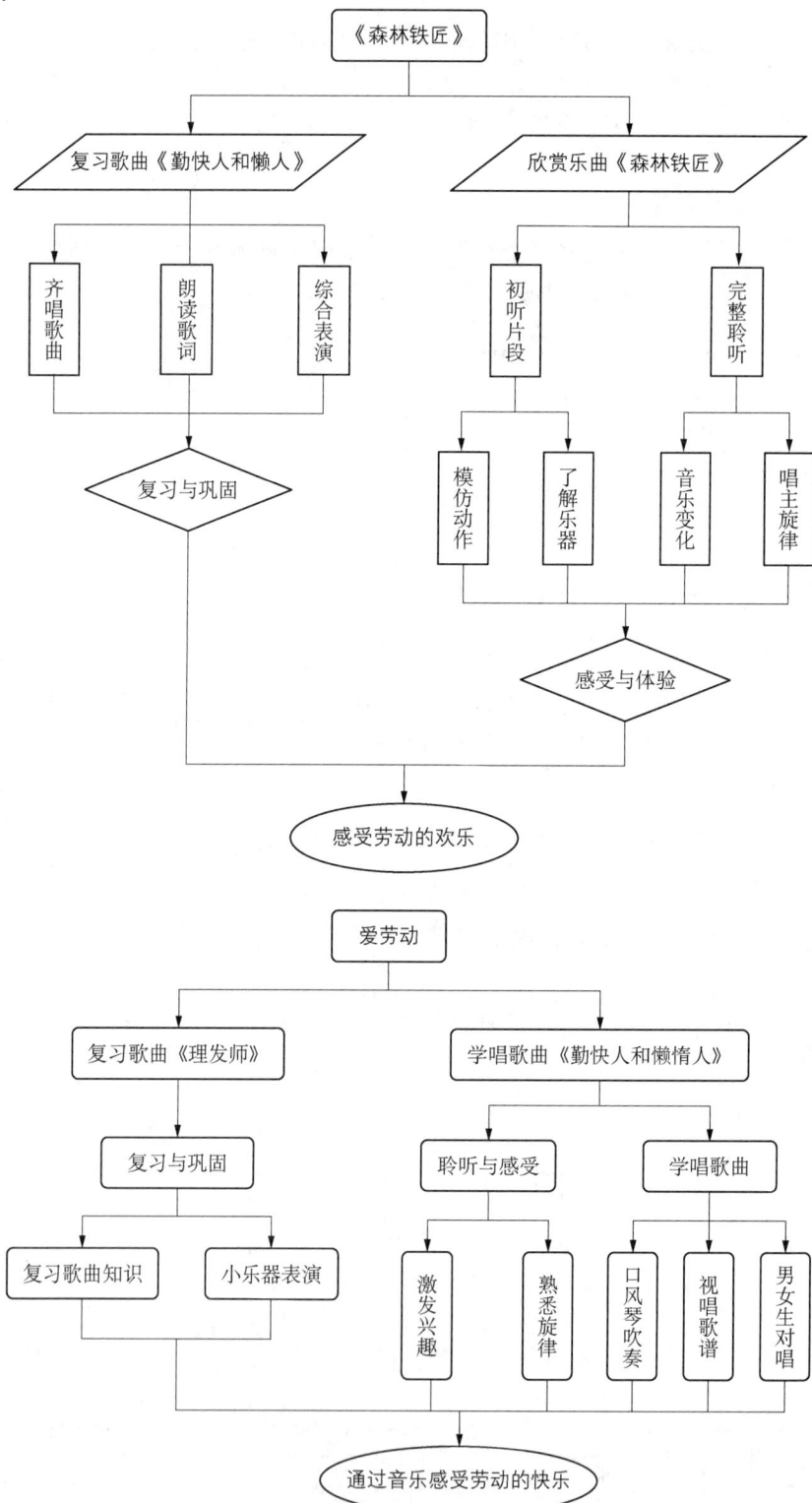

观察以上更为细致的教学流程图,大家会发现,即使此处并没有向你说明它的教学内容、教学目标等等,大家还是可以一目了然地看清该课教学实施的主要脉络和路径,以及最终要达到的教学育人目的。

项目再构

任务三　设计与实践

活动一　撰写一课时的教学设计

个别活动:主持人请学员根据自己的执教年级,自选所教教材中的教学内容,并以此写出一份详细的教学设计,其中包括:【教学设计思路】与【教学流程图】。

【课题】

【教材版本】

【课时】

【教学内容】

【教材分析】

【学情分析】

【教学设计思路】

【教学目标】

【教学重难点】

1. 教学重点

2. 教学难点

【学习环境资源】

【教学过程】

> 说明:
> 　　1. 学习要点
> 　　2. 教学意图

【教学流程图】

活动二　教学流程介绍

1. 小组活动

把全班学员分成人数相同的若干小组。每位学员在小组内向其他学员展示自己的教学设计。其他学员写出对该学员的教学设计思路以及教学流程图的明确度和关联性进行评价。随后,小组成员之间对各自的教学流程设计进行讨论。

2. 全员活动

请各组推选一位学员根据自己的教学流程设计对全班进行说课,学员结合该教学设计文本中教学设计思路以及教学流程图的明确度和关联性发表看法,主持人鼓励他们提出改进的建议。

活动三　比较与提升

1. 全员活动

将学员已改进的教学流程设计与案例作比较,找出自己需要提升的地方,并且对案例提出改进的建议。

案例:

【课题】《我是少年阿凡提》

【教材版本】上海音乐出版社:《音乐》五年级第二学期第四单元《快乐的少年》

【课时】第一课时

【教学内容】感受下滑音、升记号等音乐符号及歌曲节奏特点所表现的少年阿凡提形象。

【教材分析】

本课选用单元内歌曲《我是少年阿凡提》,本首歌曲具有浓郁的新疆维吾尔族民歌风格,体现了主题人物:阿凡提的乐观幽默和勇敢正直。通过体会歌曲情绪和学习歌曲中的不同音乐符号来理解歌曲中阿凡提三种不同的形象,并帮助解决歌曲中变音、重音、下滑音记号以及衬词、切分节奏等难点。在理解人物形象的基础上,通过歌唱时语气变化、诙谐神情、肢体动作等,来表现出少年阿凡提的特点,使人物形象栩栩如生。

【学情分析】

经过四年音乐课的学习,具有较好的聆听、歌唱的习惯,对音准、节奏、速度、力度以及音乐情感有一定的把握能力。相对而言,对于新疆民歌风格特点的歌曲接触较少,对于音乐符号的了解也较初浅,需要通过本节课学生的认真学习结合执教者的多样化教学手段来完成本课的教学内容。基于本班学生的基本学情,在本课教学设计中:(1)运用不同的音乐体验方式,感受并初步把握歌曲中人物的情绪变化。(2)利用肢体动作来带动学生的情绪,表现不同的音乐符号和节奏型所刻画的人物形象和表达的人物情感。

【教学目标】

1. 学唱歌曲《我是少年阿凡提》,感受新疆维吾尔族歌曲特点,体会阿凡提善良正直、勇敢风趣的人物形象。

---

2. 能在老师指导和同伴反馈交流中,跟随钢琴或录音伴奏,用统一的速度、合适的音色与音量,词曲正确地演唱歌曲《我是少年阿凡提》。

3. 歌唱时能抓住歌中下滑音与升记号、带有休止的切分节奏,以及连续十六分节奏型与四分附点节奏型的对比等特点,结合简单的肢体动作,初步表现出少年阿凡提快乐、正义、自豪的形象。

【教学重难点】

1. 教学重点:初步学会用明亮而有弹性的声音,正确演唱歌曲。

2. 教学难点:通过唱好歌曲中的下滑音、升记号以及疏密不同的节奏,初步表现阿凡提不同的情感变化。

【学习资源应用】

本课多媒体主要以幻灯片播放为主,插入音乐视频图片素材,生动直观地展示教学。

【教学过程】

一、组织教学

1. 师生问好。

二、整体感受歌曲

1. 初听歌曲,感受歌曲情绪和维吾尔族民歌风格。

关键设问:今天老师带来一首歌曲,请你听一听歌曲的情绪是怎样的? 根据学习经验判断,它是什么地方的歌曲?

◆ 学生交流。

◆ 教师总结。

关键小结语:这正是一首带有维吾尔族民歌风格的儿童歌曲,我们以前学过带着这样热情欢快的情绪的维吾尔族歌曲如《娃哈哈》、《马车夫之歌》,都能表现维吾尔族人民的热情好客,能歌善舞,今天我们听到的这首歌曲也是这样。

2. 聆听范唱,初步感受歌曲人物形象特点。

关键设问:歌曲唱的是谁? 他是个怎样的少年?

◆ 学生交流。

◆ 教师总结。

◆ 揭示歌名。

3. 教师表演唱,感受歌曲情绪变化以及了解歌曲讲述的故事。

关键设问:歌曲讲了个什么故事? 他的心情发生了几次变化?

- -

说明:

1. 学习要点:感受歌曲浓郁的新疆民歌风格特点,了解歌曲的内涵以及体会歌曲中阿凡提心情的变化。

4. 出示歌词分段感受歌曲情绪。

(1) 感受第一段情绪。

关键设问:阿凡提在做什么? 心情怎么样?

要求:用歌声和动作感受阿凡提快乐的样子。

(2) 感受第二段情绪。

关键设问:当阿凡提最高兴的时候遇到了什么事? 心情怎么样?

要求:用朗读的方式结合语气,学一学阿凡提勇敢的样子。

(3) 感受第三段情绪。

关键设问:阿凡提是个聪明的少年,从歌曲中你们觉得阿凡提战胜了做不良行为的人么?

要求:模仿弹奏热瓦普,体会阿凡提得意的样子。

关键小结语:通过和老师的共同演绎,我们了解了少年阿凡提完整的事情经过,感受到阿凡提三次情绪的变化,你们能不能跟我一起来演一演呢?

5. 再次完整感受歌曲情绪,并即兴表现。

三、学唱歌曲并初步表达情感

1. 自主学唱歌曲。

(1) 学习要求:词曲正确;初步表现出阿凡提三种不同的心情。

(2) 分组练习,教师指导。

(3) 反馈自学结果。

第一遍:中等偏慢演唱。

评价要点:①完整唱会歌曲;②词曲基本正确。

第二遍:中等稍快的速度演唱

评价要点：表现阿凡提的三种不同心情。

关键小结语：你们的歌声充满了表现力。音乐家在创作这首歌曲的时候为了表现一个快乐、生气的、自豪的阿凡提，他用了不同的音乐符号在塑造这样的形象。

2. 感受歌曲中音乐符号的作用。

（1）用男女生合作演唱的方式，感受第一部分音乐符号的表现作用。

学练指导：用轻快跳跃、略带弹性的声音表现阿凡提的轻松和愉快。

（2）师生合作，感受第二部分音乐符号的表现作用。

学练指导：① 重音记号声音有爆发力，口腔打开，用气息支撑。

② 语气逐渐增强，表现阿凡提生气的过程。

关键小结语：我们感受到了在这两种不同心情中音乐符号所起的作用。让我们跟着老师中等偏快的钢琴伴奏，把歌曲完整地唱一唱。注意第一、第二段，用什么样的音色唱出阿凡提的轻松和快乐。在第二段加上动作和语气，唱出这两种符号所表达阿凡提的愤怒。同时思考一下，最后一部分阿凡提的得意和自豪，音乐家用什么节奏衬词表现。

说明：

1. 学习要点：学生跟随录音，在关键问题的引导下自主学唱歌曲，教师在深入小组指导的过程中，启发学生通过正确表达下滑音、升记号和带有重音记号的切分节奏，唱出前两部分的不同情绪。

2. 教学意图：通过体会歌曲中阿凡提情绪的变化，来感受每一段人物的不同形象。本段落通过指导学生用轻巧愉快的音色以及学习音乐符号在歌曲中的作用并学习其唱法，来帮助学生表现阿凡提快乐勇敢的人物特点。通过肢体动作来帮助学生更直观地体会阿凡提情绪的变化，并体会重音记号以及休止符对刻画勇敢阿凡提形象的作用。

（3）完整演唱歌曲，重点感受第三部分衬词和节奏表达的情绪

关键设问：是什么样的衬词和节奏在表现阿凡提的自豪和得意？

比较两种衬词节奏的疏密。

用动作和歌声表现自豪和得意。

学练指导：①密集的节奏要用跳跃有弹性的声音唱。②宽松的节奏有气息的支撑，连贯唱。

说明：

1. 学习要点：在完整演唱的基础上，着重对歌曲第三部分进行表现与交流，通过师生互动与反馈，唱出紧密的十六分节奏和舒展的四分附点节奏所表现的不同情绪。

2. 教学意图：保持歌曲学唱中音乐体验的相对完整和充分实践，为学生理解音乐打好基础。

3. 完整演唱歌曲。

关键小结语：我们通过这首歌曲了解了阿凡提的故事,也感受到了不同音乐符号在表现阿凡提三种不同心情时的作用,请同学和老师边唱边演,把歌曲完整地表演一下。

四、小结

关键小结语：今天我们通过自主学习和相互交流,知道了音乐符号对表现音乐形象的重要作用,我相信同学们从这首歌中深深爱上了这位热爱自然、正直乐观的好少年。今天的课就上到这里。

【教学流程图】

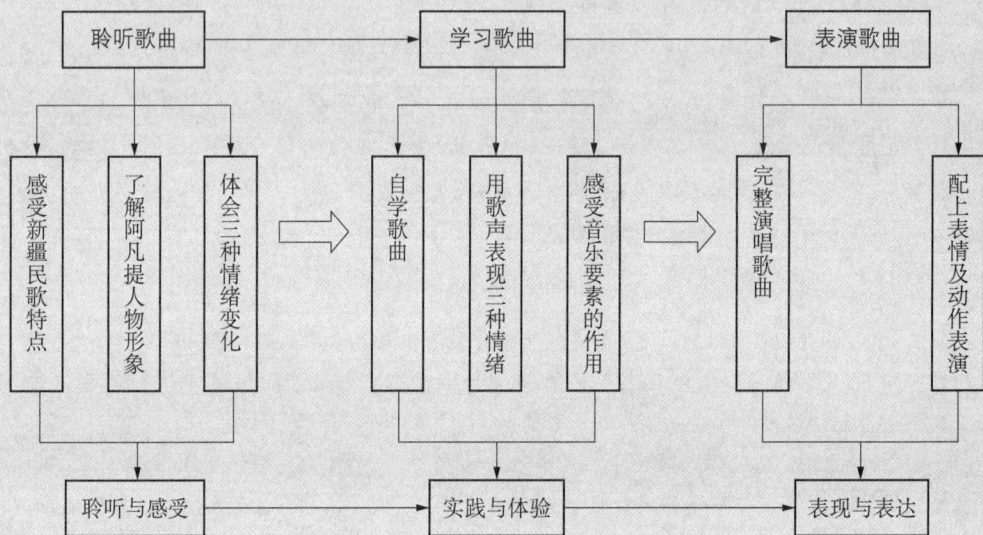

【教学设计思路】

一、体现基于音乐的情感体验

教师利用有效的设问,运用不同形式让学生充分聆听歌曲,感受浓郁的新疆维吾尔族民歌特点,在整体感受的基础上,设计不同形式的师生互动体验环节,用即兴跟唱、歌词朗读或肢体体验等方式,感受歌曲三个部分所表现的阿凡提不同形象和情绪特点。帮助学生理解本首歌曲中少年阿凡提的人物形象以及情绪的变化,建立对歌曲形象和情感特点的初步印象。激发学生对本首歌曲的学习兴趣。同时也在不断加深学生的音乐听觉记忆。

二、体现以音乐要素为载体促进理解音乐形象

歌曲《我是少年阿凡提》第一部分旋律下滑音和临时升记号的运用,形象地表现了一位快乐、阳光和幽默的维吾尔少年形象。指导学生用轻巧愉快的音色以及学习音乐符号在歌曲中的作用并学习其唱法,来帮助学生表现阿凡提快乐勇敢的人物特点。第二部分,重音记号和带有休止的切分节奏,则表达了少年阿凡提面对破坏生态的不良行

为那气愤的心情和严厉的语气,刻画出了一位善良、正直、勇敢的维吾尔少年形象。通过肢体动作来帮助学生更直观地体会阿凡提情绪的变化,并体会重音记号以及休止符对刻画勇敢阿凡提形象的作用。第三部分,通过紧凑的十六分音符和舒展的四分附点音符组成的不同节奏型,配合富有民间语言色彩的衬词,使一位机智勇敢的少年"弹起冬不拉、唱起歌谣"那得意、自豪的神情浮现眼前。指导学生用跳跃有弹性和连贯有气息支撑的演唱方法,唱出紧密的十六分节奏和舒展的四分附点节奏所表现的自豪得意的情绪。通过多种形式的音乐体验,让学生能正确表现歌曲中的音乐要素,并抓住其表现特征,演唱、表达歌中少年的情感、语气和形象特点。

三、体现音乐学习的自主性和有效评价

在关键问题的引导下组织学生自主学唱歌曲,教师在深入小组指导的过程中,启发学生通过正确表达下滑音、升记号和带有重音记号的切分节奏,唱出前两部分的不同情绪,促进学生乐于积极地与同伴合作交流。并及时反馈评价学生在音准、节奏以及吐字的正确清晰程度。在完整演唱的基础上,着重对歌曲第三部分进行表现与交流,通过师生互动与反馈,唱出紧密的十六分节奏和舒展的四分附点节奏所表现的不同情绪。评价反馈学生在有表情演唱时,交流对于歌曲人物的语气和情感的表达。

活动四　任务小结

教学流程的设计既是音乐教学中的一个重要环节,也是有重要意义的。通过教学流程,向别人清楚明了地表达你的音乐教学理念和设计意图,也使自己在这个过程中更为明确地理清自己的教学脉络和主要教学环节,这样我们才能进一步细化自己的教学设计。

感 想 记 录

任务四　反思与改进

活动一　这一单元你学到了什么

1. 个别活动

学员思考问题:通过这一单元的学习,我对如何设计教学流程是否有更进一步的思路?如果有,是哪些呢?请学员们根据本人在学习本单元之前和之后对教学流程设计的理解,完成下面的表格。

学习本单元前	学习本单元后

2. 小组活动

按八人小组形式对全班进行分组。学员在小组内介绍在本单元学到的或想到的内容。

活动二　你在教学流程设计时最需要改进的是什么

1. 个别活动

学员回顾自己的音乐教学,制订一份自己在教学流程设计时最需要改进的计划。

需要改进的地方	
改进的目标	
改进的措施	
实施改进计划的时间表	
帮助我执行改进计划的同伴	

2. 全员活动

学员把自己关于教学活动设计的改进计划讲述给全班学员听,并倾听同伴们的意见。

第二单元　课堂观察

一、单元目标

1. 了解音乐课堂观察与常规听评课的差异,明确课堂观察的概念与意义。

2. 通过分析与讨论,理解音乐课堂观察对促进课堂教学改进的作用和意义及课堂观察的方法。

3. 通过同伴间合作观察,找出自己音乐课堂教学中的主要问题,并能根据问题制订改进行动计划。

4. 通过有目的地观察他人的音乐课堂教学中的有效活动,实践和改进自己课堂教学中的问题。

二、预设成果

1. 了解音乐课堂观察与听评课的差异。

2. 学员能掌握有效课堂观察的方法和技能,并能在课堂教学实践中自觉运用。

三、任务安排

学习模块	学习任务	时间安排	达成要求
经验分享	任务一　认识课堂观察	45 分钟	1. 了解课堂观察与常规听评课的差异。 2. 明确课堂观察的概念与意义。
实例分析	任务二　了解课堂观察	90 分钟	1. 通过分析与讨论,了解音乐课堂观察的基本方法。 2. 学会建立音乐课堂的核心观察点,以便于根据课堂观察表进行即时记录。
项目再构	任务三　实施课堂观察	90 分钟	1. 能借助音乐课堂观察表和学生的课堂反应进行初步的分析,寻找音乐教学中存在的关键问题。 2. 能使用音乐课堂观察表进行记录,能根据教学中的实际问题与教师协商制定课堂观察后行动计划。
感想记录	任务四　学习与反思	30 分钟	1. 形成在音乐教学实践中进行课堂观察与被观察的意识。 2. 在教学中批判性地分析自己的教学现状,促进自身的专业发展。

阅读材料、彩笔、白纸、黑板。

经 验 分 享

任务一　认识课堂观察

活动一　什么是课堂观察

1. 小组活动

学员四人一组,探讨课堂观察与常规的听评课一样么? 如果不同,它们之间有什么差异? 各组有一人负责记录。

2. 全员活动

各组推荐一位成员参加全员交流,介绍组内对这两个问题达成的共识。

3. 活动小结

课堂观察,是指研究者或观察者带着明确的目的,凭借自身感官(如眼、耳等)以及有关辅助工具(观察表、录音、录像设备等)、直接或间接从音乐课堂情境中收集资料,并依据资料作相应研究的一种教育科学研究方法。课堂观察是一种全新的听评课范式。它是一种音乐教师的日常专业生活,一种专业的学习活动,一种合作研究的活动。

音乐课堂观察是音乐教师立足音乐课堂,针对学科特点,在教学过程中有计划地观察学生的音乐课堂表现和教学反应的行为方式。在音乐课堂教学中,课堂观察是教师获得教学反馈信息、捕捉教学中的复杂现象、分析研究教学的情况,及时调整教学的思路、教学的内容及教学方法的重要手段。通过观察来审视自己或他人的有效音乐教学,是有效提高教师专业发展的直接途径。

在常规的听评课中。往往存在四个方面的问题：(1)评价多于反思,肯定性评价多于否定性评价;(2)评价标准经验化,多以自己的教学实践经验为标准,不能站在理论的高度进行科学的评价;(3)评价视角大众化,无独特视角、无个性;(4)评价无主题,泛泛而谈,评价意见缺乏普遍意义的揭示。如何聚焦问题,让听评课更有针对性;如何有理有据,让评课更加客观;如何通过观课和议课,更加有效地促进教师的专业发展。课堂观察就是研究者带着明确的目的,借助有关辅助工具,直接或间接从课堂上收集数据,并依据数据进行相应分析,做出接近事实判断的一种研究方式。音乐教学中的课堂观察,超越于传统的听评课(如主要为了评价教师),具有多维的功能：既能由观察他人课堂反思自己的教育理念和教学行为,感悟和提升自己的教育教学技艺,促进中小学音乐教师自身专业化发展,又能加强中小学音乐课堂师生互动、改善学生课堂学习。

活动二 课堂观察的意义

1. 头脑风暴

学员以"头脑风暴"的形式对"课堂观察的意义"充分发表自己的意见,主持人将学员的观点填入图中。

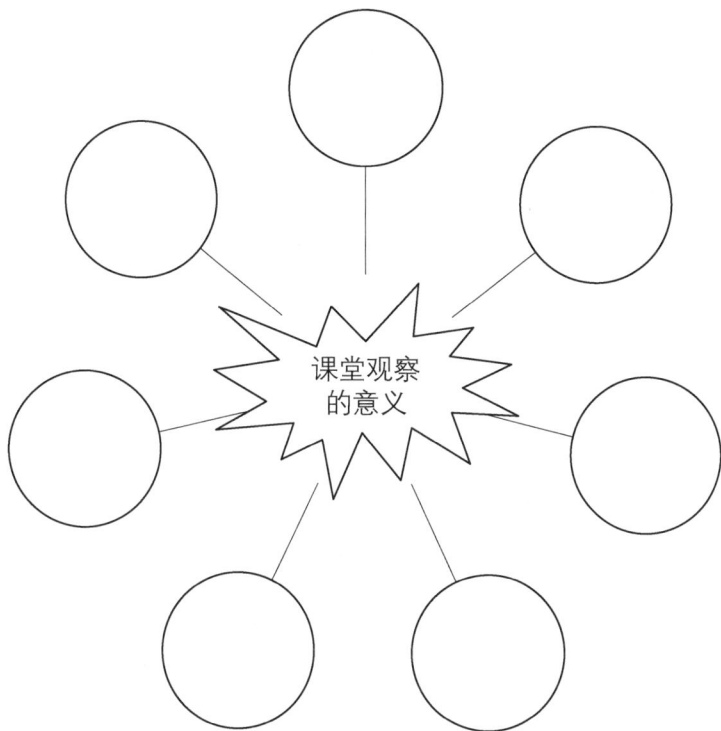

2. 活动小结

(1) 改善学生的课堂学习。在真实的音乐课堂里,教师的教和学生的学是相互交织在一起的,学生通过倾听、与教师对话交流建构自己的音乐学习方式,改善学习行为,获得新的认知与情感体验。可以说,教师的课堂行为、学生的学习习惯及课堂环境都在影响学生的学习。当观察者进入课堂观察学生的学习,关注学生是如何学习、会不会学习、以及学得怎样时,在一定程度上会引发学生行为上的改变。观察课堂中的其他行为或事件,如教师教学、课堂文化等,通过教师行为的改进、课程资源的利用或课堂文化的创设,直接或间接地影响学生的学习。所以,教师参与课堂观察始终指向学生音乐学习的改善,这也是课堂观察与传统听评课最大的功能区别。

(2) 促进教师的专业发展。课堂观察是一种研究活动,它在教学实践和教学理论之间架起一座桥梁,为音乐教师的专业发展提供了一条很好的途径。通过课堂观察,教师借助合作的力量在实践性知识、反省能力等方面将获得新的发展,进而提高音乐教师的整体教学质量。

(3) 提升有效音乐课堂教学。课堂观察的起点和归宿都指向学生音乐课堂学习的改善。无论是教师教学行为的改进,比如提问、评价语言、创设情境等;课程资源的利用,比如多媒体课件、乐器、道具等;都是以学生在课堂中的有效学习为落脚点的。课堂观察主要关注学生在音乐课中是否参与其中,以情感乐并享受音乐。和原始的以教师为观察目标所不同的是,音乐课堂观察不管用到定量还是定性,它最终还是需要通过学生是否学得有效得到检验。所以它是改善学生课堂学习的方法。

(4)营造学校的合作文化。教师要开展课堂观察,就要改变原来单兵作战的工作方式,从教学上的孤立的个人主义走向合作的专业主义,因为完整的课堂观察程序不能没有音乐教师的合作行动。每个教师都要主动向课堂观察合作小组的成员开放自己的教室,接纳不同的观察者进入课堂,共同来探讨课堂教学与学习的专业问题。通过课堂观察,教师在心理与行为上会发生一些变化,变得开放、民主与善于合作,这些变化会感染同伴,影响组织,进而使学校变成合作共同体的联合体。

实例分析

任务二　了解课堂观察

活动一　课堂观察的基本程序

1. 全员活动

开展音乐课堂观察需要一定时间的投入、教师的广泛参与,因此一套基本的程序对保证课堂观察的日常化和规范化,提高观察效率来说尤为重要。思考:音乐课堂观察的程序主要包括哪些步骤?

2. 活动小结

音乐课堂观察的程序主要包括课前会议、课中观察、课后会议等主要步骤。

3. 小组活动

学员按六人一组分组,讨论如何实施音乐课堂观察的程序。

4. 全员活动

(1)各组代表汇报小组的讨论结果。

(2)主持人汇总大家的意见。

(3)主持人利用幻灯片讲解,讲授过程中与学员交流、互动。

(4)学员根据主持人的讲解,结合自己的教学经验,交流如何进行课堂观察。

音乐课堂观察的基本程序

课堂观察,观察的点是音乐课前就确定的,无论课前说课、讨论、还是课上的观察,课后的反思、讨论,都是围绕研究目标进行的。而且音乐课堂观察有明确的分工,具体的观察点,配以量表等观察工具,可操作性强。课堂观察指向的是学生音乐课堂学习的改善,从起点和归宿都指向学生音乐学习的改善。

音乐课堂观察的程序主要包括课前会议、课中观察、课后会议等主要步骤。

1. 课前会议

被观察者说课(主题、学生、目标、结构、评价)→观察者与被观察者进一步交流→确定观察点和观察准备→明确课堂观察以后的讨论时间和讨论地点→开发观察工具。

有效的课堂观察必须要有明确的观察目的。为了保证研究目标具有针对性,在观察前要进行科学设计。(1)选择的观察点要能够聚焦。(2)观察的内容要尽量周全,选择的方案要具有操作性,让观察活动有的放矢、清晰展开。(3)观察量表应设计科学,让观察量表成为观课效度的重要一环。观察量表的设计一般遵循三个标准:一要包含教师、学生等教学要素;二要涉及课前、课中、课后等教学流程;三要有对各个阶段效果的判断与分析。观察量表设计要力图表现课堂教学"准备——实施——目标达成"这个完整、持续不断的过程。

2. 课中观察

明确观察任务→携带观察工具→提前进入现场→选择观察位置→如实做好记录。

一听教师怎么讲的,教师语言在音乐课堂教学中创设良好的教学环境和氛围,提问有计划性、针对性、启发性,评价有激励性,能激发学生主动参与的欲望,有助于进一步培养学生的创造性思维。

二看教师的主导作用发挥得如何。看教师是否投入课堂,看教态是否自然亲切,看师生是否平等交流,看多媒体课件和教师的设问是否合理并有利于学生聆听和学唱,看教学方法是否灵活多样,是否适合不同层次的学生,看教师是否注重学生的情感体验的培养,看教师对学生出现的问题能否及时捕捉,以及处理的是否巧妙,充分发挥和利用其功能……

三看学生的主体作用发挥得如何。看整个课堂气氛,对本节内容是否感兴趣;看师生互动时间是否得当,看学生的积极性是否被调动起来,看学生与老师的情感是否交融,情感是否得到了升华……

3. 课后会议

被观察者自我反思(目标、行为、生成)→定量或定性分析(观察者从不同角度报告)→思考和对话(观察者与被观察者间)→结论和建议(成功之处、个人特色、改进建议)

(1)被观察者课后反思(陈述):

这节课是怎样获得成功的? 学习目标达成了吗?

谈谈各种主要教学行为(如活动或情景创设、讲解、对话、指导和资源利用等)的有效性?

谈谈有无偏离自己的教案。如有,请继续说说有何不同? 为什么?

(2)观察者从不同的角度报告并交流课堂观察的结果及简要结论。(立足证据,必要推论)

(3)协商得出几点结论和行为改进建议。(成功之处;个人特色;改进建议)

活动后,营造反复推敲的实践氛围,经过对现场的观察,发表各自的观点,通过音乐教师间思想的激烈碰撞,执教教师对问题归档并一起修订。形成推敲——实践——再推敲——再实践的过程。

活动二　建立音乐课堂的核心观察点

1. 全员活动

主持人出示以下观察记录表,请学员思考课堂观察中可以从哪些维度确立课堂观察点。观察的形式有哪些?

课题《秧歌舞》
课堂观察记录表单(1)

任职学校		学校	任教学科	音乐	任教年段	四年级	姓名	
观察视角		一、教什么		观察者:				

观察视点	观察记录
1. 教学目标:是否明确而恰当?	三维教学目标明确而恰当: 1. 学唱东北民歌《秧歌舞》,通过学生自学、小组学习和教师指导学习等方法,正确掌握歌曲的旋律、节奏,并在教师的指导下,感受歌曲热烈欢快的情绪。 2. 在教师的组织下,让学生运用各种动作、器乐、演唱等形式,以小组的形式汇报学习成果,初步感受东北民歌的风格,丰富学生的情感体验,引导学生创造性地表现歌曲。 3. 学习简单的秧歌舞步,了解祖国博大精深的民族文化艺术。
2. 核心知识:教师是如何呈现给不同学生的?	本节课的核心知识是学唱歌曲。教师采用引导学生带着不同任务分组听秧歌、唱秧歌、表演秧歌的三步骤感受歌曲风格、节奏、掌握歌曲等。
3. 内在联系:是否注意建立知识横向或纵向联系,与生活联系?	知识之间既纵向衔接紧密,又与学生的生活和特长紧密联系,还进行了必要的拓展教学,开阔学生视野。
4. 学科特点:是否体现了学科特点与本质?	突出以审美为核心的音乐学科教学理念,注重音乐的情感体验,引导学生对音乐表现形式的整体把握。
5. 详略得当:是否做到了易懂的少讲或不讲、易混的细讲并辨析?	教师引导学生带着问题聆听歌曲,自主解决学习中遇到的问题;学唱环节中,让学生独立视唱歌谱,在学生易混淆的地方,运用对比法和教师优美的示范,教学效果很好。
6. 教学资源:是否合理使用教材和校内外教学资源?	教师能合理使用教材,并结合校内外资源整合教学。将临淄传统文化引入到课堂中来,给学生形象的感受。
7. 学法指导:是否注重学习方法的指导和培养?	在教学中及时指导学生掌握科学的发声、前八后十六节奏的表现等方法,对教学目标的完成起了很大帮助。
补充视点:	教学过程的设计一定要紧紧围绕教学目标,有的放矢;欣赏专业的东北地区音乐资料可以穿插到教学过程中。
教学改进建议:	教师的提示语言和问题提示要规范,问题提出要明确;在拓展教学时,对东北地区的秧歌风格的讲解再细致一些,可以播放音乐或视频,给学生提供直观形象的感受。

课堂观察记录表单(2)

任职学校	小学	任教学科	音乐	任教年段	四年级	姓名	
观察视角	二、怎么教		观察者:				

观察视点	观察记录
1. 先学后教:能否通过预学,暴露学习中的问题?	能。预学中,清楚地暴露出学生对"一字多音"演唱、弱起节奏、前十六后八节奏掌握不准确的情况。
2. 以学定教:能否针对学生的问题有效教学?	对学生自学暴露出的问题,如对"八分休止符"等难点,教师采取"打比方"、"示范"两种方法,对学生的问题进行了高效的指导。
3. 课堂提问:启发式提问的次数,无效提问的次数?	启发式提问 8 次,每个问题都能引导学生集中精力聆听音乐和思考;无效提问一次,学生没有做出正确的分析。
4. 示范操作:教师能否示范高水平操作行为?	教师教学基本功扎实,钢琴伴奏优美、多媒体操作技能娴熟,能正确地范唱和指挥。
5. 变式训练:能否分层设计变式训练题?	从歌唱环节来看,采用随琴声试唱歌谱、加词齐唱、表演歌曲表演三个层次,引导学生从学会演唱逐渐达到有感情演唱歌曲。
6. 当堂检测:能否当堂检测学习效果,及时反馈回授?	全班学生分三大组当堂展示,教师及时反馈并进行点拨、引导。
7. 平衡教学:能否将探究式教学与有意义接受式教学相结合?	教师能引导学生进行探究式教学,并结合学生认知特点进行有意义接受式教学,师生互动较好。
补充视点:	培养学生的创造力、音乐的表现力和小组中的团结协作能力是"表演展示"这一环节的核心思想。因此,在学会歌曲后问问学生:"你们想用什么方式表现这首歌曲呢?请在小组内自编自导自演,我们期待一个个精彩节目的诞生。"学生马上热火朝天地投入到了小组活动中。在这民主、宽松的学习环境中,学生的想象力和创造性是惊人的。他们的特长在这一刻得以发挥,个性得以张扬。
教学改进建议:	本课教学教师教态亲和自然,语言很有感染力,能面向全体学生,建议教师大胆放手,不强行规定模拟乐器音色的象声词,给孩子更多的编创和表演的空间。

课堂观察记录表单(3)

任职学校	小学	任教学科	音乐	任教年段	四年级	姓名	

观察视角	三、怎么学	观察者:	

观察视点	观察记录
1. 指导预习:是否布置学生预习和思考练习,从中发现学生的问题?	是。让学生带着问题聆听歌曲,自主解决学习中遇到的小问题;教师及时发现学生学习中出现的大问题。
2. 学思结合:是否引导学生思考教学内容,并主动发现、提出问题?	不全是。教师在整堂课中引导学生主动思考歌曲的情绪、情感、乐句的特点等,但没有引导学生提出问题。
3. 合作学习:形式、次数,是否有效组织、汇报交流、点拨指导?	在聆听阶段,为使学生有自己对音乐的独到的理解,教师没有安排小组合作学习;在展示阶段,提供了小组合作、汇报交流的平台,效果较好。
4. 聆听心声:教师能否细心聆听学生不同意见,然后灵活积极地回应?	能。教师在整堂课中始终关注学生的表现,细心聆听学生的声音,然后及时、机智地予以点拨指导。
5. 情境导入:是否创设情境,导入新课,激发兴趣,引导学生主动学习?	是。一开始,教师就用富有感染的声音、语言和运用多媒体,给学生创设了浓厚的"秧歌舞"氛围,引导学生在"看秧歌、扭秧歌"的情境中愉快的学习实践。
6. 活动作业:学生活动、作业时间、内容、效果,活动的交流与指导?	整节课活动形式丰富且高效,师生交流互动融洽,充分突出了学生的主体地位和教师的主导作用。
7. 学法指导:学生用工具、记笔记、抓要领、做小结、做对比等情况?	除学习正确的歌唱外,学生还学会了扭秧歌的基本步法。
补充视点:	教师的教学语言摇曳多姿、既富于童趣又富于变化,使学生的大脑皮层处于积极而活跃的状态,以接受更多的信息和知识。
教学改进建议:	拓展延伸这一环节中,选用的是赵本山小品中的一段东北秧歌,觉得不太妥当,还围绕在东北秧歌上,并没有拓展延伸出去呀。思考一下,换成山东秧歌可不可以。

课堂观察记录表单（4）

任职学校	小学	任教学科	音乐	任教年段	四年级	姓名	
观察视角	四、学得如何		观察者：				

观察视点	观察记录
1. 目标达成：通过当堂检测检查预期教学目标是否达成？	目标达成效果好，学生能愉快地、准确地演唱歌曲，顺利完成编创秧歌表演等任务。
2. 各有所得：全班不同水平的学生是否各有所得？	全班学生学习收获较好。音乐素质好的学生能有表情地表演唱歌曲，其余所有同学能准确地演唱歌曲。
3. 特殊需要：是否能了解、满足学生的特殊教育需要？	这一点做得不是很突出。教师对学生的特殊需要了解的不多，没有留出多的空间满足他们的特殊需要。
4. 时间空间：是否给学生创设必要的时空进行独立思考与实践？	以学生为主体，给学生提供充足的进行独立思考与实践的平台，编创活动的空间稍小一些。
5. 问题解决：学生学习中的疑难问题，是否得到有效解决？	有效解决。这节课有效教学占据绝大比重，老师比较注重内心的情感体验，从而来激发学生的演唱情感。
6. 作业完成：老师分层布置的作业，学生完成的程度。	对教师布置的敲击乐器、试唱歌谱、学跳秧歌等任务，各小组能较快的讨论完成，并进行展示，从而汇成一首完整的新歌。
7. 相异思维：学生对同一问题有无独特的思考和创新的见解？	相异思维的培养不够明显。少数问题给学生提供求异思维的机会，大部分问题为稍微封闭式的提问。
补充视点：	学生的学习兴趣很足，喜欢唱歌，对老师的问题及要求能够做到及时反应和回答。教师的指导语不仅具有"童趣"而且富有"童真"，朴实亲切，在很自然的状态下拉近了师生关系。
教学改进建议：	秧歌舞的十字步要让学生学得扎实，不要草草带过，让他们会走，不知是向前行进，还可以不同方向的表演，多做几遍，不用着急跟音乐。

2. 小组活动

以四人为一组,学员交流各自的观察感受与思考结果。

活动三　任务小结

课堂观察的四大维度——学生学习、教师教学、课程性质、课堂文化确立了众多的课堂观察点。音乐学科又以其学科特点生成了不同的观察点。

【学生学习】学生的表现(倾听、互动、自主);学生活动参与的深度和广度;学生提问……

【教师教学】教师课堂教学的时间分配;教学行为的时间分配;任务布置的有效性;教师语言的有效性;课件的设计与演示;教学机智;教学目标达成监控……

【课程性质】情境的创设和利用;情境创设和利用的有效性;课堂教学资源的整合……

【课堂文化】学生的思考;学生的课堂常规;教师的目光……

这么多可以观察的观察点如何去实践操作,那就需要我们归纳到一种形式去体现。设定观察点,即数字式的定量观察点和个性化的定性观察点。

1. 定量观察点

定量观察是指观察者运用一套定量的、机构化的记录方式对中小学音乐教学进行观察,它是课堂观察之"必需"。它强调少判断、低推理,观察者在记录时利用相同的标准对课堂行为和事件进行归类。因此,不同观察者之间比较容易达成一致,观察收集到的所有材料可运用统计学的方法分析,还可以通过电脑和数据分析软件实现,整个资料分析过程相对简单、客观,观察结果也更具真实性、可靠性。定量观察使我们的观察更具有数字的说服力。打破了"记录流程"的听课模式,要求教师拿着"量表"进教室。通过这些量表的观察和记录改善我们的音乐课堂。

例 1　　　　　**(1) 课堂提问有效性观察量表**

问题类型	问题个数	总计
有效的(铺垫型、思考型、提醒型) 1. 听一听这是哪个民族的音乐,听出来了,就跟着旋律跳一跳这个民族的舞蹈动作? 2. 我们一起来唱一唱好吗? 3. 有谁愿意来? 4. 哪两组唱上半句? 哪两组唱下半句? 5. 谁愿意用你手中的打击乐器来拍这条节奏? ……	26	50
低效的(过易的、过难的、无意义重复的、表述含糊的) 1. 聆听音乐时,教师反复问题。 2. 演唱这首歌曲,我们可以用哪些演唱形式? 3. 这首乐曲的情绪是怎样的? 这首乐曲活泼吗? 主人公高兴吗? 4. 让我们一起来好吗? ……	24	

问题类型	问题个数	总计
分析		
(1)提问效率有待提高,除去口头禅,有效提问的比例小于低效和无效提问的比例,这从有效课堂教学而论,是必须改变的。(2)无意义的重复提问有24个之多,占提问总数的48%。这不仅仅是低效的问题,而且是有"害"的问题,因为这样反而干扰了学生对问题的思索。(3)提问总数过多,如此之多的问题"笼罩"整堂课,课堂教学效果肯定会大打折扣的。		

（2）教师的评价语言的内容观察表

情感性评价 （学生习惯兴趣）	内容性评价 （文本内容）	方法性评价 （学习方法）	分析
不错,给点掌声! 对不起,能停下来么?	还可以! 好! 很棒! 非常好!	声音再高些,注意位置! 再准确些!	教师评价性语言及时但比较单一,无法激发起学生学习、演唱的信心、情绪,无效评价居多。
次数	次数	次数	
9	14	6	

（3）教学环节的时间分配观察表

教学环节	教学时间	分析
导入	7分钟	从教学环节的安排上看,教师注重学生的实践,基本采用了"参与-体验"的教学模式,各个环节安排的时间比较合理,但导入7分钟,作为常态教学欠妥。
感受新授歌曲旋律	11分钟	
学唱新歌	10分钟	
拓展	21分钟	

（4）学生课堂反应情况观察表

反应点				分析
学生反应	语言评价	教学环节	师生互动	
热烈有共鸣	个别差生的表扬……	老师和同学们对唱……	教师牵着一位腼腆的男生和同学一起做律动	全班同学均非常投入,反映愉悦合作的喜悦
游离	在自主活动时教师一个劲地在提醒应该怎么做	创编歌词		教师没有具体交代创编的要求,使得创编活动效率不高
无反应				

2. 定性观察点

由听课老师捕捉音乐课堂的细节和现象为主,定性观察是课堂观察之"必要",具有自由性、开放性的特点,能相对充分、完整地描述观察情境,保留事件的发展进程、逻辑关系。然而,这种课堂观察具有较强的主观性与个别性,观察者的个人经验、描述能力和相关理论水平与记录水平有很大关系,针对同一事物的观察结论很难达成一致,可能出现众说纷纭的现象,观察结果很难具有客观性和科学性。

例：

课堂观察分析表

课题	《玩具进行曲》				
课时	第一课时	年级	一年级	日期	10月12日
执教老师	××	观察人	×××		
时间分配	教师讲解约10分钟,占28.5%	师生演唱约17分钟,占48.5%	学生创编表演5分钟,占14%	学生评价1分钟,占3%	非教学时间约2分钟,占6%

观察主题：教师的教学评价

细节和现象	课堂教学情况	原因
一、激情导入	优势：能基本达到目标要求。不足：个别学生的注意力不够集中。	(学生)因活泼好动的特点,未能马上进入课堂状态。(教师)忽略了对学生常规的评价。
二、歌曲体验	优势：能完整演唱歌曲。不足：1.演唱形式单一；2.没有激发学生在课堂中学习的积极性、主动性。	(学生)缺乏自主意识。(教师)没有关注到学生学习后得到的成就感的心理状态,忽视了对学生演唱的评价。
三、创编表演	优势：能基本达到教学目标的要求。不足：1.缺乏对歌曲情感的流露；2.课堂纪律有点混乱；3.创编时不够新颖,缺少细致的观察和感受。	(学生)题材不宽,真情和童趣不足。(教师)教学思路不开阔,评价方法单一,忽略了学生的自评和互评,使学生兴趣不浓。

分析和建议

1. 体现评价的多样性：

(1) 首先教学目标要在活动中体现(将学生评价、老师评价、学生互评、学生自评等多种评价方式渗透于各个环节,让学生自由表现审美观,进而提高其审美能力)。

(2) 其次在教学过程中老师评价和学生的自评、互评要随时体现,如：对学生思维的评价、对学生演唱的评价、对学生创编能力的评价；小组对学生的评价、学生对同伴的评价。

(3) 最后一环节,运用自我评价、集体评价、互相评价、激励评价相结合的方法,促进学生健康发展,产生激励效应。

2. 体现评价的全面性：不仅仅对学生学习的成果进行评价,也对学习过程中学生的表现随时进行评价。

这个"课堂观察分析表"包括课题、课时、学校和班级、日期、执教老师、观察人、时间分配、观察主题、细节和现象、分析和建议十项内容。前七项与一般性听课相同,后三项体现了课堂观察的三个关键,也就是我们所说的"三意识"：主题意识、细节意识和反思意识。当我们凭着这份简单而明了的表格参加教师们课后交流时,相信教师们关于"观察主题"的细节是丰富多彩的,关于细节的描述是生动与正确的,所作的分析与建议是深刻和有见地的。这种分析方法与我们经常看到的评课表相比,激发了教师的研究智慧。

　　不同的观察目的决定了不同的观察方法,课堂观察的方法是多种多样的,教师可以针对老师特点设置定量或定性观察点。比如评价语言比较贫乏的老师,可以在课前准备教师评价语言内容观察表,通过几堂课的观察,势必会从无到有,从少到丰富,从贫乏到精彩,等等。反之,对于某些教学行为做的好的教师我们也可以采用定量观察的方法,学习他的闪光点,通过观察感受同伴所长,学习所长。

项目再构

任务三　实施课堂观察

活动一　模拟课堂观察

小组活动

把学员分成三个小组,每组由一位学员扮演老师,三位学员扮演学生,其余学员作为课堂观察员。

1. 由扮演教师的学员进行说课,观察员们确定观察点和观察准备。

2. 扮演教师的学员上课,观察员观察微格教学中"学生"和"老师"的情况,并根据制订的观察点进行记录。

3. "教师"进行自我反思,观察员根据不同观察点进行归纳与报告,"教师"与观察者进行交流,得出结论并提出改进建议。

活动二　反馈与反思

1. 全员活动

在全体学员面前展示本组的开展的课堂观察成果,其他学员可从自己的角度对课堂观察的结论进行点评。

2. 个别活动

进行模拟课堂观察的学员根据其他学员的反馈意见进行自我反思,找出自己在教学中的不足。

活动三　任务小结

课堂观察应当注意的问题:

1. 慎重地选择观察主题

音乐课堂观察是基于主题的观察,泛化的随便看看必然导致观察的"低效"。主题的合理选择,首先应建立在对音乐课堂全面认识的基础上,应建立一个从框架到视角、到观察点的课堂观察主题指南;其次,主题的选择应凸现学校与教师的个性理解,什么学校、谁选择怎样的观察内容是各异的,是与学校与教师的研究旨趣相关的;再次,主题的选择应有利于从"一斑"中见"全豹",课堂观察的主题可以是单一的,也可以是多个的,但不宜过多,过多的主题会影响观察的有效性。

2. 使用正确的研究方法

音乐课本身就是生动活泼,富有情感的,在紧张的课堂观察过程中是不可能详细"填写量表"的,即使能填,也是建立在丢失了生动的课堂细节基础上的,丢失了那些生动的细节,所谓的"数字"是毫无意义的。量表不是"观察的工具",而是"分析的工具",所以,针对该教师特征,针对教学内容或针对教师特点,应使用定量和定性相结合的研究方法,这样获得的信息才客观,更具有使用价值。

3. 音乐课堂观察应渐趋日常

团队观察的同时,教师层面上更要督促自我观察。课堂观察要走上日常研究的轨道,最大限度地发挥作用,自我观察是一条有效的途径。只有所有的老师在自己的课堂上即时进行观察,对自己的课堂及时进行"回忆",那么,课堂观察才会真正地成为日常的研究。

实实在在的课堂观察是一种有效的校本教学研究手段,是一种针对性极强的教学研究形式,因为课堂观察,能催生有效的提问、有效的教学、有效的老师。

感 想 记 录

任务四 学习与反思

活动一 这一单元你学到了什么

1. 个别活动

学员反思在这一单元学到了什么,想到了什么,完成下面的表格。

学习记录

活动内容	活动方式	开展该活动的原因

反思表格

活动名称	活动过程	活动目的	同伴评论	你的感受

2. 小组活动

学员按六人一组分组,在小组内交流在本单元学到的或想到的内容,做一张主题为"课堂观察"的海报。海报内容包括:课堂观察的形式、方法和作用。

活动二 感悟实践

1. 个别活动

学员客观思考分析自己的教学优势与问题,并写下来。

(1) 想一想,作为一名教师培训者或观察者,你在哪些方面还可以做得更好? 请列出三条。

(2) 想一想,你想在教学中尝试哪些技能? 请列出三条。

2. 个别活动

学员客观分析自己的教学技能和教学素养,思考以后将在哪一方面进行有针对性地改进和提高。

(1) 想一想,你认为自己运用得比较成功的教学技能有哪些?

(2) 想一想,你的课堂教学中还存在哪些不足,你希望今后在哪些方面改进?

第三单元　课堂评价

一、单元目标

1. 通过回顾以往的音乐课堂评价以及学习《课程标准》,明确课堂评价的内容与作用。了解课堂评价的评价内容与原则。

2. 通过对案例的讨论与分析,了解音乐课堂评价的方式方法以及实施策略。

3. 能根据具体音乐教学内容,遵循课堂评价的方法,设计适切的课堂评价案例。

二、预设成果

1. 通过回顾以往的课堂评价以及对《课程标准》的学习,学员能了解音乐课堂评价的内容与意义。

2. 通过对案例的学习和分析,学员能掌握音乐课堂评价的方法与技巧。

3. 学员能在日常教学实践中运用课堂评价的方法提高自己的音乐课堂教学能力。

三、任务安排

学习模块	学习任务	时间安排	达成要求
经验分享	任务一　回顾与学习	45分钟	通过回顾以往的课堂评价以及学习《课程标准》,明确音乐课堂评价的内容与作用。
实例分析	任务二　分析与归纳	90分钟	通过对案例的讨论与分析,了解音乐课堂评价的方式方法以及实施策略。
项目再构	任务三　设计与实施	90分钟	能根据具体教学内容,遵循课堂评价的方法,设计适切的课堂评价案例。
感想记录	任务四　反思与改进	30分钟	1. 通过回顾与反思本单元学习任务,巩固对于教学流程的理性思考。 2. 学员能在日常教学实践中运用音乐课堂评价的方法提高自己的课堂教学能力。

四、材料准备

阅读材料、彩笔、白纸、黑板。

任务一　回顾与学习

活动一　回顾以往的课堂评价

1. 小组活动

你在以往的课堂教学中是如何进行评价的？实施的效果如何？你认为自己对课堂评价还存在什么问题或疑惑？组长记录学员提出的问题。

2. 全员活动

组长交流各自组所归纳出的讨论结果。

以往音乐课堂评价存在的问题
1. 评价形式单一
2. 过于注重终结性评价
3. 缺乏对学生的关注
4. 评价的语言过于简单

活动二　学习《课程标准》

1. 全员活动

主持人呈现《课程标准》中对于评价的建议："音乐课程评价应充分体现全面推进素质教育的精神,贯彻《课程标准》的课程理念,着眼于评价的诊断、激励与改善的功能。通过科学的课程评价,有利于学生了解自己的进步,增强学习的信心和动力,促进课程教学质量的不断提高。"请学员自由发言,谈谈自己对音乐课堂评价的认识和理解。

2. 活动小结

教学评价是指根据教学目标,对学习者在教学活动中所发生的变化进行观察与测量,收集有关资料,并作出价值判断的过程。音乐教学评价在音乐的教和学的过程中发挥着重要的作用。音乐教学评价依据教学目标,运用科学可行的方法,对教学要素、过程和效果进行价值判断,因此音乐教学评价是整个教学过程中不可缺少的重要环节。

3. 小组活动

以四位学员为一组,学习《课程标准》中有关评价内容的要求,交流你认为课堂评价以什么为依据？它的作用是什么？

"对学生的评价是课程评价的主要方面,应以《课程标准》中各教学领域的课程内容为基本依据,全面考查课程内容所涉及的情感态度与价值观、过程与方法、知识与技能方面的要求。如学生对音乐的兴趣爱好与情感反应,学生在音乐实践活动中的参与态度、参与程度、合作愿望及协调能力,音乐学习的方法与成效,音乐的体验与感受能力,音乐的表现与编创能力,对音乐与相关文化的认识、理解,审美情趣的形成以及掌握知识、技能的实际水平等。"

4. 全员活动

每组派代表交流本组学员的讨论结果。主持人记录并进行归纳。

5. 活动小结

这些评价内容紧密结合了《课程标准》"总目标"所列的情感态度与价值观、过程与方法、知识与技能三个维度的基本内容和指导思想,以及"课程内容"所列的感受与欣赏、表现、创造、音乐与相关文化四个学习领域的具体内容规定与学习规格要求,进行了学习内容与学习要求的相互对应和匹配,从而最大程度地保障了"学生通过音乐课程学习和参与丰富多样的艺术实践活动,探究、发现、领略音乐的艺术魅力,培养学生对音乐的持久兴趣,涵养美感,和谐身心,陶冶情操,健全人格。学习并掌握必要的音乐基础知识和基本技能,拓展文化视野,发展音乐听觉与欣赏能力、表现能力和创造能力,形成基本的音乐素养。丰富情感体验,培养良好的审美情趣和积极乐观的生活态度,促进身心的健康发展"。

根据《课程标准》的基本理念,小学音乐课堂教学评价应包括以下几个方面:

(1)感受与欣赏:

感受与欣赏是音乐审美实践的基础,是学生形成音乐的感受、欣赏和理解能力的有效途径。学生通过以听觉为基础的学习方式,对音乐基本要素和相关知识开展聆听、体验、模仿、记忆、辨别等活动。从而学会音乐欣赏的基本方法,开拓音乐视野。

以小学低年段音乐学科为例:本模块的评价目标为:

- 能在音乐感受中判断声音的强弱、长短、高低,并用身体、嗓音、打击乐器等方式对其做出反应。

- 能识读简短节奏型并用拍、读、奏、说等多种方式进行表现。

- 能借助唱名提示模唱简短旋律,结合游戏活动识认五线谱无升降调号的常用音位。

- 能用适当的方式(表情、动作、语言)表达对音乐作品情绪与形象的感受和联想。

- 能辨认并模唱几首欣赏曲的旋律主题片段,能记住几首经典名曲的曲名和音乐家的名字。

- 喜欢听音乐,养成安静聆听音乐的习惯。

评价维度	评价内容	观察点示例	评价方式建议
学习兴趣	了解音乐的兴趣	● 与教师、同伴、家长分享交流音乐的情况 ● 与教师、同伴交流音乐家小故事的情况 ● 课外参加音乐活动的经历	日常观察 问卷访谈
学习习惯	聆听感受习惯	● 聆听音乐时表情与身体姿态的情况 ● 聆听音乐时专注程度	课堂观察 表现性任务

评价维度	评价内容	观察点示例	评价方式建议
学习习惯	模仿体验习惯	● 旋律模唱的情况 ● 模仿动作表演的情况 ● 模仿乐器演奏的情况	课堂观察 课堂练习
	交流表达习惯	● 表达音乐感受的主动性 ● 倾听他人表达音乐感受的情况 ● 学习用音乐语汇表达感受的情况	课堂观察 表现性任务
学习成果	感受音乐要素	● 辨别音乐强弱、长短、高低的情况 ● 识读简短节奏型的情况 ● 模唱短小旋律的情况	课堂观察 口头测评 表现性任务
	感受音乐情绪与情感	● 表现对音乐情绪变化的感受情况 ● 联想或想象音乐情境与形象的情况	课堂观察 表现性任务

（2）表现：

"表现"是形成音乐乐感和美感的实践方式,其重点是学习歌（乐）曲唱、奏和表演的基本方法与技能。学生在体验音乐情绪、感受音乐要素和初步知晓音乐形象的基础上,运用模仿表现、集体表演等方法,学习音乐表现的基本技能,表达音乐情感。

以小学低年段音乐学科为例：本模块的评价目标为：

● 能够用听唱法学会歌曲,养成良好的演唱习惯。

● 能在自然声区中,以正确的音高和节奏有表情地演唱,每学期至少背唱 3—4 首歌曲。

● 能模仿老师的方法,学会几种课堂常用打击乐器的演奏方式,并能伴随音乐有强弱、整齐地演奏。

● 能伴随音乐的速度和节拍,开展简单的舞蹈、律动和歌表演。

● 能与同伴合作表演。

评价维度	评价内容	观察点示例	评价方式建议
学习兴趣	音乐表演兴趣	● 音乐表演中自我表现的积极程度 ● 参与课内集体表演与交流活动的积极程度 ● 参与课外音乐表演的情况 ● 将课外学习内容与伙伴交流的情况 ● 与老师、同伴交流课外音乐学习成果的情况	日常观察 问卷访谈
学习习惯	音乐表演习惯	● 唱、奏、演时聆听音乐的情况 ● 模仿正确演唱状态的情况 ● 用合适的音量演唱（奏）的情况	日常观察 表现性任务

评价维度	评价内容	观察点示例	评价方式建议
学习成果	演唱	● 正确填唱歌词的情况 ● 演唱歌曲时音准和节奏的情况	日常观察 表现性任务
	演奏	● 正确模仿课堂打击乐器演奏方法的情况 ● 按音乐节拍和节奏演奏乐器的情况	日常观察 表现性任务
	舞蹈、律动、歌表演	● 模仿舞蹈、律动的正确程度 ● 舞蹈、律动、歌表演时节拍韵律感的表现情况	日常观察 表现性任务

（3）创造：

"创造"是培养学生音乐创造性思维、创新意识和能力的有效手段，其重点是学会即兴创编和创作实践的简单技能和基本方法。学生在创造实践过程中，通过探索、想象、模仿、编创等方法，开展音响模拟、节奏编创、旋律接龙与填空、即兴歌表演和音乐情景小品创编等活动。

● 用各种发声材料和人声等方式，模拟并表现自然界、生活和音乐中音的强弱、长短和高低。

● 能用常用音符和休止符即兴创编短小节奏。

● 根据歌（乐）曲情绪和形象的体验，即兴创编简单的律动、歌表演和打击乐伴奏。

● 能与伙伴合作完成创编活动。

评价维度	评价内容	观察点示例	评价方式建议
学习兴趣	参与活动兴趣	● 表达个人创意想法的积极程度	日常观察 问卷访谈
学习习惯	合作交流习惯	● 倾听伙伴观点的态度 ● 与伙伴协同完成创编活动的态度	日常观察 问卷访谈 表现性任务
学习成果	音响探索	● 探索各种发声材料音色的情况 ● 用发声材料模拟自然界、生活中音响的情况	日常观察 表现性任务
	即兴创编与创作	● 根据歌（乐）曲内容与情绪即兴律动与歌表演的情况 ● 创编简单节奏与旋律的情况	日常观察 表现性任务

评价内容与要求体现了素质教育的精神，有着丰富的内涵，它的意义在于：

（1）有利于学生了解自己在音乐学习上的进步，发现和发展自己音乐的潜能，建立音乐学习自信心，促进音乐审美能力的进一步提高和音乐感受、表现和创造能力的进一步发展。

（2）评价指标的确定和评价方法的选择，应以音乐学科特点和音乐教育客观规律为依据，体现中小学音乐课程的性质和价值，符合青少年身心发展特点和音乐审美教育规律。从这个角度看,评价内容和要求紧密围绕着《课程标准》所确立的课程价值观、课程基本理念和各项目标,并将其作为建立评价体系和实施评价的依据和基准。这符合教育教学的规律,体现了音乐学科的特点。

（3）评价内容和要求从整体着眼,涵盖了音乐学习的各层面和各领域,全面地、全过程地进行评价,尤其体现了以一种发展的眼光,从不同阶段的回顾和对比当中,把握学生的进步和发展,使评价能够真正发挥诊断、激励与改善、促进的功能,体现了一种整体性与统一性。

实例分析

任务二　分析与归纳

活动一　案例分析

1. 小组活动

主持人将全班分成三个小组,并出示下面两个评价案例,每个小组选择一个案例,根据案例进行讨论:课堂评价可以通过哪些方式?

【案例】

本案例以二年级歌曲《欢乐的小雪花》为例

1. 评价目标。

（1）能在录音或钢琴的伴奏下,词曲正确地完整背唱歌曲。

（2）能模仿老师的演唱状态,并用合适的音量演唱。

（3）演唱能符合歌曲伴奏的速度和节拍韵律,音准、节奏正确。

2. 评价内容。

歌谱示例:《欢乐的小雪花》。

欢乐的小雪花

1=E　$\frac{3}{4}$

沈林根　词
孟珠　曲

3	4	5 ·	6	5	3	0	7	1	2 ·	5	3	2	0
风	儿	把	窗	开,			雪	花	飞	进	来,		
雪	花	不	回	答,			要	我	看	窗	外,		

1	1	7 ·	1	2	4	3	—	2	1	7	0	6	7	1	0
轻	轻	落	在	我	身	上,		多	呀			多	可	爱,	
小	朋	友	们	在	锻	炼,		多	呀			多	愉	快,	

| 3 | 4 | 5 · | 6 | 5 | 4 | 3 | — | 2 | 1 | 7 | 0 | 6 · | 7 · | 1 | — ‖ |

小 雪 花　呀　小 雪 花，　　你　　从　　哪　里　来?
我 也 要　到　雪 中 去，　　锻　　炼　　再　锻　炼。

在《课程标准》"表现"主题中,对歌曲学唱的主要目标是"能用自然的声音歌唱,学会齐唱";"能在集体演唱中背唱部分教材歌曲"。根据《课程标准》的要求,结合本案例"评价目标"中兼顾演唱成果和演唱习惯的评价要求,将针对演唱歌曲时的完整性、正确性和演唱习惯进行评价。

3. 评价方式。

(1) 背唱歌曲,开展"摘星小竞赛"。

(2) 根据分项评价表中观测点和评价标准,由不同评价主体(教师评价或学生互评)开展评价。

(3) 根据评价结果,累计获得星数,参照"等第转换标准"赋予优秀、良好、合格、须努力的相应等第。

(4) 用等第和评语相结合的方式,对学生的音乐学习表现作出反馈。

4. 评价指标。

(1) 分项指标例举。

评价维度	观察点	评价标准	评价主体
演唱习惯	演唱时聆听伴奏音乐的情况	☆☆☆　能正确地根据伴奏音乐的速度演唱	教师评价 学生互评
		☆☆　在老师的指挥提示下,能正确地根据伴奏音乐的速度演唱	
		☆　在老师和同伴的多次提示和帮助下,能跟上伴奏音乐速度演唱	
	模仿正确演唱状态的情况	☆☆☆　演唱时能主动模仿老师的歌唱表情和状态	教师评价
		☆☆　经提示,能模仿老师的歌唱表情和状态进行演唱	
		☆　经提示和帮助,基本能模仿老师的歌唱表情进行演唱,偶尔能模仿老师的歌唱状态	
	用合适的音量演唱的情况	☆☆☆　能主动根据伴奏和同伴歌唱的音量,用与集体协调的音量进行演唱	学生互评
		☆☆　经提示,能根据伴奏和同伴歌唱音量,调整自己的演唱音量	
		☆　经提示,偶尔会出现与伴奏和同伴歌唱音量不够协调的情况	

评价维度	观察点	评价标准	评价主体
演唱成果	背唱歌曲的情况	☆☆☆　能完整背唱歌曲,词曲对应正确	学生互评
		☆☆　能完整背唱歌曲,词曲对应偶然出现失误	
		☆　经提示后能背唱歌曲,词曲对应出现少量失误	
	演唱歌曲时音准的情况	☆☆☆　能按原速伴奏演唱歌曲,音准正确	教师评价
		☆☆　能按放慢速度的伴奏演唱歌曲,音准良好	
		☆　能按放慢速度的伴奏演唱歌曲,在老师和同伴的帮助下音准基本正确	

（2）等第转换标准列举。

等第	优秀	良好	合格	须努力
演唱习惯	7—9 颗星	5—6 颗星	3—4 颗星	2 颗星及以下
演唱成果	5—6 颗星	3—4 颗星	2 颗星	1 颗星及以下

5. 评价结果示例。

演唱歌曲《欢乐的小雪花》的评价情况记录

班级：　　　姓名：　　　学号：

【评价等第记录】

评价维度	摘星记录	等第
演唱习惯	☆☆☆☆☆☆☆	优秀
演唱结果	☆☆☆☆	良好

【老师的话】

　　＊＊小朋友,在这次"摘星"活动中,你获得了11颗星星,老师为你点赞! 那是因为你在唱歌的时候能够注意听音乐,模仿老师好的演唱状态,和小伙伴一起整齐地演唱。如果你能跟着音乐的速度把音唱得更准。那你的歌会唱得更美更动听!

---

2. 全员活动

各小组把刚才对案例的观察结果在全班进行交流。其他各组成员如有不同意见可以补充说明。主持人把学员对课堂评价的分析的关键词写在黑板上。

活动二　任务小结

音乐课堂评价应针对不同的教学内容、教学目标、学生年龄特点建立不同的评价方法，采取多元的评价方式。

1. 形成性与终结性相结合

形成性评价主要是记录学生平时在音乐学习方面的情况，可采用观察、谈话、抽查演唱等方式进行。终结性评价是在学期末对学生学习情况进行全面测评，让学生了解自己的进步，感受成功的快乐，增强学习的信心。

在日常教学中要注重评价资料的积累，通过课堂观察记录学生在师生交流、活动讨论、唱、奏、舞等实践中的表现，不断关注并促进学生音乐知识技能、音乐学习方法策略以及情感态度价值观的提高与发展，日常要兼顾评价项目的均衡、全面；学期、学年末的终结性评价可在聆听、演唱、演奏、综合性艺术表演等项目中允许学生根据兴趣爱好与个性特长有所选择，将日常考核与期末考核相结合，对学生的阶段性学业成效给予全面考察。

2. 定性述评与定量测评相结合

从评价的表达看，有定性评价（评语）和定量评价（包括等第、分数等）。课堂教学中的学习评价，是指对学生在学习活动中各种素养发展的认定，我们主张分两个方面进行，一个是结合课堂教学的过程，将学生学习中素养"从无到有"、"从少到多"、"从低到高"、"从零星到系统"等发展和提高；对学生音乐学习中的兴趣爱好、情感态度、合作交流、实践参与、音乐表现、社会艺术实践经历等难以进行量化的评价，可以采用比较准确的质性评述文字进行评价；一个是针对音乐课程各主题内容学习水平的评价，可以通过背唱歌（乐）曲、演奏乐器、听赏记忆音乐主题等实践性、综合性的音乐活动进行定量测评，给予等第评价。可结合《成长记录册》的栏目，给学生终结性评价。

3. 自评、互评与他评相结合

学生在学习过程中处于主体地位，因此他们也应该是评价的主体。音乐课堂上的评价其目的就是为了让学生通过评价，使自己形成积极的学习态度，帮助他们认识自我，树立自信，给自己提供表现自己能力和成就的机会，同时创造宽松的学习氛围，鼓励学生提出学习过程中的困难和疑惑。让学生进行自我评价和互相评价，能激发孩子们学习音乐的兴趣，从而让教师更加了解学生的想法和学习能力，充分发挥发挥孩子们的主体评价意识。

可灵活地、创造性地使用好"成长记录册"，引导、组织学生在日常音乐学习、才艺表演等实践活动中做好描述性的自我评价，开展伙伴间、师生间的互相评价，通过不同阶段的回顾和比较，了解自我成长的纵向发展；要重视音乐学习经历的评价，呈现学生音乐实践能力和艺术才艺发展的成长轨迹。

活动三　课堂评价实施策略

1. 主持人出示案例，请学员思考：案例中是如何将评价融入课堂教学？有哪些课堂教学评价的实施策略？

【案例】

1. 教学目标。

（1）结合歌曲《小毛驴》的学唱，在了解故事情节、不同演唱情绪的处理和歌表演学习中，感受并表达歌曲风趣幽默、活泼欢快的情绪，体会小毛驴和小主人之间的友情。

（2）根据对歌曲情绪的体验，运用有弹性的声音、清晰的吐字，词曲正确地演唱歌曲。

（3）根据对歌曲音乐形象的联想与想象，用四分、八分音符和四分休止符组成的固定节奏模仿驴儿蹄声和鞭子声，并与伙伴合作创编符合形象的肢体动作，随音乐速度和节拍协同进行歌表演。

2. 教学重难点。

（1）教学重点：根据歌曲情绪和形象，用有弹性的声音表现歌曲有趣的情景。

（2）教学难点：歌曲演唱词曲正确，吐字清晰。

3. 评价内容及其要点：具体如下表所示。

教学环节	评价内容	评价要点	目标指向
1. 了解学情，熟悉歌曲	正确演唱歌曲	吐字清晰 节奏正确	（2）
2. 歌曲情绪处理	有感情地演唱歌曲	声音有弹性 情绪有对比	（1）（2）
3. 节奏与律动	用节奏声势表现歌曲	节奏清晰，音量合适 角色分工，动作形象	（1）（3）

4. 教学过程与评价示例。

教学环节与过程	评价时机	指导要领	实施意图
一、了解学情、熟悉歌曲 1. 听范唱，感受歌曲 （1）图片导入，出示课题。 （2）感受歌曲情绪，了解歌曲内容。 2. 了解学生对歌曲的熟悉程度 （1）跟音乐唱一唱 （2）学生找出有困难的地方 3. 根据学生的反馈学唱歌曲	在第2环节"了解学生对歌曲熟悉程度"的过程中，出示评价要点："吐字清晰，节奏正确"	1. 根据评价要点，请学生跟录音唱一唱歌曲，找出自己演唱有困难的地方 2. 对学生最后一个乐句的连续十六分音符节奏及演唱吐字作出指导 （1）放慢速度朗读歌词 （2）跟琴用稍慢速度演唱 （3）恢复原速演唱 3. 通过对小主人公"我"骑着毛驴的心情体验，结合语气表达，对歌曲第三乐句弱起节奏进行指导 4. 完整齐唱歌曲	本环节评价主要指向目标（2）中："词曲正确地演唱歌曲"，落实学习要求

教学环节与过程	评价时机	指导要领	实施意图
二、歌曲情绪处理 1. 教师范唱，请学生从听觉上对比老师的演唱方法和自己的演唱有什么区别 2. 对比歌曲第三、第四乐句的情绪 3. 加上简单的动作演唱 4. 学生分组反馈	在第2环节"对比第三、第四乐句情绪"的学唱过程中，出示评价要点："声音有弹性，情绪有对比"	1. 通过教师范唱，引导学生在感受歌曲快乐、愉悦情绪的基础上，知道要使用"有弹性的声音"来表达小主人公的心情 2. 通过对小主人公骑着毛驴和摔下毛驴后两种心情的对比，引导学生用不同的情绪来演唱两个乐句 3. 在依据评价要点学会用有弹性的声音和有对比的情绪演唱歌曲的基础上，采用分组反馈、互相评价的方式，帮助学生巩固歌曲演唱的情绪表现	本环节评价指向目标(2)中"运用有弹性的声音、清晰的吐字演唱歌曲"的学习要求 同时，也指向目标(1)的情感态度、价值观形成
三、节奏声势与律动 1. 出示由四分、八分音符和四分休止符组成的节奏，练习拍击 (1) 教师指导学生分组拍击节奏 (2) 学生分组合作拍击节奏，形成两声部节奏声势 2. 声音模拟，动作表现 (1) 分组模仿小主人鞭子声和小毛驴的蹄子声 (2) 合作模拟声音效果 (3) 加上动作即兴表演音乐形象 3. 找好朋友合作表现小主人公和小毛驴动作与节奏声势 4. 反馈练习表演结果，进行互动评价	第3环节："找好朋友合作表现小主人公和小毛驴动作与节奏声势"的学练过程前，出示评价要点： 节奏清晰，音量合适，角色分工，动作形象	1. 教师进入小组指导合作表演，引导学生理解评价要点包含的练习要领，对两个声部节奏的声音模仿和两个音乐形象动作表演的协同性做出指导 2. 开展互动评价时，引导学生从评价要点出发进行观察，对伙伴进行评价，并提出改进建议 3. 教师抓住评价中生成的好的表演效果和具体的学习反馈信息，及时对学生进行提高性的指导 4. 在评价结束后，为学生提供再一次完整表演的机会，请学生模仿自己喜欢的一组，或在自己小组原有基础上改进表演效果	本环节评价重点在于达成目标3中"伴随音乐速度和节拍，开展节奏声势和动作表演" 同时，通过小组合作表演过程中的互相配合、协同，引导学生体会小主人公和小毛驴之间的感情，导向目标1情感态度价值观维度的达成

2. 小组活动

四位学员为一组，交流各自的体会与感受。

3. 活动小结

评价教学过程，最根本的目的是为了帮助学生不断完善学习过程、改进学习方法并提高学习效果,最终达成教学目标。因此,评价的设计要体现"基于教学目标,向目标达成"和"把握重难点,自然融入过程"。

本案例的评价设计体现以下几个特点。

1. 基于学情,抓住歌曲重难点

这首歌曲二年级学生在日常生活中听得比较多,但由于平时很少唱,整体印象比较模糊。因此,针对这一情况,教师将歌曲中的弱起小节和连续十六分音符演唱吐字的正确,作为学习难点;将用有弹性的声音唱出歌曲生动有趣的情绪作为学习重点;特为歌曲编配固定节奏声势和即兴动作表演,作为本课新的学习生长点。围绕这些歌曲基本特征和学生可能出现的问题,制订了本课的教学目标,课堂的评价要点也围绕教学目标和重难点而设定。

2. 紧扣目标,合理设计评价环节

教学目标的达成不是一蹴而就的,需要设计与之相适应的教学环节。本案例中教师针对教学目标,设计了三个主要教学环节,在每个环节中,根据学习重难点的预设,有针对性地确定了评价的内容并设计了评价要点,体现了"评价设计先于教学过程设计"的特点。同时,每个主要环节中的评价设计,均具有明确的"目标指向"。因而,将评价合理、自然地"嵌入"了教与学的过程,引导学生在学习中不断达标。

3. 把握时机,帮助学生改进学习

将评价融入教学过程,其评价时机的把握也十分重要。评价要点过早呈现,学生则不明就里,显得"为评价而评价"。评价要点呈现过晚,则起不到诊断、指导、反馈和改进学习的作用,容易导向"甄别优劣"。本案例中,教师每个主要环节中评价要点的呈现时机都比较恰当,起到了明确提示学习要领、理解学习达标要求、自我诊断学习效果的作用。同时,在每个主要评价环节结束,教师均提供学生再次表现学习成效的机会,使评价成为帮助学生改进学习的重要手段。

活动四 任务小结

新课程中所提出的音乐评价,它的最终目的是通过科学、正确的评价,促使学生全面发展,实现学生自身的价值。教师不仅应注重巧妙地使用评价,还要在实施过程中把握好评价的尺度。

1. 评价的时机

教师行之有效的教学评价,能使学生始终保持兴奋的情绪学习。因此,只有找准了课堂评价的时机,评价才能在音乐课堂中起到良好的教育效果。及时发现学生的"闪光点",找准正面评价的时机。每位学生的音乐天赋都有差异,有的学生唱歌条件好些,有的则舞蹈好些,教师要能关注学生的一切表现,随时随地发现,挖掘他们的闪光点,给学生适时适地的鼓励、评价。

2. 评价的语言

音乐和语言都是一种艺术。在音乐课堂中如能很好地掌握运用语言的艺术性,便能使

音乐课堂教学起到意想不到的效果。评价语言应规范科学、具体丰富、生动有趣,有助于提高孩子学习情绪。将评价具体化,如"你的声音太动听了!""你的吐字比以前清晰多了,有进步!"……每一次评价都有具体内容,这能让孩子们看到老师对他的重视,因而倍感自豪,学习更努力。教师还可以尝试通过体态语言进行评价,包括动作、表情、身体等语言,如教师亲切期待的目光、轻轻点头、竖起大拇指、为他鼓掌等都会给孩子们以深刻的影响。

3. 评价的氛围

教学中教师本着"以学生发展为本"的思想,努力营造民主、平等的教学氛围,培养学生的主体精神、合作意识以及参与精神。学生是学习的主人,也是评价的主体。孩子都希望自己的行为得到别人中肯的评价,尤其是老师的评价能够让孩子感受到温暖与得到关注。同时,在课堂中注重正确的引导,教师的教学设计能为不同水平的学生提供展示自己的机会,学生对音乐课的热爱就更加深了。所以在课堂上教师要经常鼓励学生,尝试改变自我、挑战自我,探究音乐。创设民主、和谐的课堂评价氛围,采用合理有效的评价,让学生充满乐趣的学习,才能激发创新的思维,培养能力,并能充分享受音乐。

总之,要抓住音乐课堂教学评价的良好时机、不拘一格的评价语言、形式,创造性地对学生进行评价,因人而异,因时而异。教师立足于课堂教学,采用多样的评价方法,引导学生参与教学实践活动,提高教学质量。音乐课堂教学评价要真正发挥教学评价的优势,让评价真正激活课堂教学氛围,为提高教学质量服务。

项目再构

任务三　设计与实施

活动一　设计一个课堂评价

个别活动:主持人请学员根据自己执教的年级,自选所教教材中的教学内容,并以此设计一份详细的课堂评价活动。

课堂评价设计	
评价目标	
评价内容	
评价方式	
评价指标	
评价结果示例	

活动二 课堂评价设计介绍

1. 小组活动

八位学员为一组。每位学员在小组内向其他学员介绍自己的评价案例设计。其他学员对该学员的课堂评价的适切性进行评价。随后,小组成员之间对各自的课堂评价案例设计进行讨论。

2. 全员活动

请各组推选一位学员根据自己的课堂评价案例设计对全班进行说课,学员发表看法,主持人鼓励他们提出改进的建议。

3. 活动小结

《课程标准》中指出:音乐课程评价的目的不仅是为了考查学生实现课程目标的程度,更是为了检验和改进学生的学习和教师的教学。因此,教师在对学生进行音乐评价时。要更多关注学生对音乐的兴趣、爱好、情感体验等。以下评价量表帮助大家归纳了课堂评价的实施要点。

课堂评价	学习过程评价	评价语言	① 语言规范有效,符合音乐学科特点,表达较科学; ② 语态、表达方式丰富,生动有趣,能适时激发学生学习积极性。	
		评价视角	① 能关注学生习惯与兴趣、情感与态度; ② 注重知识与技能的正确习得; ③ 能关注学生某项音乐能力的持续发展。(学生学习方法的获得,学习能力的提高)	
		评价方法	① 有较好、合理的方式进行观察与记录; ② 关注学习成效的反馈,并注重在音乐表现活动中评价。	
	学习结果评价	评价形式	① 为学生提供自我展示的机会,并能开展师生、生生之间的互动评价; ② 允许学生依据特长选择表现方式。	
		评价记录	① 评价项目的设计依据学生实际,比较合理; ② 评价记录的方式灵活简便,易于操作、能针对学生个体; ③ 数据统计与生成方便,可持续保存、连续记录,以便观察学生是否进步。	

感 想 记 录

任务四 反思与改进

活动一 这一单元你学到了什么

1. 个别活动

请每位学员思考下面问题,想一想在这一单元学习过程中学到和想到了什么,并写下来。

（1）我们可以通过哪些方面进行课堂评价？

以前你的理解是：

现在你的理解是：

（2）课堂评价的基本方式方法有哪些？

以前你怎么做：

现在你可以怎么做：

（3）如何将评价融入到课堂教学中？

以前你是如何实施的：

现在你将如何进行改进：

（4）请提出一个有关课堂评价的问题。

你的困惑：

你印象较深的学习内容：

你还想到了什么可以和我们分享：

2. 小组活动

小组成员互相讨论，然后重新分组，在小组内互相介绍自己在本单元学到、想到的内容。

3. 活动小结

活动二　你在课堂评价实施时最需要改进的是什么

1. 个别活动

学员回顾自己的音乐教学内容，制订一份自己在课堂评价计时最需要改进的计划。

需要改进的地方：	
改进的目标：	
改进的措施：	
实施改进计划的时间表：	
帮助我执行改进计划的同伴：	

2. 全员活动

学员把自己关于教学活动设计的改进计划讲述给全班学员听，并倾听同伴们的意见。

活动三　活动小结

由于音乐学科的特殊性，在进行课堂评价时，还要注意以下几点：

（1）营造愉快和谐的评价氛围，淡化学生的比赛考试心理，让学生积极主动地参与评价活动。

（2）评价的方式要灵活多样,重视学生的自评,应有利于增强学生学习音乐的信心、提高学习音乐的兴趣和音乐情感的表现。

（3）要根据各学段不同的目标及学生不同的音乐水平恰当选用评价形式和评价方法,在众多考核的项目中,让学生自选有兴趣、有特长的项目进行考核,可以让学生根据个人的能力,扬长避短,满足表现欲,发展其特长。

音乐学科教学评价应充分体现素质教育的精神和以人为本的思想。使学生的心理素质、协调能力和创新思维都能得到良好的发展,让学生成为学习音乐的主人,让音乐课堂真正地"活"起来,教师要着眼于评价的教育、激励与改善的功能。通过科学的教学评价,有效地促进学生发展,激励教师进取,完善教学管理,全面提高小学音乐教育教学质量,用美的教育去塑造美的人。

第四单元　课后反思

一、单元目标

1. 通过学习、讨论,明确课后反思是促进音乐教师专业发展的有效途径之一。

2. 通过分析讨论课后反思案例,找到有效的课后反思的撰写方法。

3. 能够结合自己的教学实际,撰写课后反思,解决音乐教学实际问题,并通过持续不断地记录和反思,提高自己的教学能力,解决教学实际问题和存在的困惑。

二、预设成果

1. 学员能够明确课后反思的作用,学会从不同的方面撰写课后反思,提高自己的音乐教学反思能力。

2. 学员能够从同伴智慧的分享中不断学习,并根据自己的音乐教学实际,找出问题,制订切实可行的改进目标,通过不同的课后反思形式提高自己的专业素养。

三、任务安排

学习模块	学习任务	时间安排	达成要求
经验分享	任务一　学习与成长	45 分钟	明确课后反思是促进音乐教师专业发展的有效途径之一。
实例分析	任务二　内容与形式	90 分钟	1. 通过对案例的讨论与分析,找到有效的课后反思的撰写方法。 2. 了解课后反思的基本类型。
项目再构	任务三　实践与分享	90 分钟	能够结合自己的音乐教学实际,撰写课后反思。
感想记录	任务四　反思与改进	30 分钟	在教学实践中树立撰写课后反思的意识,并针对自己的音乐教学现状,分析教学问题,通过撰写课后反思的形式,促进自己的专业发展。

四、材料准备

阅读材料、彩笔、白纸、黑板。

任务一　学习与成长

活动一　课后反思的意义

1. 个别活动

请学员思考下列问题：

回顾以往的教学，你是如何进行课后反思的？你对课后反思的认识？

2. 全员活动

学员讨论以下问题：

（1）在教学实践中，绝大多数教师都很努力，为什么有的教师能成为优秀教师？有的不能？个人的努力如何才能有效果？

（2）教学反思对教师的专业发展起到什么作用？

3. 活动小结

美国心理学家波斯纳曾提出过一个教师成长的简要公式：经验＋反思＝成长，这个公式揭示了反思对于教师成长的重要意义。我国著名教育家叶澜教授指出：一个教师写一辈子教案不一定成为名师，如果一个教师写三年的反思，有可能成为名师。音乐教师的专业发展是在不断的实践、学习、总结、反思以及再实践的过程中实现的，而这种总结和反思反过来又对自己的音乐教学实践起到积极的指导作用。教学反思可以帮助音乐教师从每天都在进行的习以为常的教学方式、教学行为中发现自身的教学问题，并提出解决问题的方案，提升自身的音乐专业化水平。

反思教学就是音乐教师自觉地把自己的课堂教学实践作为认识对象而进行全面而深入的冷静思考和总结。它是一种用来提高自身的专业水平，改进音乐教学实践的学习方式，不断对自己的教育实践深入反思，积极探索与解决教育实践中的一系列问题，从而进一步充实自己，提高教学水平。阶段性的音乐教学活动完成后，如果能够及时进行回头看的反思，可以使教学经验理论化、教学方法系统化，教学问题直观化，在音乐课堂教学实践后及时反思，使教师直观，具体地总结教学中的长处，发现问题，找出原因及解决问题的办法，再次研究教材和学生，优化教学方法和手段，丰富自己的教学经验；而且是将实践经验系统化，理论化的过程，有利于提高教学水平，使音乐教师的认识能上升到一个新的理论高度。

（1）课后反思促进思考向纵深发展。

在撰写课后反思前，音乐教师首先需要对在教学中的引发了注意的教学现象进行认真地回忆，具体、细致、形象的描述，形成对教学事件、个案的进一步细致地、比较全面的认识，为深入思考奠定了基础。其次，写反思的时候，因为要落笔，就需要对所思考的内容进行逻辑化、条理化、理性化的表述，促使思考具有一定的理性化。我们经常遇到这样的现象；同时，对写下来的教学现象、个案进行思考，因为写得详实，思考也会趋于全面。

（2）促进教师教育理论学习的深入。

在撰写课后反思时，音乐教师往往希望自己写的深刻一点，在这种需求的驱动下，往往要参阅一些资料、翻看一些书籍，促使音乐教师进一步学习，使自己的思考与倡导的理论结合起来，从而实现对理论认识的提升，从而提高自己的音乐理论水平。

（3）促成教师的经验积累和提升。

课后反思能够帮助教师把自己音乐教学实践中的经验、问题和思考积累下来，使自己对自身音乐教学现象中的典型事例和思考深深地记忆下来。因为写的积累作用，教师便真正成为了一个有丰富教学经验和理性思考的音乐教师。同时，写下来的东西更方便与人交流，会促进音乐教师更好的发展。

活动二　学习课后反思

1. 个别活动

主持人出示《美的教育——上海艺术教师教学践行录》书中的实践案例中《小芽快快长》教学设计的课后反思。学生阅读并思考教师是如何进行课后反思的。

　　出彩之处：《小芽快快长》是一首用电声乐队演奏的舞蹈音乐，乐曲生动、轻快、朝气蓬勃，描绘了在春天的大地上小苗、小芽竞相成长的情景。为更好地突破教学重难点，本课设计的学习过程是循序渐进、由易到难的，先在律动中感受春天的优美气息，再运用简单的律动学习，以听赏领先、动觉切入的理念为先导，学生通过律动、集体舞蹈等活动参与情感的体验；最后在乐曲的综合表演中，让学生感受音乐是怎样表现春天万物竞相生长的情景，并引导他们更加喜爱美丽的大自然。

　　遗憾之处：一年级小学生好动、爱模仿、爱表现。"动"是学生表达自己对音乐感受和理解的最直接、最喜爱的方式。在近三个月的音乐学习中，学生已经熟悉了唱游教室，能听懂简单的音乐口令。在唱游课中，他们乐于模仿，活泼且好动，但在课堂行规及学习习惯上还需要教师耐心引导，如音乐的听赏、歌唱的要求、简单的描述和表现等，还需要在系统的音乐活动中逐步养成。此外，教师的语言引导还需要再细致，层次要求再明确。

　　改进构想：《小芽快快长》这首乐曲在优美的旋律中开始，朦胧中小鸟轻声鸣叫，大地慢慢苏醒。接着小芽在春风春雨的沐浴下探露出笑脸，快乐成长。明快的旋律不断重复，节奏越来越强烈，好似小芽越长越高、越长越快。乐曲节奏明快，富有动感。一年级学生对于音乐描写的理解是有难度的，笔者可以提前渗透一下，而且可以借助情境设置的方法，用物品摆设等相关情境的创设来帮助学生理解音乐。但是在听主题这一板块上，笔者花的时间有点稍微多了些，希望可以在观看视频的时间上进行改进。而且在听赏主题音乐旋律的理解上，我可以适当提示一下，然后让学生记忆音乐主题旋律。

2. 小组活动

以四位学员为一组,讨论并列出案例中课后反思的主要内容。

(1) 以上课后反思的主要内容是什么?

(2) 一般课后反思从哪些方面进行撰写的?

3. 全员活动

每组派代表交流讨论结果。

活动三　任务小结

　　教师每上一堂音乐课后,总会有得失、感想和体会,课后及时地进行教学反思,对自己一节课或几节课教学情况的研究和小结,把这些得失、感想和体会及时地加以总结,在今后的教学中引以为戒,不断改进,对不断提高自身教学水平、课堂教学效率和教学质量以及撰写经验文章等多有裨益。因此写好课后反思不仅利于教师个人成长,也为教师集体备课、资源共享、交流体会提供了具有实际意义的信息平台。

　　一思"情景设计":教完每节课后,应对教学情景设计进行回顾总结,思考你所设计的情景是否与学生实际生活联系紧密,是否与上课内容相符,在引入过程中还存在哪些不和谐之处,同时根据这节课的教学体会和从学生中反馈的信息,考虑下节课的情景设计,并及时修正教案。

　　二思"上课效果":备课的最终目的是收到好的音乐教学效果。因此,一节课下来,应认真从每一位学生上课的表情、上课的反应、回答问题、音乐表现以及教师的课堂观察等环节反思本节课的实际效果如何,做到心中有数。

　　三思"教学策略":上完一节音乐课,静心沉思,引导是否得当,训练是否到位,摸索出了哪些教学规律,组织教学方面有哪些创新,教法上有何新招等等。及时记下这些得失,并进行必要的归类与取舍,考虑一下再教这部分内容时应该如何做,写出"再教设计",这样可以做到扬长避短、精益求精,把自己的教学水平提高到一个新的高度。

　　四思"精彩片段":侧重于记录自己本节课的成功之处与教学开展过程中的亮点。音乐课堂教学中,往往会因为一些偶发事件而产生瞬间灵感,这些智慧的火花常常是不由自主、突然而至,若不及时利用课后反思去捕捉,便会因时过境迁而烟消云散,令人遗憾不已。如:哪个教学程序安排激发学生的兴趣,哪个问题的提出能促进学生自主学习,学生的创新意识、创造才能得以萌发,即出现了课堂教与学的高潮。这时最好能详细记录下学生的学习活动、学生的精彩问答,结合教育、教学理论加以阐述。

　　五思"课堂评价":每堂课后认真思考一下本节课的评价内容是否更多地指向有价值的音乐教学活动;评价的方式是否多样、是否激起学生的学习兴趣,唤起他们的自尊心和自信心;评价的主题是否面向全体学生、是否因材施教等等。

　　六思"疏漏之处":教学中的疏漏与失误在所难免,如教学内容安排欠妥,教学方法设计不当,教学重点不突出,教学方式单调等等。课后进行这样的反思,及时客观的找出音乐教学过程中的不足与失误,并能虚心听取学生的意见,正确地面对这些问题,做好及时查漏补缺工作,我们的课堂便会越来越完美。

七思"学生见解":在音乐课堂教学中,学生是学习的主题,他们总会有"创意的火花"闪烁,学生们对音乐的理解或表达方式新颖独特,老师也意料不到。下课后我们应该把这种方法记录下来,并与老师们交流。这种源于学生对问题的独特理解、源于学生精神世界的独特感受,是一种无比丰富的课程资源。教师应当充分肯定学生在课堂上提出的一些独到的见解,这样不仅使学生的好方法、好思路得以推广,而且对他们也是一种赞赏和激励,帮助学生悦纳自己,感受自尊。同时,这些难能可贵的见解也是对课堂教学的补充与完善,可拓宽教师的教学思路,提高教学水平。因此将其记录下来,可以作为以后教学的宝贵材料。

"以记促思,以思促教",通过日积月累的行为,养成反思的习惯,每一节课都能认真反思,及时修正,从反思中感悟,在实践中求真,我们就能真正成长为反思型、学者型教师,成长为一名名师!

实例分析

任务二　内容与形式

活动一　课后反思的角度

1. 小组活动

主持人把全班分成三个小组,并出示下面的课后反思案例。每个小组选择一个案例,根据案例的内容,思考该教师是从音乐教学的什么角度进行课后反思的?

案例一:

《庆丰收》课后反思

本课主要内容是欣赏唢呐独奏曲《庆丰收》,这是一首中国唢呐大师任同样先生创作的经典唢呐独奏曲,乐曲运用民间传统的多段式结构和核心音调贯穿全曲的手法,形象地描绘了农民们在欢庆丰收时的热闹情景。下面就本课课堂教学实践后所产生的效果与问题进行总结与反思。

1. 教学目标反思

本课我设计了三个教学目标:第一,欣赏唢呐独奏《庆丰收》,感受乐曲奔放的旋律所表现的农村大丰收那种喜气洋洋、热热闹闹的情景,了解乐曲的情绪、速度变化。这一教学目标基干新课标、两纲精神及教材本身的自定义而来,我觉得还是比较合理的。欣赏全曲是大前提,在此前提之下,产生的效果就是让学生感受乐曲本身所要表达的真实情绪,让学生身临其境地体验农村丰收时的真实情景。第二,了解我国民族吹管乐器上唢呐的相关知识。这一教学目标对教学内容进行了细分，具有针对性。让学生从不了解或不熟悉，通过视频、音频、实物学习等多种教学手段的促进，较为深入地了解乐曲的主要演奏乐器，并对中国的民族音乐分类和民族音乐家有了进一步的认识。第三，运用乐器，模仿民乐合奏等形式，表现丰收的景象。这一教学目标属于实践过程，在听与学之后，进行演奏及创作、合作。学生在此过程中产生了较为浓厚的兴趣，达到了预期的教学效果。

2. 教学过程反思

本课的几个教学环节比较清晰：第一，组织教学及导入。在组织导入环节让学生想象秋天的景象再配以图片欣赏的方法，我觉得是不错的。这样很容易让学生进入乐曲意境的前期状态，再配合欣赏几段农村丰收时的视频资料，能让学生更好地进入接下来所要欣赏乐曲的情景。第二，新授。简单来说采用总分总及插叙的方式进行教学，也就是初听全曲——器乐简介——分段欣赏——复听全曲。初听全曲部分，让学生带着问题去欣赏是正确的，通过情绪、速度、乐器三个问题，让他们有的放矢，而不是纯听音乐，能较好地匹配本课教学目的。乐器简介部分，通过音频、视频感受，近距离实物观察等多种手段，让学生对民族乐器唢呐有进一步的了解。同时，也对唢呐大师的生平事迹进行简介，让学生对中国的音乐家加深认识。这里比较契合两纲精神中的民族教育，是比较重要的一个环节。分段欣赏部分，依然带着问题，承接第一段的要求，对演奏形式提出了新的问题。而第二段散板则体现了中国民族音乐的特有乐章，让学生增长了知识。最后复听全曲部分，采用了与美术相结合的方式，用颜色表达情绪是一种很直观的方法，对加深学生的认知具有比较积极的作用。第三，演奏实践及合作。这个环节需要依靠学生基本功的累积，对节奏的要求较高，特别是与教师的合作，需要充分掌握各种简单的节奏能力。从教学过程来看，总体完成度还是比较高的。

3. 不足之处

我觉得本课教学目标的设定可以更加清晰，基于三维目标而言，和情感态度价值观需要更好的结合，应该设立有效体现过程与方法的教学目标。在教学过程中，一方面时间把握需要进一步控制，另一方面更要体现教学的全面性。例如，小演奏员吹奏唢呐并与教师合作占据了较大比重，事实上此环节并不具备普遍性，需要寻找替代方式达到同样的效果。相信通过不断地改善和学习，本课能更好地让学生了解并体会到中华民族的传统音乐与器乐的魅力。

案例二：

《土耳其进行曲》课后反思

1. 实现了学生对音乐情感的真正理解

我改变了最初的用多种小乐器辅助的教学设计和观念，希望学生真正聆听音乐、听懂音乐,希望真正读懂自己的学生。本堂课的设计运用了达尔克罗兹的本态律动教学法作为专业支撑,始终遵循着"音乐的本质在于对情感的反映"的理论。人类通过身体将内心情绪转译为音乐,这就是音乐的起源。对音乐的理解更多的是情感的过程。因此,这节欣赏课要让学生真正听懂音乐,首先要通过音乐与身体结合的节奏运动唤起人的音乐本能,培养学生的音乐感受力和敏捷的反应能力。进而获得体验和表现音乐的能力。

2. 最大程度发挥学生的学习主动性

对于《土耳其进行曲》中主题 A 的欣赏,我运用画图谱的方式帮助学生更好地理解。同时,哼唱"1u"并用手指模拟画图谱,体会乐曲旋律走势,这将最大程度发挥学生学习的积极性。用这种声音与图画相结合的方式进行艺术作品的欣赏,对于四年级学生来讲比较新奇有趣,他们会抱着最大的兴趣去聆听学习,并找到下面这幅图的符号与所听音乐到底是一种怎样的关系。当他们认可这样的方式后,会最大程度地去接受和模仿,对图形的认知则会在大脑中反馈出音乐的旋律,效果显而易见。

对于主题 C,我先让学生用线条在黑板上表示所听到的音乐旋律,分析旋律特点是高低起伏。教师带动学生用契合音乐的体态律动表现旋律走势,在这一部分做到的是启发学生学会听音乐,而不是把正确答案强加给他们,最大程度地发挥他们的主观能动性,让学生自己结合该部分音乐主题,静心聆听,想象情境体会各段落不同的力度、速度和情感,在理解音乐情绪与内容的基础上再去欣赏和记忆音乐。

值得一提的是,在这一过程中,在运用达尔克罗兹体态律动教学法的同时,教师应认识到体态律动并非舞蹈。舞蹈中的音乐是为动作服务的,而体态律动刚好相反,是通过律动让学生更清晰、更准确地理解音乐。我发现教学效果非常好,学生有了新的认识,原来身体本身就是最天然的乐器,他们充满了兴趣与热情,都积极主动通过自己的身体参与记忆音乐主题,通过不同的动作表现他们所听到的音乐,成功地将这首回旋曲的所有主题顺序快速清晰地排列下来。这体现了达尔克罗兹音乐课程的重要任务之一,就是使学生能将运动和声音的感觉"内化",即记忆运动和声音的感受,补充和完善已有的感受,使之保持于大脑之中。这一过程中最重要的因素就是注意力的集中和记忆能力。

3. 小结

体态律动除了服务于平时的音乐课堂教学外,对于合唱等活动也非常有帮助,身体的参与可以帮助学生理解和演绎出想要的声音,这也是我做进一步研究的新的生长点。

我会一直在新课程的背景下,在音乐教学这条路上继续探索、反思,不断学习、研究、尝试和改进下去,继续将德育教育融入平时的每节课中,点滴教育定能见成效,希望学生能够真正学会做人,懂得欣赏音乐,爱音乐。

案例三：

《采一束鲜花》课后反思

音乐是情感的艺术，用鲜明的节奏、优美的旋律、丰富的和声、美妙的音色来表情达意，能直接触动情感，震撼心灵，对学生的情感世界、思想情操、道德观念的渗透和影响是很大的。所以，在音乐教学中要引导学生用音乐抒发感情，用音乐传递信息，用音乐鼓舞斗志，用音乐愉悦生活。

1. 视听结合，内化情感

本课的课题是《采一束鲜花》，因此，在学习歌曲的节奏和旋律中，笔者在课件的设计中特意都用花做背景，既符合本课的内容也增加了美感。例如：出示一束花并问："如果你采来一束鲜花的话，最想把鲜花献给谁？"引导学生联想自己的实际生活，感悟对亲人、对他人的感恩之情。在一起观看视频时，当一幅幅震撼人心的画面出现，配合富有艺术感染力的解说，使学生身临其境，不知不觉被感动，爱国情怀油然而生并得以内化。

2. 二度创作，深化情感

歌曲的二度创作可以在歌曲的再创作中产生无形的德育效应。在初步学会歌曲后，利用带着问题的聆听："哪一句是表现了祖国妈妈对我们的爱？哪一句表现了我们对祖国妈妈的赞美和报答之情？帮助学生进一步体验歌曲的情感；并在反复聆听后，以"我们应该怎样唱更好？"的提问引发学生的思考，引导学生运用力度对比更好地表现出歌曲的情绪特点，增强歌曲的艺术感染力，对祖国妈妈的爱将进一步深化。

3. 纵情歌唱，升华情感

所谓育德于教学，育德于心灵。在多年的教学经验中，笔者深深体会到在教学中与学生之间情感交流和心灵沟通的重要性。在学唱歌曲中，首先通过富有感染力的范唱，让学生体验到歌曲所表达的情感；其次，在师生互动中，帮助学生理解歌词，激发爱国情感；最后再观看视频环节，通过教师富有艺术感染力的语言和学生发自内心的回答，互相感染，在此基础上，鼓励学生用饱满的情绪复习演唱《采一束鲜花》等爱国歌曲，使得爱国主义情怀得以再次升华。

音乐教学中的德育，是通过对音乐的理解与探索，表现与创作成知识学习与运用等多种渠道，并在对音乐的审美体验积淀中达到润物无声。

2. 全员活动

各小组把刚才进行的讨论结果在全班进行交流。其他各组成员进行补充。主持人把内容写在黑板上。

活动二　任务小结

根据音乐课堂教学的环节，对课堂教学有效性的反思，可以考虑针对各教学环节是否有效,分环节进行反思。下表所介绍的主要就是分不同环节的反思要求。

音乐学科对课后反思的指标指向

反思项目	反思指标内容	反思价值体现
教学目标反思	音乐学科核心任务(本意住特征) 育人目标与主要取向 过程与方法适应学习主体 促进学习主体的音乐思维主动发展 音乐知识技能习得	对音乐学科三维教学目标的深入理解,为今后教学目标制订积累经验
教学内容反思	对内容整体的价值认识与把握 内容的选择、调整建构与主要指向 超越教材的教学资源把握 内容组织处理与落实到具体环节	考察对教学内容的整体理解,总结有效开发利用内容资源的经验
教学过程与方法反思	音乐学科主要学习方法的把握与运用 学习过程要素及组织(主体的实践性与状态、认知的逻辑性与效能) 评价的运用与对学习的促进教学手段的运用(现代媒体技术)	对教学流程的设计、教学手段的运用等反思,有利今后教学设计的提升
教学效果反思	学习认知任务的有效、高效完成 学习心理与经验水平的提高 学生音乐学习效益	形成对预设与生成之间关系的新认识
教师素养反思	学习指导(教学环节与过程的调控、目标落实等) 教学基本功(教态、语言、板书、工具操作、音乐学科教学技能、教师音乐特长运用)	便于扬长避短,发挥教师的优势来备课

活动三　课后反思的方法

1. 小组活动

以四人为一组,围绕主持人给出的"音乐学科对课后反思的指标指向",讨论如何针对不同角度来进行课后反思的有效方法?

2. 全员活动

每组派代表交流讨论结果,主持人归纳并记录。

3. 活动小结

我们重点讨论针对教学目标、内容、过程及结果四方面的反思:

(1)教学目标。

这里反思的是教学目标的有效性,包括目标制定的科学、合理和有效,以及对教学目标达成的指向有效。

①"三维目标"整体把握问题。根据课程标准,从"知识与技能"、"过程与方法"、"情感态度与价值观"三维目标要求来整体把握;制订教学目标能体现音乐学科的特色,体现对学生

音乐素质、审美素养培养的学科功能,符合学科教育的逻辑。

② 根据学生和内容的针对性问题。教学目标能根据具体音乐学科教学内容和全体学生的实际情况,体现有针对性、适切性和层次性;能突出伴随学习过程并与学习内容相应的音乐学习能力培养、音乐思维方法和情感教育等方面的要求。

③ 根据具体课型要求的明确性问题。针对本学科不同的课型(新授课、复习课等),制订较具体而有所侧重的教学目标;能克服教学目标过于大、空、虚等现象,能注意落实三维目标体现有机整合。

对于音乐学科来说,就是结合学科特点,将这些指标要求具体化。如内容的针对性,是对不同音乐作品的掌握? 了解? 还是迁移? 程度的定位: 如在这一课型(唱歌课、欣赏课、器乐课等等)的范畴中,教学目标是否得当? 教学目标的达成度如何?

(2) 教学内容。

包括反思教学内容的分析、处理和补充等方面的有效性等。

音乐学科教材是最主要的学生音乐学习资源,所以必须充分利用好教材是基本的要求。根据内容主题和学生的实际,有针对地补充一些资料也是需要的。但补充的资料要体现具有一定的亲和力、说服力和感染力,注意提高材料的教育价值。当然,我们这里所说的教育价值,首先要考察与落实音乐学科"育人"要求的一致性。

① 与主题的一致性。音乐新课程的学习内容以主题来编排,而主题具有一定的人文和社会意义,所以要求选取的教学内容能支持主题。这是效度问题。

② 对学生的可接受性。学生的知识基础和认知基础是同年龄相关的,所以从群体来说,教学内容要符合不同阶段、不同层次学生的学习基础。这是难度问题。

③ 容量的合适性。教学内容需要在一节课或者一个单元中的教学活动中完成,所以其数量多少需要有相应的匹配性,过多过少都不足取。这是适度问题。

(3) 教学过程。

教学过程设计的是否科学合理,可以说是影响教学有效性的关键。我们可以从以下几个方面来考察反思。

在教学过程中,主要是通过一定的训练(包括预先设计和实施中生成的),促进学生的学习方式的完善。在音乐课堂教学中,尤其需要提倡的是"情景化学习"、"合作学习"和"可选择的学习"这些新方式,以培养学生的能力素养。同时,还需要在体验这些新的学习方法中,自然地落实教学目标。

我们在对教学过程设计与实施进行反思分析时,重点可以考察几对关系的把握:

① 师生关系:重心在教还是在学? 教学民主和师生互动等情况。

② 启发方式:是直接提问还是用情境问题启发? 注意培养学生质疑意识与音乐学习思维能力等。

③ 技术使用：运用现代教学手段和技术的有效或无效？高效或低效等。

④ 步骤环节：是否层层深入地体现重难点的突破？明显或含糊等。

⑤ 教学主线：是否有育人主线，教学思路是否清晰明确？有无育人的教学线索等。

⑤ 教学策略：是否得当？能否引起学生音乐学习兴趣？多元或单一等。

（4）教学结果。

对于教学结果有效性的反思，应该全面对照教学目标进行。但其前提是建立在对教学目标反思并有效的基础上。

对整个课堂教学的有效性，大体可以从"效率"、"效益"、"效能"等方面来进行分析。所谓"效率"，主要是指单位时间的利益率，音乐课堂中用于教学的真正时间要多，要注意"挤掉"一些和音乐教学无关的"泡沫"；所谓"效益"，主要是指针对三维教学目标的达成度，一堂高效益的音乐课，一定是达标度高的课，当然，其前提是教学目标的设计要科学合理；所谓"效能"，主要是指学生音乐及相关素质发展所起的长期作用，对学生终身音乐学习奠定的基础作用等。

活动四　课后反思的类型

1. 对子活动

回顾以往的教学经历，请学员交流你曾采用过哪种课后反思的类型？他们分别对你的教学起到什么帮助？

2. 活动小结

自我反思是音乐教师立足于自己的音乐教学实践经验，通过深刻的内省来调控自己的音乐教学行为，整合自己的知识和信念的活动。它是"思考"的一种形式，但又不同于思考。首先，自我反思强调对问题的深度思考。其次，它是循环推进、逐步深入的。

（1）小结型反思。

通过阶段性的音乐教学活动，一方面总结自己在音乐课堂实践中的经验，并将这种经验进行提炼，形成自己教学理论和教学风格的组成部分；另一方面，及时发现自己在音乐教学中的问题，分析问题出现的原因，思考解决问题的具体方法。

（2）案例型反思。

结合某一节让你印象最深的音乐课进行反思，这节课或许是你最满意的，也可能是你觉得有颇多遗憾，也或许是学生在这节课上有不同寻常的表现，对这些地方进行思考，从一个案例能够发现一些有代表性的问题，对自己以后的教学产生具有普遍性的指导意义。

（3）探索型反思。

个人通过理论学习、教研活动、听课等形式，发现新的教学理论或者教学方法，并有意识地将其应用于音乐教学实践。将应用过程中的体会、经验和收获进行分析，使这种新的方法或理论融入自己的教学风格。

任务三　实践与分享

活动一　撰写一份课后反思

1. 个别活动

主持人请学员根据自己已设计并实施的教学活动,围绕教学目标、教学内容、教学过程、教学结果,撰写一份课后反思。

2. 小组活动

以八位学员为一组,每组学员在小组内交流自己的课后反思,其他成员写出对该学员的反思提出的建议与评价。随后,小组成员交流在撰写课后反思时遇到的心得或问题。

活动二　任务小结

写课后反思要注意的问题主要有以下几点。

1. 以课标为指导

将自己的教学实践同课标指导思想相对照,来反思每一节课目标设计是否合理、到位,每一节课是否贯彻了《课程标准》的精神。再从对师生在课堂中的地位、学生能力和素质的培养、教学目标的实现等方面来进行反思,有意识地突破传统教学模式对自己教学实践的束缚,为自己的教学活动确立正确的导向。

2. 以教学实践为基础

脱离了教学实践而空谈理论的反思不具备对今后实践的指导意义,教学反思必须要以课堂教学为核心,通过实践、反思、再实践的过程来不断提高教学能力和理论认识。

3. 关注学生,关注细节

教学与反思的过程中要关注学生反应,在反思中依然要体现学生的主体地位,从学生的课堂反应、接受效果中来反思自己教学设计的得失。从细节中发现问题,反思切忌大而全,因为大而全往往陷入大而空。每篇教学反思要从教育教学规律和课标思想的大处着眼,但是更要从教学活动的细节入手,课堂情境的设置、学生活动的表现、作业难易的安排、教学语言的运用都可成为反思的角度。

4. 结合理论,深入思考

反思时,教师要重视理论对分析的价值,教师虽然要结合具体问题进行分析,但是不能单纯凭经验分析问题。反思时,教师要重视理论对制订解决方案的价值,把已有的研究成果作为制订解决方案的重要参考。教师应当了解,反思在总体上是面向未来的。教师通过反思来不断改进、完善教学过程,使自己今后的教学能够更上一层楼。

任务四 反思与改进

活动一 自我检测

个别活动：学员通过完成主持人提供的有关音乐教学反思的选择题，进行有关音乐教师反思能力发展的自我检测。

下列问题可以帮助你判断当前的音乐反思能力发展水平，在每句话后面最符合你的情况的数字上画圈。

其中：4＝总是这样　3＝经常这样　2＝有时这样　1＝极少这样

当我遇到音乐教学中的问题时：

1. 在音乐教研组活动时，我爱提问　　　　　　　　　　4　3　2　1

2. 我欢迎同事评论我的做法　　　　　　　　　　　　　4　3　2　1

3. 我的教法因音乐情绪特点而异　　　　　　　　　　　4　3　2　1

4. 我能够鉴别问题产生的因由　　　　　　　　　　　　4　3　2　1

5. 我根据学生音乐学习的需要分析问题　　　　　　　　4　3　2　1

6. 我会为自己的决策寻找支持或反对性的音乐教学理论依据　4　3　2　1

7. 我能有条理地解决音乐课堂教学中的问题　　　　　　4　3　2　1

8. 我对学生音乐学习习惯养成很用心　　　　　　　　　4　3　2　1

9. 我坚持一些观点（如：音乐学习能开启学生的乐感）　4　3　2　1

10. 我对学生的需求作出积极的回应　　　　　　　　　4　3　2　1

11. 我常常评价各种音乐教学方法的行动方式　　　　　4　3　2　1

12. 我对未知的音乐教学问题好奇　　　　　　　　　　4　3　2　1

13. 我能积累平时上课时遇到的难点　　　　　　　　　4　3　2　1

14. 我对音乐课堂中的教学应变有自信　　　　　　　　4　3　2　1

15. 我在对《课程标准》理解的基础上分析问题　　　　4　3　2　1

当我进行教学设计、实施评价时：

16. 我尝试用创新的方法和观点　　　　　　　　　　　4　3　2　1

17. 我把三维目标作为关注的焦点　　　　　　　　　　4　3　2　1

18. 我认为最好的方法是适合学生的方法　　　　　　　4　3　2　1

19. 我拥有一名音乐教师所需的技能　　　　　　　　　4　3　2　1

20. 我拥有一名音乐教师所需的知识　　　　　　　　　4　3　2　1

21. 我会自觉地调整教学以适应学生的音乐学习需要　　4　3　2　1

22. 我能在课堂上充分地完成预设的教学任务　　　　　4　3　2　1

23. 我理解在自己的以及他人的教学课中运用的教学策略　　　4　3　2　1

24. 我通过各种途径学习音乐教学方法　　　4　3　2　1

25. 我对自己的音乐教学设定了短期和长期的发展目标　　　4　3　2　1

26. 我对自己的行动进行自我监控　　　4　3　2　1

27. 我评价自己教学的有效性　　　4　3　2　1

28. 学生实现了我预设的教学目标　　　4　3　2　1

29. 我有规律地写音乐教学日志　　　4　3　2　1

30. 我参与音乐教学行动研究活动　　　4　3　2　1

计算每个数字被画圈的总次数,然后乘以该数字本身,最后将四个乘积相加,得出总分,可以判断你的音乐教学反思能力:75 分以下:一般;75—104 分:较强;104 分以上:很强。

活动二　这一单元你学到了什么

1. 个别活动

主持人请学员反思在这一单元活动过程中学到了什么,想到了什么,请他们用思维导图形式写下来。

请运用你在本单元学到的知识,用词语的形式写下你认为和"课后反思"有关的内容,完成一个思维导图。

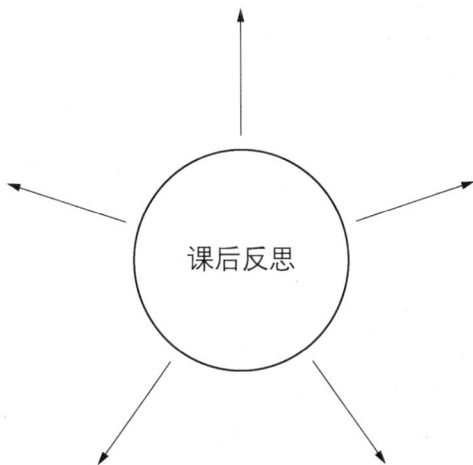

课后反思

2. 小组活动

在小组内介绍你在本单元学到的或想到的内容,听取他人想法,并进行讨论。在讨论的过程中可以丰富自己的思维导图,加深自己对"课后反思"的理解和感悟。

活动三　感悟实践

个别活动:学员客观思考分析自己的教学,围绕"课后反思",写下自己在撰写时的优点和弱点。学员随后思考在撰写课后反思方面需要改进和提高哪些方面，并在笔记本上写下改进方案。

活动四 任务小结

课后反思，是汲取经验教训的最有效手段。是使教师成为专家型教师的一种方式和途径。而在繁忙的工作中坚持反思，本身就是专家型教师的一个普遍特征。教学反思在教师专业成长中的作用是毋庸置疑的，有效的反思需要思之有"物"、思之有"据"，而反思的形式则可以不拘一格。只有这样才能提高教师撰写反思的主动性，使广大教师通过有效的反思获得专业发展。

推荐阅读

1. 教育部基础教育课程教材专家委员会编写：《义务教学音乐课程标准（2011 年版）》，北京师范大学出版社 2012 年版。

2.《美的教育——上海艺术教师教学践行录》，上海远东出版社 2017 年版。

3. 曹理主编：《普通学校音乐教育学》，上海教育出版社 1999 年版。

4. 曹理、何工著：《音乐学习与教学心理》，上海音乐出版社 2000 年版。

5. 林兆其编著：《教学优化与评价》，四川大学出版社 1998 年版。

6. 王婷：《中小学音乐教育现状评析》，《中国教育学刊》2012 年第 6 期，第 97—98 页。

7. 刘明明：《小学音乐教学的有效性初探》，《大众文艺》2011 年第 16 期，第 238—239 页。

8. 沈毅、崔允漷编：《课堂观察：走向专业的听评课》，华东师范大学出版社 2008 年版。

9. 张菊荣：《课堂观察：基于实践改进的研究革命》，《江苏教育研究》2007 年第 7 期，第 18—20 页。

我的学习小结

对照本书片头的学习导图中的五个模块,让我们一起回顾学习本书后在课堂教学设计方面获得新的思路和启示:

经验分享

通过本书的学习,比较你原有对音乐课堂教学的认知,你认为还有哪些方面需要调整和提高的个人认识?

实例分析

通过观看、阅读本书中的课例、教学片段、课堂教学实录等实践案例,经过个人思考、小组分享以及群体交流,对你有哪些启发和帮助?

项目再构

在教学设计、课堂教学观察等过程中,通过亲身的实践体验活动,是否让你的思考和行动更紧密结合?(　　)

A. 是　　　　　　　　B. 似乎是　　　　　　　　C. 否

感想记录

在学习与反思本书内容后,是否帮助你梳理在音乐课堂教学设计方面的学习内容,了解自己学习的变化并及时调整自己的教学行为?(　　)

A. 帮助很大　　　　　　B. 有一些帮助　　　　　　C. 没有帮助

阅读推荐

除了每一单元后的阅读推荐,你还参考了哪些书籍和文献来帮助理解和学习本书的相关内容?

征询意见

1. 对于学习完本书内容之后,你在哪些教学环节或内容中存在疑惑,请将问题反馈到出版社微信公众号后台留言。

2. 在实际的课堂教学中,你还存在哪些教学实际问题希望得到解决,还有哪些好的建议和意见请反馈到出版社微信公众号后台留言。

通过对本书的学习结合最后的学习小结,希望能够提供学习者更多对于音乐课堂教学的启发和收获,感谢大家的认真阅读。